사회복지학개론

INTRODUCTION TO SOCIAL WELFARE

배임호 · 김경미 · 노혜련 · 박태영 · 유서구 · 이상은
이성규 · 이지하 · 이채원 · 정무성 · 한우재 · 허준수 공저

학지사

서문

어느 사회에서든 개인이 태어나 순조롭게 살아가기 위해서는 다양한 욕구가 충족되어야 하고 직면하는 문제를 해결해 나가야 한다. 단순한 삶이 아니라, 사람마다 주어진 사회적 기능을 충분히 해내고, 삶의 질이 최대 수준에 이르는 데는 누군가의 도움이 필요하게 마련이다. 더구나 급격한 속도로 다변화하는 국내 · 국외 환경은 사회, 경제, 문화 등 사회 구성원의 전반적 삶에 지대한 영향을 미치기 때문에 사회적인 도움이 필수적이다.

사회복지는 그 어떤 전문직보다도 도움을 주는 전문직(helping profession)으로서 성격이 강하며 실천 학문이다. 사회복지를 공부한 전문가는 이웃에 대한 따뜻한 마음과 전문적인 식견을 가지고 행동력 있게 도움을 필요로 하는 사람에게 달려간다. 숭실대학교는 우리나라 사회복지 교육의 초창기부터 오늘에 이르기까지 사회복지의 실천가치와 철학, 전문적 지식과 기술 등 구체적인 방법론과 사회복지 실천현장을 상소하면서 선구적 역할을 남낭하며 많은 전문인력을 배출해 오고 있다. 이러한 사명을 지속하기 위해서는 교육뿐만 아니라 연구도 선도적으로 해야 한다는 부가적인 짐이 있었기 때문에 저술 작업이 미루어졌고, 이로 인해서 그동안 독자분들에게 미안한 마음이 들었다. 그러나 새로운 사회변화와 국제환경에 걸맞은 만족스러운 수준은 아니지만, 숭실사회복지교육이 2020년에 50주년을 맞이함으로써, 다음 반세기를 향한 장도의 첫걸음으로 본 저서를 계획하게 되었다.

얼른 보기에는 개론책을 집필하기가 쉽게 보일지도 모르지만 실제로는 어느 특정 분야를 다루는 것보다 어려운 작업이라 생각된다. 개인과 사회 그리고 다양한 문화적 환경에 유기적으로 적응된 사회복지의 전반적인 이해를 위한 개론을 쓰는 작업은 결코 쉬운 작업이 아니기 때문이다.

교육은 사람을 사람으로 새롭게 바꾸는 일이라 할 수 있지만, 사회복지 교육은 넘어진 사람을 일으켜 세워 주고, 힘이 모자란 사람을 살리고 싶은 열정을 지닌 전문가를 만드는 과정이다. 이 책을 접하는 모든 학생들이 사회복지에 대한 관심과 흥미를 느끼고, 나아가 사회복지에 대한 전반적인 이해와 지식을 제공받을 수 있기를 기대한다.

이 책은 학부생들이 관심과 흥미를 가질 수 있도록 그리고 강의용이 될 수 있도록 최대한 신경을 기울였다. 이 책은 3부, 총 14장으로 구성되어 있다. 제1부는 사회복지의 이해로 사회복지의 개념 이해(정무성 교수), 사회복지의 역사(이상은 교수), 사회복지의 가치와 윤리(이채원 교수)를 소개함으로써 사회복지의 기본적 이해를 도모하고자 하였다. 제2부는 사회복지정책 및 행정 분야를 사회복지정책(이상은 교수), 사회복지행정(한우재 교수), 지역복지와 커뮤니티케어(허준수 교수), 그리고 국제사회복지(이지하 교수) 등 4개의 장으로 분류해서 다루었다. 제3부는 사회복지실천 분야를 아동복지(노혜련 교수), 노인복지(허준수 교수), 가족치료(박태영 교수), 장애인복지(김경미 교수), 정신건강사회복지(이성규 교수), 교정복지(배임호 교수), 사례관리(유서구 교수) 등 모두 7개 장을 이루고 있다.

본 저서에 참여한 저자들은 각 분야의 전문적 지식과 현장 경험이 풍부한 숭실대학교 사회복지학부 교수님들로 우리 사회와 국제사회를 둘러싼 환경과 사회복지의 흐름을 반영해 주시려 최선의 노력을 해 주셨음에 깊은 감사를 드린다. 그럼에도 불구하고 교육하며 학사 일정을 소화하고, COVID-19가 시작된 이후 2년이 다 되어가는 동안, 새로운 교육환경에 적응하느라 정신이 없어서인지, 이 책을 마무리하면서 아쉬운 점들이 남는다. 가속화되고 있는 세계화, 정보화시대, 인공지능(AI)의 시대, COVID-19와 같은 질병과 관련된 사회복지 이슈, 통일 한국의 시대와 더욱 확장되고 있는 다문화 사회 등과 관련된 이슈와 문제점들을 다루기 위해서는 시간이 좀 더 필요할 것 같다. 이러한 아쉬운 점들과 독자 여러분의 고견과 평가를 통하여, 진일보된 내용으로 개정판을 통한 만남이 머지않아 있게 될 것을 믿어 의심치 않는다.

이 책을 출간하는 데 있어서 저자로 수고해 주신 정무성 교수님, 노혜련 교수님, 박태영 교수님, 허준수 교수님, 이상은 교수님, 이채원 교수님, 김경미 교수님, 유서구 교수님, 이지하 교수님, 이성규 교수님, 한우재 교수님의 적극적인 참여와 수고에 거듭 머리 숙여 감사함을 표한다. 특히, 이 책이 나오는 데 학부장님으로 주도적 역할을 기꺼이 담당해 주신 이지하 교수님에게 감사를 드린다. 아울러 이 책이 완성되기까지 원고를 정리하며 교정을 위하여 수고해 준 이세희 님에게 고마운 마음을 전한다. 이 책이 나올 수 있도록 격려와 배려를 아끼지 않으신 학지사의 사장님과 실무 선생님들께 진심으로 감사의 뜻을 전하고자 한다.

2022년 1월

저자들을 대신하여

배임호

차례

제2부 사회복지정책 및 행정 분야

제4장 사회복지정책 _ 81

제5장 사회복지행정 _ 105

제6장 지역복지와 커뮤니티케어 _ 127

제7장 국제사회복지 _ 157

제3부 사회복지실천 분야

제8장 아동복지 _ 185

제9장 노인복지 _ 215

제10장 가족치료 _ 247

제11장 장애인복지 _ 293

제12장 정신건강사회복지 _ 319

제13장 교정복지 _ 341

제14장 사례관리 _ 363

제1부

사회복지의 이해

제1장

사회복지의 개념 이해

사회복지제도는 현대 산업사회에서 파생된 다양한 사회문제를 해결하기 위해 마련되었지만 국가의 발전 단계, 구성원의 철학과 이념, 경제 · 사회 · 문화의 상황에 따라 각기 다른 면모를 보이고 있다. 일반적으로 사회복지라는 용어는 인간서비스(Human services), 사회서비스(Social services), 사회개발(Social development)을 포괄하는 광의의 의미로 사용된다. 사회복지의 역할과 기능에 따라 잔여적 관점과 제도적 관점으로 구분하기도 하고, 대상 범주에 따라 선별주의와 보편주의 등으로 구분하기도 한다. 그러나 최근에는 통합적인 접근으로 개발적 관점이 제시되면서 경제와 복지가 선순환 구조를 갖는 것으로 이해한다. 앞으로 사회복지의 개념은 더욱 확장될 것으로 여겨지며 지속가능사회를 구축하기 위한 핵심적인 분야로 인식되고 있다.

1. 사회복지의 개념

현대사회 선진국은 복지국가다. 사회복지는 제도나 실천을 통해 사람들의 삶에 다양한 방식으로 영향을 미치기 때문에 사회복지체계가 잘 갖추어 있으면 국민들의 삶의 질이 좋아진다. 따라서 대부분의 사회가 복지국가를 지향하고 있고, 사회복지학은 사회과학의 주요한 학문 분야가 되었다.

사회복지의 개념을 이해를 위해서는 사회복지가 어떻게 인식되고 규정지어지는가를 파악해야 한다. 사회복지라는 용어는 현대 산업사회의 발전에 따라 파생된 사회문제와 관련하여 사용하게 되었으며, 사회복지의 개념에 대해서는 시대와 국가에 따라 다르게 정의되고 있다. 또한 급변하는 현대사회에서 사회복지활동은 매우 복잡하고 다양한 형태로 나타난다. 각 사회의 발전 단계, 구성원의 철학과 이념, 경제 · 사회 · 문화의 상황에 따라 각기 다른 면모를 보이기 때문이다. 그리하여 사회복지라는 용어를 모든 사회에서 공통적으로 통용되는 단일한 개념으로 정의하기는 어렵다.

어의적으로 사회복지는 사회(Social)와 복지(Welfare)의 합성어다. 영어의 'social'이라는 단어는 사람과 사람과의 관계성을 강조한다. 따라서 사회복지는 개인 혼자만의 복지를 의미하는 것이 아니라 개인과 개인의 관계성 속에서 모두가 함께 더불어 잘사는 사회를 추구하는 것이다. 한편 영어의 'welfare'는 'well'과 'fare'를 합친 단어인데, 'well'은 'satisfactorily(만족스럽게)', 'successfully(성공적으로)', 'properly(적절하게)' 등의 의미를 포함하며, 'fare'는 'state of things(상태)'를 의미한다. 따라서 'welfare'는 만족스러운 상태, 적절한 상태, 평안한 상태 등의 의미를 지닌다. '사회'라는 말을 붙이지 않고 '복지'라는 말만 사용한다면 개인의 만족스런 상태만을 추구할 수 있으나, '사회'라는 용어가 덧붙여져서 사회복지는 사람과 사람과의 관계 속에서 모두가 평안하고 만족스러운 상태를 추구한다는 의미를 내포한다. 이는 사회 구성원들이 더불어 행복하게 사는 상태를 의미한다. 사회복지의 한자 표기인 社會福祉는 社會와 福祉의 복합어다. 福祉의 福을 구분해 보면 시(示)는 신에게 공물을 얹어 놓은 상을 옆에서 본 형태로 시(示)가 붙는 글자는 대개 신(神)과 관계되는 의미일 경우가 많다. 다음 福자 중 나머지 부분의 전(田)은 곡물을 수확하는 밭을 의미한다. 구(口)는 고(高)자의 약자로 곡물이 높이 쌓여 있는 모습을 상징하고 물질적인 풍요를 의미한다. 이것이 자연, 즉 신으로부터 받은 선물이기에 시(示)가 붙어 있는 것이다. 그리고 祉자는 신에게 마음의 안정을 기원하는 자세로 지(止)는 욕망의 추진을 멈추는 의미를 지니고 있다. 즉, 마음을 비우는 것이 심리안정의 길이라는 것을 암시하고 있다. 따라서 福祉는 물질적 풍요와 심리적인 안정을 내포하고 있다. 그리고 社會의 어원은 고대 중국에서 25가구를 社(사)라 불렀고, 이 사들이 많이 모인 것을 사회라고 하였다. 이렇게 보면 사회복지의 언어적 의미는 공동체 사회에서 사회 내적인 관계를 기초로 구성원들의 전 생애에 걸쳐 건강하고 안락한 바람직한 삶을 추구하는 사회적 노력이라고 할 수 있다(정무성 외, 2019).

그러나 복지를 의미하는 평안하고 만족스러운 상태는 결코 물질적인 조건이나 환경적인 상황에 의해서만 충족되는 것은 아니다. 신체적 · 사회적 · 심리적 · 정신적 · 영적 조건 등의 복잡한 요인들에 의해 통합적으로 이루어질 수 있다. 따라서 현대사회에서 사회복지는 빈부에 관계없이 남녀노소 모두를 포함하여 다양한 대상의 사회적 기능을 향상시키기 위하여 사람들의 사회적 · 경제적 · 건강적 욕구뿐만 아니라 정신적 · 영적 욕구까지를 충족시키고자 하는 제반 노력을 의미한다(Zastrow, 2013). 즉, 사회복지는 이념적인 의미에서 인간생활의 이상적인 상태이며, 실천적인 의미에서는 사회복지 이념의 달성을 위한 조직적인 활동이라고 할 수 있다.

이처럼 사회복지란 말은 인간 생활의 만족스런 상태를 나타내는 개념이기도 하며, 그러한 상태를 이루기 위한 인간의 욕구 충족과 관련된 실천적인 의미를 포함한다. 사회복지에 대한 인간의 욕구, 즉 해결되어야 하는 문제는 어느 사회를 막론하고 존재한다. 또한 사람들은 이러한 문제를 해결하고자 끊임없는 노력을 해 왔다. 문제를 해결함에 있어서는 자원이 필요한데, 불행하게도 이러한 자원은 항상 제한되어 있다. 따라서 한정된 자원을 가지고 인간의 욕구를 충족하고 사회문제를 해결하여 보다 만족한 상태에 이르기 위해서는 조직적이고 체계적인 활동이 필요하다. 이러한 체계적인 활동을 전문적으로 계획하고 실행하는 수단이 사회복지사업인 것이다. 이러한 맥락에서 사회복지활동은 이상적인 복지 상태를 달성하기 위한 하나의 실천방법이라고 할 수 있다.

대부분의 산업화된 사회에서 사회복지는 재정적인 측면에 있어서나 서비스를 받는 대상의 규모 측면에서 매우 중요한 사회제도로서의 위치를 차지하고 있다(Dobelstein, 2003). 따라서 사회복지라는 개념은 인간의 행복을 추구하기 위해 공공과 민간 영역에서 행해지는 소득보장, 보건, 주택, 교육, 인적자원 개발, 대인서비스, 교정, 재활, 사회변화 등 제반 사회적 프로그램을 총체적으로 일컫는 말이라고 할 수 있다. 즉, 사회복지의 용어를 개념화할 때에도 프로그램과 별도로 정의할 수 없음을 의미한다. 이러한 프로그램들을 개념화하는 용어들이 다양하게 있는데, 크게 3개의 영역으로 분류하여 개념화할 수 있다.

첫째는 인간서비스(Human services)인데 주로 사회적 급여나 자원을 공급하는 데 관심을 가지며, 이상적인 사회보장, 사회정의, 사회적 기회 등의 목표들을 추구한다. 소득보장, 보건, 주택, 교육, 인적자원 개발, 직업재활 등이 이 영역에 포함된다. 칸(Kahn, 1973)은 '인간서비스'와 '사회복지'라는 용어가 혼용되어 쓰이기도 하지만 실제는 사회복지보다 포괄적인 개념으로 인간서비스를 더 많이 쓴다고 주장한다. 인간서비스에 포함되는 서비스로는 ① 개인서비스(Personal services): 개별 사회사업, 상담, 오락, 재활, 종교, 치료 등, ② 보호서비스(Protection services): 소비자보호, 교정, 소방, 주택, 법집행, 공중보건 등, ③ 정보/자문서비스(Information/advising services): 소비자 정보, 교육, 재정상담, 응급전화, 도서관 등, ④ 유지서비스(Maintenance services): 아동보호, 실직자 지원, 기관서비스, 공공복지 프로그램, 퇴직자 계획, 사회보장 프로그램 등이 있다.

둘째는 사회서비스(Social services)로 일반적인 대인서비스와 함께 교정 및 재활 영역을 포함하는 개념이다. 전통적으로 사회서비스는 국가가 제공하는 모든 시민들의 삶의 질에 영향을 미치는 서비스를 말한다. 그러나 최근에는 공공과 민간 영역에 상관없이 시민들의 삶의 질과 관련된 제반 서비스를 의미하는 개념으로 사용되고 있다. 티트머스(Titmuss, 1974)는 복지체계를 사회(Social) 복지, 조세(Fiscal) 복지, 직업(Occupational) 복지 등으로 구분하고 있는데, 사회서비스는 첫 번째 범주에 포함된다. 그러나 '사회복지'를 통한 복지체계는 전체 복지 가운데 빙산의 일각에 불과하며 실제는 세금공제나 감면 등을 통한 '조세 복지', 취업을 통해 제공되는 현물이나 현금 급여 등의 '직업 복지'가 개인과 사회의 많은 복지욕구를 충족시키고 있다.

셋째는 사회개발과 변화와 관련된 활동인데, 이것은 개인 변화보다는 체계 변화를 지향하는 프로그램들로 구성되며, 사회서비스를 보완하는 성격을 갖기도 한다. 경제개발의 부작용으로 드러난 불평등의 문제 등을 극복하기 위해 등장한 개념으로 인간의 보편적 욕구 충족과 사회문제의 해결, 공동체 형성 및 문화 발전 등과 관련되어 있다. 여기에는 도시재개발, 법률부조와 변호 등의 활동이 포함된다.

우리나라에서는 일반적으로 사회복지라는 용어가 널리 사용되지만, 미국을 중심으로 한 영어권 국가에서는 사회사업(Social work)이라는 용어가 더 많이 사용된다. 사회사업은 가족, 아동, 건강, 사회적응, 여가, 생활수준 및 사회관계성과 같은 영역에서 인간의 욕구를 해결하는 데 도와줌으로써 사회적 행복(Well-being)의 추진을 위한 조직적 노력이며 광범위한 활동을 전개하는 전문직업적 활동(Profession)이다. 개인 · 집단 · 지역사회 · 특정 인구집단에 관심을 두고, 이들의 보호 · 치료 및 예방을 위한 활동을 포괄하는 개념이다. 사람들로 하여금 사회의 성원으로서 사회적 · 인간적 만족과 독립을 성취하도록 원조하여 주고 인간관계에 관한 과학적 지식과 경험을 기초로 한 전문적 활동이라고 할 수 있다. 한편, 사회복지는 개인 및 집단과 지역사회의 문제에 관심을 두고 이들의 사회적 욕구를 충족시키기 위한 제반 법률,

프로그램 및 서비스 체계를 의미한다. 서구 사회에서 복지(Welfare)라는 용어는 수급자들에게는 수당이라는 의미로, 부유층들에게는 세금을 떠올리는 용어로 인식되어 부정적인 의미를 갖기도 한다.

윌렌스키와 르보(Wilensky & Lebeaux, 1965)는 현대 산업사회에서 사회복지활동의 기준 다섯 가지를 다음과 같이 제시하였다.

① 공식적 조직: 현대 산업사회에서 사회복지활동은 공식적 조직을 통해 제공되는 것이 특징이다. 공식적 조직이란 사람들에게 지속적인 원조를 제공하는 정규적이고 체계적인 사회복지 조직을 의미한다. 따라서 개인적인 차원에서 유대관계 때문에 도움을 주는 행위나 우발적으로 행해진 자선적 행위는 엄격한 의미에서 사회복지활동이라고 할 수 없다.

② 사회적 승인과 사회적 책임: 사회복지활동이란 사회적으로 승인된 목적과 방법으로 수행되어야 하며, 공익성을 통해 사회적 책임을 지는 활동이어야 한다.

③ 이윤추구의 배제: 영리를 목적으로 하는 활동과 사회복지활동을 구분하는 기준은 프로그램의 주된 목표가 시장경제체계 내에서 이윤을 추구하는 것이냐의 여부에 달려 있다. 시장기제를 통해 결정되는 가격을 기준으로 이용료를 시장가로 받는 활동들은 사회복지활동에서 제외된다.

④ 인간의 욕구에 대한 통합적 관심: 사회복지는 인간의 욕구를 부분적으로 보고 접근하는 것이 아니라 통합적으로 접근하는 활동이다. 따라서 사회복지서비스는 의식주 및 의료와 같은 인간의 신체적 욕구에만 관심을 갖는 것이 아니라 사회적 · 심리적 · 정신적 · 영적 욕구에 이르기까지 광범위한 욕구를 충족시키기 위해 다양한 형태로 제공된다.

⑤ 인간의 소비욕구에 대한 직접적 관심: 사회복지활동은 개인의 삶에 직접적으로 영향을 미치는 소비욕구에 대한 관심에서 시작된다. 즉, 굶수린 사람에게는 양식을 제공하고, 집이 없는 사람에게는 주거서비스를 제공함으로써 개인의 소비자로서의 욕구에 직접적으로 관심을 가져야 한다.

이러한 사회복지 개념의 복잡성은 프로그램의 범위를 정하는 데도 상당한 어려움을 제기한다. 예를 들어, 사회단체에서 제공되는 다양한 프로그램 중에 어디까지가 사회복지적이라고 할 수 있는가의 문제다. 지금까지 논의한 사회복지의 개념에 의하면 전 연령대에 걸친 사람들의 신체적 · 사회적 · 경제적 · 심리적 · 정신적 · 영적 욕구를 충족시켜 주는 제반 프로그램이 모두 사회복지 프로그램의 범주에 속한다고 할 수 있다. 또한 저소득층을 대상으로 하는 프로그램이 일반적이기는 하지만 사회복지 범주의 확대에 따라 중산층의 여가 혹은 사회교육적 욕구를 충족시키는 프로그램도 사회복지 사업 영역으로 포함시키고 있다. 따라서 사회복지의 범주를 단순히 대상이나 내용을 갖고 한정하는 것은 한계가 있다. 앞으로 계속 논의가 되겠지만 프로그램을 진행하는 기관이나 인력(예: 사회복지시설, 사회복지사 등), 사회복지의 이념과 관점의 반영 등이 사회복지의 영역을 가늠하는 잣대가 될 수 있을 것이다. 그러나 우리나라에서는 사회복지의 개념에 긍정적 측면이 강하게 함축되어 있고, 보편적으로 사용되면서 대부분의 비영리조직에서 진행되는 사업들이 사회복지적 성격을 지니고 있다.

2. 사회복지의 관점

1) 전통적 접근

(1) 기능적 접근: 잔여적 관점과 제도적 관점

사회복지의 역할과 기능과 관련하여 두 가지 대조적인 견해가 있다. 첫째는 잔여적 관점인데, 이는 사회복지 기능에 있어 비정상적 · 보완적 · 한정적 · 응급조치적인 성격을 강조하는 것이다. 둘째는 제도적 관점으로 정상성, 적절성, 포괄성, 예방성 등의 성격이 강조된다.

① 잔여적 관점

사회복지의 잔여적(Residual) 관점은 사회복지를 가족과 시장체제를 보완하는 조치 정도로 보는 관점이다. 즉, 가족이나 시장경제와 같은 정상적인 사회제도가 개인의 욕구를 적절하게 충족시키지 못할 경우에만 사회복지서비스가 개입해야 한다는 것이다. 사회복지의 잔여적 개념은 원활하지 못한 사회기능의 책임을 일차적으로 개인과 가족, 시장경제에 맡기며 이것이 붕괴되었을 때 한정적으로 사회복지가 요청된다는 것이다. 나아가서 사회복지서비스는 응급상황 동안에만 단기적으로 제공되어야 하며, 개인과 가족의 자활능력이 회복되었을 때는 사회복지가 철회되어야 한다는 것이다(Wilensky & Lebeaux, 1965). 즉, 개인의 욕구를 충족시켜 주어야 하는 가정이 가장의 실직이나 병고로 제 기능을 하지 못하거나, 시장체계가 경기침체나 그 밖의 요인으로 인하여 제 기능을 하지 못할 때 사회복지가 가정이나 시장체계를 대신하여 개입하게 되는 것이다. 그러므로 이 경우의 사회복지는 보충적, 일시적, 혹은 대체적인 성격을 지니게 된다.

이와 같이 잔여적인 개념에서는 빈곤, 범죄 등의 사회문제의 발생 원인을 개인의 책임으로 돌리기 때문에 중세 구빈법의 자선사상과 관계가 깊다. 수당이나 서비스를 권리로 보기보다는 시혜로 간주하고 수급자는 특정 의무를 수행해야 한다고 주장한다. 수급자의 어려운 상황이 개인의 부적응, 역기능 등에 의해 기인한 것이기 때문에 개인의 부족함, 부적절한 행동, 범죄 행위 등에 대하여 비난을 받아야 한다는 것이다(Zastrow, 2013). 즉, 사회복지의 잔여적 관점에서는 수당이나 서비스를 받는 것에 대해 낙인을 찍는 스티그마(Stigma)가 붙는다.

잔여적 관점의 사회복지 프로그램은 대상을 매우 엄격하게 한정하는 경향이 있다. 저소득층을 포함한 소외계층들을 주 대상으로 하며, 프로그램의 기간도 1년 이내의 단기적인 프로그램이 주를 이룬다. 또한 프로그램의 내용도 질병, 빈곤 및 사회심리적 문제를 해결하기 위한 것들로 구성된다(정무성, 2017).

② 제도적 관점

사회복지의 제도적(Institutional) 개념은 사회복지가 현대 산업사회에서 사람들이 만족할 만한 수준의 삶과 건강을 누릴 수 있도록 하며, 각 개인의 자아성취를 돕기 위한 적절하고 타당한 기능을 수행하는 것을 의미한다(Wilensky & Lebeaux, 1965). 이는 현대 산업사회에서 사회복지란 정상적인 일상 기능으로서 역할을 할 수 있다는 것을 전제로 한 개념이다. 개인의 어려운 상황은 환경(사회)에서 기인하는 것이기 때문에 사회는 개인이 제 기능을 할 수 있도록 사회제도를 개선하는 데 초점을 두어야 한다는 것이다.

이러한 제도적 개념에는 수당과 서비스를 받는 데 있어 스티그마가 따라붙지 않는다. 수급자는 그러한 원조를 받을 만한 권리가 있다고 간주한다. 현대 산업사회에서는 핵가족화가 불가피하고 가족의 복지적 · 교육적 기능이 약화되기 때문에 아동의 양육, 청소년의 교육, 노인과 장애인의 보호 및 그들의 사회화 기능을 가족이

전적으로 책임질 수는 없다. 또한 산업사회에서의 경제제도가 생산과 분배에 따른 제 기능을 온전히 수행할 수 없어 예상하지 못했던 실직, 상해, 빈곤을 경험할 가능성이 높아지게 된다. 이러한 상황 속에서 전체 국민과 가정의 경제적 안정을 도모하는 수단으로써 사회복지제도는 매우 중요한 기능을 수행할 수밖에 없다는 것이 제도적 개념이다(박종삼 외, 2002).

제도적 관점의 사회복지 프로그램은 대상 범주가 개방된 것이 특징이다. 프로그램에의 참여 기준을 소득이나 특정 문제로 한정하지 않고 지역주민 전체를 대상으로 하거나 특정 연령대의 모든 사람들을 대상으로 하는 경우가 많다. 프로그램의 특성도 사후 치료적인 것보다는 예방적이거나 지역사회 통합을 위한 내용들로 구성된다. 복지국가의 사회복지 프로그램들은 최소 수준의 구빈시책을 탈피하여 국민의 행복하고 건강한 생활을 적극적으로 실현하는 보편적 사회복지 프로그램과 정책을 지향하고 있다. 우리나라도 사회복지가 발전할수록 제도적 관점을 중심으로 모든 국민이 보편적인 서비스를 목적으로 하는 프로그램들이 주로 개발되고 있다(정무성, 2017).

(2) 대상 범주적 접근: 선별주의 관점과 보편주의 관점

최근 우리 사회에서 '무상급식'이나 재난지원금으로 촉발된 복지 논쟁은 혜택의 대상과 범위를 정하는 문제를 놓고 커다란 시각 차이를 보이게 되었다. 경제능력에 상관없이 모든 국민에게 보편적 혜택을 주어야 한다(보편주의)는 주장과 소득 · 자산에 따라 빈곤층을 중심으로 선별적인 혜택을 주어야 한다(선별주의)는 주장이 팽팽히 맞서고 정치 쟁점화 되었다. 일반적으로 보수주의자들은 주로 선별적 지원을 강조하고, 진보주의자들은 보편적 지원을 주장한다. 이와 같이 선별주의와 보편주의는 사회복지서비스 제공 기준에 관한 핵심적인 관점으로서 복지혜택을 받을 수 있는 사람들의 자격 및 범위와 관련된 개념으로 자주 정치 쟁점화되고 있다.

① 선별주의 관점

선별주의(Selectivism) 관점은 사회복지의 대상을 제한된 사회적 약자계층이나 요보호대상자들로 한정하여 보호하고 치료하는 소극적이고 제한적인 협의의 개념이다. 즉, 장애인, 노인, 아동, 기타 원조를 필요로 하는 대상자들의 고통과 곤란을 경감시키고 사회적 상태를 개선하여 이들이 자립하여 사회적으로 정상적인 생활을 영위할 수 있도록 보호하는 소극적인 활동이다. 이러한 관점은 앞서 언급한 윌렌스키와 르보의 두 가지 개념 중 잔여적 개념에 해당된다.

선별주의 관점에서 보면 사회(복지)문제란 특정 범주에 속한 사람들에게서 예측할 수 없게 발생하는 것이며, 사회규범에 비추어 볼 때 다분히 예외적이고 개인의 결함, 사고, 불행한 상황 속에서 발생하는 것이므로 이를 해결하기 위한 수단, 즉 사회복지 프로그램도 자연히 선별적이고 개별적인 접근방법에 의해야 한다는 것이다(정무성, 2017).

② 보편주의 관점

보편주의(Universalism) 관점에서 사회복지란 사회 성원 전체의 복지와 삶의 질을 정부나 사회가 책임지는 체계라고 할 수 있다. 보건, 의료, 교육, 여가, 소득, 노동, 주택, 안전, 고용, 오락, 환경보존 등에 있어 사회적 약자계층뿐만 아니라 일반계층을 포함한 전 국민의 욕구를 충족하기 위한 공공정책의 개입이라고 할 수 있다. 이는 대상적인 측면에서 보편적이며 복지서비스 제공에 있어 적극적인 활동으로서 윌렌스키와 르보의 제도적 개념에 가깝다.

보편주의 관점은 사회(복지)문제의 발생 원인을 사회체제의 불완전성과 불공평성에 두고, 이러한 문제의 발생은 그 예측이 가능하고 공공의 노력으로 예방 내지 문제 해결이 가능하다고 보는 것이다. 따라서 사회(복지)문제가 어느 계층의 사람들에게 특수하게 발생하는 것이 아니라 모든 국민에게 보편적으로 나타난다고 본다(정무성, 2017). 그러므로 사회복지의 성격을 제도적 혹은 보편성 관점에서 규정하는 경우 국민 전체가 사회복지의 대상이 된다.

③ 보편주의와 선별주의의 장단점

복지정책을 통해 해결하고자 하는 문제의 성격이 대상자의 개인적인 것에 국한된다고 생각하는 경우에는 선별주의 원리를 적용하는 것이 더 타당하겠지만, 문제의 직접적인 원인이 그 문제로 인하여 고통 받고 있는 개인에게 있지 않은 경우에는 보편주의 원리가 적용되어야 한다. 예를 들어, 예기치 못한 상황 변화로 인한 경제적 생활 보장이 요구되는 경우, 또는 어떠한 문제의 영향으로부터 보호받아야 할 사람들이 확정되어 있지 않고 불특정 다수인들에 관한 공공의 노력이 필요한 경우에는 선별주의 관점보다 보편주의 관점을 적용하는 것이 타당할 것이다(송근원, 2004).

물론 선별주의 관점을 적용할 것인가 보편주의 관점을 적용할 것인가는 대상자의 범위, 국민적 정서, 문제해결의 비용 효과성과 사회적 영향 등을 고려하여 결정할 문제이긴 하지만, 일반적으로는 사회복지제도가 발달하면서 선별주의 관점으로부터 보편주의 관점으로 변화되어 나가는 것이 복지국가의 추세다.

대표적인 선별적 복지체계를 지향하는 미국의 경우 노동능력이 없는 극히 빈곤한 계층을 대상으로 소득 및 자산 조사를 통해 선별해서 최저생계를 보장해 주는 복지정책을 펴고 있다. 이러한 접근은 복지비용 부담이 적기 때문에 국민의 담세율도 낮고, 취약계층에게 집중적으로 복지서비스를 제공할 수 있다는 장점이 있다. 그러나 복지혜택을 받는 사람들은 낙인감이 부여되어 열등감과 패배의식에 갇히게 된다. 따라서 선별적 복지는 비인간적이고 차별적인 제도라는 비판들 받는다.

이러한 문제점을 해결하기 위해 유럽의 복지국가들은 중산층을 포함한 모든 국민을 대상으로 하는 보편적 복지를 추구하고 있다. 스웨덴 · 노르웨이 · 핀란드 · 덴마크 등의 북유럽 국가들은 개인의 성공과 관계없는 생활의 안정을 추구하면서 모든 국민이 복지혜택을 누리도록 하는 선도적 복지국가를 이루고 있다. 보편적 복지는 모든 국민이 평등하게 권리로서 복지혜택을 누리게 해 주기 때문에 복지수혜자에 대한 낙인 문제는 없으나, 재정부담 증가와 함께 소위 '복지병'이 발생할 가능성이 높다. 보편적 복지를 추구하게 되면 행정부의 권한이 확대되어 권위주의와 부패로 비효율적인 전달체계가 구축될 수 있고, 국민이 체제에 지나치게 의존하거나 국가통제의 강화를 초래하기도 한다. 또한 관리국가로서 관료들의 국민생활 간섭으로 개인의 소외감을 초래할 수 있고, 생활안정으로 노동자의 노동의욕이 감소되거나 약물중독 및 자살과 같은 병리현상이 늘어나기도 한다.

그러나 복지후진국에서는 누구에게나 다 같이 적용되지 못하는 보편주의 결여가 큰 문제로 지적되고 있다. 직장이 있고 없음에 따라, 정규직인지 비정규직인지에 따라 복지혜택의 격차가 너무나 크다. 높은 임금과 고용이 보장된 정규직 노동자에게 더 많은 복지혜택이 주어지고, 저임금과 고용 불안에 노출된 비정규직 노동자는 복지혜택에서 배제되는 이른바 '이원화' 문제가 발생하고 있다. 이로 인해 경제가 성장하여도 사각지대가 늘어나고 빈곤문제를 효율적으로 해결하지 못하는 경우가 많다. 따라서 현대사회의 복잡한 사회문제를 해결하면서 지속 가능한 사회를 이루기 위해서는 보편적 복지의 확대가 불가피하다.

2) 통합적 접근: 개발적 관점

미즐리(Midgley, 1995)는 사회복지의 잔여적 관점 혹은 제도적 관점, 보수주의와 자유주의를 뛰어넘는 통합적 관점으로 개발적(Developmental) 관점을 제시하고 있다. 개발적 관점에서는 사회복지를 “경제개발의 역동적 과정과 연계하여 모든 사람들의 복리를 증진시키기 위한 계획된 사회변화(Planned social change)의 과정”이라고 정의한다. 이러한 관점은 사회복지 프로그램의 개발과 확대를 지지한다는 점에서 진보주의자들의 견해와 다르지 않고, 일부 사회복지 프로그램의 개발이 경제에 긍정적인 영향을 준다는 점에서 보수주의자들에게도 설득력을 갖는다. 모두를 만족시키는 개발적 관점이 아직 개념적으로 명확하게 정립되어 있지는 않지만 그 뿌리는 제3세계 사회개발 프로그램의 성공에서 찾을 수 있다. 제3세계의 사회복지 프로그램들이 국가 전체 경제에 긍정적인 영향을 주었던 점을 주목할 필요가 있다(Midgley & Livermore, 1997).

이와 같이 개발적 관점의 특징은 경제개발에 긍정적으로 기여하는 사회적 개입을 지지하는 것이다. 즉, 경제제도와 사회제도의 조화를 강조한다. 이 관점에 따르면 경제적 발전은 사회적 발전의 원동력으로 간주한다. 또한 경제계획과 사회개발 계획에 있어 정부의 적극적인 역할을 지지한다(이 점에 있어서는 정부의 역할을 최소화할 것을 주장하는 보수주의자들의 잔여적 접근과 상반된다.). 따라서 개발적 관점은 사회의 모든 성원들에게 이익을 주는 경제개발과 사회개발의 통합에 초점을 둔다(Zastrow, 2013).

이와 같이 개발적 관점은 경제와 복지가 선순환 구조를 가지면서 서로 상생관계에 있다고 보고, 다양한 사회복지 프로그램의 확대를 정당화한다. 사회복지 프로그램을 통해 개인의 노동잠재력을 높여 주면 사회적 전체의 경제 발전에도 기여하게 된다. 예를 들어, 한 개인이 직장에서 양질의 보육서비스를 제공받고, 그 가족을 위한 적절한 건강보험이 제공되고, 직업훈련이 지속적으로 제공되어 노동능력이 향상되었다면 결국은 전체 사회의 경제에 기여하게 되는 것이다. 즉, 개인이 가족과 지역사회에 기여할 수 있는 능력을 강화시켜 주는 것은 궁극적으로 사회의 경제적 발전에도 기여하게 된다. 가족기능이 강화되고 지역사회가 발전하면 기업에도 도움이 되기 때문이다. 가족의 기능이 향상되면 노동자는 더 생산적으로 일할 수 있고, 기업들은 범죄나 기타 사회문제의 발생률이 낮은 번영하는 지역사회에 위치할 수 있게 되어 경제와 사회복지가 상호 보완적인 역할을 하게 된다.

최근 이러한 개발적인 관점에서 우리나라의 사회복지 프로그램도 개인의 문제를 노동능력 강화와 함께 일자리 창출과 연계하여 해결하고자 하는 시도가 이루어지고 있다. 사회복지가 더 이상 사회적 비용의 측면에서만 인식되지 않고, 생산과 고용의 측면에서도 중요한 의미를 갖는다. 특히, 사회복지기관들이 사회적 기업을 통해 일자리 창출과 함께 양질의 서비스를 제공하는 목적을 동시에 실현하고 있는 것도 새로운 추세로 등장하고 있다.

3) 사회복지 관점의 변화와 국제화

사회복지는 소극적–적극적, 한정적–광의적, 잔여적–제도적 접근의 연속선상에서 이해되어야 한다(박종삼 외, 2002). 이러한 맥락에서 사회복지 프로그램도 특정 관점만을 반영하기보다는 서로 상반적인 관점이 공존하는 연속선상에서 개발되게 된다. 그럼에도 불구하고 프로그램 개발자들은 개발되는 프로그램이 어떠한 관점을 주로 반영하는지 혹은 어떠한 관점을 더 강조하는지를 인식하고 있어야 한다.

로마니신(Romanyshyn, 1971)은 국가의 발전 단계에 따라 사회복지 프로그램은 다음과 같이 발전한다고 주장한다.

① 잔여적(Residual)에서 제도적(Institutional)으로,
② 자선(Charity)에서 시민의 권리(Citizen right)로,
③ 특수성(Special)에서 보편성(Universal)으로,
④ 최저(Minimum) 조건에서 적정(Optimum) 조건의 급여나 서비스로,
⑤ 개인의 변화(Individual change)에서 사회개혁(Social reform)으로,
⑥ 민간(Voluntary) 지원에서 공공(Public) 지원으로,
⑦ 빈민복지(Welfare for the poor)에서 복지사회(Welfare society) 구현으로

그러나 각 사회의 사회복지 프로그램 발전 양상은 그 시대의 사회구조, 정치적, 경제적, 사회적, 문화적, 종교와 이념적 요인 등의 복합적인 요인들의 상호작용에 의해 이루어진다.

이와 함께 사회복지의 개념도 다음과 같은 단계로 발전한다고 본다.

① 자선과 교정 단계
② 복지국가(사회보장 단계와 사회계획 단계) 단계
③ 복지사회 단계
④ 국제사회복지의 단계

자선 단계에서는 경제적 빈곤의 제거가 사회복지의 주 관심이다. 복지국가에서 사회보장의 단계는 사회복지를 시민의 권리로 인정하고 최소한의 경제안정의 수준을 확보하려고 했던 단계이며, 사회계획 단계는 복잡한 도시산업사회에서 필수적인 상호 의존성과 모두를 위한 보다 높은 생활수준에 대한 열망을 조화시키면서 사회질서를 구축할 필요성을 인정하는 단계다. 그러나 복지국가라는 목표가 수단으로 전도됨으로써 거대복지국가의 형태로 인간 위에 군림할 가능성에 대한 반성으로, 복지를 사회의 목표로 삼아 인간이 관심의 초점이 되는 복지사회로의 이행을 촉구하게 된다. 이러한 발 전단계 속에서 사회복지 프로그램은 수적으로 많아질 뿐만 아니라 더욱 다양해지게 된다.

나아가서 지구촌이나 지구 가족으로 일컬어지는 국제화의 추세와 함께 국내문제가 전 인류의 관심과 무관하게 해결될 수 없다는 인식으로 국제사회복지의 단계를 맞이하게 된다. 이 단계에서는 사회문제가 어느 한 국가를 초월하여 존재하며, 가난한 나라와 부유한 나라 간의 불평등 문제가 국제적인 관심사가 된다. 따라서 국제적인 사회복지 프로그램들이 각 사회마다 활성화되기 시작하며, 국제사회에서 한 나라의 위상을 결정하는 데도 지구촌을 위한 사회복지 프로그램에의 기여도가 중요한 변수가 된다.

3. 한국 사회복지의 전망과 과제

현대 복지국가에서 국민의 복지를 보장하는 일차적 책임은 국가에 있다. 대부분의 선진사회에서 사회복지 분야는 정부 지출에서 차지하는 비중이 가장 크고, 전 국민을 대상으로 하기 때문에 가장 큰 사회제도다. 우리나라 사회보장의 기본 틀은 경제성장에 맞추어 비교적 단기간에 기본 틀을 구축하였다. 하지만 많은 복지제도가 분절적으로 발전하여 사각지대가 많이 발생하고 있다. 경제성장의 결과로 국민의 다수가 높은 삶의 질 수준을 유지하고 있지만 일부 소외계층은 극도의 박탈감을 느끼는 양극화가 심해졌다. 국민소득으로 보면 이미 선진국이고 경제대국이지만, 자살률, 빈곤율, 행복지수, 사회갈등지수 등 사회지표는 세계 최악의 상황이다. 이는 경제성장이 사회 구성원 모두의 삶의 질을 직접적으로 향상시키지 못하고 있다는 반증이다. 한국이 경제 수준에 걸맞게 선진복지국가를 이루기 위해서는 튼튼한 사회안전망을 확충하고 복지제도를 보다 내실화하여 복지에 대한 국민의 체감도를 높여야 한다. 이를 위해 다음과 같은 과제를 고민해야 한다.

첫째는 민관 파트너십을 통해 사회복지정책의 효과성을 높여야 한다. 정부의 복지시책만으로는 현대사회의 복잡한 사회구조와 새로운 환경 속에서 파생되는 모든 문제를 해결할 수는 없다. 공공복지가 발달한 나라에서도 많은 사회복지활동이 지역 공동체의 원조망을 통해 이루어진다. 사회통합을 이루는 포용적 복지국가를 만들기 위해서는 민간 부문이 사회문제 해결에 지속적으로 참여하는 구조를 만들어야 한다. 그러나 민간 부문의 패러다임도 혁신적 변화가 필요하다. 단순히 자선적이고 시혜적인 복지서비스만 제공하는 것이 아니고, 네트워크 구축과 함께 주민들 스스로 문제를 해결할 수 있는 주민역량의 강화, 지역공동체 활성화 등의 복지공동체 구축에 관심을 가져야 한다.

둘째, 재정건전성을 확보하면서 복지재원 마련하는 방안이 필요하다. 인구 고령화와 양극화 등으로 복지수요가 폭증하고 있는 상황에서 정부가 다양한 복지정책을 제안하고 있지만 재정건전성에 대한 우려도 높아지고 있다. 또한 상당한 재정 부담을 지방정부가 감당해야 하는 구조에서 지자체 간 복지편차도 심화될 전망이다. 우리나라 사회복지 프로그램은 제각각 확대되어 부문별, 제도별로 분절적인 형태를 보이고 있다. 사회복지의 비효율이 누적되어 오히려 일부 국민들의 불신과 조세 저항의 원인이 되고 있다. 급증하는 복지수요를 적절히 충족시키지 못할 경우 성장동력이 약화되고, 사회통합은 지연되며, 재정건전성의 악화로 인해 국가, 가족, 기업, 사회, 국민 모두에게 부정적인 영향을 미칠 수 있다. 복지국가 실현을 위한 재원조달은 만만치 않은 상황이다. 경제성장률은 하락하고 있고, 국민들의 조세부담 확대에 대한 저항도 상당하기 때문이다.

후대에 부담이 될 수 있는 정부의 부채 증가를 최소화하고 정부의 세출을 절감하며 공정한 조세를 통해 세원과 세수를 확보하는 노력이 필요하다. 그러나 현재 우리나라의 복지지출 규모에서 복지에 필요한 추가적인 재정을 마련하기 위해서는 지출 개혁과 함께 증세가 불가피하다. 증세를 피하는 것보다는 적극적인 국민 설득을 통해 조세 저항을 최소화하면서 복지재원을 확보할 수 있는 증세방안을 마련해야 한다.

셋째, 지속가능사회를 만들기 위한 국제사회의 노력에 동참해야 한다. 점차 심각해지는 기후 위기로 인한 환경파괴와 사회적 갈등의 문제를 해결하기 위한 노력에 한국 사회복지계도 민감하게 대응할 필요가 있다. UN은 지속 가능한 개발 목표(Sustainable Development Goals: SDGs)를 제안하면서 모든 국가가 동참할 것을 호소하였다. 2016년부터 2030년까지 국제사회가 모두 함께 인류의 보편적 문제(빈곤, 질병, 교육, 성평등, 난민, 분쟁 등)와 지구 환경문제(기후변화, 에너지, 환경오염, 물, 생물다양성 등), 경제 사회문제(기술, 주거, 노사, 고용, 생산 소비, 사회구조, 법, 대내외 경제) 등 17가지 주목표와 169개 세부 목표를 해결하기 위해 함께 노력하자는 것이다.

한편, 인류가 직면한 기후 위기라는 중대한 전환점에 기업은 ESG(Environmental, Social, Governance) 경영으로 대응하고 있다. 기후 위기에 기업만이 책임이 있는 것은 아니다. 기후 위기의 재앙은 사회복지의 주 대상인 취약계층들에게 오히려 더 큰 피해를 입히고 있다. 따라서 사회복지계도 기후 위기라는 전 지구적 과제를 해결하기 위해 적극 동참하여 힘을 모아야 한다. 기업의 ESG 경영에 맞추어 함께 파트너십을 이루는 것도 중요하다. 투명 경영을 기반으로 환경과 사회복지에 대한 균형 잡힌 책임의식이 우리 사회의 지속 가능한 번영과 사회통합을 이루어 낼 수 있다.

참고문헌

박종삼 외(2002). **사회복지학개론**. 서울: 학지사.

송근원(2004). **사회복지정책학**. 서울: 학지사.

정무성(2017). **사회복지 프로그램 개발과 평가**. 서울: 정민사.

정무성, 나임순, 유용식(2019). **현대사회복지개론(2판)**. 서울: 신정.

황성철, 정무성, 강철희, 최재성(2020). **사회복지행정론(4판)**. 서울: 정민사.

Dobelstein, A. W. (2003). *Social Welfare: Policy and Analysis* (3rd ed.). Pacific Grove, CA: Brooks/Cole.

Dunham, A. (1970). *The New Community Organization*. New York: Crowell.

Friedlander, W. A., & Apte, R. Z. (1980). *Introduction to Social Welfare*. Englwood Cliffs,

NJ: Prentice-Hall.
Gilbert, N., Specht, H., & Terrell, P. (1993). *Dimensions of Social Welfare Policy*. Englwood Cliffs, NJ: Prentice-Hall.
Kahn, A. (1973). *Shaping the New Social Work*. New York: Columbia University Press.
Midgley, J. (1995). *Social Development: The Developmental Perspective in Social Welfare*. Thousand Oaks, CA: Sage.
Midgley, J., & Livermore, M. (1997). "The Developmental Perspective in Social Work: Educational Inplications for a New Century." *Journal of Social Work Education*, *33*(3), 573-585.
Morales, A., & Sheafer, B. W. (1989). *Social Work: A profession of many faces* (5th ed.). Needham Heights, MA: Allyn and Bacon.
National Association of Social Workers (1983). *Standards for Social Service Manpower*. New York: NASW.
Popple, P. R., & Leighninger, L. (1999). *Social Work, Social Welfare, and American Society* (4th ed.). Boston: Allyn & Bacon.
Rapp, C., & Poertner, J. (1992). *Social Administration: A Client-Centered Approach*. New York: Longman.
Romanyshyn, J. M. (1971). *Social Welfare: Charity to Justice*. New York: Random House.
Royse, D., Thyer, B. A., Padgett, D. K., & Logan, T. K. (2001). *Program Evaluation*. Brooks/Cole, p. 5.
Smith, M. F. (1989). *Evaluability Assessment A Practical Approach*. Norwell: MA Kluwer.
Swiss, J. (1991). *Public Management Systems*. Englewood Cliffs, NJ: Prentice-Hall, p. 367.
Titmuss, R. M. (1974). *Social Policy*. London: George Allen and Unwin.
Weinbach, R. W. (1998). *The Social Worker as Manager: Theory and Practice*. Boston: Allyn and Bacon.
Wilensky, H. L., & Lebeaux, C. N. (1965). *Industrial Society and Social Welfare*. New York: Free Press.
York, R. O. (1983). *Human service planning: Concepts, tools & methods*. Chapel Hill: The University North Carolina Press.
Zastrow, C. (2013). *Introduction to Social Work and Social Welfare*. Belmont, CA: Wadsworth.

제2장

사회복지의 역사

사회복지는 역사적으로 어떠한 과정을 거쳐 현재에 있는 것일까? 이 장에서는 사회복지의 시기적 변화과정을 묘사해 보고자 한다. 사회복지의 역사를 구빈법의 시대, 민간 사회복지활동, 사회보험 등장, 복지국가의 정립과 성장, 복지국가의 위기, 그리고 복지국가의 재조정의 시기로 구분하여 살펴보았다. 구빈법의 시대에서는 「엘리자베스 구빈법」 이후 억압적 성격 강화, 「길버트법」과 「스핀햄랜드법」에 의한 인도적 성격의 강화, 그리고 다시 「수정구빈법」에 의한 통제적 성격의 강화의 과정에 대해 살펴보았다. 민간 사회복지활동에서는 자선과 상호부조 활동, 자선조직협회, 인보관, 빈곤조사 등에 대하여 살펴보았다. 사회보험의 등장과 확산에 대하여 독일 비스마르크하에서의 세계 최초의 사회보험 도입과 영국 자유당 정부하에서의 사회보험 도입, 그리고 미국 루스벨트 정부에서의 사회보장제도 도입에 대하여 살펴보았다. 복지국가의 정립과 성장에 대해 영국에서의 「베버리지 보고서」와 전후 영국 복지국가의 성장, 그리고 스웨덴, 미국, 독일에서의 복지국가 정립에 대하여 살펴보았다. 복지국가의 위기 시대에 대해 영국의 대처 정부와 미국의 레이건 정부 이후 신자유주의의 흐름하에서의 복지국가 축소시도들에 대하여 살펴보았다. 그리고 복지국가의 재조정 시기에서는 제3의 길을 주창하는 정치 세력들의 등장에 따른 복지국가의 재조정 시도와 그에 따른 변화들을 살펴보았다.

1. 구빈법의 시대

1) 구빈법의 등장: 「엘리자베스 구빈법」

봉건사회가 균열되어 감에 따라 과거에 농지에 예속되어 있었던 농민들이 점차 영지로부터 이탈하게 되면서 빈자와 부랑자들이 증가하게 되었다. 이러한 빈자와 부랑자들에 대해 한편에서는 구호를 제공하면서 동시에 이들을 사회적으로 통제할 필요성에서 구빈법이 등장하였다.

과거 봉건사회에서 사람들은 농민으로서 영지에 예속되어 있었다. 영지에서 작은 농촌공동체를 형성하여 그 속에서 자급자족하며 상호부조하는 생활을 영위하였다. 상호부조를 통해 해소되지 못하는 무의탁 부랑자나 빈자 등에 대한 구호는 주로 교회를 통하여 수도원 등에서 보호되었다. 그래서 국가적 차원에서 빈곤에 대한 체계적 구호는 제공되지 않았다.

이러한 봉건사회에 균열이 점차 발생되었다. 상업과 무역 등이 활발해지면서 가내수공업이 발전하게 되었다. 영국에서는 양의 털을 이용한 직물생산으로 이익을 보는 사람들이 증가하였다. 이제 지주들은 자신들의 땅에서 농사를 짓는 대신에 양을 키우게 되었다. 양을 키우는 것은 농사를 짓는 데 비해 훨씬 더 적은 인력으로 할 수 있었다. 이러한 인클로저 운동의 결과 과거에 농지에 매여 있던 많은 사람들이 농지로부터 이탈하게 되면서 빈자와 부랑자가 증가하게 되었다. 이러한 빈자와 부랑자들에 대한 보호를 이제 더 이상 교회 등의 자선에만 의존할 수 없게 되었다.

그래서 국가가 직접 책임을 지고 빈자와 부랑자들의 보호와 통제를 제공하는 구빈법(Poor law)이 등장하게 되었다. 체계적인 최초의 구빈법으로 영국에서는 1601년에 「엘리자베스 구빈법(The Elizabeth Poor Law)」이 등장하였다. 「엘리자베스 구빈법」에서는 교구 단위로 구빈세를 부과하고, 그 재원으로 빈자와 부랑자들에게 구호를 제공하도록 하였다. 행정은 교구 단위로 치안판사의 감독하에 빈민감독관(Overseers of the poor)을 두어 구빈세의 징수, 구호 대상자의 선정, 그리고 구호의 제공을 담당하도록 하였다.

「엘리자베스 구빈법」에서는 대상자들을 세 가지 종류로 구분하였다. 첫째, 노동능력이 있는 빈자들이다. 이들에 대해서는 교정원이나 작업장에 수용하여 강제 노동을 시키면서 구호를 제공하는 원내구호를 제공하였다. 원외에서의 구걸이나 자선은 금지되었다. 둘째, 노동능력이 없는 빈자들이다. 이들에 대해서는 구빈원에 수용하여 보호하도록 하였고, 자기 거주지에서의 원외구호도 허용하였다. 셋째, 보호가 필요한 아동의 경우에는 입양하거나 도제계약을 통해 생활할 수 있도록 하였다. 그래서 「엘리자베스 구빈법」에서는 대상을 엄격하게 구분하고, 특히 노동능력이 있는 빈자들에 대해서는 작업장에 수용하고 원외에서의 구걸을 금지시킴으로써 강한 통제를 행사하고자 하였다.

2) 구빈법의 억압적 성격 강화

「엘리자베스 구빈법」의 제정 이후 구빈법은 사회통제적 성격을 더욱 강화하는 방향으로 전개되었다. 1662년 「정주법(The Law of Settlement)」이 제정되었는데[1], 이 법은 다른 지역으로부터의 빈민의 유입을 방지하고자 하는 제도로서 빈민들의 거주 이동의 자유를 제한하였다. 구체적으로 1662년 「정주법」은 다른 교구로부터 어떤 가구가 이주하는 경우 빈민감독관들의 조사를 통하여 해당 교구 주민들에게 부담이 될 것으로 판단되면 이전에 거주했던 교구로 추방하도록 하였다. 또한 1723년의 「나치블법(Knatchbull's Act)」[2]은 구빈지원을 받고자 하는 사람에게 작업장에 수용되어 강제노동에 종사하도록 하는 작업장 시험(Workhouse test)을 받도록 했다. 이를 통하여 무책임한 구빈 지원을 억제하고 구빈비용을 작업장을 통해 자체적으로 마련하고자 하였다. 작업장은 교구에서 독자적으로 또는 교구들이 연합하여 직접 설치하거나 민간기관의 작업장에 위탁하여(Contract out) 운영하도록 하였다. 하지만 민간 위탁 운영자들이 최소한의 경비로 이윤을 확보하고자 함에 따라 작업환경이 극도로 열악했고 작업장은 공포기관으로 전락했다. 또한 많은 경우 실제로 작업장에 수용된 사람들은 병자, 노인, 아동들로서 이윤을 창출하기 어려웠고, 작업장은 야간숙소, 노인병동, 고아원 등의 성격을 가졌다(Wikidepia, 2020. 1. 6. Knatchbull's Act). 이와 같이 「엘리자베스 구빈법」 이래 초기 구빈법들은 부랑자를 억제하고 구빈 지원을 제한하기 위하여, 빈민들의 거주 이동의 자유를 제한하고 작

1) 1601년의 「엘리자베스 구빈법」은 교구에 정착된 교구의 자체 빈민들에 대한 구빈활동을 규정한 것이었다.
2) 이 법을 제정하는 데 주도적 역할을 한 Knatchbull 의원의 이름을 따서 「나치블법」으로 불린다.

업장에서의 강제노동을 부과하는 사회통제적 성격을 강화하였다.

3) 구빈법의 인도적 성격 강화

18세기에 산업혁명이 진행되면서 도시에서 기계제 공업이 발전하고 농촌에서도 제2차 인클로저 운동으로 인해 농민들의 농촌으로부터의 이탈이 확대되었다. 유동화된 농민들은 농촌에서는 농번기에만 고용되는 불안정한 계절적 고용의 상황에 있었다. 도시로 이주한 경우에도 저임금과 실업, 그리고 열악한 생활환경으로 인해 고통을 겪었다.

이러한 상황에서 기존의 작업장을 통한 구호는 비인간적이고 효율성도 떨어졌다. 작업장의 비위생적이고 비인간적인 실태가 알려지면서 개선에 대한 요구들이 나타났다. 또한 작업장은 강제노역에 따른 낮은 노동생산성과 작업장의 설치와 운영을 위한 비용으로 인해 효율성의 측면에서도 문제가 제기되었다.

이러한 상황에 대한 대응으로 보다 인도주의적 성격을 강화한 구빈법 개혁들이 이루어졌다. 1782년에 「길버트법(Gilbert Act)」이 제정되었다. 「길버트법」은 기존의 작업장을 통한 원내구호 방식의 문제에 대응하여 작업장 밖의 자가 등에서 거주하면서 원외구호를 받을 수 있도록 허용하였다. 이제 노동능력이 있는 빈민들은 작업장에 수용되지 않고 자기 집에 거주하면서 일자리를 구하거나 또는 작업장에 출근하여 일하도록 허용되었다. 이 법은 「엘리자베스 구빈법」 이래 「나치블법」에서 더욱 강화되었던 작업장 구호, 즉 원내구호의 원칙을 탈피하여, 빈민들이 자기 집 등에서 거주하면서 보다 인간적인 환경에서 구호를 받을 수 있도록 허용하였다는 점에서 큰 변화를 가져왔다.

1795년에는 「스핀햄랜드법(Speenhamland Act)」이 제정되어 구빈법의 인도주의적 성격을 한층 더 강화하는 조치들이 실시되었다. 「스핀햄랜드법」에서는 원외구호에 더하여 노동자의 임금이 생계유지에 필요한 금액 미만일 경우에는 그 차액을 보충해 주도록 하였다. 실업자의 경우에는 최저생계비 전액을 지급하였다. 스핀햄랜드 제도는 사회복지의 역사에서 최초로 국가에 의한 일종의 최저임금 또는 최저생계비 보장제도를 형성했다는 측면에서 그 의의가 크다. 그러나 이 제도는 여러 가지 논란에 휩싸이며 사라지게 된다. 첫째, 노동시장에서 저임금을 조장하는 것으로 비판받았다. 노동자들의 임금이 낮더라도 구빈세에 의하여 최저생계까지의 구호금이 제공되므로, 고용주들이 낮은 임금을 지불하여도 저임금 노동자들의 생활에는 별 문제가 없었다. 그래서 고용주들로 하여금 임금을 낮추도록 하는 유인을 발생시키고 그 결과 노동시장 전반적으로 저임금을 만연케 하는 문제를 야기하였다. 둘째, 노동자들의 노동의욕을 저하시키는 것으로 비판받았다. 최저생계비 수준의 임금을 받는 노동자들은 그들보다 임금이 낮은 사람들도 최저생활을 보장받기 때문에 자립적인 노동자들도 구호 대상자인 빈민에 비하여 생활수준에 거의 차이가 없게 되었다. 그래서 노동자들의 더 열심히 일하고자 하는 의욕을 저하시키는 것으로 비판받았다. 셋째, 빈민을 증가시키는 것으로 비판받았다. 노동시장에서의 임금 저하와 노동자들의 노동의욕 저하로 인하여 구호 대상자가 되는 노동자의 숫자가 증가되었다. 또한 최저생계 보장에 따라 빈민들의 출산을 통해 빈민들의 숫자가 증가될 것으로 우려되었다. 넷째, 산업화에 따라 요구되는 노동력 이동을 억제하는 것으로 비판받았다. 자본가들은 산업화에 따라 주요 산업 지역으로의 노동력 이동이 필요한데, 빈민들에게 최저생계비를 보장해 줌으로써 이들의 일자리를 위한 이동이 억제된다고 불만을 제기하였다. 다섯째, 구빈세 부담이 증가되었다. 빈민들의 규모가 증가됨에 따라 구빈세 부담이 증가되었다. 구빈세 부담이 큰 지주들뿐만 아니라 자영농 등의 경우에도 구빈세 부담 증가에 대한 불만이 커졌다.

4) 구빈법의 억압적 성격 재강화

구빈법의 인도주의적 성격 강화에 따른 구빈세 부담 증가, 빈민들의 규모 증가, 노동자들의 노동의욕 저하 등의 비판들이 증가되면서 구빈행정 전반에 대한 조사를 위해 1832년에 왕립구빈법 조사위원회가 설치되었다. 이 위원회에서는 보고서를 통하여 기존의 인도주의적 구빈법들이 노동자들과 빈민들에게 도덕적으로 부정적인 영향을 미친다고 주장하며, 기존의 인도주의적 구빈법의 폐지와 새로운 수정구빈법의 제정을 제안하였다.

이러한 위원회의 권고에 따라 1834년 「수정구빈법(Poor Law Amendment Act)」이 제정되었다. 「수정구빈법」에서는 구빈행정에서의 세 가지 주요 원칙을 제시하였다.

첫째, 작업장 수용 구호의 원칙이다. 그동안 「길버트법」과 「스핀햄랜드법」에 의해서 노동능력이 있는 빈민들에 대해서도 허용했던 원외구호를 폐지하고, 모든 노동능력이 있는 빈민들은 작업장에 수용해서만 구호하도록 하였다. 작업장에서는 대상자들을 성별과 연령 등에 따라 구분하여 분리 수용하도록 하였다. 그래서 부부나 같은 가족이라도 유형에 따라 서로 격리되었다.

둘째, 열등처우(Less eligibility)의 원칙이다. 열등처우의 원칙이란 구빈법에 의하여 제공되는 구호의 수준은 한 개인이 노동시장에 고용되어 일할 때 받을 수 있는 임금수준보다 더 낮아야 한다는 것이다. 이는 구빈법에 의해 구호받는 사람의 생활수준이 노동시장에서 노동하여 자립적으로 살아가는 사람의 생활수준보다 낮아야 한다는 것을 말한다. 이러한 열등처우의 원칙에 따라 작업장에서의 구호수준은 아주 비참한 수준으로 설정되었다.

셋째, 행정의 중앙집권화와 통일화의 원칙이다. 전국의 수많은 교구들에서 교구별로 통일성 없이 비효율적으로 운영되던 구빈행정을 중앙집중적 행정체계하에서 전국적으로 통일된 방식으로 운영하고자 하였다. 이를 위하여 중앙구빈위원회를 설치하여 전국의 구빈행정을 총괄하도록 하였으며, 지방에서는 여러 개의 교구를 연합하여 관리하는 지방구빈위원회를 설치하여 지방 구빈행정을 운영하도록 하였다. 이러한 개혁을 통해 전국적인 구빈행정체계가 형성되었다.

「수정구빈법」은 중앙집중적인 구빈행정체계를 구축하는 등 구빈행정을 체계화하고 효율화했다는 의의가 있지만, 빈민들에 대한 비인간적이고 가혹한 처우로 인해 비판을 받았다. 특히, 작업장에서의 식사의 낮은 질과 양, 불결한 위생, 착취적 강제노동, 그리고 비인간적인 가족의 격리 등은 빈민 가족들에 가혹한 것이었다.

이 「수정구빈법」은 이후 약 100년 동안 변화 없이 존속되었고, 제2차 세계 대전 이후 1948년 「국민부조법」의 도입과 함께 역사의 뒤안길로 사라졌다.

〈표 2-1〉 **구빈법의 발전**

구빈법의 변화	주요 입법
최초의 체계적 구빈법	1601년 「엘리자베스 구빈법」
구빈의 억압적 성격 강화	1662년 「정주법」
	1723년 「나치블법」
구빈법의 인도적 성격 강화	1782년 「길버트법」
	1795년 「스핀햄랜드법」
구빈법의 억압적 성격 재강화	1834년 「수정구빈법」
구빈법 폐지	1948년 「국민부조법」

2. 민간사회복지와 빈곤조사 활동

1) 자선과 상호원조 활동

산업화와 도시화에 따른 대규모의 도시 빈민들의 형성으로 사회복지에 대한 욕구가 급증하였다. 하지만 국가 차원에서의 구호는 구빈법에 의한 작업장 수용보호로 제한되었다. 작업장 외부에서 도시의 빈민들은 정부로부터 아무런 도움을 받지 못한 채 빈곤과 열악한 생활환경에 방치되어 있었다. 이러한 상황에서 빈민들의 욕구에 대응하기 위하여 자선활동들이 나타났다.

영국 빅토리아 시대에 자선활동의 범위와 방법은 다음과 같은 측면으로 나타났다(Jones, 2003). 첫째, 소규모의 자선적 기부활동이다. 고용주나 상인 등이 자신의 피용인이나 견습공, 그리고 빈곤한 노인들의 구호를 위해 기부하였다. 둘째, 탁월한 개인들에 의한 선구자적 활동들이다. 플로렌스 나이팅게일(Florence Nightingale), 구세군의 윌리엄 부스(William Booth), 주택개혁가인 옥타비아 힐(Octavia Hill) 등은 특정한 유형의 사회악에 대해 대중들의 관심을 유도하였다. 셋째, 전국 규모의 단체나 협회에 의해 행해지는 활동이다. 협회들은 선구자들에 의해 설립되었고 자선활동을 통해 발전하였다.

자선활동에서 여성들은 핵심적 역할을 담당하였다. 여성들은 교육, 고용, 정치 등의 분야에서 참여가 제한되어 있었지만, 교양 있는 빅토리아 시대의 여성들은 자선사업에서 그들의 재능을 발휘할 수 있는 기회를 찾아내었다. 여성들은 바자회를 열고 기업으로부터 기부를 받고, 위원회의 활동에 참여하고, 조직을 구성하며, 선언서를 작성하고 대중 앞에서 연설을 했다. 1893년에 50만 명 이상의 여성들이 지속적으로 거의 전문가인 것처럼 박애활동에 참여하고 있었고, 자선단체에서 2만 명이 유급직원으로 참여하였다(Jones, 2003: 57에서 재인용).

또한 자선활동은 종교적 기반 위에서 조직되었다. 자선활동가들은 종교적 신념을 가진 사람들로서 빈민들을 교화하고자 하였다. 청교도, 로만 가톨릭, 유대교 등의 종교 교단들은 자체적인 자선조직들을 발전시켜 나갔다.

자선활동과 함께 상호원조 활동들도 나타났다. 우애조합(Friendly society), 노동조합(Trade union), 주택협회(Housing association), 협동조합(Co-operatives) 등이 조직되

었다. 우애조합은 소득의 중단 등 예측 가능한 위험들에 대응하여 근로자들을 보호하고자 했다. 장례식 지원, 과부와 고아, 병자, 그리고 질병치료 지원, 그리고 저축활동지원 등 다양한 활동들을 했다. 노동조합은 중세의 장인조합에 기원을 두고, 여러 직종조합들이 연합하여 노동조합을 형성하였다. 노동조합은 임금 투쟁 등의 급진적 활동뿐만 아니라 회원을 위한 자체 보험제도를 형성하였다. 주택조합은 회원들이 정기적으로 돈을 거두어서 작은 규모의 토지를 매입하거나 임차를 지원하였다. 협동조합은 회원들이 공동생산하거나 또는 소매 판매하는 형태로 나타났다. 협동생산보다는 협동소매판매가 더 활성화되었다. 이와 같은 상호원조 활동들은 근로계층들이 스스로를 보호하고 위험에 대비하고자 하는 활동이었다(Jones, 2003: 62-67).

2) 자선조직협회

자선조직협회(Charity Organization Society)는 1869년 시작되었다. 그때의 명칭은 자선 구호의 조직화와 구걸 억제를 위한 협회(The Society for Organizing Charitable Relief and Repressing Mendicity)였다. 그다음 해인 1870년에 자선조직협회(Charity Organization Society)로 명칭을 변경하였다.

자선조직협회는 1869년 창립 당시의 명칭에서 보이듯이 크게 두 가지의 목적을 가지고 있었다. 우선 자선 구호의 조직화를 목표로 했다. 당시의 자선단체들은 서로 조정이나 협력 없이 각자 별도로 활동하였다. 자선단체들이 난립하면서 자선구호활동에 여러 가지 문제들이 나타났다. 구호가 중복되거나 누락되는 문제가 발생하였다. 어떤 빈민들은 여러 단체로부터 구호를 중복해서 받는 반면 다른 빈민들은 전혀 구호를 받지 못하는 문제가 발생했다. 또한 자선단체들 간에 경쟁이나 대립도 발생되어 조정의 필요성이 제기되었다. 그리고 훈련받지 않은 일반인이 감상적 선의로만 구제사업에 참여함으로써 자선이 수혜자의 진정한 욕구보다는 제공자의 동점심을 충족시키는 수준으로 그치고 있다는 문제도 제기되었다. 이러한 자선활동의 무질서와 난립 문제에 대응하여 자선활동을 조직화하고자 했다.

다음으로 자선조직협회는 구걸을 억제하고자 했다. 자선조직협회는 빈민들을 도덕적으로 교화시키고, 그들이 스스로 노력해서 자립할 수 있도록 지원하고자 했다. 자선조직협회는 빈곤을 기본적으로 개인의 도덕적 문제로 바라보았다. 그래서 빈민들을 구호를 받을 자격이 있는 빈자(Deserving poor)와 자격이 없는 빈민

(Undeserving poor)으로 구분하여, 구호를 받을 자격이 있는 빈자에 대해 구호를 집중하였다. 그래서 구걸 등에 의존하며 살아가는 사람들에 대한 지원에 반대했다. 민간 자선활동에서뿐만 아니라 공적 구빈행정에 있어서의 관대한 구호에 대해서도 반대하였다.

이러한 목적을 달성하기 위하여 자선조직협회에서는 자선단체들의 자선활동들을 조정하는 역할을 수행하였다. 자선단체들의 통합이 아니라 자선단체들 간의 협력과 조직화에 초점을 두었다. 그리고 빈민들의 생활상태를 철저하게 조사하여 이들을 자격 있는 빈자와 자격 없는 빈자로 구분하고, 자격 있는 빈자의 경우에도 생활에 개입하여 도덕적으로 교화하고 자력으로 빈곤을 탈피하도록 지원하고자 했다. 그리고 이를 우애방문원(Friendly visitors)들의 직접적인 방문과 접촉을 통해서 이루고자 하였다. 우애방문원들은 빈민 가정을 직접 방문하여 생활실태와 조건들을 조사하고 상담을 통하여 이들을 도덕적으로 감화시켜 이들의 탈빈곤 동기를 제고함으로써 자립으로 이끌고자 했다.

자선조직협회의 이러한 활동들은 이후 전문사회사업 발전의 출발점으로 평가되어 왔다. 우애방문원들의 빈곤 가정 방문을 통한 상담활동들은 이후 개별사회사업(Casework) 또는 가족사회사업으로 발전되었다. 지역사회에서 자선활동들을 조정하고 조직화한 것은 이후 지역사회조직(Community organization)으로 발전되었다. 그리고 빈곤 가정들이 처한 생활실태와 조건들에 대한 철저한 과학적 조사를 강조한 것은 이후 사회사업조사의 발전에 기여하였다. 무엇보다도 우애방문원들의 활동들을 과학적이고 체계적인 훈련 프로그램으로 발전시켜 전문적 사회사업전문직(Soial work profession)의 형성에 출발점을 제공한 것으로 평가된다.

그러나 자선조직협회는 빈곤의 원인을 개인의 도덕적 결함에서 찾음으로써 산업화와 도시화에 나타난 구조적 빈곤의 문제를 인식하지 못하였다. 그래서 빈자에 대한 구제활동에 선별적이었고, 모든 빈민에 대한 보편적인 구호제공에 대해 반대했다는 뚜렷한 한계를 가진다.

3) 인보관 운동

인보관 운동(Settlement Movement)은 빈민 지역의 사회문제를 해결하기 위해 지식인들이 직접 빈민 지역에 들어가 정착하여 같이 살면서 빈민들과 함께 지역사회의 사회문제를 해결하고자 했던 운동이다. 인보관 운동은 1854년 데니슨(Edward Denison) 목사가 시작하고 이후 바네트(Samuel Barmett) 목사가 계승하여 영국의 지식인, 특히 케임브리지와 옥스퍼드 대학교의 학생들과 빈민 지역의 노동자들을 결합함으로써 그 지역의 사회문제를 해결하려는 이상주의적 사회개혁 운동으로 출발하였다. 이후 1884년에 런던에 최초의 인보관(Settlement House)인 토인비 홀(Toynbee Hall)이 런던에 설립되었다. 토인비 홀은 옥스퍼드 대학 학생 시절부터 인보관 운동에 열성적으로 참여했던 토인비의 요절을 기념하여 바네트 목사와 토인비의 동료들이 설립한 것이다.

인보관 운동에서는 지역의 빈민들을 위한 서비스들을 제공함과 동시에 사회개혁을 위한 운동을 동시에 진행하고자 하였다. 사회서비스로서 보육, 급식, 청소년 클럽 활동, 교양강습 등이 제공되었고, 있었고, 사회개혁 운동으로서 빈민의 조직화와 의식화 활동, 빈민보호를 위한 입법활동 등이 이루어졌다(감정기 외, 2002).

미국에서도 코이트(Stanton Coit)에 의해 1886년 뉴욕에 근린조합(Neighborhood Guild)이, 그리고 1889년에 제인 애덤스(Jane Adams)에 의하여 헐 하우스(Hull House)가 세워졌으며, 1891년에는 보스턴에 안도버 하우스(Andover House)가 설립되었다.

인보관 운동에서는, 지역사회조직협회가 빈곤을 개인의 도덕적 결함에 기인하는 것으로 보고 도덕적 교화를 강조했던 데 비해, 빈곤의 문제가 사회구조적 차원에서 발생되는 문제라고 인식하고 빈민들에게 사회서비스를 제공함과 동시에 빈민들을 교육하고 변화시켜 이 변화된 빈민들이 지역사회를 개선하도록 하는 사회 환경 개혁운동을 조직하였다.

인보관에서 제공되었던 집단서비스 프로그램들은 이후 집단사회사업(Group Work)으로 그리고 빈민들의 조직화 활동은 이후 지역사회조직(Community Organization)으로 발전하는 데 기여한 것으로 평가받고 있다. 인보관 자체는 현재의 사회복지관에 해당되는 것으로서 현대의 지역 사회복지관 발전에 기여한 것으로 평가된다.

4) 빈곤조사 활동

영국에서는 대영제국의 번창 속에서도 그 내부에 존재하는 빈곤의 문제를 둘러싸고 그 규모와 원인에 대한 논란이 제기되었다. 찰스 부스(Charles Booth)와 시봄 라운트리(Seebohm Rowntree)는 과학적인 빈곤조사를 통하여 빈곤의 규모와 원인을 제시하였다.

찰스 부스는 사업가로서 보수당원이며 신흥귀족계급의 일원이었다. 부스는 사회민주연맹의 사무총장 하인드먼(Hyndman)의 노동계급의 약 25%가 빈곤상태에 있다는 주장이 과장된 것이라고 생각하고 빈곤의 정확한 실태를 과학적 방법에 의거하여 조사하고자 하였다. 부스는 1886년 런던에서 빈곤조사를 실시하였다. 토인비 홀에 조사 본부를 두고 조사를 했는데, 조사 결과 빈곤인구가 25%가 아니라 오히려 더 큰 30.7%에 해당된다는 결과를 얻었다. 그리고 부랑자나 술주정뱅이나 범죄자 등의 도덕적 결함을 가진 자들은 빈곤인구 중 0.9%에 불과하고 나머지 대부분의 빈곤인구들은 저임금이나 계절적 실업 등으로 인하여 빈곤하다는 것을 발견하였다(Jones, 2003: 77-81). 이러한 빈곤조사 결과를 통하여 부스는 빈곤인구의 규모가 사람들이 생각하는 것보다 더 크고, 또한 그 원인이 개인의 도덕적 결함보다는 사회구조적 문제에 기인한다는 것을 제시하였다.

시봄 라운트리는 런던에서의 부스의 조사를 보다 체계화하여 요크에서 빈곤조사를 실시하였다. 런던에서의 부스의 조사 결과가 지방도시에서도 유사하게 나타나는지를 살펴보고자 하였다. 라운트리는 1899년에 최소 한 명 이상의 하인을 가진 최상계층을 제외한 46,754명을 조사하여, 1901년에 그 결과를 출간하였다. 라운트리는 빈곤을 1차적 빈곤과 2차적 빈곤으로 구분하는데, 1차적 빈곤은 가족을 생물학적 효율성을 유지하기 위해 필요한 기초 필수품을 구입할 수 없는 소득수준을 가진 경우를 지칭하고, 2차적 빈곤은 생물학적 효율성 유지를 위한 소득을 가지고 있지만 이사나 다른 가족 지원 등 다른 목적에 소득이 사용됨으로써 빈곤해지는 경우를 지칭하였다. 조사 결과 요크 지역에서 1차적 빈곤인구가 9.91% 그리고 2차적 빈곤인구가 17.93%로 전체적으로 27.84%가 빈곤인구에 해당되는 것으로 나타났다. 그리고 빈곤의 주요 원인이 개인의 성격문제가 아니라 많은 노동계층들의 힘겨운 상황 때문이라는 것을 발견하였다. 경제적 요인의 측면에서 비자발적인 실업으로 인한 소득불안정이 문제였고, 또한 사회적 요인의 측면에서 보건, 교육, 주거서비스의 부족이 원인이라는 것을 발견하였다(Jones, 2003: 82-85).

이와 같은 부스와 라운트리의 빈곤에 대한 과학적 조사는 빈곤이 상당한 규모로 존재하고 있고, 그 원인이 경제 구조적 문제에 의한 저임금과 실업이고 이러한 문제에 대응하여 사회에서 보건, 교육, 주거 등의 기본적 서비스를 제공하는 국가의 역할이 필요하다는 것을 제시하였다.

3. 사회보험의 등장과 확산

산업화에 따라 등장한 대규모 노동자계급은 질병, 산업재해, 노령, 실업 등의 사회적 위험들에 직면하였다. 하지만 공장에서의 일자리를 찾아 도시로 이주한 노동자계급에 있어서 개인과 가족을 보호해 주던 과거의 농촌공동체 사회는 이미 존재하지 않았다. 국가는 노동자들에게 이미 위험이 발생하여 빈곤에 빠지는 경우에만 그것도 감옥과 비슷한 열악한 작업장에 수용되어 가혹한 강제노동을 통해서만 구호를 제공하였다. 과거에 봉건사회에서 부분적 균열이 발생되었을 때 일부의 도덕적으로 문제가 있는 부랑자들을 통제하려던 구빈법으로는 일반 노동자들이 직면하는 위험에 대응할 수 없었다. 이처럼 국가의 극히 제한적인 구빈법 보호를 보완하여 자선과 상호원조 활동들이 발생되었다. 그러나 자선활동 또한 일부의 자격 있는 극빈층에 대해 구빈법을 보완하여 구호를 지원하는 정도로 그쳤고, 일반 노동자들의 직면하는 광범위한 사회적 위험들에 대응할 수 없었다. 노동자들의 자체적인 보호노력으로 상호원조 활동이 나타났지만 이 또한 그야말로 일부의 상대적으로 안정된 노동자 집단들에서 선별적으로만 발생되었다.

이러한 상황에서 일반 노동자들의 사회적 위험에 대한 대응으로 사회보험제도가 등장하였다. 사회보험제도는 독일에서 세계 최초로 나타났다. 1883년에 건강보험, 1884년에 산재보험, 그리고 1889년에 노령 및 장애연금제도가 도입되었다. 건강보험은 일정 소득 미만의 광산, 공장, 철도, 수공업 부문 노동자들을 대상으로 도입되었다. 건강보험제도는 질병금고를 두어 운영하도록 하였는데, 보험료는 고용주가 1/3, 피용자가 2/3을 부담하도록 하였다. 산재보험은 고용주들이 전액 보험료를 부담하여 고용주들이 관리 운영하도록 하였다. 노령 및 장애연금은 일정 소득 미만의 저소득 노동자를 대상으로 하고, 고용주와 피용자가 보험료를 절반씩 부담하고 국가가 정액의 보조금을 제공하였으며, 노사의 대표가 공동으로 운영을 담당하도록 하였다.

독일의 비스마르크(Bismarck) 수상은 후발 산업국으로서 통일 독일제국을 건설하는 과정에서 급진적 사회주의 운동을 견제하고 노동자들을 독일제국 건설에 통합시키기 위한 사회보험제도를 도입하였다. 비스마르크는「사회주의 탄압법」을 제정하여 급진적 사회주의 운동을 억압하는 한편, 사회보험제도를 제정하여 노동자들의 사회통합을 추진하였다.

독일 비스마르크하에서의 사회보험의 도입은 사회복지의 역사에서 새로운 장을 열었다. 사회복지는 극빈층에 대한 구빈법과 자선활동이라는 제한된 영역을 벗어나서, 이제 일반 노동자계층에 대해 주요한 사회적 위험으로부터 보호를 제공하여 빈곤으로의 전락을 예방할 수 있는 새로운 영역으로 확장되었다.

영국에서는 자유당 정부하에서 1911년에「국민보험법(National Insurance Act)」이 도입되었다.「국민보험법」은 의료보험과 실업보험을 포함하였다. 의료보험제도에는 연소득 250파운드 이하의 육체노동자와 연소득 160파운드 이하의 비육체노동자가 가입 대상으로 포함되었다. 보험료는 주당 피용자가 4펜스, 고용주가 3펜스, 그리고 정부가 2펜스를 부담하고 운영은 정부가 공인한 공제조합들이 담당하도록 하였다. 실업보험은 고용주와 피용자가 각각 5주간 25펜스, 그리고 정부가 고용주와 피용자 보험료 총액의 1/3을 보조하였다(원석조, 2002). 그리고 유족 및 노령연금제도로서 1908년에「노령연금법」이 도입되었다. 이 제도는 저소득 노인에 대해 국가 예산으로 지급되는 무기여 연금이었다. 1925년에「과부 · 고아 · 노령연금법(Widows, Orphans and Old Age Pension Act)」이 도입되었다. 이 제도는 주 소득자의 사망과 노령의 위험에 대응하여 연금을 제공하는 사회보험제도였다.

이와 같이 독일에서 시작된 사회보험은 영국 이외에도 유럽과 세계의 주요 국가들로 확산되어 각 국에서 사회보험제도들이 속속 도입되었다.

미국에서는 1935년에「사회보장법」이 도입되었다.「사회보장법」에서는 연방정

〈표 2-2〉 주요 사회복지제도의 최초 도입

제도	첫 번째	두 번째	세 번째
산재보험	독일(1884)	스위스(1881)	오스트리아(1887)
질병보험(건강보험)	독일(1883)	이탈리아(1886)	오스트리아(1888)
연금보험	독일(1889)	덴마크(1891)	프랑스(1895)
실업보험	프랑스(1905)	노르웨이(1906)	덴마크(1907)
가족수당	오스트리아(1921)	뉴질랜드(1926)	벨기에(1930)

출처: Pierson (2006), p. 149. 〈표 4-2〉.

부 차원의 사회보험제도로서 노령의 위험에 대응하여 연금급여를 제공하는 노령연금제도(Old Age Insurance)가 도입되었다. 실업보험(Unemployment Insurance)도 도입되었다. 그런데 실업보험은 연방정부 차원에서는 최소한의 요건만 규정하고 나머지 주요 사항들은 주정부 차원에서 입법을 통하여 규정하도록 하였다. 연방정부 차원에서는 사업주가 매년 3%의 보험료를 부담해야 한다는 규정만을 설정하였고, 그 징수와 관리도 주정부에서 담당하도록 하였다. 그리고 나머지 사항들, 즉 피용자와 주정부의 보험료, 실업급여의 급여수준, 기금 등은 주정부 차원에서의 입법을 통하여 정하도록 하였다. 그 결과 실업보험은 실제로는 주정부 차원의 제도로서의 성격을 강하게 가졌다. 건강보험과 산재보험제도는 사회보장법에서 제외되었다. 산재보험은 이미 주정부 차원에서 운영되고 있어 주정부 차원의 제도로 남겨두었다. 그리고 건강보험제도의 도입은 이루어지지 못했다.

19세기 말 독일의 사회보험 도입 이후 제1차 세계 대전과 1920년대 말의 대공황의 시기를 거치면서 사회보험의 적용범위와 사회복지지출이 확대되어 갔다. 그리고 제2차 세계 대전을 거치면서 복지국가의 기반이 형성되어 갔다.

4. 복지국가의 정립과 성장

대공황을 거치면서 개인의 잘못이 아니라 자본주의의 구조적 문제로 인한 불안정성의 문제가 제기되었다. 그리고 제2차 세계 대전을 거치면서 국가의 경제와 국민의 생활 영역 전반에 걸친 개입이 현실화되었다. 이러한 경험을 통하여 제2차 세계 대전 후에 케인스주의 거시경제이론과 「베버리지 보고서」에서 제시된 사회보장제도의 결합에 의하여 케인즈-베버리지 복지국가가 형성되었다.

케인스주의 거시경제이론에서는 대공황과 같은 자본주의의 경기순환의 문제에 대응하여 국가의 개입에 의한 유효수요정책을 통하여 국가가 경기순환을 관리해야 한다는 이론을 제시하였다. 이러한 국가의 거시경제관리에 대한 케인스주의 경제이론은 대공황 이후의 미국의 뉴딜 정책, 스웨덴의 국가 개입주의 정책, 그리고 나치의 전제주의적 국가 통제 정책, 그리고 무엇보다도 제2차 세계 대전 시기의 광범위한 전시 국가 통제 정책을 통하여 현실에서도 그 유효성이 있는 것으로 인식되었다.

그리고 사회복지의 차원에서는 제2차 세계 대전 당시에 영국에서 연합군의 승리

이후의 사회보장에 대한 청사진을 제시하는 「베버리지 보고서」가 그 기반을 제공하였다. 「베버리지 보고서」에서는 영국 국민들의 삶을 위협하는 주요 위험에 대응하는 것을 목표로 설정하였다. 소위 5대 악 또는 5대 거인으로 불리는 결핍(Want), 질병(Disease), 불결(Squalor), 무지(Ignorance), 나태(Idleness)의 위험에 대응하고자 하였다. 이를 위하여 소득보장, 건강보장, 주거보장, 교육보장, 그리고 고용보장을 위한 제도들이 필요하다고 주장하였다. 구체적인 제도로서 우선 사회보험제도를 핵심적 제도로 설정하였다. 사회보험제도는 정액기여-정액급여의 체계로서 모든 소득자들이 동일한 보험료를 납부하고 동일한 정액의 급여를 받는 것으로 설계하였다. 급여의 수준은 기초보장의 수준으로 제한되었고, 그 이상의 보다 높은 급여수준의 부분은 민간에서의 자발적 보험 등의 영역에 맡겨두도록 하였다. 또한 사회보험에 가입하지 못하거나 가입해도 가입 기간이 짧아 기초보장 수준의 급여를 받지 못하는 사람들에 대해서는 사회부조제도를 통해서 기초보장을 제공하도록 하였다. 그런데 사회보험과 사회부조를 통해 전 국민에게 기초생활을 보장하고자 하는 계획이 성공하기 위해서는 세 가지의 기본적인 전제가 충족되어야 한다고 제시하였다. 첫째, 모든 아동에 대해 아동수당이 제공되어야 한다. 둘째, 포괄적인 의료와 재활서비스가 제공되어야 한다. 셋째, 완전고용이 이루어져야 한다. 이와 같은 「베버리지 보고서」는 전쟁 후의 사회에 대한 청사진을 제시하는 것으로 국민들의 강력한 지지를 획득하였다.

1945년 제2차 세계 대전이 끝나고 영국에서는 「베버리지 보고서」의 청사진을 실현시키겠다는 공약을 내걸었던 노동당이 총선에 승리하였다. 애틀리(Attlee) 수상에 의한 노동당 내각에서는 「베버리지 보고서」에서의 정책 제안들을 하나씩 실제로 도입하였다. 1945년에 「가족수당법(Family Allowance Act)」, 1946년에 「국민보건서비스법(National Health Insurance Act)」, 1946년에 「국민보험법(National Insurance Act)」, 1948년 「국민부조법(National Assistance Act)」 등이 제정되었다. 가족수당제도는 15세 이하의 둘째 아동에 대해 주당 5실링의 가족수당을 제공하도록 하였다. 국민보건서비스에서는 전 국민에게 무상으로 의료서비스를 제공하도록 하였다. 「국민보험법」에서는 질병, 실업, 노령, 사망, 출산 등의 위험에 대응하여 질병급여, 실업급여, 노령연금, 과부연금, 출산수당, 장례수당 등의 급여를 제공하도록 하였다. 국민부조에서는 과거 구빈법하에서의 작업장 수용 보호를 폐지하고 현대적인 사회부조를 제공하도록 하였다. 이로써 영국은 요람에서 무덤까지 국가에 의해 국민 개인에 대한 사회복지가 제공되는 복지국가를 정립하였다.

영국뿐만 아니라 유럽 등 모든 선진국들에서 복지국가가 이 시기에 정립되었다. 스웨덴에서는 1932년 사민당 집권 이후 한손(Hansson) 수상의 '국민의 집' 슬로건하에서 국가가 모든 국민들에게 복지를 제공하는 복지국가가 형성되었다. 이 과정에서 1938년의 살트셰바덴 협약 이후 형성된 노동자와 고용주 조직 간의 협력과 조정모델이 주요한 역할을 수행하였다. 동일노동에 대해 동일임금을 지급하는 연대임금정책이 실시되었다. 이 연대임금정책에 따라 경쟁력이 있는 성장하는 산업 부문은 유리한 반면 경쟁력이 약한 부문은 쇠퇴하게 되었다. 정부는 쇠퇴하는 부문에서 발생되는 실업자들에 대해 실업보험을 통해 현금급여를 제공하는 한편, 적극적 노동시장정책을 통하여 재훈련시켜 성장 부문으로 진입시키는 적극적 노동시장정책을 실시했다.

스웨덴에서 이 시기에 도입된 주요 사회복지제도들을 살펴보면 다음과 같다(이현주 외, 2018). 실업보험은 1934년에 도입된 겐트 방식으로 구축되었다. 겐트 방식이란 노동조합이 그 조합원들을 위한 실업보험을 운영하는 것을 말한다. 그래서 스웨덴에서는 노동조합 조합원들에 대해서만 노동조합에서 운영하는 실업보험을 통해 실업급여가 제공된다. 하지만 대부분의 노동자들이 노동조합에 가입해 있기 때문에 실업보험의 적용을 받는다. 그리고 겐트 방식의 실업보험은 노동조합의 조직률 확장에 기여했다.

1946년에는 「국민건강보험법」이 제정되었다. 이 법은 전 국민에 대해 정부예산으로 무상의 보편의료서비스를 제공하는 것이었다. 국민들의 의료기관에서 의료서비스를 받은 뒤 그 비용을 사회보험청에서 의료기관에 지불하는 방식이었다. 그러나 사회보험료 기여가 아니라 정부예산에 의해 재정이 마련되었다. 그런데 「국민건강보험법」은 1946년에 제정된 이후 재정상의 제약으로 인해 1956년에 실시되었다. 1953년에는 질병보험이 도입되어 상병수당이 지급되었다.

또한 1946년에는 사회보험 방식으로 정액연금을 지급하는 국민연금제도가 도입되었다. 기존에 1913년에 67세 이상의 노인들을 대상으로 자산조사에 의해 기초연금을 지급하는 연금제도가 있었는데, 이를 대체하여 기초보장 수준의 정액연금을 제공하는 사회보험제도가 도입되었다.

그리고 가족정책으로 1947년에는 아동수당제도가 16세 이하의 모든 아동에게 보편적으로 지급되었다. 이는 1937년에 도입된 출산수당, 고아나 미혼모 자녀 및 자애인 자녀에 대한 수당 제도를 확대시킨 것이었다. 또한 1946년에 무료학교급식제도가 도입되었다. 그리고 육아휴가제도가 이미 1939년에 도입되어 12주간의 육아휴가제도가 실시되고 있었다.

이와 같이 제2차 세계 대전 이후 주요 선진국들에서는 복지국가가 정립되었다. 복지국가는 1950년대 이후에도 계속 확대되었다. 사회보험의 적용 대상이 계속 확대되었고 급여수준도 인상되었다. 영국이나 스웨덴 등의 경우 국민보건서비스에 의해 제공되는 의료서비스가 확대되었다. 소득보장제도의 경우에는 급여수준이 제고되었다. 대표적으로 연금제도의 경우 영국이나 스웨덴에서 기존의 기초보장 수준의 정액연금을 제공하는 사회보험에 더하여 그 위에 소득비례연금을 추가하는 개혁들이 이루어졌다.

미국의 경우에는 1960년대에 존슨(Johnson) 행정부하에서 빈곤과의 전쟁을 수행하면서 주요한 사회복지의 확대가 이루어졌다. 1965년 「사회보장법」 개정을 통하여 비록 노인으로 제한되기는 했지만 공적 의료보험제도(Medicare)가 도입되었다. 그리고 저소득층을 대상으로 하는 의료부조(Medicaid)제도가 도입되었다. 이를 통하여 공적 건강보장제도가 부재하던 미국은 이제 공적 건강보장제도를 구축하게 되었다. 그리고 1972년 「사회보장법」 개정을 통해 보충적 소득보장제도(Supplemental Security Income)가 도입되어 저소득 노인과 장애인에 대한 현금급여가 이루어졌다.

독일의 경우에는 제2차 세계 대전에서의 패망 이후 파괴된 도시와 경제를 회복하는 것이 우선이었다. 사회복지정책에 있어서도 나치 정권 이전의 바이마르 공화국 때의 사회보험 등을 복구시키는 데 집중하였다. 그러다가 약 10년이 지난 1950년대 중반 정도가 되면 독일의 경제가 상당히 회복되고 고속성장하게 되었다. 이러한 소위 라인강의 기적이라 불리는 그동안의 경제성장을 기반으로 사회복지도 확대되었다. 사회보험의 적용범위와 급여수준이 확대되었다. 대표적으로 1957년의 연금개혁을 통하여 연금의 급여수준을 대폭 증가시켰다. 그리고 1961년 「연방사회부조법」을 제정하여 현대적 사회부조를 실시하게 되었다.

[그림 2-1]에서 보이는 것처럼 주요 국가들에서 20세기 이후 확대되어 오던 사회보험의 적용범위가 1950년대 이후에도 계속 확대되었다. 그리고 〈표 2-3〉에서 제시된 바와 같이 사회복지지출도 계속 증가하였다.

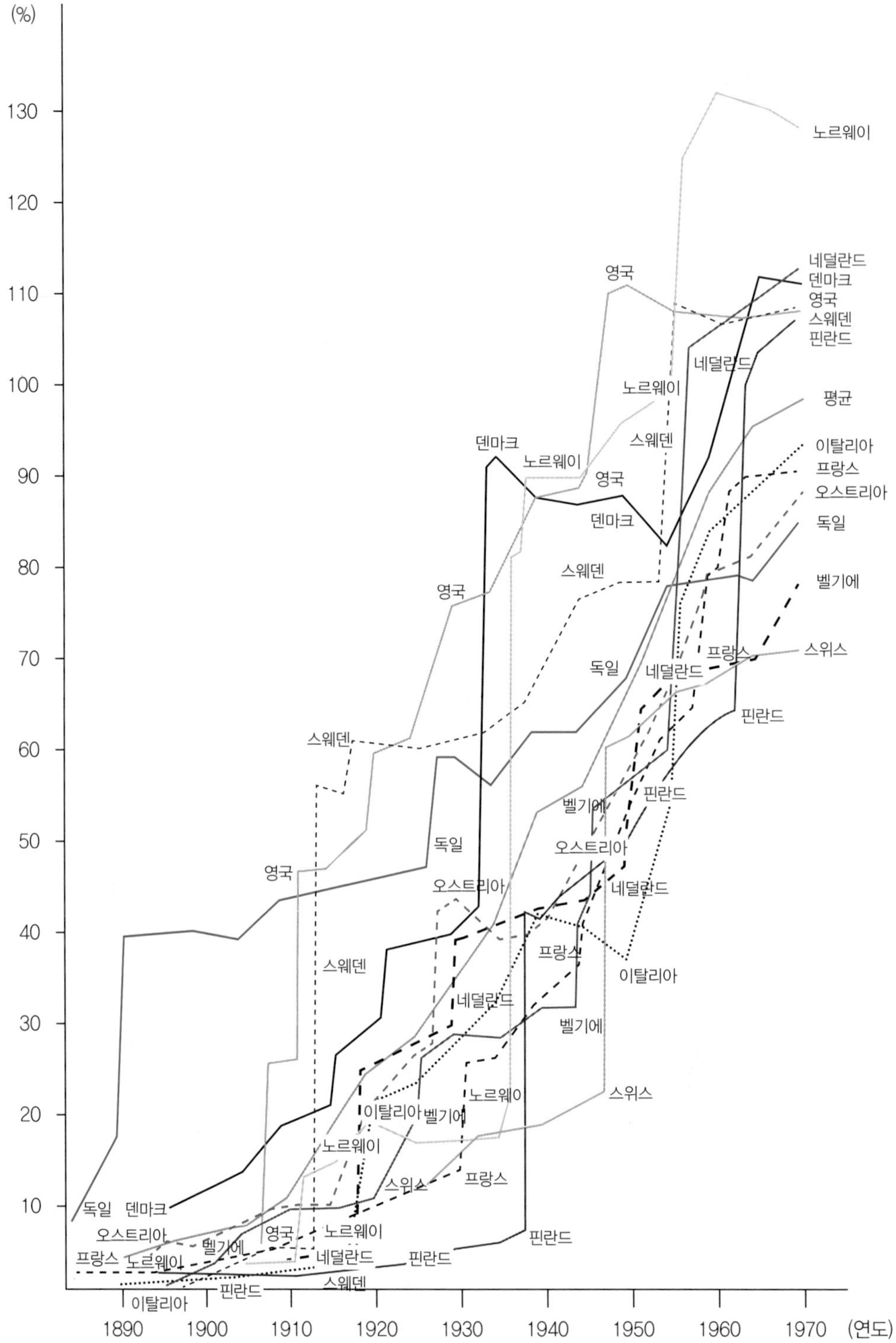

[그림 2-1] 사회보험 적용범위의 증가

출처: Flora & Alber (1981), p. 55. [그림 2-4].

〈표 2-3〉 주요 선진국의 사회복지지출 증가

	1960년	1975년
스웨덴	12.3	34.8
서독	17.1	27.8
프랑스	14.4	26.3
오스트리아	10.1	20.1
영국	12.4	19.6
미국	9.9	18.7
일본	7.6	13.7

출처: 김태성, 성경륭(2000), p. 114. 〈표 4-4〉에서 수정.

5. 복지국가의 위기

1945년 이후 1970년대 초반까지 성장하던 복지국가는 1970년대 초반 이후 특히 1980년대에 위기를 겪으면서 복지국가 축소 시도에 직면하게 되었다. 1972년 오일쇼크 이후 서구 복지국가들은 경제침체에 빠졌다. 경제성장이 정체하는 상황에서도 인플레이션이 지속되는 스태그플레이션이 발생하였고 실업이 만연하였다. 케인스주의 거시경제이론에 입각한 국가의 개입정책에 의한 경제 관리가 작동하지 않았다. 이처럼 복지국가 위기는 경제적 위기로 발생했다. 하지만 그 화살은 곧 국가 사회복지를 향했다. 복지국가에서의 국가에 의한 사회복지 확대가 경제적 위기의 주요 원인 중 하나라는 것이다.

국가에 의한 사회복지 확대는 경제성장을 저해한다는 비판들이 제기되었다. 국가의 사회복지 확대는 생산적인 민간 부문에 투자되어야 할 자원들을 비생산적인 소비 부문에 지출하게 함으로써 경제에서 생산적 부문을 위축시킨다는 것이다. 미시적인 개별 경제 주체의 측면에서는 저축과 투자 유인 그리고 노동 유인을 저하시킨다는 비판들이 쏟아졌다. 국가의 사회보장에 의해 위험으로부터의 보장이 이루어지므로 사회복지가 개인들의 저축의 필요성을 저하시키고 그 결과 자본 축적을 저해한다는 것이다. 또한 사회복지 재원을 마련하기 위한 법인세의 증가 등은 개인과 기업의 투자활동을 저해한다고 비판받았다. 또한 관대한 복지급여에 의한 생활보장은 개인들로 하여금 열심히 일할 유인을 저해하고 복지에 의존하도록 하는 복지의존과 빈곤 함정의 문제를 야기한다고 비판들이 제기되었다. 이와 같이 복지국가의 경제적 위기의 주요한 원인 중 하나로 국가 사회복지의 확대가 지목되었다.

1980년대 들어서면서 복지국가를 축소시키고자 하는 본격적인 정치적 세력들이 정권을 잡았다. 영국에서는 1979년 대처(Thatcher) 수상이 주도하는 보수당 정부가 들어섰다. 대처 정부는 복지국가의 축소를 시도하였다. 국가가 책임지고 있던 복지를 민영화하고자 했다. 공공임대주택을 장기거주하던 임차인들에게 파격적으로 절반 이상 할인된 가격으로 매각하였다. 그리고 자가소유와 민간 임대 시장을 활성화하고자 했다. 이 주택정책은 영국의 주택 영역을 시장화했고 저소득층의 주거보장을 약화시켰다. 국민보건서비스에서도 내부시장 메커니즘을 도입하여 경쟁적 요소를 강화하고 일부 서비스들은 외주화하였다. 그리고 사회복지서비스에 있어서도 급식이나 청소 등의 일정 부분들을 외주화하고 사회서비스 공급에 있어서 영리 조직들의 참여를 조장하였다. 공적연금의 경우에도 민간 직업연금에 가입한 경우 세제 혜택을 부여하고 공적인 소득비례연금에 대한 가입을 면제받을 수 있도록 하였다. 그 결과 많은 중산층들이 공적 소득비례연금을 떠나 민간 직업연금에 가입하였다.

또한 소득보장제도들에 있어서 급여 축소가 이루어졌다. 기초연금의 급여수준을 과거에 소득수준과 연계하던 것을 물가에만 연동함으로써 장기적으로 급여수준이 대폭 축소되도록 했다. 아동수당의 경우에는 일정 기간 동안 아동수당의 물가연동조차도 하지 않고 급여를 동결하였다. 그리고 실업보험의 소득비례 부분을 폐지하였다. 이와 같은 대처 정부의 복지 축소 시도에 의해 복지의 관대성이 상당히 축소되었다.

미국에서는 1981년 공화당의 레이건(Reagan) 행정부가 집권하면서 강력한 복지 축소 시도를 하였다. 조세정책에 있어서 소득세 및 법인세의 최고세율을 대폭 삭감하였다. 연방정부의 복지에 대한 책임을 지방정부로 넘겨줌으로써 연방정부의 복지책임을 축소하고자 하였다. 미국의 국민연금제도에 있어서 수급연령 인상이나 급여의 물가 및 생활수준에 따른 인상을 연기하는 등의 급여 축소 시도를 하였다.

그러나 이러한 복지축소 시도에도 불구하고 주요한 복지급여의 폐지 등의 급격한 복지축소는 실현되지 못했다. 복지지출의 수준은 대체로 유지되거나 오히려 증가하는 양상을 보였다.

〈표 2-4〉 **공공지출과 사회복지지출의 추이(1960~1990년)**

구분	공공지출					사회복지지출			
	1960년	1975년	1980년	1990년	1993년	1960년	1975년	1980년	1990년
OECD 평균	28.5	38.0	37.1	39.1	42.0	10.1	18.1	19.6	21.5
덴마크	24.8	48.2	56.2	58.3	62.3	9.0	24.2	26.8	27.8
프랑스	34.6	43.4	46.1	49.8	54.9	13.4	17.7	22.5	26.5
독일	32.0	48.9	47.9	45.1	50.0	18.1	26.2	25.7	23.5
그리스	17.4	26.7	33.1	53.3	52.7	7.1	8.6	11.1	20.9
이탈리아	30.1	43.2	41.9	53.2	56.2	13.1	21.0	21.2	24.5
네덜란드	33.7	55.9	54.9	54.1	55.8	11.7	29.6	28.3	28.8
스페인	13.7	24.7	32.2	41.8	46.9	7.8	11.8	16.8	19.3
스웨덴	31.1	48.9	60.1	59.1	71.3	10.8	21.2	25.9	33.1
영국	32.6	49.6	43.0	39.9	43.5	10.2	15.6	16.4	22.3
미국	27.8	43.6	31.8	33.3	34.4	7.3	14.5	13.4	14.6

출처: 감정기 외(2002), p. 276. 〈표 11-5〉.

6. 복지국가의 재조정

신자유주의의 거센 복지축소 시도에도 불구하고 복지제도들은 대체로 살아남았고 복지지출은 오히려 증가되었다. 하지만 기존 복지에 대한 비판들은 여전히 주요한 목소리를 가졌다. 이제 이러한 비판들에 대해 단순히 복지축소라는 무리한 대응이 아니라 사회 환경의 변화에 따라 복지를 현대화시키고자 하는 시도들이 제기되었다. 서구 복지국가들은 저성장과 세계화, 그리고 인구고령화 등으로 인해 지속적인 재정적 압박에 직면해 있었다. 1970년대 시작된 저성장의 문제는 이후 고착화되었고, 경제의 세계화는 국민국가의 조세 및 재정의 기반을 침식하였다. 이러한 상황에서 복지지출에 대한 욕구는 오히려 증가되었다. 인구고령화에 따라 노인인구가 증가하면서 기존의 의료와 연금 등의 노인층에 대한 복지지출이 급증하게 되었다. 또한 여성들의 사회참여 증가로 인한 여성들의 역할변화가 발생되어 요양과 아동보육 등 돌봄에서의 공백 문제가 발생되었다. 과거에 가정 내에서 여성들의 무급노동에 의해 이루어지던 돌봄에 대해 이제 사회적 개입이 요청되었다. 더욱이 세계화와 탈산업화 등의 경제구조 변화로 인해 저임금 불안정 노동이 증가하게 되어 근로

빈곤의 문제가 제기되었다.

이와 같은 사회 환경과 복지욕구의 변화에 대응하여 새로운 변화의 바람이 불었다. 정치적으로는 대표적으로 제3의 길의 바람이 불었다. 1992년 미국 민주당 클린턴(Clinton) 행정부를 시작으로, 1990년대 중 · 후반에 영국 노동당의 블레어(Blair) 행정부, 그리고 독일 사회민주당의 슈뢰더(Schröder) 행정부 등의 소위 중도좌파 정부들이 제3의 길의 깃발을 들었다. 제3의 길에서는 변화된 환경에서 과거의 구사회민주주의와 신자유주의 사이의 새로운 중도 개혁의 길을 제시하고자 했다. 국가의 역할에 있어서 국유화 정책을 포기하고 보다 시장친화적으로 시장에서의 기업활동을 촉진하고 개인들의 인적자본 축적과 취업을 장려함으로써 개인의 능력을 고양시키고 사회참여를 촉진시켜 경제를 활성화시키고자 했다. 국가의 재정정책은 재정적자를 억제하고 보다 균형적인 재정정책을 지향했다.

이러한 배경하에서 복지에 있어서도 상당한 변화가 발생했다.

첫째, 소극적 복지로부터 적극적 복지로의 복지의 강조점에 변화가 발생되었다. 과거의 노동시장 제외자들에 대한 현금급여들을 축소하고 생산적인 복지를 강조하는 경향이 발생되었다. 그래서 대표적으로 노인과 장애인, 실업자 등에 대한 현금급여가 축소되었다. 대신 사회투자국가 주장에서 제기되는 것처럼 사회에 대한 투자로서의 복지가 강조되었다. 이러한 맥락에서 인적자본 증진에 차원에서 아동들에 대한 복지확대가 강조되었다.

둘째, 여성들의 사회참여 확대와 함께 일-가족 양립정책들이 대폭 확대되었다. 여성들의 경제활동 참여가 증가되면서 젠더 간의 평등 특히 일과 가정 내의 무급 노동에서의 젠더 평등의 문제가 제기되었다. 이에 따라 노동시간의 유연화 등 노동 패턴의 변화뿐만 아니라, 가정 내 돌봄의 사회화가 요구되었다. 이에 따라 대표적으로 아동보육서비스와 장기요양서비스 등의 돌봄 서비스들이 대폭 확대되었다. 또한 아동보육을 위한 육아휴직제 등도 대폭 확대되었다.

셋째, 저임금 불안정 노동자들에 대한 지원정책들이 재편되었다. 과거의 실업자들에 대한 관대한 실업급여는 관대성이 축소되면서, 적극적 노동시장정책들이 강조되었다. 노동능력이 있는 실업자들에 대한 실업급여나 사회부조 현금급여 등은 이들의 노동시장 진입을 지원하는 직업훈련이나 공공근로 등의 노동 참여와 보다 강하게 결합되었다. 소위 노동조건 프로그램 또는 근로연계 프로그램(Workfare, welfare-to-work programs)이 강조되었다. 또한 노동시장에서 취업하여 일하고 있음에도 저소득 상황에 있는 사람들의 소위 근로빈곤(Working poor)의 문제에 대응하여 이들의 소득을 지원하는 근로장려세제(Earned income tax credit)와 같은 제도들이 도입되었다.

넷째, 복지혼합이 더욱 강조되었다. 1980년대에 신자유주의의 흐름 속에서 사회서비스의 민영화가 강조되었던 반면, 이제 사회서비스의 전면적 시장화의 주장보다는 정부의 재정적 지원과 품질관리 위에서 민간기관의 서비스 공급을 결합하는 복지혼합이 강조되었다. 정부에 의한 서비스의 양과 질에 대한 재정적 및 관리적 책임성과 서비스 공급에 있어서 민간기관들의 유연성과 경쟁을 통한 효율성을 결합하고자 하였다. 그리고 이를 통해 서비스 이용에 있어서 이용자들의 선택권의 확장을 성취하고자 하였다.

참고문헌

감정기, 최원규, 진재문(2002). **사회복지의 역사**. 경기: 나남.

구인회 외(2018). **미국의 사회보장제도**. 나남, 한국보건사회연구원.

김태성, 성경륭(2000). **복지국가론**. 경기: 나남.

심상용(2021). **사회복지역사**. 서울: 학지사.

원석조(2002). **사회복지역사의 이해**. 경기: 양서원.

이현주 외(2018). **스웨덴의 사회보장제도**. 나남, 한국보건사회연구원.

정연택 외(2019). **독일의 사회보장제도**. 나남, 한국보건사회연구원.

최복천 외(2018). **영국의 사회보장제도**. 나남, 한국보건사회연구원.

Giddens, A. (1998). *The Third Way: The Renewal of Social Democracy*. Cambridge: Polity Press. 한상진, 박찬욱 공역(2014). **제3의 길**. 서울: 책과 함께.

Jones, K. (2000). *The Making of Social Policy in Britain: From the Poor Law to New Labour*. London: The Athlone Press. 엄영진, 이영찬 공역(2003). **영국 사회정책 현대사**. 서울: 인간과 복지.

Pierson, C. (2006). *Beyond the Welfare State?*. Cambridge: Polity Press. 현외성, 강욱모(2007). **전환기의 복지국가**. 서울: 학원사.

제3장

사회복지의 가치와 윤리

사회복지학은 응용 학문으로서 현실사회에서의 개인의 삶에 대한 개입을 전제로 한다는 점에서 가치와 매우 밀접한 관련이 있는 분야라고 할 수 있다. 한국사회복지사 윤리강령을 살펴보면, "사회복지사는 인본주의 평등주의 사상에 기초하여, 모든 인간의 존엄성과 가치를 존중하고 천부의 자유권과 생존권의 보장활동에 헌신한다. 특히, 사회적 · 경제적 약자들의 편에 서서 사회정의와 평등, 자유와 민주주의 가치를 실현하는 데 앞장선다."고 선언하고 있어 사회복지에서 중요하게 생각하는 가치들을 나타내고 있다. 이 단원에서는 사회복지의 주요 가치를 포괄적으로 논의하고 이후 구체적인 사회복지실천의 과정에서 적용되는 실천윤리에 대해 살펴보고자 한다.

1. 사회복지의 가치

사회복지의 가치는 한 사회의 사회복지정책과 제도를 평가하거나 발전 방향을 설정하는 데 있어 중요한 지침의 역할을 한다. 리머(Reamer, 2018)는 사회복지의 본질적인 목적과 사명에 이미 가치가 내재되어 있다고 하였다. 인간이 인간답게 살 수 있도록 하는 조건들을 마련하고 돕는 것이 사회복지의 사명이라고 보았을 때, 이러한 환경적 여건을 조성하는 제도와 정책을 설계하며 그러한 환경 속에서 살아가는 개인들을 어떻게 도울지는 사회복지가 어떠한 가치에 기반하는가와 밀접하게 관련된다.

사회복지에서 중요하게 생각하는 가치는 여러 가지가 있겠으나 이 장에서는 인간 존엄성, 인권, 평등과 자유, 사회정의, 그리고 다양성에 대해서 살펴보기로 하겠다. 이러한 가치들은 서로 밀접하게 관련되어 있으며, 사회복지제도 및 실천의 방향에 영향을 미쳤다.

1) 인간 존엄성

인간이 존엄성을 가지고 인간답게 살 수 있도록 하는 것은 사회복지가 존재하는 본질적인 목적이라고 할 수 있다. 여기에서 인간 존엄성이란 "인간은 그 자체로 존중되어야 하고 존엄하게 대해져야 한다"는 것으로, 인종이나 성별, 언어, 종교, 정치적 신념, 사회적 출신이나 재산 등 그 밖의 조건들과 무관하게 어떤 차별도 없이 평등하게 대해져야 함을 말한다(김용해, 2003).

이러한 인간 존엄의 사상은 그리스도교에서 신의 모상으로서의 인간 본성에서 그 근원을 찾는다. 이후 근대에 와서는 칸트(Kant)의 도덕철학에서 "윤리성을 보유하였기 때문에 인간이 존엄하다"고 하는 인격성에 기인한 인간 존엄을 제안하였다(손보미, 2020).

인간 존엄성의 가치가 여러 나라에서 법적으로 공식화된 것은 1948년 「세계인권선언」이 공표되면서라고 볼 수 있다. 「세계인권선언」에서는 "모든 사람은 태어나면서부터 자유로우며, 그 존엄과 권리에 있어 동등하다"고 천명하였으며, 인간의 존엄과 가치에 대한 신념을 확인하였다(United Nations, 2021). 이후 인간 존엄에 대한 내용이 각국의 「헌법」에도 포함되게 되면서 인간 존엄은 법적 가치로서 자리 잡게 되었다. 법적 가치로서 인간의 존엄은 모든 인간이 존엄하다는 것을 의미하며, 이는 인간이 본질적 가치를 가진 존재로서 존엄하다는 것과 인간으로서 마땅히 누려야 할 어떤 것들이 있다는 것, 그리고 이러한 인간으로서의 본질적 가치와 누려야 할 것들에 대해 모든 인간이 평등하다는 의미를 함축한다(손보미, 2020). 우리나라도 "모든 국민은 인간으로서의 존엄과 가치를 가지며 행복을 추구할 권리를 가진다"고 「헌법」에서 규정하여 인간 존엄성을 존중받을 권리를 명시하고 있다(고명수 외, 2018).

사회복지는 이러한 인간의 인격을 인정하고 존중하는 것에서 출발하여, 인간 존엄성의 권리를 향유할 수 있도록 하는 데 목적을 둔 사회제도다. 즉, 모든 사람의 인간다운 생활을 할 권리를 보장하는 것이 사회복지의 목적이라고 볼 수 있다(권중돈 외, 2019). 인간 존엄성의 구현은 사회복지정책을 통한 국민의 생존권 보장이나, 인간에 대한 차별금지로 구체화된다(김영화, 박태정, 장경은, 2020). 또한 인간 존엄성의 존중은 사회복지 전문직의 실천가치로서도 작용하여, 클라이언트에 대한 비심판적 태도나 수용 등의 실천원리로 나타나게 되었다.

2) 인권

인권이란 "사람이 사람답게 살기 위해 필요하다고 인정된 기본적 권리"로서, 국가 권력이나 제도를 넘어서는 천부적 권리다. 인간 존엄성의 가치는 인권사상과 불가분의 관계를 가진다. 왜냐하면 인간이 스스로 존엄한 존재로서 그러한 존엄성을 존중받는다는 것은 어떤 기본적인 권리들을 보장받을 때에만 가능한 것이기 때문이다. 인권은 인간의 생존과 존엄성, 자유와 안녕, 복지를 위해 필수불가결한 주요 전제로서, 사회적 조건에 의해 제한될 수 없고, 다른 사람이 임의로 빼앗을 수 없다(문진영, 2013). 이러한 인권의 개념은 자연법사상에서 유래되었고, 토마스 아퀴나스(Thomas Aquinas)나 그로티우스(Grotius) 등의 저술에서 나타나는 천부인권사상 등이 르네상스 이후 17세기까지의 기간 동안 보편적인 사회적 요구로 받아들여지기 시작하였다. 특히, 절대왕정에 대하여 반기를 든 민중들의 사상으로서 인권의 개념은 더욱 발전하게 되었고, 이는 노예제의 폐지나 노동법의 제정, 공공교육의 실시 등 다양한 형태로 표출되게 되었다(고명수 외, 2018).

현대적 의미의 인권 개념은 1948년 「세계인권선언」 이후에 정립되었다(United Nations, 2021). 「세계인권선언」은 인간의 기본권, 시민권 및 참정권, 경제적 · 사회적 · 문화적 권리, 그리고 단결의 권리 등의 핵심 요소로 구성된다. 이는 억압에의 저항이라는 소극적 단계에서 욕구충족의 권리와 생산 및 분배에 대한 평등한 참여라는 적극적 개념으로 발전해 나간 인권의 발전 단계와 연관된다(양옥경, 2017). 인권이 발전한 역사를 3단계로 나누어 1세대 인권, 2세대 인권, 3세대 인권으로 볼 수 있다(고명석, 2011).

1세대 인권은 국가의 부당한 간섭으로부터 개인의 자유를 보장하는 데 관심을 둔 시민적 · 정치적 자유권을 중시한 시기로 여기에는 언론이나 종교의 자유, 집회의 자유, 차별이나 고문을 받지 않을 권리 등이 포함된다. 이 시기에는 인권의 보장을 위해서 정부의 역할이 제한적으로 이루어져야 한다고 보았다.

2세대 인권은 필요한 것을 향유할 수 있도록 요구하는 적극적 권리의 개념으로서 사회권과 관련된다. 여기에는 인간 존엄성을 실질적으로 보장하기 위한 경제적 · 사회적 · 문화적 권리나 교육, 주거, 의료, 고용, 적정소득, 사회보장 등에 대한 권리가 포함되며, 국가는 이를 보장하기 위하여 적극적으로 개입해야 한다고 보았다.

3세대 인권은 연대에 대한 권리, 집합적 권리를 말한다. 1, 2세대 인권이 국가와 개인 간의 관계에서 발생하는 개인 수준의 권리라면 3세대 인권은 국가 간의 집단적 권리를 강조한다. 즉, 한 집단은 다른 집단의 발전과 번영을 저해할 수 있는 조건들을 강요해서는 안 되며, 선진국은 자원개발을 통해 경제적으로 덜 발전된 나라를 이용하면 안 되는 등 전 세계 모든 사람의 권리와 자유가 실현되도록 하는 사회적 · 국제적 질서에 대한 권리를 말한다. 여기에는 세계무역과 경제성장으로부터 혜택받을 권리, 인도적 구호를 받을 권리, 오염되지 않은 환경에서 살 권리 등이 포함된다(고명석, 2011).

이러한 인권은 몇 가지 본질적 특성을 가진다(이준일, 2019).

첫째, 인권은 "모든 인간이 누구나 향유할 수 있는 권리"라는 점이다. 이는 개인의 사회경제적 · 인종적 배경이나 장애 여부 등과 같은 어떠한 조건과도 상관없이 누구에게나 보장되어야 하는 권리라는 의미다.

둘째, 인권은 "어떠한 시대와 공간에서도 인정되어야만 하는 권리"로서 보편적 효력이 인정되는 도덕적 권리다.

셋째, 인권은 "모든 인간에게 필수적으로 요구되는 권리"이며, 다른 권리는 다 포기하더라도 절대 포기할 수 없는 가장 기초적인 권리라는 점에서 근본적이고 기본적인 권리다. 즉, 인간이 존엄하고 가치 있는 존재로서 살아가기 위해 최소한으로 보장되어야 하는 필수적인 권리임을 뜻한다.

넷째, 인권은 '실정법보다 우선한다'는 점에서 우월적 권리다. 인권은 모든 실정법의 존재 목적이고 실정법과 인권이 서로 상충되는 경우, 인권이 우선하는 기준이 된다.

이상과 같은 특성을 가진 인권은 추상적인 개념이기 때문에 「헌법」에 구체적으로 규정됨으로써 실정법적 권리를 의미하는 '기본권'이 된다. 법과 국가의 목적은 인권의 보장과 실현에 있으므로 인권이 기본권 목록에 포함되어 있지 않은 「헌법」은 그 정당성을 의심받을 수밖에 없다(이준일, 2019).

오늘날 인권의 개념을 어떻게 정의하는가에 따라 크게 두 가지 입장을 대별해 볼 수 있는데, 첫째는 광의의 인권 개념을 주장하는 입장으로 인권은 인간이 내재적으로 가지는 존엄과 가치에서 파생되며 인간이 자신의 성장과 발전을 위해 필요한 것을 주장할 수 있는 권리라는 입장이다. 이러한 인권의 개념은 자연권적인 철학적 이념에 기반을 둔 것으로, 인간이기 때문에 당연히 가지는 권리로 보는 천부인권론의 입장이다.

이와 대조적으로 인권을 평등할 권리, 혹은 차별받지 않을 권리로 보는 입장이 있다. 이러한 입장에서는 사회적 약자, 즉 사회 · 문화 · 경제적으로 취약한 지위에 있는 사람들, 언어적 · 인종적으로 주변화되어 있는 사람들 혹은 다양한 측면에서 소수자적 위치를 점하는 사람들의 권리에 주목한다. 이러한 입장에서는 정치, 경제, 사회적 상황, 문화적 전통 등 시대와 국가적 배경에 따라 강조되는 인권의 내용 및 구현양태가 다양하게 나타날 수 있다고 본다(오윤수 외, 2010).

사회복지의 궁극적 목적이 인간의 안녕과 행복을 추구하는 것이라고 했을 때, 인간 존엄성을 유지하고 삶의 질을 향상시키는 노력은 인권과 직결되어 있다고 하겠다. 특히, 사회복지는 사회 구성원 중에서도 취약계층을 대상으로 하므로 이들의 기본적 권리인 인권이 침해되지 않도록 하고 인권이 보장되는 방향으로 제도나 실천의 방향을 설정하는 것이 중요하다.

3) 평등

평등의 사전적 정의는 "인간의 존엄, 권리, 인격, 가치, 행복추구 등에 있어 차별이 없이 같은 상태"를 말한다. 인간이 평등하다는 것은 인간이 다 같은 인간이라는 점에서 아무런 구별이나 차별이 있어서는 안 된다는 의미다. 이러한 평등의 가치는 사회복지에서 추구하는 기본적이고 본질적인 가치 중의 하나이며, 인간 존엄성과 인권에 대한 신념을 구체화하는 가치이기도 하다(윤철수 외, 2018).

평등의 개념은 여러 사람에 의해 약간씩 다른 의미로 사용되는데, 사회정의나 재분배 등을 위한 거시적 사회복지제도나 정책 분야에서는 수량적 평등, 비례적 평등, 기회의 평등의 개념으로 나눈다(윤홍식 외, 2020).

첫째, 수량적 평등이란 모두에게 똑같은 몫을 나누어 준다는 것으로, 모든 사람들을 대함에 있어 개개인의 욕구나 능력, 기여 등과 관계없이 똑같이 대하며 사회적 재화를 배분함에 있어서도 동량을 분배하는 것을 의미한다. 수량적 평등은 산술적 평등, 혹은 결과의 평등이라고도 하며, 평등의 개념 중 가장 적극적인 평등의 개념으로 볼 수도 있으나 실제로 완전한 결과의 평등은 어떠한 사회에도 존재하지 않는다(남기민, 2017).

둘째, 비례적 평등이란 받을 사람의 속성에 비례해서 몫을 나누어 주는 것으로, 개인의 욕구나 노력, 기여의 정도에 따라 자원의 배분을 다르게 하는 것을 말하며, 조건의 평등, 혹은 형평, 공평(Equity)이라고 불리기도 한다. 비례적 평등을 추구하는 입장에서는 받을 사람의 속성을 어떻게 고려해서 배분의 기준으로 삼는지가 중요하다. 이러한 비례적 평등은 수량적 평등과 비교하면 불평등의 수준이 더 높지만, 자본주의 사회에서 실질적으로 널리 사용되는 개념이고 사회복지제도에서도 비례적 평등을 추구하는 경우가 대부분이다. 이러한 형평성의 개념에 입각하여 여성이나 장애인, 유색인종 등의 사회적 취약집단에 대한 차별적 우대정책을 하기도 하며, 사회보험제도와 같은 장치를 통해 재분배가 이루어지도록 하여 결과의 평등에 조금 더 근접하도록 하는 제도적 개입이 이루어지기도 한다.

셋째, 기회의 평등은 수량적 평등과 비례적 평등의 개념을 혼합한 것으로 볼 수 있는데, 절차적, 과정상의 기회만 똑같이 부여되면(수량적 평등) 각자의 능력이나 성과, 노력에 따라 다르게 얻어지는 결과(비례적 평등)에 대해서는 개입하지 않는 것을 말한다. 즉, 개인의 능력이나 욕구 등과 관계없이 자원에 접근할 수 있는 기회만 똑같이 보장된다면 이는 평등한 것이라고 보는 것이다. 그러나 기회의 평등은 천부적으로 타고나는 능력이나 장애의 유무 등을 고려하지 않고 세대 간 전승되는 물리적·경제적 조건의 차이 등을 감안하지 않기 때문에 매우 제한적인 평등 개념으로 인식된다.

사회복지정책에서는 주로 비례적 평등을 강조하는 편이다. 이는 개인의 욕구, 능력, 기여 등에 따라 사회적 자원을 다르게 배분하는 것으로, 공정한 처우와 관련된다. 이동상의 어려움이 있는 장애인의 경우 승용차를 구입할 때 자동차 관련 세금을 감면해 주는 것을 예로 들 수 있다.

4) 자유

자유는, 특히 서구사회의 중요한 가치로 인식되어 왔으며, 평등 못지않게 중요한 사회복지정책의 가치다. 근대 이후 봉건세력에 대항하여 국가 권력으로부터 시민계급이 추구했던 가장 중요한 가치로, 국가 권력으로부터 구속받지 않고 개인의 사적 소유를 보장받고자 하였던 권리로 강조되었다(남기민, 2017).

자유의 개념은 소극적 자유와 적극적 자유로 나누어 볼 수 있다. 소극적 자유란 다른 사람의 간섭이나 구속으로부터의 자유로, 개인의 행동에 대한 외적 강제가 없는 상태를 말한다. 소극적 자유의 신장을 우선시하는 자유주의자들은 인간의 자율성을 제한하는 국가의 개입을 경계하여 소득재분배나 사회적 불평등의 완화 등을 위한 국가의 개입을 반대하였다. 반면 적극적 의미의 자유는 개인이 원하는 것을 요구하고 추구할 수 있는 자유를 뜻한다. 즉, 개인이 진정한 선택을 하고 그러한 선택에 맞추어 행동할 수 있는 것이야말로 진정한 의미의 자유라는 것이다(심선경, 2018). 적극적 자유를 중시하는 입장에서는 현대사회에서 개인이 원하는 것을 선택하고 행할 수 있는 자유를 방해하는 여러 요인들을 제거하고 개인의 적극적 자유를 신장하는 환경을 만드는 것이 중요하다고 보며, 사회복지 개입은 이러한 목적을 달성하는 중요한 수단이 된다. 적극적 자유를 옹호하는 사람들은 소득과 부를 좀 더 골고루 분배하면 모두가 각자에게 필요한 적극적 자유를 보다 골고루 누릴 수 있을 것이라고 주장하며, 따라서 자원의 재분배가 필요하다고 본다(윤홍식 외, 2020).

이러한 의미에서 볼 때 적극적 자유의 개념은 평등의 개념과 밀접하게 관련됨을 알 수 있다. 흔히 자유의 개념이 평등의 개념과 상충되는 것으로 이해되지만, 실상 평등의 확장은 자유의 확대와 같은 역사를 가진다. 근대 민주주의 사회의 발생에서 자유와 평등은 핵심적 가치로서, 이 두 개념은 서로 상충한다기보다는 상호 보완적인 관계라고 보는 것이 타당할 것이다.

5) 사회정의

정의란 사회를 구성하고 유지하기 위해 사회 구성원들이 공정하고 올바른 상태를 추구해야 한다는 가치다. 정의에 대한 관심은 신분제가 무너진 이후 신분에 관계없이 법 앞에 평등하다는 법치를 이루고자 자본주의 초기에 사법적 영역에서 시작되었다(윤홍식 외, 2020). 이때 법의 적용과정이 공평무사한 것, 즉 합법적 절차를 강조한 것을 절차적 정의라고 하며, 적용되는 법의 내용이 공평무사한 것, 즉 결과의 평등이 어느 정도 이루어졌는가와 관련된 것을 실체적 정의라고 한다.

사회정의 혹은 분배정의는 사법 영역에서 시작된 정의의 개념이 사회경제적 영역으로 확장, 적용된 것이다. 인간의 기본적 욕구 충족에 관심을 가지는 사회복지는 사회적 재화를 어떻게 배분해야 하는가 하는 분배정의에 관심을 두어 왔다. 특히, 빈곤이나 차별 등의 사회적 문제를 해결하고 사회적 약자들의 입장에서 보다 나은 처우와 권한 및 자원이 배분이 이루어지도록 하기 위해 사회적 환경과 제도의 변화를 모색한다는 점에서 실체적 정의에 관심을 가지고 있다고 볼 수 있다(권중돈 외, 2019).

사회복지학에서 사회정의와 관련하여 이루어진 대표적인 논의로 롤스(John Rawls)의 사회정의론을 들 수 있다. 롤스는 사회계약론의 입장에서 공정으로서의 정의 개념을 통해 정의로운 분배의 원칙을 제시하였다. 그는 특히 절차적 정의를 중시하였는데, 그런 점에서 평등주의적 자유주의자로 평가받는다. 절차적 정의의 중요성은 롤스의 정의론의 제1원칙에서 잘 나타난다. 제1원칙은 평등한 자유의 원칙으로서, 사회의 구성원은 다른 구성원의 자유와 양립할 수 있는 한 가장 광범위한 기본적 자유에 대해 동등한 권리를 가진다는 것이다. 이러한 원칙은 기본적으로 자유권의 보장을 가장 우선적으로 중시한 롤스의 자유주의적 입장을 반영한다. 정의론의 제2원칙은 차등의 원칙으로서, 사회경제적 불평등이 용인될 수 있는 두 가지 조건을 명시하였다. 첫째는 모든 사람에게 공정한 기회가 균등하게 보장되어야 한다는 조건과, 둘째, 최소수혜자에게 최대 이득이 되는 경우에 불평등한 분배가 용인된다고 하는 최소극대화의 원칙이다. 이는 여러 대안을 선택할 때 각 대안에 따른 최악의 결과를 비교하여 가장 나은 대안을 선택한다는 의미다. 최소 수혜자에게 최대 이익을 보장하는 이러한 차등의 원칙은 사회복지제도에 중요한 영향을 주었다(오윤수 외, 2010).

6) 다양성

다양성(Diversity)이란 사람들 간에 나타나는 여러 가지 특성의 차이(Differences)를 말한다. 예를 들면, 사람들의 생김새나 피부색, 말투, 행동과 같이 겉으로 드러나는 차이뿐만 아니라 성격이나 재능, 종교적 신념, 문화, 정치적 의견 등 사람들이 서로를 구별할 수 있는 모든 특성을 말한다. 사회복지에서 이러한 사람들 간의 차이에 주목을 하는 이유는 차이를 근거로 합당한 이유 없이 사회적 차별이 가해지는 경우가 있기 때문이다(Gaine, 2010). 남녀차별이나 장애인차별, 학력차별, 인종차별 등

사회와 시대에 따라 다양한 기준으로 차별이 존재해 왔으며, 때로는 문화나 관습뿐 아니라 공식적 법률이나 규정 등에 의해 차별이 합리화되는 경우도 있었다(정명희 외, 2020).

차별에는 직접차별과 간접차별이 있다. 직접차별이란, 직접적 이유를 가지고 차별을 하는 것을 말하며, 예를 들면, 장애가 있다는 이유로 식당 출입을 거부하거나 이주민에게 고용의 기회를 주지 않는 것 등을 들 수 있다. 오늘날 직접적 차별은 교육과 법적 규제를 통해서 줄어들고 있는 편이다. 그러나 직접차별에 대한 규제만으로는 차별의 근원이 되는 편견이나 사회적 관습의 변화를 가져오기 어렵다.

간접차별이란, 명백한 의도를 가지지 않았기 때문에 외형상으로 차별이라는 것이 잘 드러나지 않지만 그 결과가 특정 소수집단에 불리한 결과를 가져오게 하는 정책이나 기준 등을 말한다. 예를 들어, 시험을 칠 수 있는 기회는 똑같이 주지만 시각장애인에게 시험을 치르기 위해 필요한 편의를 제공하지 않는 것 등을 들 수 있다. 오늘날 차별금지와 관련한 사회적 입법이나 제도 등은 간접차별이 일어나지 않도록 다양한 영역에서의 차별 유형을 명시하고 교육하고 있다.

다양성의 존중이란 사람들 간에 존재하는 다름을 인정하고 그러한 차이를 배려하는 환경, 정책, 제도, 시설을 마련하는 것이다. 사회복지에서 다양성의 존중은 개인의 자유와 인권과 관련되어 있는 것이다. 왜냐하면 모든 개인들이, 타인에게 피해를 주지 않는 한, 자신의 존재방식이나 문화적 생활양식 등을 표현하고 있는 그대로 타인에게 수용 및 존중받을 때 진정한 자유를 누릴 수 있기 때문이다. 우리 사회에는 다양한 인간들이 다양한 배경과 가치, 생활양식 등을 가지고 생활하고 있다. 그런데 이러한 개인들의 생활양식이 때로는 제도적으로 인정받지 못하거나 혹은 다수집단의 목소리에 묻혀서 제대로 그 권리를 보장받지 못하는 경우들이 있다. 사회복지는 특히 한 사회 내에서 취약한 위치를 점하는 사회적 약자들을 그 대상으로 한다는 점에서 이들을 대변하고 옹호하며 이들에 대해 수용적인 사회 환경을 조성할 수 있도록 노력해야 한다.

2. 사회복지 실천윤리

가치와 윤리는 서로 밀접하게 관련되어 있고 때로 서로 혼용되는 경우도 있지만 엄밀하게 보면 그 뜻은 같지 않다. 가치란 무엇이 좋고 바람직한 것이라고 생각하는가와 관련된 것으로, 좋고 싫은 것에 대한 믿음에 가까운 개념이라고 볼 수 있다. 반면에 윤리란 무엇이 옳고 무엇이 그른지에 관심을 두는 것으로, 구체적 행위나 판단에서 옳고 그름을 판별하는 것과 관련된다(이순민, 2016). 이렇게 볼 때 사회복지의 주요 가치가 전체 사회복지제도와 실천현장의 나아갈 방향을 알려 준다면, 사회복지의 실천윤리는 현장에서 일하는 사회복지사가 올바른 방법으로 업무를 수행하고 있는가를 판단할 수 있는 지침을 일컫는다고 할 수 있다.

사회복지학의 주요 가치는 우리 사회의 사회복지정책과 제도에도 반영될 뿐 아니라 사회복지서비스를 전달하는 현장의 사회복지사의 구체적 실천활동에서도 구현된다. 여기에서는 사회복지현장에서 사회복지사 업무수행에 대한 지침과 안내의 역할을 해 줄 수 있는 실천윤리에 대해서 살펴보자.

1) 사회복지 전문직과 윤리

전문직의 윤리란 전문가가 전문적 권위를 가지고 전문직의 역할을 수행함에 있어 가져야 할 의무나 유의할 점을 명시하는 지침이다. 지식이나 기술에 있어 고도의 전문성을 가진 전문가들은 업무의 수행을 통해 다른 사람들의 삶에 중대한 영향을 미칠 수 있기 때문에 이에 대한 전문적 권위와 함께 책임도 가지게 된다. 따라서 다양한 전문직들은 올바르고 윤리적인 실천을 위해서 전문직의 실천윤리를 강조하고 윤리강령 등을 통해 전문가들의 업무수행에 대하여 자율적 통제를 해 왔다.

사회복지 역시 전문직으로서의 위상을 정립하는 노력을 꾸준히 해 왔으며, 사회복지사가 자신이 속한 조직이나 실천현장에서 업무를 수행하는 과정이 사회복지 전문직이 추구하는 가치와 부합되는 방식으로 구현되고 있는지를 판단할 수 있는 실천윤리에 관심을 가져왔다(Dolgoff, Loewenberg, & Harrington, 2009). 사회복지사는 자신의 실천업무가 올바른 방향으로 나아가고 있는지를 점검하고 판단하기 위해서 실천윤리에 대해 잘 알고 있어야 한다.

(1) 사회복지실천의 가치

사회복지실천의 과정에서 이루어지는 모든 결정에는 윤리적인 요소가 내재되어 있다. 사회복지사는 사회복지 전문직이 표방하는 전문직의 가치에 대해 알고 실천과정에서 당면할 수 있는 다양한 윤리적 갈등상황에 대해 적절히 대처할 수 있어야 한다. 이를 위해서 사회복지실천의 가치와 윤리를 이해하는 것이 중요하다.

미국의 사회복지사협회의 윤리강령에서는 사회복지실천의 핵심 가치를 여섯 가지로 제시하고 그에 따른 윤리적 원칙을 설명하였다(NASW, 2021).

① 서비스(봉사): 사회복지사는 욕구를 가진 사람을 원조하고 사회문제를 해결하는 것을 일차적 목적으로 한다. 사회복지사는 자신의 이해보다 타인에 대한 서비스를 우선으로 하며, 욕구를 가진 사람을 돕고 사회문제를 해결하기 위하여 자신의 지식과 가치, 기술을 활용한다. 또한 전문기술의 일정 부분을 금전적 보상과 무관하게 자발적으로 제공하도록 권장된다.

② 사회정의: 사회복지사는 사회적 불의에 도전한다. 사회복지사는 사회변화를 추구하며, 특히 사회적으로 소외되고 억압받는 사람들, 취약한 위치에 있는 사람들을 위해 함께한다. 사회복지사의 사회변화를 위한 노력은 주로 빈곤, 실업, 차별, 기타 다른 유형의 사회적 불의의 문제에 초점을 두고, 억압과 문화적 · 민족적 다양성에 대한 지식과 민감성을 향상시키고자 한다. 사회복지사는 모든 사람들을 위해 정보, 서비스, 자원에 대한 접근성의 보장, 기회의 평등, 의사결정에 대한 참여가 가능하도록 노력한다.

③ 인간의 존엄성과 가치의 존중: 사회복지사는 인간의 천부적 존엄성과 가치를 존중한다. 사회복지사는 모든 개인을 대함에 있어 관심과 존중을 가지고 대하며, 개개인의 차이와 문화적 · 민족적 다양성을 염두에 둔다.

④ 인간관계의 중요성: 사회복지사는 인간관계의 핵심적 중요성을 인식한다. 인간관계는 변화의 중요한 수단이라는 점을 이해하고 사람들이 동반자로서 원조과정에 참여하도록 한다. 또한 개인, 가족, 집단, 조직, 지역사회의 복지를 증진하고 회복하며 유지하기 위한 목적의식적 노력으로 인간관계를 강화한다.

⑤ 진실성: 사회복지사는 신뢰받을 수 있게 행동한다. 사회복지사는 전문직의 사명, 가치, 윤리적 원칙과 기준을 항상 인식하고 이에 부합하는 방식으로 실천해야 한다. 또한 사회복지사는 정직하고 책임성 있게 행동하며 자신이 속한 조직의 윤리적 실천을 제고하도록 노력한다.

⑥ 능력: 사회복지사는 자신의 능력 범위 안에서 실천하며, 자신의 직업적 전문성을 향상시키기 위해 노력한다. 사회복지사는 끊임없이 자신의 전문적 지식과

기술을 제고하고 실천에 적용하여야 하며 전문직의 지식기반에 기여하기 위해 노력해야 한다.

이상과 같은 사회복지 전문직의 실천가치와 윤리원칙은 사회복지사가 전문직의 핵심 가치에 맞는 방식으로 실천업무를 수행하는지를 판단하는 기준이 된다.

리머(2018)는 사회복지실천에서 가치의 중요성에 대하여 다음과 같이 설명하였다.

① 사회복지의 본질적 가치에 대한 믿음: 사회복지는 사람을 돕고자 한다는 본질적 사명을 그 가치로 한다. 따라서 사회복지사가 세밀한 실천기술을 활용하지만 취약계층을 돕는 전문직이라는 점에서 단순한 기술직이 아니라 가치지향적인 전문직이다.

② 사회복지사의 관계: 사회복지사는 클라이언트나 동료, 사회의 구성원들과 관계를 맺으며, 그 관계 속에서 영향력을 행사한다. 사회복지사는 자신과 함께 일할 클라이언트를 선택할 수 있으며, 이러한 선택은 사회복지사 자신의 개인적 가치에 영향을 받는다. 따라서 사회복지사가 자신의 가치체계를 잘 이해하고 있어야 한다.

③ 사회복지사의 개입방법: 사회복지사의 개입방법은 매우 다양하다. 다양한 클라이언트의 다양한 문제에 대해 무엇을 목표로 하고 어떤 개입방법을 선택할 것인지 등 사회복지사가 클라이언트와 함께 선택할 수 있는 방법은 다양하고 그에 따라 개입과정과 결과가 달라질 수 있다. 이러한 개입방법의 선택에 대한 결정에 대해서도 사회복지실천의 가치가 영향을 미칠 수 있다.

④ 윤리적 딜레마: 사회복지실천의 과정에서는 다양한 윤리적 딜레마 상황을 만나게 된다. 가치나 의무가 상충되거나 다양한 윤리적 갈등에 직면할 경우 사회복지사는 전문직의 가치체계에 기반해서 결정을 하게 되기 때문에 실천의 가치는 중요하다.

(2) 사회복지사 윤리강령

윤리강령이란 "원조전문직들의 윤리적 실천의 중요성과 관련해 업무의 전 과정에서 준수해야 하는 행동기준과 원칙을 기술해 놓은 것"이다(김기덕 외, 2012: 119).

사회복지사 윤리강령은 사회복지사협회에서 사회복지의 가치나 이념과 사회복지사의 의무 등을 명시적으로 나타내기 위하여 제정된 강령이다. 이러한 윤리강령은 전문직을 구성하는 중요한 요소 중의 하나로서, 전문적 지위를 추구하는 모든 전문직은 윤리강령을 제정하여 전문직의 실천원칙을 지키도록 하고 원칙을 지키지 못하는 사람들을 제재함으로써 스스로 전문적 지위를 지키고자 한다.

전문직이 윤리강령을 만들게 되는 이유는 몇 가지로 들 수 있다. 첫째, 전문직은 고도의 전문적 지식과 기술을 가짐으로써 사회 내에서 전문적 권위와 특권을 가지게 되는데, 이러한 특권이 남용되지 않게 하기 위해서 전문직 스스로 실천윤리의 기준을 세우고 전문가 집단에 소속된 개인들을 통제하는 것이다. 이때 전문적 실천행위의 옳고 그름에 대한 판단은 그 분야에 대한 고도의 지식을 갖춘 전문직 자체 내에서만 할 수 있으므로 전문가 집단이 자기 구성원을 통제하기 위한 윤리강령을 만들게 된다(김태성, 1997; 서미경 외, 2015에서 재인용). 둘째, 잘못된 윤리관을 가진 전문가가 있을 경우 실천과정에서 서비스를 받는 클라이언트에게 손상을 가할 수 있고 이는 전문가 집단에게도 손상을 주게 되므로 이러한 손상을 예방하기 위해 윤리강령이 생겨났다는 것이다. 이렇게 전문직의 윤리강령은 전문직의 실천을 평가할 수 있는 윤리적 기준을 제공함과 동시에 전문직 스스로 자신들의 전문적 지위와 자율성을 지키고 타인에 대한 손상을 막는 기제로 작동하게 된다.

사회복지에서 윤리강령이 처음 만들어진 것은 1960년 미국에서 최초로 제정, 공포되었고, 이후 사회적 변화를 반영하여 여러 차례 개정을 거쳐 왔다. 한국에서는 1982년에 처음으로 윤리강령이 제정되었으나 공포되지 못하였다가 1988년에 자구수정을 거쳐 공포되었다. 이후 1992년과 2001년에 개정이 이루어져 오늘날의 사회복지사 윤리강령으로 자리 잡았다. 한국사회복지사 윤리강령은 전문과 6개의 윤리기준(46개 조항), 그리고 사회복지사 선서로 구성되었다.

윤리강령의 전문에서는 사회복지사가 "인본주의, 평등주의 사상에 기초하여, 인간의 존엄성과 가치 존중, 천부의 자유권과 생존권의 보장을 위해 헌신한다. 특히, 사회적 · 경제적 약자들의 편에 서서 사회정의, 평등–자유, 민주주의 가치실천을 실현하는 데 앞장선다"고 되어 있어 사회복지사의 실천가치를 명시하고 있다. 또한 사회복지사의 기본적 윤리기준, 클라이언트에 대한 윤리기준, 동료에 대한 윤리기준, 사회에 대한 윤리기준, 기관에 대한 윤리기준, 그리고 사회복지윤리위원회의 구성과 운영에 대한 부분으로 나누어 구체적인 윤리기준들을 제시하고 있다(한국사회복지사협회, 2021).

이러한 윤리강령은 사회복지 실천현장에서 윤리적 갈등을 당면할 때 이에 대처하는 원칙과 지침을 제공하며, 사회복지사 스스로 자기규제를 함으로써 사회복지 전문직의 전문성을 확보하고 클라이언트를 보호할 수 있도록 하는 기능을 한다. 또한 일반 대중에게 사회복지 전문가의 기본 업무와 자세를 알리는 수단으로서도 기능하며, 선서를 통해 사회복지사가 스스로 윤리적 민감성을 고양시킬 수 있도록 하는 역할도 한다(이순민, 2016).

그러나 몇 가지 점에서 한국의 사회복지사 윤리강령이 보완되어야 한다는 비판도 존재한다(윤성호 외, 2016). 첫째, 실천현장에서의 윤리적 갈등 상황에 대한 지침을 제공하기에는 여전히 구체성이 부족하다는 것이다. 둘째, 현장에서 사회복지사들의 윤리강령에 대한 이해수준이 상이하고 윤리기준을 현장의 실천과 구체적으로 연결시키지 못하여 전문직의 자기규제 기능을 제대로 수행하지 못한다는 지적이 있다. 셋째, 사회복지실천이 이루어지는 사회 환경의 변화를 제대로 반영하지 못하고 있다는 비판이 있다. 마지막으로, 실천현장의 윤리적 딜레마에 대해서 보다 잘 파악하고 실천을 평가하는 윤리위원회의 역할이 좀 더 활성화되어야 한다는 것이다.

2) 사회복지실천에서의 윤리적 쟁점과 딜레마

(1) 사회복지실천의 윤리적 쟁점과 가치

사회복지실천의 과정에서는 다양한 윤리적 갈등 상황이 발생하게 되는데, 사회복지사들이 빈번하게 경험하는 윤리적 쟁점과 이때 필요한 전문직의 실천적 가치를 다음과 같이 들 수 있다(양옥경, 2017).

① 자기결정: 자기결정의 가치는 인간의 자유권과 관련되어 있는 것으로, 사회복지실천에서는 클라이언트가 자신의 삶에 영향을 미치는 결정에 대하여 스스로 자유롭게 선택하고 행동할 수 있는 자유를 말한다. 이때 사회복지사는 자신의 생각이나 판단을 클라이언트에게 강요해서는 안 되며, 클라이언트가 진정한 의미의 자기결정권을 행사할 수 있도록 결정에 도움이 되는 정보를 충분히 제공해 주어야 한다. 자기결정의 가치가 윤리적 쟁점이 될 수 있는 상황은 의사결정 능력이 제한된 클라이언트를 만났을 때다. 클라이언트가 최대한 자유로운 선택을 할 수 있도록 해야 하지만 클라이언트가 자신이나 타인에게 해

를 끼칠 수 있는 결정을 할 때에는 자기결정권에 제한을 가해야 하는 경우가 발생하기도 하며, 이때 사회복지사는 윤리적 갈등을 경험하게 된다.

② 비밀보장: 사생활 보호권에 대한 것으로, 사회복지사가 클라이언트를 원조하는 과정에서 알게 된 클라이언트의 개인적인 정보나 사생활 등에 대해서는 비밀을 보장해 주어야 한다는 것이다. 이러한 사생활 보호에 대한 가치는 전문적 관계의 신뢰를 형성하는 기반이 되어 클라이언트로 하여금 자신의 내밀한 문제에 대해 사회복지사와 논의할 수 있고, 문제에 관련된 여러 정보를 공유할 수 있게 해 준다. 그런데 클라이언트의 비밀보장을 준수하게 되면 다른 사람에게 피해가 가는 상황이 되거나, 혹은 클라이언트의 생명권 보호나 안전을 보장하기 위해 비밀보장의 가치를 지킬 수 없게 되는 경우와 같이 사생활 보호에 대한 권리와 그 정보에 대한 타인이나 사회의 권리 사이에서 손익을 따져보아야 할 때, 사회복지사는 윤리적 갈등이 생길 수 있다.

③ 알 권리: 클라이언트의 알 권리란 인간이 자기 자신에 관련된 정보에 대해 가지는 접근권을 말한다. 사회복지실천에서 클라이언트는 자기 자신에 대한 사회복지 전문가들의 해석이나 소견, 정보 등에 대해 알 권리가 있으며, 사회복지 실천과정에서 발생할 수도 있는 위험과 혜택, 클라이언트 자신이나 주변 사람에게 미칠지도 모르는 영향, 가능한 대안과 예상되는 비용 등에 대해서도 사회복지사들은 명확하고 진실되게 알려 줄 의무가 있다. 그런데 제3자가 정보를 제공하면서 클라이언트에게 비밀로 해달라고 부탁하는 경우와 같이 제3자에 대한 비밀보장의 원칙과 클라이언트의 알 권리가 서로 상충되는 경우 사회복지사는 윤리적 갈등 상황에 놓이게 된다.

④ 전문적 관계: 사회복지사와 클라이언트가 형성하게 되는 전문적 관계란 클라이언트가 제시하는 문제를 해결하기 위해 맺어진 공적이고 목표지향적인 관계다. 이러한 관계가 시간이 지남에 따라 사적인 관계로 변질되거나 클라이언트와 또 다른 개인적 관계를 맺는 이중관계를 사회복지사는 경계해야 한다. 클라이언트와 사적 관계가 형성되는 경우 공식적 관계의 공정성 유지가 용이하지 않아 최초에 목표달성을 위해 형성되었던 전문적 관계를 유지하기 어렵게 된다. 그런데 사회문화적 관습 등에 따라 사소한 개인적 관계의 형성을 모두 거부하는 것이 어려운 경우도 있기 때문에 사회복지사는 환경적 맥락 안에서 전문적 관계를 해치는 이중관계를 맺지 않으면서도 그 사회의 대인관계상

의 예의를 적정하게 지킬 수 있도록 노력해야 한다.

⑤ 제한된 자원의 공정한 분배: 사회복지사들이 사용할 수 있는 사회적 자원은 늘 한정적이다. 따라서 욕구를 가진 모든 클라이언트에게 동등하게 자원을 배분하기 어려운 것이 현실이고, 때로 어떤 우선순위를 가지고 서비스 제공의 대상자를 선별하여야 하는 경우들이 발생한다. 평등의 원칙에 따라 공정하고 형평한 자원배분이 가장 이상적이지만, 클라이언트의 다양한 상황과 문제들을 평가하고 우선순위를 정하는 것이 어려울 수 있다. 이럴 때 사회복지사는 어떠한 기준을 가지고 자원의 우선배분을 할 것인지, 어떤 배분의 기준이 공정한지에 대해 고민하게 된다.

⑥ 상충되는 의무와 기대: 사회복지사를 둘러싸고 있는 많은 사람들과 이해당사자들은 서로 다른 기대를 가지고 있으며, 사회복지사는 그에 따른 의무가 상이하기 때문에 의무와 기대의 상충이 일어날 수 있다. 특히, 클라이언트뿐만 아니라 클라이언트의 가족 등을 만나는 경우 이들 간에 서로 상반되는 기대가 나타날 수 있고, 사회복지사는 클라이언트의 기대와 가족의 기대 사이에서 갈등을 경험할 수 있다.

⑦ 클라이언트의 이익과 사회복지사의 이익: 사회복지사는 클라이언트의 이익을 최우선으로 하여 실천개입을 해야 하며, 그 과정에서 자신의 이익을 도모해서는 안 된다는 가치다. 그러나 클라이언트에 대한 서비스 제공 과정에서 사회복지사 자신의 안전이 위태롭다든가, 가족의 희생이 요구된다든가 하는 등 사회복지사 개인의 이익과 상반되는 경우가 발생하면 윤리적 갈등이 생기게 된다. 사회복지사는 자신의 이익을 도모하기 위하여 클라이언트를 만나는 것이 아니지만, 그렇다고 자신이나 가족의 위험과 희생을 감수해야 한다는 것은 아니므로 이에 대한 적절한 대처가 필요하다.

⑧ 동료관계: 대부분의 사회복지사들은 조직의 구성원으로서 동료 사회복지사들과 함께 업무를 수행하게 된다. 이때 사회복지사는 전문가로서 동료들끼리 서로 존중해야 하며 다른 동료에게 피해를 주거나 해서는 안 된다. 그런데 동료 사회복지사가 윤리적으로 잘못된 행위를 하거나 그로 인해 클라이언트에게 손상을 줄 위험이 있을 경우가 있다. 이런 때 동료의 잘못을 무조건 모른 척하거나 감싸는 것이 진정한 동료의 존중이 아니므로 적절한 절차나 과정을 통해 문제가 해결될 수 있도록 해야 한다.

⑨ 규칙과 정책의 준수: 사회복지사는 조직의 구성원으로서 조직의 규칙이나 정책을 준수해야 할 의무를 가진다. 그런데 때로 조직의 제도나 규정이 클라이언트의 이익에 반하거나 서비스 제공을 하기 어렵게 하는 경우들이 있다. 이럴 때 사회복지사는 조직에의 헌신 의무와 클라이언트 이익 우선의 가치 사이에서 갈등을 경험할 수 있다.

(2) 사회복지실천에서의 윤리적 딜레마

윤리적 딜레마란 "사회복지사가 전문직으로서 지켜야 하는 가치나 윤리적 원칙이 상충되어 어떤 행동을 선택해야 하는지 판단하기 어려운 상황"을 말한다(김기덕, 2002). 윤리적 딜레마는 주요 가치에 기반을 두고 있는 전문직의 의무와 임무들이 상충되는 경우에 발생한다. 클라이언트에 대한 의무와 소속 기관에 대한 헌신 사이에서 선택을 해야 하거나, 클라이언트의 이해와 다른 사람의 이해가 상반되는 상황에 처하게 되면 사회복지사는 어느 한쪽의 의무나 가치를 선택해야 하는 상황이 되며, 이때 다른 쪽의 의무나 가치를 위반하게 된다. 이러한 상황을 윤리적 딜레마라고 한다(서미경 외, 2015). 사회복지 실천현장에서 발생할 수 있는 윤리적 딜레마는 크게 세 가지로 분류될 수 있다(Reamer, 1999; 이순민, 2016에서 재인용).

첫째, 직접적 실천 차원의 윤리적 갈등으로, 사회복지사가 개인, 가족, 또는 집단을 대상으로 직접적인 실천을 수행하는 과정에서 경험하는 윤리적 갈등을 말한다. 두 개 또는 그 이상의 가치가 상충될 때, 결정의 결과가 불확실할 때, 클라이언트 체계가 여러 명일 때, 사회복지사의 의무가 상충될 때, 혹은 불균형한 권력 등으로 인해 윤리적 갈등을 경험할 수 있다.

둘째, 사회복지정책 및 프로그램 차원의 윤리적 갈등이 있는데, 제한된 자원의 공정한 배분과 같이 사회복지정책을 설계하거나 집행할 때 혹은 프로그램 대상자를 선정하거나 프로그램을 진행하는 등의 과정에서 나타날 수 있는 윤리적 갈등이다.

셋째, 사회복지 조직체 및 동료 사회복지사와 관련해서도 윤리적 갈등이 발생할 수 있다. 기관의 규정이나 내규가 잘못되었음을 발견하게 되거나, 동료 사회복지사의 비윤리적 행위를 알게 되었을 때, 어떻게 행동하는 것이 옳은가? 특히, 어떤 조직에서 어떠한 행동이 반복되고 익숙해지면 옳고 그름에 대한 판단기준이 무뎌지는 경향이 있다. 따라서 사회복지사들은 끊임없는 자기성찰과 자기점검을 통해 윤리적인 실천을 할 수 있도록 노력해야 한다.

3) 윤리적 의사결정 모델

윤리적 의사결정이란 윤리적 딜레마 상황에서 좀 더 올바르고 윤리적인 대안을 찾아가는 과정을 말한다. 이러한 윤리적 의사결정을 위해서는 딜레마 상황에 대한 정보를 최대한 자세히 수집하고 관련 당사자들의 이해관계를 분석해서 결정을 내려야 한다. 사회복지사가 윤리적 딜레마 상황에 처했을 때 어떤 과정을 통해 사고하고 행동을 해야 올바른 결정에 도움이 되는지 그 절차적 과정을 서술한 것이 의사결정 모델이다. 여기에서는 돌고프와 동료들의 일반결정 모델, 그리고 리머가 제시한 윤리적 의사결정의 틀을 살펴보고자 한다.

(1) 돌고프와 동료들의 일반결정 모델

돌고프와 동료들(Dolgoff, Loewenberg, & Harrington, 2009)은 윤리적 결정을 하는 데 도움이 되도록 일반결정 모델을 제시하였는데, 사회복지사가 문제 해결을 위한 의사결정을 하고 이를 실행한 후 그 결과에 대한 검토와 평가, 그리고 추가적 문제

1. 문제가 무엇인지, 문제와 관련된 사람, 단체, 클라이언트, 전문가, 지지체계, 피해자 등이 누구인지 확인한다.
2. 누가 의사결정 과정에 참여해야 할지를 결정한다.
3. 1단계에서 확인된 사람들(클라이언트와 워커를 포함)이 가지고 있는 가치를 확인한다.
4. 달성될 경우 문제를 해결(혹은 완화)할 것이라고 생각되는 목적이나 목표를 확인한다.
5. 대안적인 개입전략과 표적을 확인하고 확인된 목적 달성에 대한 각 대안들의 효과와 효능을 평가한다.
6. 가장 적절한 전략을 선택하여 실행한다.
7. 실행을 모니터링하되, 특히 예측하지 못한 결과에 주목한다. 결과를 평가하고 추가적인 문제나 기회, 대안을 확인한다.

[그림 3-1] **일반적 의사결정 모델**

출처: Dolgoff, Loewenberg, & Harrington (2009). *Ethical Decisions for Social Work Practice* (8th ed.), p. 60.

의 고려까지 하도록 그 절차에 포함하고 있다. 일반결정 모델은 사회복지실천에서 뿐만 아니라 다른 일반적인 의사결정과 관련된 상황에도 적용 가능하다.

돌고프와 동료들(2009)은 일반결정 모델과 더불어서 윤리적 사정 심사표를 제시하였는데, 사회복지실천과 관련된 의사결정에 좀 더 초점을 두고 윤리적 갈등 상황과 관련된 사회적 가치, 사회복지 전문직의 가치, 개인의 가치를 분석해 보고 행위의 대안 중에서 가장 해악이 최소화되는 대안을 선택하도록 하고 있다.

〈표 3-1〉 **윤리적 사정 심사표(Ethical Assessment Screen)**

1	이 윤리적 딜레마에서 의사결정에 관련된 전문직의 가치와 윤리, 자기 자신의 가치, 그리고 사회적 가치들은 무엇인지 확인한다.
2	개인적 · 사회적 · 전문적 가치 간의 갈등을 최소화하기 위해 할 수 있는 것은 무엇이 있는가?
3	취할 수 있는 대안적인 윤리적 선택은 무엇이 있는지 확인한다.
4	대안적인 윤리적 선택들 중 어느 것이 클라이언트, 타인, 사회의 권리 간의 갈등을 최소화하며 클라이언트와 타인의 권리와 복지, 그리고 사회의 권리와 이해를 가장 잘 보호할 수 있는가?
5	어떤 대안적 행동이 가장 효율적, 효과적이고 윤리적이면서 동시에 가능한 '최소해악'을 가져오는가?
6	장기적 단기적인 윤리적 결과를 고려하고 비교해 보았는가?
7	마지막 점검: 계획한 행동이 공명정대하고 일반화, 정당화할 수 있는가?

출처: Dolgoff, Loewenberg, & Harrington (2009). *Ethical Decisions for Social Work Practice* (8th ed.), p. 61.

(2) 리머의 윤리적 의사결정 모델

리머(Reamer, 2018)는 윤리적 갈등해결의 지침을 바탕으로 윤리적 의사결정을 하기 위해 거쳐야 하는 절차를 제시하였다.

〈표 3-2〉 **리머의 윤리적 의사결정의 틀**

	내용
1	상충되는 사회복지 가치와 의무를 포함해서 윤리적 쟁점이 무엇인지 확인한다.
2	윤리적 결정으로 영향 받을 수 있는 개인, 집단, 조직체 등이 누구인지 확인한다.
3	실행 가능한 모든 실천방안과 각각의 경우에 관련된 당사자, 각 경우의 이득과 위험 등을 잠정적으로 확인해 본다.

4	각각의 행동방안에 대한 찬성과 반대의 근거를 심층적으로 검토한다. 이때 a. 사회복지사 윤리강령 및 법률적 원칙 b. 윤리이론, 원칙, 지침 c. 사회복지 실천이론과 원칙 d. 관련된 법, 정책, 사회복지실천 기준 e. 개인적 가치(종교, 문화, 인종, 정치적 이념 포함): 특히, 자신과 타인의 가치 간의 갈등 을 고려한다.
5	동료 혹은 적절한 전문가와 상의한다(기관 직원, 슈퍼바이저, 조직의 관리자, 변호사, 윤리학자 등).
6	결정을 내리고 의사결정 과정을 기록한다.
7	결정을 모니터링, 평가, 기록한다.

출처: Reamer (2018). *Social Work Values and Ethics*, p. 88.

(3) 윤리적 의사결정을 위한 과정

여러 학자들이 제시한 의사결정 모델은 단계의 구분이나 내용이 조금씩 다르지만 공통적으로 강조하는 몇 가지 요소들이 있다(서미경 외, 2015: 146).

첫 번째로 어떤 윤리적 이슈가 있는지, 어떤 가치 간의 갈등이 있는지를 찾아야 한다. 이러한 이슈를 확인하면 이에 대응하는 가능한 대안들을 최대한 많이 찾아서 각각의 득과 실을 비교해 보는 것이다. 이와 아울러 대안들이 정당한 근거를 가지는지를 전문직의 윤리강령이나 법규 등에서 찾아 확인해 본다. 그런 다음 대안들 중에서 취약계층의 이익과 사회의 이득을 최대한 보장할 수 있는 대안이 무엇인지 검토해야 한다. 이렇게 선택된 대안은 최종적으로 실행 이전에 주변 동료나 슈퍼바이저의 자문 등을 통해 다른 더 좋은 실천의 원칙이나 대안이 없는지 확인 과정을 거쳐야 한다. 특히, 이러한 자문과정은 윤리적 결정을 내리고자 하는 개인의 개인적 가치의 영향을 줄이고 보다 객관적인 판단을 가능하게 한다는 점에서 중요하다. 마지막으로 결정한 최종 대안을 실행하고 모니터링한다.

4) 윤리적 의사결정의 지침

앞서 살펴본 윤리적 의사결정 모델들은 윤리적 딜레마 상황에서 의사결정을 할 때 그 과정에서 살펴보아야 할 것들을 단계적으로 제시함으로써 안내하는 역할을 하는 것이다. 그러나 결국 최종적인 선택은 의사결정자인 개인이 하는 것이므로 개인적 · 전문적 가치의 영향을 받을 수밖에 없다. 돌고프와 동료들, 그리고 리머는 이러한 의사결정의 과정을 도와줄 수 있는 구체적 의사결정 지침을 제안하였는데, 이는 구체적인 윤리적 원칙 간의 상충이 있을 때 상대적 우선순위를 제시한 것이다.

(1) 돌고프와 동료들의 윤리적 의사결정 지침

돌고프와 동료들(2009)은 윤리적 의사결정을 안내하기 위한 도구로 윤리적 규칙 심사표와 윤리적 원칙 심사표를 제시하였다. 이 두 가지의 안내 지침을 활용할 때에는 항상 윤리적 규칙 심사표를 먼저 살펴보고 여기에서 충분한 지침을 얻지 못할 때 윤리적 원칙 심사표를 활용하도록 권고하였다. 또한 이러한 지침은 유용한 도구로 활용될 수 있지만 무조건적으로 적용되어서는 안 된다고 강조하였다.

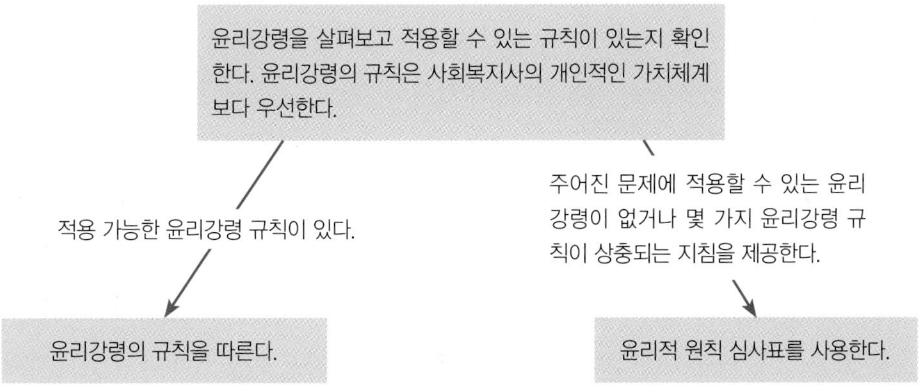

[그림 3-2] **윤리적 규칙 심사표(Ethical Rules Screen)**
출처: Dolgoff, Loewenberg, & Harrington (2009). *Ethical Decisions for Social Work Practice* (8th ed.), p. 65.

윤리적 원칙 심사표는 일곱 가지 윤리적 원칙을 서열화하여 원칙들 간의 우선순위를 정하고([그림 3-3] 참조), 상위에 있는 원칙과 하위의 원칙이 상충될 경우에는 상위의 원칙을 우선적으로 따르도록 한 것이다.

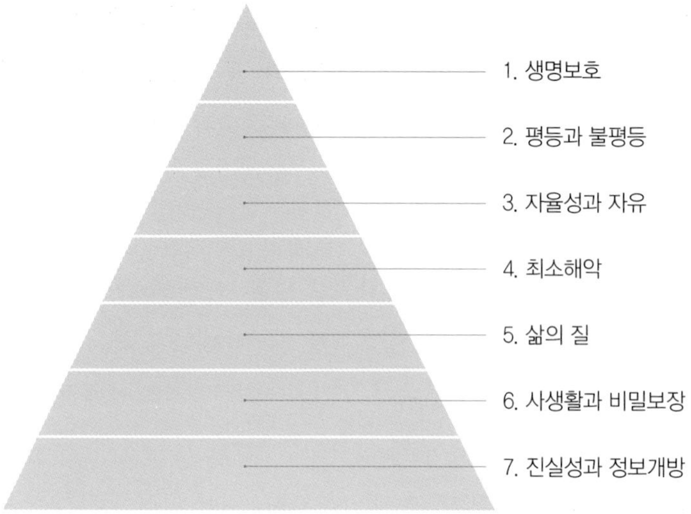

[그림 3-3] **윤리적 원칙 심사표(Ethical Principles Screen)**
출처: Dolgoff, Loewenberg, & Harrington (2009). *Ethical Decisions for Social Work Practice* (8th ed.), p. 66.

① 생명보호의 원칙: 이때 생명보호의 원칙은 클라이언트뿐만 아니라 모든 사람들의 생명보호에 같이 적용된다. 이 원칙은 다른 모든 의무보다 최우선순위를 가진다.

② 평등과 불평등의 원칙: 같은 상황에 처한 모든 사람은 평등하게 처우받을 권리가 있으며, 상이한 상황에 놓인 사람들은 다르게 대우받을 권리가 있다는 원칙으로, (능력이나 권력에 있어) 불평등이 존재하고 이 불평등이 사안과 관련되어 있을 경우 이에 대한 고려가 있어야 함을 의미한다. 아동학대나 노인학대의 경우 아동이나 노인이 학대 가해자와 동일한 조건에 있지 않음을 고려해야 하는 경우를 예로 들 수 있다.

③ 자율성과 자유의 원칙: 사회복지사가 실천에서 의사결정을 할 때 클라이언트의 자기결정과 자율성, 독립성, 자유를 신장하는 방향으로 결정을 내려야 한다는 원칙이다.

④ 최소해악의 원칙: 잠재적으로 해악을 끼칠 위험이 있는 딜레마 상황에 있을 때, 사회복지사는 이러한 해악을 피하거나 예방하여야 한다는 원칙으로, 만약 해악이 불가피할 경우, 사회복지사는 해악이 가장 최소한으로 일어나거나 가장 영구적이지 않은 해악, 혹은 가장 쉽게 복구할 수 있는 해악을 가져오는 대안을 선택해야 하며, 해악이 일어났을 경우 이를 복구하려는 노력을 해야 한다.

⑤ 삶의 질의 원칙: 사회복지사는 개인이든 지역사회든 모든 사람의 삶의 질을 향상시키는 대안을 선택해야 한다는 원칙이다.

⑥ 사생활과 비밀보장의 원칙: 사회복지사는 모든 사람의 사생활을 보호하고 비밀보장의 권리를 강화하는 결정을 내려야 한다는 원칙이다. 법과 클라이언트의 의지나 동의가 허용하는 범위 안에서 최대한 클라이언트나 집단의 사생활을 보호해야 할 책임이 있음을 의미한다.

⑦ 진실성과 정보개방의 원칙: 사회복지사가 실천에서 의사결정을 할 때 진실을 말할 수 있도록 하는 결정을 내려야 하며, 클라이언트나 타인에게 모든 관련된 정보를 모두 개방할 수 있도록 해야 한다는 원칙으로, 전문적 관계의 기반을 이루는 신뢰의 문제와 연결되는 것이다.

(2) 리머의 의사결정 지침

리머(1990: 61-65; 서미경 외, 2015 재인용)는 딜레마 상황에서 사회복지사의 의사결정을 도와줄 수 있는 지침을 제시하였는데, 서로 다른 원칙들 두 가지 중에서 우선적으로 적용되어야 하는 원칙을 제시해 주고 있다.

① 기본적 삶의 조건은 정보에 대한 비밀보장보다 우선한다: 이 지침은 어떤 개인의 기본적 욕구 충족을 위해서 필요하다면 비밀보장의 원칙을 위배할 수 있음을 의미한다. 또한 비슷한 입장에 처한 클라이언트라도 기본적인 삶의 조건이 열악한 클라이언트가 우선적으로 고려된다는 것도 알 수 있다.

② 개인의 기본적 삶의 조건은 다른 사람의 자유권보다 우선적으로 보호되어야 한다: 이는 자유권보다는 기본권이 우선해야 한다는 지침이다. 즉, 개인의 자유권도 다른 사람의 기본권을 침해하지 않는 한도 내에서 보장된다는 의미로 해석할 수도 있다.

③ 개인의 자유권은 그 자신의 기본적 안녕에 대한 권리보다 우선한다: 이 지침은 개인이 자신에게 도움이 되지 않는 방향으로 결정한다 하더라도 그 개인의 자유로운 결정권을 존중해야 함을 의미한다. 이때 개인의 결정은 충분한 정보에 기반하여 자율적으로 이루어진 결정이어야 한다.

④ 개인이 자발적으로 동의한 법, 규칙, 규정에 복종하는 것은 위반할 자유보다 우선한다: 이 지침은 개인이 자발적으로 동의한 규정이라면 이것에 위배되는 자유

로운 행동이 제재 받을 수 있다는 것을 말한다. 예를 들어, 개인이 사회복지사 협회와 같은 전문가조직의 회원으로 가입하여 그 규정을 따르기로 했다면, 조직은 개인이 규정을 어겼을 경우 자유권을 제한할 수 있다는 것이다.

⑤ 자발적으로 가입한 조직의 규칙, 법, 규정보다 개인의 안녕이 우선한다: 이 지침은 자발적으로 동의한 규정이라 하더라도 그것이 다른 누군가의 안녕을 해치는 경우 그 규정에 따르지 않아도 된다는 것이다.

⑥ 공적 선이 개인의 사유재산 보호보다 우선한다: 이 지침은 개인의 사적 소유권이 공공의 선을 위해 제한될 수 있음을 이야기한다. 세금제도를 통해 개인의 소득을 재분배하거나 세수를 공공의 이익을 위해 사용하는 것 등을 예로 들 수 있다.

전문직이 윤리적 의사결정을 하는 과정은 쉽지 않다. 앞서 제시된 의사결정 모델과 지침에서 볼 수 있듯이, 모든 상황에 적용될 수 있는 절대적이고 보편적인 기준이 있는 것이 아니고, 다양한 상황과 조건하에서 사회복지사가 판단을 내려야 하는 과정이다. 그렇기 때문에 특히 의사결정 모델은 과정적인 측면을 보다 강조하게 된다. 즉, 사회복지사가 윤리적 민감성을 가지고 실천 상황에서의 윤리적 딜레마를 잘 포착하고 다루는지, 판단과 결정을 하는 데 있어서 특정 개인의 가치나 상황적 단서에만 의지하는 것이 아니라 실천을 규제하는 원칙과 규정, 법규들에 근거하고 또 실천 대안들을 충분히 검토하는지를 점검하고 종합적으로 판단내릴 수 있도록 하고자 하는 것이다. 결국 윤리적 실천을 위해 최선을 다하는 절차적 과정을 명확하게 보여 줌으로써 윤리적 딜레마 상황에서 사회복지사가 내린 전문적 판단이 정당화될 수 있는 것이다.

참고문헌

고명석(2011). **인권과 사회복지**. 경기: 대왕사.

고명수, 현영렬, 서진숙, 신선희, 허은진(2018). **사회복지개론**. 경기: 정민사.

고수현(2015). **사회복지윤리와 철학(5판)**. 경기: 양서원.

권중돈, 조학래, 윤경아, 이윤화, 이영미, 손의성, 오인근, 김동기(2019). **사회복지학개론(4판)**. 서울: 학지사.

김기덕(2002). **사회복지윤리학**. 경기: 나눔의 집.

김영화, 박태정, 장경은(2020). **(사회정의실현을 위한) 사회복지정책론(4판)**. 경기: 공동체.

김용해(2003). 인간존엄성과 인권을 근거 짓는 작업에서의 문제들. **사회와 철학**, 10(6), 217-252.

남기민(2017). **사회복지정책론(3판)**. 서울: 학지사.

문진영(2013). 인권과 사회복지: 쟁점 분석. **비판사회정책**, 39, 83-116.

서미경, 김영란, 박미은(2015). **사회복지 윤리와 철학**. 경기: 양서원.

손보미(2020). 생명윤리에서 인간의 존엄 근거 고찰. **인격주의 생명윤리**, 10(2), 43-76.

심선경, 김윤나, 이서영(2018). **사회복지개론**. 서울: 신정.

양옥경(2017). **사회복지 윤리와 인권**. 경기: 공동체.

오윤수, 정현태, 이대주(2010). **사회복지 윤리와 철학**. 경기: 공동체.

윤성호, 이미라, 손지현(2016). **인권과 함께 살펴보는 사회복지 윤리와 철학**. 서울: 학지사.

윤철수, 노혁, 도종수, 김정진, 김미숙, 석말숙, 김혜경, 박창남, 성준모(2018). **사회복지개론(3판)**. 서울: 학지사.

윤홍식, 남찬섭, 김교성, 주은선(2020). **사회복지정책론**. 서울: 사회평론아카데미.

이순민(2016). **사회복지 윤리와 철학(2판)**. 서울: 학지사.

이준일(2019). **인권법: 사회적 이슈와 인권(8판)**. 서울: 홍문사.

정명희, 전대성, 장갑수, 이영희, 박주현, 박선태(2020). **사회복지윤리와 철학**. 경기: 양성원.

Dolgoff, R., Loewenberg, F. M., & Harrington, D. (2009). *Ethical Decisions for Social Work Practice* (8th ed.). Belmont, CA: Thomson Brooks/Cole.

Gaine, C. (Ed.) (2010). *Equality and Diversity in Social Work Practice*. Exeter, UK: Learning Matters Ltd.

NASW (2021). "Ethical Principles" in "Read the Code of Ethics."

Reamer, F. G. (1999). *Social Work Values and Ethics* (2nd ed.). NY: Columbia University Press.

Reamer, F. G. (2018). *Social Work Values and Ethics* (5th ed.). NY: Columbia University Press.

한국사회복지사협회(2021). 사회복지사 윤리강령. http://www.welfare.net/site/ViewMoralCode.action 2021.11.에 인터넷에서 발췌.

https://www.socialworkers.org/About/Ethics/Code-of-Ethics/Code-of-Ethics-English 2021.11.에 인터넷에서 발췌.

United Nations (2021). Office of the Hight Commissioner of Human Rights. *Universal Declaration of Human Rights*. https://www.ohchr.org/EN/UDHR/Pages/Language.aspx?LangID=kkn 2021. 10.에 인터넷에서 발췌.

제2부

사회복지정책 및 행정 분야

제4장

사회복지정책[1)]

이 장에서는 사회복지정책에 대하여 소개한다. 우선 사회복지정책의 개념과 주요 성격에 대하여 살펴보았다. 사회복지정책은 “사회적 욕구 충족을 위한 국가의 활동”으로서 정의된다. 사회복지정책은 개별적이고 직접적인 욕구충족, 재분배, 그리고 일방적 이전과 같은 특성을 가진다.

사회복지정책의 발달을 설명하는 주요 이론들로 산업화론, 마르크스주의, 권력자원론, 국가중심론에 대하여 살펴보았다. 이 이론들은 각각 산업화, 자본가계급의 이익을 옹호하는 국가의 성격, 노동자계급의 조직화와 정치권력 장악, 그리고 각 국가에게 역사적으로 형성된 제도적 특성들이 사회복지 발달에 중요한 요인이라는 것을 제시하였다.

복지국가들을 분류하여 유형화하는 복지국가 유형론에 대하여 살펴보았다. 윌렌스키와 르보의 잔여적 모형 대 제도적 모형의 이분법적 유형론, 티트머스의 잔여적 모형, 산업적 성취 및 성과 모형, 그리고 제도적 재분배 모형의 삼분법, 그리고 에스핑-앤더슨의 자유주의 복지국가, 보수주의 복지국가, 그리고 사민주의 복지국가 유형화를 소개하였다.

그리고 사회복지정책의 주요 형태와 차원분석에 대해 소개하였다. 주요 형태로서 사회부조, 사회보험, 그리고 보편적 프로그램으로 구분하였다. 그리고 사회복지정책의 차원분석으로 할당, 급여 형태, 재정, 그리고 전달체계로 구분하여 각 차원에서의 주요 이슈들을 검토하였다.

마지막으로, 한국의 사회복지정책의 주요 제도들을 형태별로 분류하여 소개하였다. 먼저 사회부조제도로 국민기초생활보장제도, 국민취업지원제도, 근로장려세제, 다음으로 사회보험제도로 국민연금, 건강보험, 고용보험, 산재보험, 노인장기요양보험, 그리고 보편적 프로그램으로 아동수당, 기초연금, 그리고 보편적 보육서비스를 소개하였다.

1) 사회복지정책에 대한 보다 자세한 내용에 대해서는 이상은(2022)을 참조하시오.

1. 사회복지정책의 개념과 성격

1) 사회복지정책의 개념

사회복지정책이란 "사회적 욕구와 위험에 대응하여 국가에 의해 개인들의 복지 향상을 위하여 사회 구성원들의 집합적 노력으로서 이루어지는 활동"을 말한다. 사회복지정책의 이 개념 규정을 조금 더 자세하게 살펴봄으로써 사회복지정책이 무엇인가에 대해 알아보도록 하자.

우선, 사회복지정책은 사회적 욕구와 위험에 대한 대응한다는 것이다. 사회복지정책은 개인적 욕구가 아니라 사회적 욕구와 위험에 대응한다. 개인의 다양한 욕구들이 있지만 사회복지정책은 모든 개인의 욕구들에 대응하지는 않는다. 그중에서 사회적 욕구 또는 사회적 위험으로 인정되는 것들에 대해 대응한다. 어떤 욕구나 위험이 개인적이고 사회적인가에 대한 명확한 규정은 없다. 다만 한 사회에서 구성원들에 의하여 공통적으로 중요한 문제로 인식되는 것들이 그 시대 그 사회의 사회적 욕구나 위험으로 간주된다.

대표적인 사회적 욕구나 위험으로 빈곤, 불평등, 실업, 노령, 장애, 사망, 질병, 산업재해, 아동양육 등을 들 수 있다. 빈곤은 인간으로서 최소한의 기본적인 생활을 영위할 수 있는 경제적 능력을 가지지 못한 상태를 말한다. 역사적으로 빈곤은 가장 오래된 사회문제로서 사회적인 욕구로 인식되어 왔다. 불평등은 빈곤과 관련되지만 조금 다른 차원의 문제다. 빈곤하지 않더라도 사회 구성원들 간에 경제적 격차가 너무 커지면 불만과 갈등이 커지고 사회의 안정성이 위협을 받는다. 그래서 불평등 자체를 완화하여 사회적 안정성과 사회통합을 제고하고자 하는 것이 사회적 욕구로 인식된다. 또한 현대 자본주의 시장경제에서 실업은 단순히 개인의 노력의 차원을 넘어서는 사회적인 문제로 인식된다. 또한 노령, 장애, 사망, 질병, 산업재해, 아동양육 등은 대부분의 사회 구성원들이 공통적으로 직면하고 그 영향의 사회적 파장이 크므로 사회적 위험으로 인식된다.

다음으로 사회복지정책은 이러한 사회적 욕구와 위험에 대응하여 국가를 통해 이루어지는 활동이다. 즉, 사회복지정책의 주체는 국가다. 여기서 국가란 중앙정부와 지방정부, 그리고 공공기관들을 말한다. 그런데 사회복지정책의 주요 주체가 국가라고 해서 사회복지정책이 오직 국가에 의해서만 이루어지는 활동을 지칭하는 것은 아니다. 국가는 시장, 비영리조직, 영리조직, 그리고 가족 등과 같이 공동으로 협력하여 사회적 욕구 충족을 위한 활동들을 수행한다.

시장은 참여자들의 영리추구 활동에 의하여 개인들의 복지 향상에 기여하는 재화와 서비스를 제공한다. 시장에서의 영리추구 활동들은 대체로 개인의 복지 향상에 기여하지만 항상 그런 것은 아니다. 사적 영리추구 활동이 극단적으로 이루어지는 경우 다른 사람의 복지를 저해하고 착취할 수 있다. 국가는 시장에서의 영리추구 활동들이 다른 사람들의 복지와 공존할 수 있도록 규제하고 지원한다. 대표적 예로 의료서비스의 경우 국가가 의료서비스 시장에 개입하여 의료서비스 제공자가 자신의 영리 추구만을 위하여 아픈 사람들을 착취하는 일이 발생하지 않도록 규제한다. 또한 의료서비스의 이용이 경제적 능력에 따라 불평등하게 이루어지지 않도록 의료서비스 접근성의 평등을 추구한다. 물론 국가가 직접 의료서비스를 제공하는 역할도 담당한다.

비영리조직은 국가와 협력하여 사회서비스를 제공하는 대표적 주체다. 비영리조직은 국가의 재정적 지원과 보호하에서 욕구를 가진 사람들에게 양질의 서비스를 공급한다.

영리조직들도 국가와 협력하여 사회서비스를 공급하는 주요 주체다. 특히, 보육이나 요양서비스 등에 있어서 많은 영리조직들이 국가의 재정 지원과 규제하에서 서비스를 공급하는 역할을 담당하고 있다. 영리조직들 중에서, 특히 기업은 소속된 노동자들에 대해 의료보험이나 퇴직연금 등을 제공하는 기업복지의 영역에 있어서 주요한 역할을 담당하고 있다. 국가는 법률이나 세제 혜택 등의 지원을 통해 기업과 협력하여 기업복지를 공급한다. 예를 들어, 기업에서 제공하는 퇴직(연)금의 경우 퇴직(연)금의 제공을 법으로 강제하면서 또한 기업의 퇴직연금 기여금에 대해 세제 혜택을 부여하여 재정적으로 지원을 제공한다.

가족은 전통적으로 개인을 보호하고 복지를 제공하는 주된 주체였다. 하지만 핵가족화와 1인 가구 증가 등으로 인하여 가족의 복지 역할을 상당히 축소되었다. 하지만 여전히 가족은 복지 제공에 있어서 주요한 주체다. 국가는 가족의 복지 역할 축소를 보완하면서 또한 가족에 의한 복지 제공을 지원한다. 예를 들어, 아동양육에 있어서 보육서비스를 통하여 가족의 아동양육 역할을 대체하는 한편, 육아휴직제도를 통하여 부모의 아동양육 역할을 지원한다.

이처럼 국가에 의한 복지정책은 오로지 국가에 의해서만 이루어지는 활동들을 지칭하지는 않는다. 국가는 독자적으로 서비스나 급여를 제공하는 역할을 수행함과 동시에, 시장, 비영리조직, 영리조직, 기업, 가족 등과 협력하여 사회 구성원들의 복지 증진을 위한 광범위한 활동들을 조직화한다. 과거 서구사회에서 국가의 독자적 복지활동들이 강조되었다면, 현재에는 국가와 다른 주체들 간의 협력을 통한 복지활동들이 강조되고 있다. 소위 복지혼합(Welfare mix) 또는 복지 다원주의(Welfare pluralism)는 이러한 경향을 표현하는 용어들이다.

2) 사회복지정책의 성격

사회 구성원들의 사회적 욕구를 충족시키기 위한 국가의 활동으로서의 사회복지정책이 어떤 성격을 가지는가를 살펴보자. 이를 통해 국가의 다른 정책들과 구분되는 사회복지정책의 특성을 보다 구체적으로 알아볼 수 있다.[2)]

첫째, 사회복지정책은 개인들의 복지욕구를 개별적으로 충족시킨다. 개인들이 처한 상황과 욕구는 개인들마다 서로 다르다. 사회복지정책은 궁극적으로는 개인들의 욕구수준에 맞게 개인들의 욕구를 개별적으로 충족시킨다. 이에 비해 국방정책이나 환경정책 등의 경우에는 외국의 침입으로부터 또는 환경파괴의 위험으로부터 국민의 안전을 보장하기 위해 집합적으로 대응한다. 개인들마다 서로 다른 욕구를 개별적으로 충족시키지 않는다. 하지만 예를 들어 건경보장제도의 경우 개인들의 의료욕구는 서로 다르고 개인의 의료욕구에 따라 개별적으로 의료서비스가 제공된다.

둘째, 개인들의 복지욕구를 직접적으로 충족시킨다. 사회복지정책은 개인들의 기본적 소득, 주거, 의료, 교육 등의 욕구에 대응하여 개인들이 필요로 하는 현금급여, 주거, 의료, 교육서비스들을 제공함으로써 직접적으로 욕구를 충족시킨다. 이에 비해 경제정책의 경우에는 사람들의 복지욕구를 간접적으로 충족시킨다. 경제성장을 증진함으로써 고용과 임금을 증가시킴으로써 간접적으로 낙수효과(Trickle-down effect)에 의해 개인들의 복지욕구를 충족시킨다. 즉, 경제정책이 개인들의 복지욕구에 경제성장을 통해 간접적으로 대응하는 데 비해, 사회복지정책은 개인들

2) 이 부분은 김태성(2007: 21-31)을 참조하여 정리하였다.

의 복지욕구를 복지급여를 통해 직접적으로 충족시킨다는 차이가 있다.

셋째, 사회복지정책은 복지욕구를 시장 밖에서의 재분배(Redistribution)를 통하여 충족시킨다. 개인들의 경제적 자원의 분배는 시장에서 일차적으로 분배된다. 시장에서 자본과 노동을 투입하여 상품을 생산하고 교환함으로써 일차적으로 시장에서 자원의 분배가 이루어진다. 이를 일차분배라고 한다. 시장에서 일차적으로 분배가 이루어진 후에, 시장 밖에서 이차적으로 재분배가 이루어진다. 사회복지정책은 시장 밖에서의 재분배를 통하여 개인들의 복지욕구를 충족시킨다. 이에 비해 경제정책 등은 시장에서의 일차적인 분배에 개입한다.

넷째, 사회복지정책은 복지욕구를 일방적 이전(Unilateral transfer)을 통하여 충족시킨다. 사회복지정책은 개인의 복지욕구를 충족시키기 위하여 급여를 제공함에 있어서 그에 상응하는 보상이나 대가를 받지 않고 일방적으로 욕구를 가진 사람들에게 급여를 제공한다. 이에 비하여 시장에서는 서로 동등한 가치를 가진 것들을 교환하는 쌍방적 이전(Bilateral transfer)이 이루어진다. 일방적 이전은 사회복지정책에 의한 복지급여를 시장에서의 교환과 구분하는 중요한 특징 중 하나다. 하지만 모든 사회복지정책이 완벽하게 일방적 이전으로 이루어지는 것은 아니다. 예를 들어, 소득비례 사회보험의 경우 개인의 보험료 납부에 상응하는 급여가 제공되므로 쌍방적 이전의 성격을 상당히 포함하고 있다. 하지만 노후소득보장 전체적 차원에서 보면 보험에 가입하지 못하거나 보험에 가입해도 보험료 납부액이 작아 충분한 보험급여를 받지 못하는 노인들에 대해 국가가 일방적 이전을 제공함으로써 노인들의 기본적 소득보장 욕구에 대응한다.

〈표 4-1〉 사회복지정책의 주요 특성들

특성	구체적 내용	대조적 사례
개별적 욕구 충족	개인들의 복지욕구를 개별적이고 배타적으로 충족	국방정책이나 환경정책의 경우 집합적으로 욕구 충족
직접적 욕구 충족	개인들의 복지욕구를 직접적으로 충족	경제정책의 경우 경제성장을 통해 간접적으로 충족
재분배	시장에서의 일차분배 이후 국가를 통해 이차적으로 재분배	경제정책이나 노동정책 등은 시장에서의 일차분배에 직접 개입
일방적 이전	대가 없이 일방적으로 급여 제공	시장에서는 쌍방적 교환

2. 사회복지정책 발달이론

역사적으로 초기에 국가에 의한 사회복지정책 활동은 흉년 등 천재지변으로 인한 국민들의 생활상의 위기에 대응하여 일시적인 긴급구호 정도의 활동에 불과하였다. 그러다가 국가가 구빈법에 의해 극빈층에 대해 상시적으로 구호를 제공하는 시대로 발전하였고, 이후 노동자계급에 대해 사회보험을 제공하는 시대로 발전하였으며, 제2차 세계 대전 이후에는 전 국민에 대해 사회보장을 제공하는 복지국가의 시대로 발전해 왔다. 이와 같은 사회복지정책의 발달을 추동하는 요인은 어떤 것이었을까? 그동안의 사회복지정책의 역사적 발달을 설명하고자 하는 주요 이론들이 제시되어 왔다. 여기에서는 사회복지정책의 발달이론으로 산업화론, 마르크스주의, 권력자원론, 그리고 신제도주의론에 대하여 소개하고자 한다.

첫째, 산업화론은 현대 복지국가에서의 사회복지정책의 발달을 산업화의 결과물로 바라본다. 산업화에 따라 과거 농업사회에서 제기되지 않았던 사회문제들이 발생하였다. 실업, 노령, 불결한 주거환경, 보건 등의 문제들이 제기되었다. 이와 함께 과거에 개인에게 생활보장을 제공하던 가족, 지역사회, 교회 등의 역할이 축소되었다. 산업화에 따른 핵가족화와 도시로의 이주에 따라 가족 등의 비공식적 주체들의 역할이 대폭 축소되었다. 이에 국가가 개입하여 사회복지정책을 통해 개인들에게 생활보장을 제공하게 되었다. 그래서 산업화론에서는 산업화에 따른 사회적 욕구의 발생과 이에 대응하는 국가의 개입 필요성이 발생되었다고 본다.

둘째, 마르크스주의에서는 국가를 자본가계급의 이익을 대변하는 도구로 간주한다. 그래서 국가의 사회복지정책도 궁극적으로는 자본가계급의 이익을 대변하는 기능을 수행한다고 본다. 사회복지정책은 기본적으로 노동자계급에 의한 폭동이나 사회적 불안 야기를 통제하고 사회를 안정화시키기 위한 사회통제의 수단이라고 본다. 사회복지정책이 일시적으로 자본가계급의 이익에 반하거나 또는 자본가계급 중 일부 분파의 이익에 반한다고 하더라도 장기적으로 그리고 전체적으로 자본가계급의 이익을 보호하고 안정화시키기 위한 도구라고 본다. 그래서 사회복지정책은 자본주의 체제를 안정화시키고 자본가계급에 의한 노동자계급에의 착취를 정당화시키는 기능을 수당한다고 본다.

셋째, 권력자원론에서는 복지국가의 사회복지정책을 노동자계급의 자본가계급에 대한 투쟁을 통한 승리의 결과물로 간주한다. 노동자들이 노동조합을 통하여 스스로를 조직화하고 노동당이나 사회민주당과 같은 노동자계급의 이익을 대변하는 정당을 통해 정치권력을 장악함으로써, 노동자계급이 장악한 국가를 통해 노동자계급의 생활안정을 위해 실시되는 활동이 복지국가의 사회복지정책이라는 것이다. 권력자원론은 앞의 산업화론과 마르크스주의가 기능주의적 입장에서 산업화와 자본주의 시장경제의 작동과정에서 발생되는 기능적 필요성을 충족시키기 위한 보완적 기능을 수행하는 역할로서 사회복지정책을 바라보는 것과 달리, 갈등주의적 입장에서 노동자계급과 자본가계급 간의 갈등에서 노동자계급의 승리의 결과물로 사회복지정책을 바라본다는 점에서 차이가 있다.

넷째, 국가중심론에서는 각 국가들의 역사적 발전과정에서 형성된 국가의 특성과 정치제도의 특성에 따라 각 국가들이 서로 다른 사회복지정책을 형성하게 된다고 본다. 예를 들어, 역사적 과정에서 중앙집권적인 국가를 형성한 스웨덴이나 영국과 달리 지방분권적 연방정부 형태의 국가를 형성한 미국의 경우에는 사회복지정책의 발달이 지연되고 그 정도도 작다는 것이다. 국가중심론은 각 국가의 역사적 발달과정에서 형성된 제도적 특성의 차이에 따른 국가들 간의 사회복지정책의 차이와 특성을 설명하는 데 장점을 가진다. 국가 간의 사회복지정책의 특성의 차이를 설명하는 데 있어서 권력자원론이 노동자계급의 권력자원의 정도를 강조한다면, 국가중심론은 역사적으로 형성된 각 국가의 제도적 특성의 차이를 강조한다는 차이가 있다.

〈표 4-2〉 **사회복지정책 발달론**

사회복지정책 발달론	주요 요인
산업화론	산업화에 따른 사회문제의 발생과 국가 개입에 의한 사회복지정책의 필요성
마르크스주의	자본가계급의 이해를 반영하는 사회통제와 정당화로서의 사회복지정책
권력자원론	노동자계급의 투쟁의 성과물로서의 국가복지
국가중심론	역사적으로 형성된 국가의 특성과 제도가 복지정책의 특성을 야기

3. 복지국가 유형론

현대 국가들은 사회복지정책을 주요한 국가 역할로 수행하는 복지국가로 발달하였다. 그러나 각 국가들에서 복지국가는 동일하지 않고 서로 다른 특성들을 보여 왔다. 서로 다른 복지국가들의 모습들을 분류하여 복지국가들을 유형화하고자 하는 시도들이 제시되어 왔다. 여기에서는 대표적인 세 가지의 복지국가 유형론에 대하여 살펴본다.

먼저 윌렌스키와 르보(Wilensky & Lebeaux, 1958)의 잔여적 복지 모형(The residual welfare model) 대 제도적 복지 모형(Institutional welfare model)으로의 분류다. 잔여적 복지 모형은 가족과 시장과 같은 제도들이 복지를 제공하는 주된 역할을 담당하고, 이 가족과 시장 등의 정상적 제도들이 실패할 때에만 잔여적으로 국가가 가족과 시장을 대신하여 복지 제공 기능을 수행하는 유형이다. 제도적 복지 모형은 국가의 사회복지정책이 정상적인 주된 복지 제공의 역할을 담당하여 일차적으로 국민들의 생활안정을 위해 복지를 제공하는 유형이다. 즉, 잔여적 복지 모형에서는 기본적으로 개인과 가족이 복지의 책임을 지고 국가는 이 개인과 가족에 의한 복지욕구가 충족되지 못하는 사람들에 대해서만 선별적으로 또는 그러한 경우에 대해 일시적으로만 복지를 제공한다. 이에 비해 제도적 복지 모형에서는 개인들의 복지에 대해 국가가 주요한 책임을 지고 전체 국민들을 대상으로 보편적으로 그리고 일시적이 아니라 항상적으로 복지를 제공하는 역할을 담당한다. 대표적 국가로는 잔여적 모형의 경우에는 미국을, 그리고 제도적 모형의 경우에는 스웨덴을 들 수 있다.

티트머스(Titmuss)는 윌렌스키와 르보의 이분법을 더 세분화하여 삼분법의 복지모형을 제시하였다. 잔여적 모형(Redisdual model), 산업적 성취 및 성과 모형(Industrial achievement-performance model), 그리고 제도적 재분배 모형(Institutional redistribution model)이 그 세 가지 복지 모형이다. 여기에서 잔여적 모형과 제도적 재분배 모형은 윌렌스키와 르보의 이분법에서의 잔여적 모형 및 제도적 모형과 거의 동일하다. 산업 성취 및 성과 모형이 새롭게 추가되었는데, 이 모형에서 복지급여가 노동시장에서 개인들이 획득한 임금과 소득상의 성취에 연계된다는 특징을 지닌다. 사회복지정책 중에서 사회보험의 경우 노동시장에서 획득한 소득수준에 따라 보험료 기여액이 달라지고 보험료 기여액에 연계하여 급여가 설정된다. 그러므로 사회보험을 중심으로 복지정책을 구축한 유럽 대륙 국가들이 산업적 성취 및 성과 모형에 해당된다.

에스핑-앤더슨(Esping-Andersen, 1990)은 티트머스의 삼분법 복지 모형을 기반으로 삼분법을 유지시키면서도 그 이론적 체계를 더 발전시킨 복지국가 유형론을 제시하였다. 에스핑-앤더슨은 탈상품화(De-commodification)와 계층화(Stratification)의 정도를 기준으로 복지국가들을 분류하였다. 탈상품화란 개인들이 시장에서 노동력을 팔지 않아도 생활을 영위할 수 있는 정도를 말한다. 계층화란 개인들 간에 복지급여에 있어서 계층적 차이가 발생하는 정도를 말한다. 이 두 가지 기준에 따라 복지국가를 자유주의 복지국가(Liberal welfare state), 보수주의 복지국가(Conservative welfare state), 그리고 사민주의 복지국가(Social democratic welfare state)의 세 가지 유형으로 구분하였다.

자유주의 복지국가는 복지공급에 있어서 국가의 역할이 작고 시장의 역할이 큰 유형이다. 국가의 사회복지정책은 저소득층으로 한정되어 있거나 또는 전 국민을 대상으로 하더라도 낮은 수준의 급여를 제공하여 전체적으로 국가복지의 규모가 작다. 국가복지가 작은 대신 시장의 역할이 커서 더 많은 계층에 대해 더 높은 급여를 제공하는 역할을 시장이 담당한다. 그 결과 자유주의 복지국가에서는 탈상품화 정도가 제한되고 계층화 정도가 크다. 미국이나 영국 등 영어 사용권 국가들이 여기에 해당된다.

보수주의 복지국가는 복지공급에 있어서 가족이나 직업집단 등의 사회적 조직들의 역할이 중시되는 국가다. 국가가 복지공급에 있어서 중요한 역할을 수행하지만 일차적인 역할보다는 가족이나 직업집단 등의 활동을 지원하는 역할을 중심으로 한다. 사회복지정책에 있어서 주로 직업집단별로 분립적으로 설립된 사회보험제도들을 통하여 위험에 대비한다. 각 사회보험 조합들은 별도의 보험료와 급여를 제공하며 노사 대표들에 의해 자주적으로 관리된다. 국가는 이들 조합별 사회보험제도들의 설립과 관리운영을 지원한다. 사회보험제도를 통하여 상당히 높은 수준의 급여들이 제공되기 때문에 탈상품화의 정도는 높은 편이다. 하지만 직업집단별로 분립된 사회보험체계를 가지고 있기 때문에 직업집단들 간에 급여의 차이가 크고, 그 결과 복지급여에 있어서 계층화 정도가 크다. 독일이나 프랑스 등의 유럽 대륙 국가들이 여기에 해당된다.

사민주의 복지국가는 복지공급에 있어서 국가의 책임이 큰 유형이다. 보편적 서비스 제도들을 통하여 전 국민에게 필수적인 사회서비스들을 거의 무상으로 제공한다. 사회보험의 경우에도 전 국민을 하나의 제도 내에 통합하여 관리함으로써 직업집단들 간에 사회보험에서의 차이가 거의 없다. 급여의 수준도 상당히 높다. 그래서 탈상품화의 정도가 크고 계층화 정도가 작다. 스웨덴 등 북유럽 국가들이 여기에 해당된다.

〈표 4-3〉 **복지국가 유형론**

	구분방식	유형
윌렌스키와 르보	이분법	• 잔여적 모형(Residual model) • 제도적 모형(Institutional model)
티트머스	삼분법	• 잔여적 모형(Residual model) • 산업적 성취 및 성과 모형(Industrial achievement-performance model) • 제도적 재분배 모형(Institutional redistribution model)
에스핑-앤더슨	삼분법	• 자유주의 복지국가(Liberal welfare state) • 보수주의 복지국가(Conservative welfare state) • 사민주의 복지국가(Social democratic welfare state)

4. 사회복지정책의 주요 형태와 차원분석

1) 사회복지정책의 주요 형태

사회복지정책의 주요 형태로는 사회부조, 사회보험, 그리고 보편적 프로그램을 들 수 있다. 사회부조(Social assistance)는 빈곤층에 대하여 빈곤구제를 행하는 제도다. 공공부조(Public assistance) 또는 국민부조(National assistance) 등으로도 불린다. 빈곤층을 선별하고 빈곤의 정도를 파악하기 위하여 소득-자산조사(Income-means test)에 의하여 개별 가구들의 소득과 자산의 정도를 조사한다. 사회부조제도는 복지를 위한 자원을 욕구가 큰 빈곤층에 집중할 수 있다는 장점이 있다. 하지만 빈곤층을 별도로 구분하여 보호함으로써 사회계층들을 분리시키고, 또한 소득조사 과정과 복지급여 수급 과정에서 수치감, 즉 낙인(Stigma)을 부여하게 된다는 단점도 있다.

사회보험(Social insurance)은 강제 가입에 기반하여 의무적으로 보험료를 납부하고 위험이 발생했을 때 보험급여를 제공하는 제도다. 사회보험은 전 국민을 대상으로 단일의 사회보험제도가 구축될 수도 있고, 직업별 또는 지역별로 조합을 설립하여 조합별로 사회보험제도가 분립적으로 구축될 수도 있다. 사회보험의 수급자는 일정 기간 이상 보험료를 납부한 사람으로 제한된다. 그래서 사회보험의 비가입자나 보험료 미납자는 사회보험 급여를 받지 못한다. 사회보험의 급여는 정액으로 모든 수급자들에 있어서 동일하게 설정될 수도 있고, 보험료 납부수준에 따라 차등적으로 설정될 수도 있다. 사회보험 급여수준 설정에 있어서 재분배 효과가 크게 발생하도록 설정될 수도 있고, 재분배 효과 없이 개인의 보험료 납부수준에 따라 완전히 소득비례 방식으로 설정될 수도 있다. 사회보험제도는 자신의 보험료 납부에 기반하여 급여가 제공되므로 보험료 납부에 따른 권리적 성격이 강하다.

보편적 프로그램은 소득자산조사 없이 시민권이나 거주 요건 등에 기반하여 욕구를 가진 모든 사람들에게 급여를 제공하는 제도다. 현금급여제도로서 보편적 수당제도가 있고, 현물급여로서 보편적 서비스 제도가 있다. 보편적 수당제도로는 아동수당이나 기초연금과 같이 인구학적 기준과 거주 요건에 따라 급여를 제공하는 제도들이 대표적이다. 보편적 서비스제도로는 국민보건서비스나 전체 아동에 대한 보육서비스가 대표적이다. 보편적 프로그램은 사람들을 소득이나 자산수준에 따라 구분하지 않고 욕구를 가진 전체 국민을 하나의 제도에 포함하여 급여를 제공하므로 사회통합을 제고하고 인간 존엄성 측면에서 장점을 가진다. 하지만 사회부조제도에 비하여 비용이 많이 든다는 단점이 있다.

〈표 4-4〉 **사회복지정책의 주요 형태**

주요 형태	특성
사회부조	소득-자산조사에 의해 빈곤층을 선별하여 급여 제공
사회보험	강제 가입에 의한 보험료 납부에 기반하여 위험발생 시 급여 제공
보편적 프로그램	정부예산으로 시민권이나 거주 요건에 기반하여 소득-자산수준에 무관하게 급여 제공

2) 사회복지정책의 차원

사회복지정책을 설계함에 있어서 누구에게, 어떤 급여를, 어떻게 재원을 마련해서, 어떻게 전달할 것인가의 선택의 차원들이 있다. 이러한 사회복지정책에서의 선택의 차원들을 일반적으로 할당, 급여 형태, 재정, 전달체계의 네 가지 차원으로 구분하여 분석할 수 있다(Gilbert & Terrell, 2002). 할당(Allocation)은 복지급여를 누구에게 제공할 것인지의 이슈다. 급여 형태(Type of benefit)는 급여를 현금으로 제공할 것인지 아니면 현물 또는 서비스로 제공할 것인지 등의 어떤 형태로 급여를 제공할 것인지의 이슈다. 재정(Financing)은 복지급여 제공을 위한 재정을 어떻게 마련할 것인지의 이슈다. 그리고 전달체계(Delivery system)은 복지급여의 관리운영과 공급을 누가 담당할 것인지의 관리운영 주체의 이슈다.

할당 차원에서 복지급여의 수급 대상을 누구로 선정할 것인가를 둘러싸고 보편주의 대 선별주의의 이슈가 제기되어 왔다. 보편주의는 급여욕구를 가진 전체 국민에게 제공하는 방식이고, 선별주의는 급여를 특정 집단에 소속되는 사람들을 선별하여 급여를 제공하는 방식이다. 보편적 프로그램은 보편주의 할당의 방식을 채택하고 있고, 사회부조는 선별주의의 할당 방식을 채택하고 있다. 사회보험의 경우에는 전 국민을 단일의 제도 내에 통합하여 적용하는 전 국민 사회보험의 경우 보편주의적 할당의 성격이 강한 반면, 직업집단이나 지역 등에 따라 분립적으로 사회보험을 실시하는 조합 방식의 사회보험의 경우 상대적으로 선별주의적 할당의 성격이 강하다.

급여 형태 차원에서 복지급여는 현금, 현물 또는 서비스, 그리고 바우처 등의 다양한 형태들을 취할 수 있다. 일단 수급자가 정해지고 나면 어떤 형태로 복지급여를 제공할 것인지를 선택해야 한다. 급여를 현금으로 제공할 수도 있고, 현물로 또는 서비스 형태로 제공할 수도 있다. 또한 바우처(증서) 형태로 제공할 수도 있다. 현금급여는 소비자들이 자신들이 원하는 재화나 서비스를 자신이 원하는 만큼 구매할 수 있도록 한다는 점에서 소비자의 자유권과 선택권이 가장 크다는 장점이 있다. 현물급여 또는 서비스는 사회적으로 또는 정부에서 충족하고자 하는 욕구를 충족시키기 위해 해당되는 현물이나 서비스를 직접 공급함으로써 욕구를 직접적으로 충족시킬 수 있다는 장점이 있다. 바우처(증서)는 현금급여와 현물급여(서비스)의 중간 정도로서 목표로 하는 욕구를 직접 충족시키는 현물이나 서비스를 구매하도록 제한하면서도 그 내에서 소비자들이 원하는 기관이나 재화 및 서비스들을 선택할 수 있도록 허용한다는 측면에서 장점이 있다. 예를 들어, 수급자에게 필요한 영양을 충족시키기 위하여 현금을 제공하여 식료품을 수급자 본인이 구매하도록 할 수도 있고, 직접 식료품을 공급할 수도 있고, 또한 식품권과 같은 바우처를 제공하여 필수적인 영양소를 공급할 수 있는 식품들로 일정하게 제한하여 구매하도록 할 수도 있다.

재정의 차원에서 복지급여를 제공하기 위한 재원을 어떻게 마련할 것인가의 이슈가 있다. 공적인 재원으로 조세 또는 보험료를 통해 재정을 조달할 수 있다. 조세를 통하여 정부의 예산으로 재정을 마련할 수도 있고, 보험료를 통하여 재정을 마련할 수도 있다. 민간의 재원으로는 서비스 이용자들의 이용자 부담이나 기부금 또는 기업의 기업복지 재원 등이 있다. 대체로 민간의 재원들은 안정성이나 그 규모 측면에서 제한이 많고 역진적 성격을 가진다는 한계가 뚜렷하다. 안정적으로 복지급여를 공급하기 위해서는 조세나 보험료에 의한 공적 재원의 확보가 필요하다. 조세는 소득세나 법인세 등의 직접세나 부가가치세 등의 간접세에 의해 조달된다. 조세는 상대적으로 누진성이 크기 때문에 소득재분배 효과가 크게 발생된다는 장점이 있다. 이에 비해 보험료는 비례세로 적용되기 때문에 소득재분배 효과가 발생되지 않는다는 단점이 있다. 하지만 보험료는 보험급여 지급으로 그 사용처가 제한되고 급여와의 관련성이 크기 때문에 징수가 용이하여 재정 확보에 있어서 장점이 있다.

전달체계의 차원에서는 중앙정부, 지방정부, 비영리조직, 영리조직들 중 누가 급여의 전달을 위한 관리운영을 담당할 것인가 하는 이슈가 제기된다. 우선 정부조직과 민간조직들 간의 역할분담의 이슈가 있다. 서구 국가들에서는 국가 책임의 민간조직으로의 이양을 둘러싸고 민영화의 이슈로 주로 제기되었다. 민간기관들에 비하여 정부조직의 경우 안정성이나 평등 제고 등의 측면에서 장점이 있다. 하지만 민간조직들은 소비자들의 욕구 변화에 대한 반응성이나 상황 변화에 대한 유연성 등의 측면에서 정부조직에 비해 장점을 가진다. 정부 조직들 내에서는 중앙정부와 지방정부 간에 복지 책임을 어떻게 분담할 것인가 하는 지방분권의 정도에 대한 이슈가 제기된다. 중앙정부가 안정성이나 지역 간 평등성 등의 측면에서 장점이 있지만,

〈표 4-5〉 **사회복지정책의 차원**

선택의 차원	주요 선택 대안들
할당	보편주의 대 선별주의
급여 형태	현금, 현물 및 서비스, 바우처
재정	정부예산, 보험료, 민간 재원(이용료, 기부금, 기업복지 재원 등)
전달체계	중앙정부, 지방정부, 비영리기관, 영리기관

지방정부는 지방 주민들의 욕구에 보다 직접적으로 반응할 수 있고 새로운 복지 프로그램들의 도입과 실험 등에 있어서 장점이 있다.

5. 한국의 주요 사회복지정책들

여기에서는 한국에서의 주요 사회복지정책들에 대하여 소개하고자 한다. 사회복지정책의 주요 제도들을 사회부조, 사회보험, 그리고 보편적 프로그램으로 분류하여 각 제도 형태들 내에 어떠한 제도들이 있는지 그 내용을 살펴보자.[3] 여기에서는 사회부조로 국민기초생활보장제도, 국민취업지원제도, 근로장려세제를 살펴본다. 사회보험으로 국민연금, 건강보험, 고용보험, 산재보험, 노인장기요양보험에 대하여 살펴본다. 그리고 보편적 프로그램으로 아동수당, 기초연금, 그리고 보편적 보육서비스에 대하여 살펴본다.

1) 사회부조

(1) 국민기초생활보장제도

한국의 사회부조의 핵심제도로 국민기초생활보장제도가 있다. 국민기초생활보장제도는 전 국민에 대해 빈곤에 처하게 되면 기초생활을 보장해 주는 제도다. 국민기초생활보장제도는 적용대상을 인구집단별로 구분하여 별도의 제도로 보호하지 않고, 국민기초생활보장제도라는 단일의 제도로 전 국민에 대해 기초생활을 보장한다는 특징을 지닌다.

전 국민에 대해 빈곤에 처하는 경우에 보호를 제공한다. 빈곤에 처한지를 판단하기 위하여 일종의 빈곤선에 해당되는 수급자 선정기준을 설정하여 보호를 제공할 것인지 여부를 판단하고 있다. 한 가구가 빈곤한지 아닌지를 판단하기 위하여 그 가구의 경제적 능력을 판단해야 한다. 일반적으로 소득 또는 재산을 기준으로 경제적 능력을 판단한다. 소득기준과 재산기준을 별도로 설정하여 두 가지 기준 모두를 충족시켜야 경제적 능력이 없는 것으로 판단하기도 하고, 또는 소득과 재산을 통합하

3) 각 제도들에 대한 보다 자세한 내용에 대해서는 이상은 외(2019)를 참조하시오.

여 하나의 척도로 환산하여 경제적 능력 유무를 판단하기도 한다. 한국의 경우에는 후자의 방식을 택하고 있다. 재산을 일정한 규칙에 따라 소득으로 환산하고(이를 재산의 소득환산액이라고 한다.), 이 재산의 소득환산액을 소득과 합산하여 소위 소득인정액을 계산한다. 그리고 이 소득인정액이 일정한 수준 이하이면 빈곤한 것으로 간주하여 수급대상자로 선정한다. 이미 독자들 중 상당수가 눈치 챘겠지만 재산을 소득으로 환산하는 것은 상당히 복잡하고 또한 자의적이어서 사회적으로 합의할 수 있는 어떤 명확한 기준이 있는 것은 아니다. 그래서 재산의 환산과정의 복잡성과 자의성을 둘러싼 논란이 제기되어 왔다.

일단 개별 가구의 빈곤 여부를 판정하여 수급자를 선정하고 나면 상황에 따라 다음과 같은 급여들이 제공된다. 첫째, 생계급여다. 생계급여는 최저생활을 유지하기 위해 필요한 현금급여를 제공한다. 둘째, 의료급여다. 의료급여는 수급자들에 대해 무료로 또는 아주 저렴한 본인 부담으로 의료서비스를 제공한다. 셋째, 주거급여다. 주거급여는 임차인들에 대해 임차료를 보조하고 또한 자가 소유자들에 대해서는 집 수리비를 보조하여 기초주거를 보장한다. 넷째, 교육급여다. 교육급여는 수급자 가구 내에 초 · 중 · 고등학생이 있는 경우에만 해당되는 급여로서, 최저교육서비스에의 접근을 보장하기 위한 급여다. 다섯째, 그리고 기타 출산급여와 장제급여와 같이 출산이나 장례가 있을 때 일회성으로 지급되는 급여가 있다.

(2) 국민취업지원제도

국민취업지원제도는 실업보험급여의 적용을 받지 못하는 저소득 실업자들을 대상으로 현금급여와 취업지원서비스를 제공하는 제도다. 노동자들이 실업을 당하게 될 때, 그동안 실업보험에 가입했던 사람들은 실업보험으로부터 실업급여를 받게 된다. 그런데 처음부터 실업보험에 가입하지 못했던 사람들이나 또는 실업보험 가입자로서 실업보험급여를 받고 있었지만 그 수급기간이 끝난 사람들의 경우에는 실업보험급여를 받을 수 없다. 대표적으로 청년들의 경우 노동시장에 진하지 못하고 있는 경우 실업자이지만 실업보험에는 가입되어 있지 않다. 실업보험은 취업한 노동자들이 보험료를 납부하여 미래에 발생될 실업 위험에 대비하는 제도이기 때문이다. 또한 장기실업자들의 경우에는 실업보험급여 수급기간이 소진된 이후에는 실업보험급여를 받을 수 없다. 실업보험급여는 무기한으로 지급되는 것이 아니라 일정 기간 동안으로 한정하여 지급되기 때문이다. 그래서 이와 같이 실업보험급여를 받을 수 없는 청년실업자나 장기실업자들 중 생활이 어려운 저소득자들이 국민취업지원제도의 대상이 된다.

국민취업지원제도는 현금급여와 취업지원서비스를 결합하여 제공한다. 국민취업지원제도는 서구 국가들에서의 실업부조제도에 해당된다. 하지만 한국의 경우 실업부조로서 장기실업자에게 현금급여만을 제공하기보다는 오히려 취업지원서비스 제공에 초점을 두고 취업지원서비스를 받으면서 구직활동을 하는 동안에 일정한 생활비를 지급하는 형태로 제도가 설계되어 있다. 국민취업지원제도는 한국에서 2021년부터 실시되어 지원대상이나 지원기간 등에서 아직 초기 상태에 있다. 국민취업지원제도가 완전한 실업부조제도로 발전하게 될 것인지 관심의 대상이다.

(3) 근로장려세제

근로장려세제는 저소득 취업자들에 대해 소득을 보조해 주는 현금급여제도다. 근로장려세제는 조세행정체계를 통하여 운영된다. 매년 국세청에 종합소득세를 신고할 때 근로자로서 일하여 근로소득이 있음에도 불구하고 소득과 재산수준이 낮아서 생활이 어려운 가구들에 대해 국세청에서 근로장려금으로 현금을 지급한다. 수급대상자들에 대해 우선 지급할 금액을 산정하고 수급 가구가 내야 할 소득세에서 그 근로장려금을 제하고 남는 금액이 있으면 그 잔액을 현금으로 지급한다. 저소득가구들의 경우 납부할 소득세가 없거나 아주 작은 경우가 대부분이므로 실제로는 국세청으로부터 현금급여를 받는 것에 해당된다.

근로장려세제의 급여 구조는 독특하다. 근로소득이 없으면, 즉 취업하여 소득활동을 하지 않은 사람들의 경우에는 근로장려금 급여가 없다. 그리고 근로소득이 증가하게 됨에 따라 근로장려금 급여가 증가한다(이를 점증구간이라고 한다.). 그러다가 근로소득이 일정 수준이 되면 근로장려금이 최대 수준에 정지되어 유지된다(이를 평탄구간이라고 한다.). 그러다가 근로소득이 더 증가하여 일정 기준에 도달하면 근로장려금 급여가 감소된다(이를 점감구간이라고 한다.). 그리고 근로장려금은 점감하다가 최종적으로 0원이 된다. 즉, 근로장려세제는 점증구간–평탄구간–점감구간으로 구성되어 있다.

근로장려세제는 저소득층들의 근로를 유도하면서 동시에 소득을 보조하는 기능을 수행한다. 실업부조가 취업하지 않은 실업자를 대상으로 한다면, 근로장려세제는 취업한 근로하는 저소득층을 주된 대상으로 한다는 특징이 있다.

2) 사회보험

(1) 국민연금

국민연금제도는 노령, 장애, 사망의 위험의 위험에 대해 보험급여를 제공하는 사회보험제도다. 보험 방식이므로 위험이 발생하기 전에 보험료를 납부하고 위험이 발생되면 보험급여를 받는다. 경제활동 연령기에 소득활동에 종사하는 모든 국민들은 보험료를 납부하여 위험에 대비하고, 노령이나 장애, 그리고 주 소득자의 사망으로 소득 단절의 위험에 처하게 되면 급여를 받는다.

한국의 국민연금제도는 단일의 제도하에 전체 국민을 포괄하는 방식으로 이루어진다. 국민연금제도를 조직할 때 직업집단 등에 따라 집단별로 별도의 연금제도를 구축하는 방식을 택할 수도 있다. 예를 들어, 산업별, 직업별로 다양한 연금제도들을 형성할 수 있다. 공무원, 의사, 건축사, 산업별 생산직 노동자, 사무직 노동자, 농민 등과 같이 집단별로 별도의 연금제도를 구축할 수 있다. 하지만 한국은 그러한 방식을 택하지 않고 단일의 제도하에 전체 국민을 포함하는 통합적 방식을 채택했다. 한국의 국민연금의 발전의 역사에서 국민연금의 적용대상을 직장 가입자로부터 농촌 지역으로 확대할 때가 중요한 선택의 기로였다. 1988년부터 실시되었던 직장 가입자에 대한 국민연금제도를 농촌 지역으로 확대함에 있어서 농촌 지역 자영자들의 특성을 반영하여 제도를 별도로 구축할 것인가가 중요한 이슈였다. 결국 1995년 국민연금의 농촌 지역 확대에 있어서 별도로 제도를 분리하지 않고 직장가입자에 적용되던 기존의 국민연금제도를 농촌 지역으로 확대하는 것으로 결정되었다. 이에 따라 2000년 국민연금의 도시 지역 확대에 있어서도 국민연금제도를 도시 지역으로 확대 적용하였다. 그 결과 한국의 국민연금제도는 단일의 제도하에 전체 국민을 포괄하는 방식으로 정립되었다. 그리고 그 관리운영은 단일의 보험자인 국민연금공단에서 담당하게 되었다.

국민연금의 급여구조는 소득비례 방식으로 설계될 수도 있고, 또한 재분배 요소를 포함할 수도 있다. 한국 국민연금제도는 소득비례와 재분배 요소를 결합하는 방식을 채택하고 있다. 국민연금 급여의 약 절반은 개인의 가입 시 소득수준에 비례하여 설정되도록 하여 소득에 비례하여 급여가 설정되도록 되어 있다. 나머지 약 절반은 가입자 전체의 평균소득에 따라 설정되도록 하여 재분배가 발생하도록 되어 있다. 그래서 국민연금의 급여구조는 소득비례와 재분배 요소를 결합하고 있다.

국민연금의 급여 종류로는 노령연금, 장애연금, 그리고 유족연금이 지급된다. 노령연금은 사회적으로 노인으로 간주하는 연령, 즉 노령에 도달했을 때 지급된다. 장애연금은 국민연금 가입 중에 장애가 발생되었을 때 지급된다. 그리고 유족연금은 국민연금 가입자의 사망 시에 그 유족에게 지급된다.

(2) 건강보험

건강보험은 질병이나 사고로 인하여 치료를 받아야 할 경우에 보험 방식으로 의료서비스 비용을 지급한다. 의료서비스 비용은 정부예산에 의하여 지급될 수도 있고 보험 방식으로 통해 보험료를 모아서 지급될 수도 있다. 한국의 경우 보험 방식을 통하여 국민들에게 의료서비스를 제공하도록 하였다. 그래서 1977년 의료보험제도가 도입되었다. 이때 도입된 건강보험제도는 조합주의 방식으로 구축되었다. 기업별, 지역별, 직업별로 의료보험조합을 설립하여 별도의 의료보험제도들을 실시하였다. 이후 2000년 들어서 이 조합들을 전부 통합하여 국민건강보험공단을 설립하여 단일의 건강보험제도를 적용받도록 하였다.

건강보험제도는 국민건강보험공단과 심사평가원에 의해 관리운영된다. 국민들이 건강보험공단에 보험료를 납부한다. 개인이 병의원에서 의료서비스를 이용하게 되면 병의원에서는 환자로부터 일부의 본인부담분 비용을 받고, 나머지 의료서비스 비용은 국민건강보험공단에 청구하여 지급받는다. 이 과정에서 심사평가원에 의료서비스 청구 내역을 제출하고 심사평가원에서 심사과정을 거쳐 문제가 없으면 국민건강보험공단에서 병의원에 의료비용을 지불한다.

그러나 건강보험제도가 모든 의료비를 다 부담하는 것은 아니다. 건강보험제도에서 필수적 의료로서 급여 항목으로 인정한 의료서비스에 대해서만 그 비용을 부담한다. 건강보험제도에서 필수적 의료서비스로 인정하지 않은 처치나 의약품에 대해서는 비급여 항목으로 분류하여 환자 본인이 전액 부담해야 한다. 그래서 전체 의료비용 중에서 건강보험제도에서 부담하는 비용의 정도와 개인이 부담하는 비용의 정도 간의 비중이 건강보장에서 있어서 중요한 지표가 된다.

(3) 고용보험

한국의 고용보험제도는 크게 네 가지의 내용을 포함하고 있는 포괄적 제도다.

첫째, 실업급여를 제공한다. 고용보험에 가입된 노동자들의 실업으로 인한 소득

단절에 대응하여 현금급여를 제공한다. 한국의 고용보험에서는 그 명칭을 구직급여로 정하여 실업자들의 구직활동 중에 받는 급여라는 점을 강조하고 있다. 한국의 구직급여는 비자발적 실업에 대해서만 급여가 제공된다. 자발적 실업의 경우에는 노동자들의 자발적 실업 증가 가능성을 우려하여 구직급여를 제공하지 않고 있다.

둘째, 고용보조금을 제공한다. 고용보험에서는 산업구조조정이나 경기불황 등으로 인하여 노동자들에 대해 고용을 유지하기 어려운 경우에 그 임금의 일부를 보조함으로써 고용주들이 노동자들에 대해 계속 고용을 유지할 수 있도록 지원한다. 또는 노인이나 빈곤층 등 취약계층의 취업과 고용 유지를 위해 이러한 개인들을 고용하는 고용주에 대해 그 임금의 일부를 지원한다. 즉, 고용보조금은 노동자들의 고용을 유지하고 취업을 증가시키는 기능을 수행한다.

셋째, 직업훈련을 제공한다. 고용보험에서는 직업능력개발사업이라는 명칭으로 직업훈련을 지원한다. 직업훈련은 실업자뿐만 아니라 재직자들을 대상으로 실시된다. 실업자들을 재훈련하여 이들의 인적자원을 증진시킴으로써 취업을 지원하고자 한다. 또한 이미 취업하여 노동하고 있는 재직자들에 대해서는 훈련을 제공하여 이들이 자신의 인적자원을 증가시켜 생산성을 더 높일 수 있도록 지원한다.

넷째, 출산 및 양육을 위한 휴가를 지원한다. 우선 출산 전후의 휴가 기간 동안의 소득단절에 대응하여 현금급여를 제공한다. 또한 출산 이후에도 아동을 양육하는 기간 동안에 육아를 위한 휴가 기간 동안의 소득단절에 대응하여 현금급여를 제공한다.

이와 같이 고용보험은 단순한 실업보험의 기능을 넘어서서 고용보조금과 직업훈련을 제공하는 적극적 노동시장정책의 기능을 수행하고 있으며, 더 나아가 노동자들의 출산과 육아에 따른 소득단절에 대응하는 기능을 수행하고 있다.

(4) 산재보험제도

산재보험의 완전한 명칭은 산업재해보상보험제도다. 일반적으로 줄여서 산재보험제도라고 부른다. 산재보험제도는 업무상 재해나 직업병으로 인한 소득단절에 대응하여 현금급여를 제공하고 치료의 필요성에 대응하는 요양서비스를 제공하는 보험제도다.

산재보험의 가장 큰 특징은 일반 재해나 질병이 아니라 업무상 재해 및 직업병에 대해 보호를 제공한다는 것이다. 과거에는 재해나 질병이 업무에 원인에 있는지를 그 원인성을 강하게 고려했으나 이제는 그 인과관계보다는 보다 포괄적으로 업무와의 관련성을 강조하고 있다.

산재보험의 보험료는 다른 사회보험제도에서와 달리 고용주에 의해 전적으로 부담된다는 측면에서 특징이 있다. 산재보험의 보험료를 설정함에 있어서 산업재해 발생의 정도를 반영하여 보험료 수준을 차등화할 수도 있고, 산업재해 발생 정도와 무관하게 동일한 보험료율을 적용할 수도 있다. 한국의 산재보험에서는 보험료를 산업재해 발생 정도를 반영하여 결정하고 있다. 그래서 업종별로 산업재해 발생 정도에 따라 보험료율을 차등화하고, 또한 특정 업종 내에서도 기업별로 산업재해 발생 정도에 따라 보험료율을 차등화하고 있다.

산재보험의 급여는 크게 두 가지다. 하나는 산업재해에 따른 소득중단에 대응하는 현금급여다. 현금급여는 재해로 인한 치료 기간 동안에 지급되는 휴업급여와 치료가 종료된 후에 남은 장애에 의해 야기되는 소득감소에 대응하여 지급되는 장해급여가 있다. 또한 업무상 재해로 인한 사망의 경우에는 유족급여가 지급된다. 다른 하나는 산업재해에 따른 치료를 위한 의료서비스에 대해 그 비용을 지불해 주는 요양급여가 있다. 간병이 필요한 경우 간병급여도 제공된다.

(5) 노인장기요양보험제도

인구고령화와 함께 장기요양이 필요한 노인들이 증가함에 따라 한국에서 노인들에게 장기요양서비스를 제공하기 위하여 별도의 사회보험제도로 노인장기요양보험을 도입하였다. 장기요양서비스를 별도의 사회보험제도로 설립하는 방식은 세계적으로 아직 보편적이지는 않다. 일반적으로는 정부예산을 통하여 노인들에게 장기요양서비스를 받을 수 있도록 하거나 의료보험제도를 통하여 그 급여 중의 하나로 지원한다. 한국은 독일과 일본의 경험을 따라 별도의 사회보험제도로서 노인장기요양보험을 도입하였다.

한국의 노인장기요양보험에서는 그 대상을 고령이나 노인성 질병으로 인하여 장기요양서비스가 필요한 경우로 제한하고 있다. 그래서 전체 성인의 장기요양서비스가 아니라 노인이나 노인성 질환으로 인한 장기요양 욕구에 대응하고 있다.

노인장기요양보험의 보험료는 한국에서 건강보험료의 일정 비율로 산정하여 건강보험 보험료를 징수할 때 통합징수하고 있다.

노인장기요양보험의 급여는 크게 재가급여와 시설급여로 구분된다. 재가급여는 수급자가 본인의 거주지에 살면서 서비스를 받을 수 있도록 지원하는 것이다. 방문요양, 방문목욕, 방문간호, 복지용구 대여 및 구매 지원 등이 제공된다. 시설급여는 요양시설에 입소한 수급자에 대해 비용을 지원한다.

노인장기요양보험은 건강보험공단에서 관리운영한다. 수급자가 장기요양기관에서 요양서비스를 이용하면 장기요양기관은 수급자로부터 일정한 본인부담분의 비용을 지불받고 나머지 비용은 건강보험공단에 청구하여 지급받는다.

3) 보편적 프로그램

(1) 아동수당

아동수당은 아동양육에 따른 지출을 지원하는 현금급여제도다. 아동수당제도는 일정 소득수준 이하 가구의 아동들에 대해 지급될 수도 있고, 가구의 소득수준에 무관하게 모든 아동들에게 보편적으로 적용될 수도 있다. 한국의 아동수당제도는 가구의 소득수준에 무관하게 모든 아동들에 대해 보편적으로 적용되고 있다. 2018년에 한국에서 아동수당제도가 처음 도입되었을 때에는 소득과 재산을 고려하여 하위 90% 가구의 아동들에게 적용되었다. 그러다가 2019년부터 소득 및 재산수준에 무관하게 전체 만 6세 미만 아동들에게 적용되었다.

아동수당의 수급연령은 한국에서 2018년 도입 시 만 6세 미만으로 한정되어 실시되었다. 서구 국가들의 경우 만 16세까지 지급하는 것이 일반적이다. 한국의 경우에도 적용 연령을 인상해 가고 있다.

아동수당은 모든 아동에게 동일한 정액급여를 지급할 수도 있고, 또는 가구 내 아동의 순위에 따라 차등적으로 적용하거나 급여수준에도 차등을 둘 수도 있다. 예를 들어, 첫째 아동은 아동수급 지급대상에서 제외하고 둘째 아동부터 아동수당을 지급할 수 있나. 또한 첫째 아동의 경우 가장 높은 급여를 지급하고 그다음 순서의 아동들에 대해 급여를 줄여 나갈 수 있다. 또는 반대로 첫째 아동에 대해 가장 낮은 급여를 지급하고, 그다음 순서의 아동들에 대해 급여를 높여 나갈 수 있다. 한국의 아동수당제도의 경우에는 아동의 출생순서에 무관하게 동일하게 월 10만 원을 지급한다.

또한 아동수당은 가구의 소득수준에 따라 급여수준을 차등화할 수도 있고, 가구 소득수준과 무관하게 동일한 정액급여를 지급할 수도 있다. 한국의 경우에는 가구

소득수준과 무관하게 동일하게 모든 아동에 월 10만 원의 급여를 지급하고 있다.

(2) 기초연금

기초연금제도는 일반적으로 소득 및 재산수준에 무관하게 전체 노인에 대해 정액급여를 제공하는 제도다. 한국의 경우에는 소득 및 재산을 고려하여 하위 70%의 노인에 대하여 급여를 제공한다. 이러한 측면에서 한국의 기초연금을 보편적 프로그램으로 분류할 수 있는지에 대해 논란이 있다. 한편에서 보면 소득-자산조사에 의하여 하위 70%의 노인들을 선별하기 때문에 사회부조 프로그램으로 인식될 수 있다. 하지만 하위 70%는 노인 대부분을 포함하기 때문에 저소득층을 선별하는 사회부조라기보다는 상위 30%를 선별하여 배제하고 나머지 노인들 전체를 포괄한다는 측면에서 보편적 성격을 가진 기초연금의 한 변종으로 인식되기도 한다. 그래서 많은 경우 한국의 기초연금을 (준)보편적 제도로 표현한다. 여기에서는 일단 한국 기초연금이 사회부조적 성격보다는 보편적 성격이 강하다고 판단하여 준보편적 제도로 분류하였다.

한국 기초연금의 급여구조는 상당히 복잡하다. 일반적으로 전형적인 기초연금은 정액급여의 구조다. 하지만 한국 기초연금의 경우에는 정액구조와 국민연금 연계 감액구조를 결합하는 형태로 구성되어 있다. 한국 기초연금의 최대급여액의 절반은 정액으로 지급된다. 하지만 나머지 절반의 금액은 국민연금 급여액, 더 정확히는 국민연금 급여 중 재분배 요소에 해당되는 균등급여액의 수준에 연계하여 감액되도록 설정되어 있다. 즉, 한국의 기초연금은 정액급여와 국민연금 연계 감액 급여의 이층적 구조로 설계되어 있다.

(3) 보편적 보육서비스

일반적으로 보육서비스는 정부예산에 의해 지원되는데 그 방식은 다양하다. 국가에 따라 저소득층에 대해 무상으로 제공되기도 하고, 전체 아동에 보편적으로 제공되기도 하고, 또한 전체 아동에 거의 보편적으로 적용하되 아주 저렴한 수준의 일정한 이용료를 소득계층에 따라 차등적으로 부담하도록 하기도 한다. 한국의 경우에는 보육서비스를 저소득층에 한정하여 지원하다가 2013년 이후 가구의 소득 및 자산수준에 무관하게 전체 아동에 보편적으로 제공하고 있다.

보육서비스는 한편에서는 여성의 경제활동 참여를 증진하기 위한 기초적 조건으로 인식되기도 하고 다른 한편에서는 아동의 사회성 발달 및 교육의 측면에서 그 필요성이 인식되어 왔다.

한국의 보육서비스는 주로 정부에서 보육료를 지원하고 민간 어린이집 및 유치원이 중심이 되어 보육서비스를 제공하는 형태로 이루어져 왔다. 그러나 점차 국공립 보육시설에 대한 욕구가 증가하면서 전체 보육시설 중 국공립 보육시설의 비중이 증가하고 있다.

〈표 4-6〉 **한국의 주요 사회복지정책 제도들**

구분	제도
사회부조	국민기초생활보장제도 국민취업지원제도 근로장려세제
사회보험	국민연금 건강보험 고용보험 산업재해보상보험 노인장기요양보험
보편적 프로그램	아동수당 기초연금 보육서비스

참고문헌

김태성(2007). **사회복지정책 입문**. 서울: 청목.

이상은, 권혁창, 김기태, 김정근, 남현주, 손동기, 윤상용, 정인영, 정찬미, 정창률, 최유석(2019). **사회보장론**. 서울: 학지사.

이상은(2022). **사회복지정책론**. 서울: 학지사.

Esping-Andersen, G. (1990). *The Three Worlds of Welfare Capitalism*. Cambridge: Polity.

Gilbert, N., & Terrell, P. (2002). *Dimensions of Social Welfare Policy* (5th ed.). Boston: Allyn and Bacon.

Titmuss, R. (1974). *Social Policy*. London: George Allen and Urwin.

Wilensky, H., & Lebeaux, C. (1958). *Industrial Society and Social Welfare*. New York: Russel Sage Foundation.

제5장

사회복지행정

사회복지행정이란 사회복지정책의 목표를 달성하기 위해 사회복지실천이 이루어지는 과정에 존재하는 인간, 조직과 관계된 모든 영역을 말한다. 즉, 사회복지행정은 사회복지가 지향하는 바를 이루기 위해 실천현장에서 필요한 모든 형태의 이론, 조직, 자원 등을 포괄한다. 사회복지정책을 통해서 복지사회를 위한 기반을 마련하고, 실천현장에서 클라이언트를 위한 이론적인 배경과 기술, 프로그램들이 개발되었다. 하지만 사회복지정책과 실천을 이어 주는 과정에서 일어나는 모든 요소들에 대한 관심은 상대적으로 등한시 되어 왔다. 이러한 의미에서 사회복지행정은 우리가 이루고자 하는 것(정책적 목표)과 이룰 수 있는 방법(실천적 목표)을 이어 주는 가교의 역할을 하는 것이다.

1. 사회복지행정 개념

1) 사회복지행정의 정의

사회복지행정은 학자마다 다양하게 정의하고 있는데 강조되는 개념들을 시대별로 살펴보면 다음과 같다. 먼저 키드니(Kidneigh, 1950)는 사회복지행정을 사회복지정책을 서비스로 전환시키고, 그 경험을 다시 정책에 반영하는 상호 과정이라고 보았다. 1960년대 들어 스펜서(Spencer, 1961), 워햄(Warham, 1975)과 같은 학자들은 사회복지행정을 "조직의 목적/목표 달성을 위해서 상호 개입하거나 촉진시키는 과정"이라고 정의했다. 1970년대에 대표적인 학자인 스타인(Stein, 1970), 트레커(Trecker, 1971), 티트머스(Titmuss, 1974)는 사회복지행정을 조정과 협력, 서비스 관리 측면에서 설명하고자 했다. 1980년대 들어서면서 스키드모어(Skidmore, 1983), 패티(Patti, 1983) 같은 학자들은 사회복지행정을 조직 내에서 정책을 서비스로 변환하는 과정이며, 조직 구성원들이 활용하는 체계적인 개입활동이라고 보았다. 2000년대 들어서 사회복지행정은 조직 자원 활용의 극대화, 기획, 유지관리, 슈퍼비전에 초점을 맞춰 정의했다(Ambrosino et al., 2001; Coulshed & Orme, 2006).

이와 같이 사회복지행정의 정의는 시대별로 그 개념이 조금씩 변해 왔는데 사회복지행정의 정의를 큰 틀에서 요약하면 다음과 같다. 첫째, 사회복지기관을 대상으로 정책이 서비스로 전환되는 과정이다. 둘째, 조직의 목적을 달성하기 위한 개입하는 과정이다. 셋째, 조직 내의 협력과 관리를 중시하는 체계적인 활동이다. 넷째, 조직의 인적 · 물적 자원의 효율성과 효과성을 극대화하는 사회복지실천의 개입방법이다.

2) 사회복지행정과 일반행정

앞서 정의한 행정의 핵심 요소들은 사회복지 조직뿐만 아니라 정부, 기업, 학교 등 모든 유형의 조직에 적용이 가능하다. 이러한 점에서 사회복지행정은 일반행정과 공통점 및 차이점을 갖고 있다. 트레커(1971)는 일반행정과 사회복지행정의 공통점을 다음과 같이 설명했다. 첫째, 조직의 목적과 목표를 달성하기 위한 문제 해결의 과정이다. 둘째, 인적 · 물적 자원을 조직을 위해 사용한다. 셋째, 조정과 협동의 과정이 필요하다. 넷째, 계획 · 조직 · 리더십 등의 요소를 가진다. 황성철 등은 일반행정과 사회복지행정의 공통점에 대해 다음과 같이 언급하고 있다(황성철 외, 2014: 23). 첫째, 기본적인 문제해결 과정이다. 둘째, 조력의 과정을 공통적으로 요구한다. 셋째, 인적 · 물적 자원을 동원하고 조직화하는 기능을 갖는다. 넷째, 공공의 의지를 실현시키는 것과 관련되어 있다.

사회복지행정과 일반행정은 조직의 관리라는 면에서 공통점이 있지만 사회복지라는 특수성에서 오는 차이점도 있다. 천정웅 등은 사회복지행정의 특수성을 다음과 같이 나열하였다(천정웅 외, 2015: 26-27). 첫째, 투입 · 산출이 명확하지 않다.

둘째, 환경적 요소에 크게 영향을 받는다. 셋째, 조직의 수평적인 특성과 비공식적 조직을 중요시한다. 넷째, 사회복지사의 역량에 크게 의존한다. 다른 학자는 일반 행정과 비교했을 때 사회복지행정의 차이점을 다음과 같이 나열하였다(황성철 외, 2014: 24). 첫째, 사회복지 조직이 산출하는 서비스는 독특한 성격을 갖는다. 둘째, 관리에 있어서 지식을 초월하는 범위를 갖는다. 셋째, 주체의 범위가 행정가나 관리자를 넘어서서 매우 넓다. 넷째, 조직의 성패가 사회복지사의 직무수행에 크게 의존한다. 결국 사회복지행정은 일반행정의 중요한 요소, 즉 기획, 조직, 인사, 지시, 조정, 보고, 재정, 평가 등을 포함하지만 사회복지라는 특수성(클라이언트, 사회복지사의 역량, 범위의 확장성)을 동시에 내포하는 것이다.

3) 사회복지행정의 특성

사회복지행정의 특성을 하젠펠드와 패티의 주장을 정리하면 다음과 같다(Hasenfeld & Paton, 1983: 1-6; Patti, 1983). 첫째, 변화의 중심인 클라이언트와 직접 접촉하고 활동한다. 둘째, 공공의 이익을 위해 사회로부터 지원을 받는다. 셋째, 목표가 모호하고 사회적 지지가 부족하다. 넷째, 서비스나 지식의 불확실성의 한계를 가진다. 다섯째, 사회복지 조직에 대한 다양한 기대가 있으며 외부의 지원과 협력이 필수적이다. 여섯째, 핵심 활동은 사회복지사와 클라이언트와의 관계로 이루어지며 다양한 관점과 요구의 조정 과정이 필요하다. 일곱째, 관리 · 통제 · 평가의 기준이 모호하며 측정도구를 만들기 어렵다.

이러한 사회복지행정의 특성은 사회복지 조직을 통해서 나타나는데 사회복지 조직은 관료조직이나 영리조직과 구별되는 몇 가지 특성을 갖는다(Hasenfeld, 1992; Lewis et al., 2001). 첫째, 사회복지 조직의 투입 원료는 인간이다. 즉, 사회복지 조직의 대상은 다양한 문제나 욕구를 가진 사람들이며, 인간을 대상으로 한 조직의 핵심 활동은 분류, 유지, 변화다. 둘째, 사회복지 조직은 인간을 대상으로 해서 목표가 모호하며 이해관계가 복잡하다. 사회복지서비스는 클라이언트와 사회복지사 간의 관계에서 이루어지기 때문에 이해당사자에 따라 개입 방향이나 내용 등이 왜곡될 수 있다. 또한 사회복지 조직은 많은 경우 공적인 서비스를 담당하기 때문에 많은 이익 집단의 가치관과 목적이 상충되고 갈등이 생기기도 한다. 셋째, 사회복지 조직의 자원은 외부로부터 받기 때문에 환경이 영향을 많이 받는다. 따라서 환경적 이념적 요구를 탄력적으로 수용해야 하며 조직의 목표가 이로 인해 모호해질 수 있다는 특성을 가진다. 넷째, 사회복지 조직의 성패는 전문 사회복지사의 역량에 크게 의존한다. 조직의 효과성을 위해서는 클라이언트의 협조가 필수적이며 사회복지사의 서비스나 기술을 통해 이러한 협조를 구할 수 있다. 다섯째, 조직의 효과성을 판단하는 데 많은 한계가 있다. 사회복지 조직은 눈에 보이는 성과뿐만 아니라 클라이언트의 가치에 대한 도덕적인 판단으로 인해서 산출의 특정과 효율성 판단을 위한 기술개발 · 목표 설정 · 평가 등의 일련의 과정을 수행하기가 어렵다.

4) 사회복지행정의 범위 및 영역

사회복지행정의 영역은 모든 사회복지 조직(정부조직, 민간조직)을 중심으로 그 범위가 정해진다. 앞서 사회복지행정의 정의를 "사회복지 조직의 정책을 서비스로 전환하는 과정에 있는 일련의 인적 · 물적 자원 관리를 포함한 체계화된 조정과 협력 활동"이라고 정의하였다. 정책적인 목표를 서비스를 통해서 이루고자 하는 사회복지서비스의 전달체계는 크게 세 가지 차원의 관리, 즉 사회복지 조직관리 · 자원관리 · 프로그램 관리를 들 수 있다(오세영, 2018: 28-30). 각각의 관리는 세부 분야로 구분되는데 먼저 사회복지 조직관리는 조직의 구조화와 조직화, 조직 이론, 기획과 의사결정, 커뮤니케이션, 리더십을 포함한다. 사회복지 자원관리는 인적자원관리, 재정관리, 마케팅 관리를 포함하며, 프로그램 관리는 정보관리 · 개발과 평가를 포함한다.

이렇듯 다양한 사회복지행정의 영역을 평면적으로 보았을 때 포함할 수 있는 다양한 활동과 요소를 수평적 영역(조직관리, 자원관리, 환경관리, 프로그램 관리)으로 볼 수 있다(황성철 외, 2014: 31-33). 또한, 사회복지행정의 수직적 영역은 사회복지 조직 구성원의 위계에 따라 서로 다른 활동 내용으로 구분할 수 있다. 예를 들어, 최고관리자는 정책 영역을 담당하며, 중간관리자는 조정 및 통제 영역, 일선관리자는 서비스 전달의 영역을 주로 담당한다. 따라서 위계에 따른 활동 영역과 내용이 상이하다. 마지막으로, 사회복지행정은 활동에 필요한 관리기술이 있으며 이를 관리기술 영역이라고 한다(Hersey & Blanchard, 1988). 즉, 일선관리자가 필요한 핵심 기술은 기능적 기술로서 이는 상담, 사례관리, 프로그램 기획 및 점검 등을 포함한다. 중간관리자는 주로 인간 기술, 즉 사람을 다루는 기술을 더 많이 필요로 한다. 마지막으로 최고관리자는 조직의 비전을 제시하고, 문제해결 능력이 필요한 개념적 기술을 더 많이 필요로 한다.

2. 사회복지행정 이론

사회복지행정 이론은 조직 이론을 근간으로 하는데 이는 모든 행정의 과정이 조직이 없이는 이루어질 수 없기 때문이다. 따라서 조직을 어떻게 이해하며 어떠한 요소들이 조직 목표를 이루는 데 가장 중요한지에 따라 서로 다른 이론들을 제시하고 있다. 스콧(Scott, 1998)이라는 학자는 다양한 조직 이론들을 네 가지로 나누었는데 합리체계적 관점, 자연체계적 관점, 개방체계적 관점, 통합적 관점을 들 수 있다. 먼저 합리체계적 관점은 조직 목표의 구체성과 공식화를 강조하고, 자연체계적 관점은 조직의 인간적이고 비공식적인 측면을 강조한다. 또한, 환경을 조직의 구조나 활동에 영향을 주는 요소로 보고 조직에서의 환경의 역할 강조한 개방체계적 관점으로 분류하였다. 다양한 사회복지행정의 조직 이론 중 스콧의 조직 이론 분류체계에 따른 대표적인 이론인 관료제 이론, 과학적 관리론, 인간관계 이론, 상황이론과 조직문화이론, 체계이론에 대해서 알아보도록 하겠다.

1) 관료제 이론

관료제 이론은 베버(Weber, 1947)가 주장한 것으로 계층적 구조와 합리적 지배가 제도화된 형태를 말한다. 즉, 합법적인 권위를 가진 개인이 합리적으로 조직을 통제하는 것이 조직의 목표를 이루는 데 가장 좋은 형태라고 주장한다. 이러한 관료제 이론은 다음과 같은 특징을 가진다. ① 권위의 위계구조, ② 분업과 전문화, ③ 원칙과 절차의 준수, ④ 기술과 전문지식의 강조.

많은 사회복지 관련 조직은 이러한 관료제 이론의 특징을 그대로 담고 있으며 조직의 운영에 적용하고 있다. 특히, 위계구조, 규칙과 규정, 전문화를 바탕으로 운영되는 사회복지 조직이 많다. 하지만 이러한 사회복지 조직의 관료제적 성격은 자칫 클라이언트와 사회복지사의 관계에 합리적이고, 위계적인 면만을 강조하고, 비공식적이고 인간적인 면을 간과하는 한계를 가지고 있다. 지나치게 규칙과 규정만을 강조하거나 사회복지사의 전문성만을 강조하려는 관료제적 접근은 자칫 비인격적으로 클라이언트를 소외시킬 위험이 있다.

2) 과학적 관리론

과학적 관리론은 테일러(Taylor, 1911)에 의해서 개발된 이론으로서 조직의 업무를 과학적으로 분석하고 이를 토대로 직원들이 이를 활용하면 조직의 능률성이 극대화된다고 여긴다. 과학적 관리론을 이용하면 조직 구성원의 업무를 일의 형태와 소요시간 등을 표준화하고, 적정 일일 작업량을 과학적으로 산출하여 업무를 지시하고 임금 성과와 연계시키면 조직의 생산성이 향상된다고 본다. 이러한 과학적 관리론은 다음과 같은 특징을 가진다. ① 측정 가능한 조직의 목표 설정, ② 과학적 직무분석과 성과평가를 통한 생산성 향상, ③ 엄격한 기획과 통제에 의한 관리 원칙, ④ 직무 성과에 따른 차별적인 경제적 보상.

과학적 관리론은 공장 노동자들을 대상으로 처음 실시되었지만, 현재 많은 조직에서 네 가지 원칙들이 사용되고 있다. 특히, 프로그램의 정량적 목표 설정, 직무분석을 통한 성과평가 등은 사회복지 조직에서 흔히 사용되는 방법 중 하나다. 하지만 과학적 관리론은 조직의 구성원을 기계의 한 부품과 같이 여기며 경제적인 보상만이 생산성 향상의 유인책이라고 여기는 등 사회복지 조직에 쉽게 적용할 수 없는 부분이 있다. 또한, 사회복지서비스는 그 특성상 결과를 측정하는 것이 명확하지 않으며 단기간 내의 성과를 낼 수 없는 것들이 많다. 또한, 생산성의 향상에 영향을 미치는 다른 요소(예를 들어, 만족도, 인간관계, 클라이언트와의 관계)에 대한 고려가 없는 것도 과학적 관리론의 특징들을 사회복지 조직에 그대로 적용할 수 없는 이유이기도 하다.

3) 인간관계 이론

인간관계 이론은 마요(Mayo, 1933)에 의해 개발된 이론으로서 조직의 생산성을 향상시키는 많은 요인들 중 물리적인 환경이나 조건보다는 동료 및 상사와의 관계 혹은 비공식적인 집단이 더 큰 영향을 끼친다고 주장한다. 따라서 조직의 기술적인 조건보다는 사회적인 요인들이 더 큰 영향을 미치며 조직의 생산성 향상을 위해서는 직원의 인간관계에 더 큰 관심을 두어야 한다고 강조했다. 이러한 인간관계 이론은 다음과 같은 특징을 가진다. ① 생산성은 기술이 아닌 인간관계와 영향, ② 조직의 구성원은 개인이 아닌 집단으로서 행동, ③ 비공식적인 집단은 개인의 행동에 영향을 끼침, ④ 인간의 행동은 경제적 동기에 의한 합리적인 행동보다 비경제적인 요인, 즉 심리 · 사회적 욕구에 따라 행동.

맥그리거와 쿠처게르센펠드(Mcgregor & Cutcher-Gershenfeld, 1960)는 인간관계 이론을 조직관리자가 근로자를 보는 관점에 따라 X 이론과 Y 이론으로 나누었는데, X 이론은 근로자가 기본적으로 게으르며 이기적인 존재로 인식한다. 반면에 Y 이론은 근로자는 책임감이 있으며 자발성과 창의성을 가지고 있다고 보았다. 인간관계 이론의 특징들은 사회복지사와 클라이언트의 특수한 관계를 설명할 수 있는 이론으로서 많은 사회복지 조직에서 적용이 가능하다. 하지만 지나치게 인간의 감정적인 면만을 강조함으로써 조직의 효율성을 결정하는 요소, 즉 목표, 기술, 자원 등을 소홀히 여기는 약점도 있다.

4) 상황이론

상황이론은 관료제 이론이나, 과학적 관리론 혹은 인간관계 이론에서 제시되는 전제, 즉 어떠한 요인들이 조직의 향상성에 영향을 미친다는 주장을 거부한다. 즉, 상황이론은 조직이 생산성을 향상시키는 유일하고 결정적인 요인은 없으며, 이를 조직을 둘러싼 내 · 외적 환경에 따라 결정해야 한다고 주장한다. 이러한 상황이론은 다음과 같은 특징을 가진다. ① 환경에 적합한 조직구조 선택이 조직의 생존을 높임, ② 상황(환경, 기술, 규모)과 구조(집권화, 공식화, 조정)가 상호 영향을 미치는 변함, ③ 환경의 안정성에 따라 구성원의 결정은 표준화 혹은 자율성으로 나뉜다.

기존의 이론들이 조직의 생산성 향상에 한 가지만을 강조한 것과는 다르게 상황이론 다양한 상황에 따른 유연적인 대처를 강조한 점은 사회복지 조직에 적용할 수 있는 점이다. 하지만 환경에 따른 조직의 대처에 대한 원칙이나 지침을 제공하거나 이를 과학적으로 검증하지 않고, 환경과 조직의 생산성 간의 관계만을 기술적으로 제시하기만 한 한계를 가진다.

5) 조직문화이론

조직문화이론이란 조직의 생산성을 향상시키기 위해서는 조직문화, 즉 조직의 구성원들이 공유하는 가치, 신념, 행동 규범 등에 대한 개입이 있어야 한다는 것이다(Rousseau, 1990). 킴벌리와 퀸(Kimberly & Quinn, 1984)은 조직문화의 유형을 유연성/통제와 내부/외부 지향 측면에 따라 네 가지 유형으로 나누었고 각 유형의 특징을 보면 다음과 같다.

① 집단 문화: 내부 지향적으로 유연성이 높은 형태로서 조직의 문화는 신뢰감, 친밀감, 배려 등을 우선시하는 업무 수행 방식을 중요시한다.

② 개발 문화: 외부 지향적이며 유연성이 높다. 이러한 조직 문화는 개방적인 상호작용을 중요시하며 신속하고 새로운 아이디어 등을 처리하는 조직이 많다. 창조, 성장, 발명 등을 중요시한다.

③ 위계 문화: 내부 지향적이며 통제가 강한 조직을 나타내며, 절차의 경직성·안전성 등을 강조한다. 조직의 장기적인 운영을 중요시하며 환경 변화에 대한 적극적인 대처보다는 현상 유지에 더 큰 관심을 기울인다. 책임, 질서, 지속 등을 강조한다.

④ 합리 문화: 외부 지향적이지만 통제를 강조하는 유형이며, 체계적이고 능률적인 조직운영을 중요시하며 환경의 변화에 적극적으로 대처한다. 생산성, 효율성, 효과성, 목표 설정 등을 강조한다.

이러한 조직문화이론은 사회복지사의 만족도, 구성원 간의 유대 등이 중요한 환경에서 유의미한 정보를 제공한다. 특히, 사회복지사들의 역량 강화, 자기개발 등을 설명하는 데 적용할 수 있는 이론이다. 다만, 환경이 급격한 변화와 클라이언트와의 관계가 중요한 사회복지 조직에서 구성원들의 문화를 쉽게 변화시킬 수 없다는 한계를 가지고 있다.

6) 체계이론

체계이론은 생물학적 접근에서 나온 이론으로서 카츠와 칸(Katz & Kahn, 1966)에 의해 구조화되었다. 체계이론은 조직도 살아 있는 생물과 같이 끊임없이 상호작용하고 외부 환경에 개방되어 있는 형태로 존재한다고 주장한다. 이러한 체계이론은 다음과 같은 특성을 가지고 있으며 이를 사회복지 조직에 적용하면 다음과 같다. ① 투입: 사회복지 조직의 생존에 필요한 인적·물적 자원, ② 전환: 투입을 가지고 클라이언트에게 서비스를 제공하는 과정, ③ 산출: 전환을 통해 변화되거나 기능이 향상된 클라이언트가 일상생활로 돌아가게 된 결과물, ④ 순환: 성공적인 산출을 통해 새롭거나 더 많은 에너지의 투입, 클라이언트의 높은 성공률에 따른 더 많은 자원의 유입, ⑤ 항상성: 사회복지 조직의 투입에 변화가 있어도 클라이언트를 위한 서비스의 양이나 질 그리고 조직의 안정성을 유지, ⑥ 동귀결성: 클라이언트의 삶의 질 향상을 이룰 수 있는 많은 경로가 있지만 다양한 서비스를 통해서 결국 달성하게 된다는 믿음. 따라서 특정 서비스만을 고집할 필요는 없으며 클라이언트의 환경과 욕구에 맞추어 제공하면 된다는 주장이다.

이러한 체계이론의 주장은 사회복지 조직을 이해하고 생산성을 향상시키는 데 유의미한 영향을 끼쳤다. 특히, 투입-전환-산출의 일련의 과정을 이해하고, 제한적인 자원 안에서 최대의 향상성을 내고, 프로그램을 기획 및 평가하는 데 이론적 배경을 제공했다. 또한, 사회복지 조직의 다양한 외부 환경의 영향을 이해하고, 조직을 살아 있는 유기체로서 이해하는 관점은 조직의 성장과 발전에 큰 영향을 끼쳤다. 다만 실제적인 적용에 있어서 측정과 평가의 경험적인 근거가 모호하고, 실증적인 연구가 부족하다는 한계를 가지고 있다.

3. 사회복지 조직관리

1) 사회복지서비스 전달체계

사회복지서비스 전달체계에 대한 학자들의 다양한 정의가 있다. 길버트와 스펙트(Gilbert & Specht, 1974)는 사회복지서비스 전달체계에 대해서 사회복지 급여와 조직 간의 조직적인 연계 및 연결이라고 정의하였다. 또한 천정웅 등(2015)은 사회복지 공급자인 사회복지 조직과 수요자인 클라이언트를 연결시키는 조직적인 장치라고 설명했다. 결국 사회복지행정을 정책적인 목표를 이루기 위해 실천적인 노력을 기울이는 것을 이러한 전환 과정이라고 한다면 전달체계는 이 과정 중 사회복지 조직과 클라이언트를 연결 · 조정하는 일련의 체계라고 말할 수 있다. 이러한 전달체계의 구성 요소로서 길버트와 테렐(Gilbert & Terrell, 2002)은 네 가지로 나누었다. ① 배분: 급여를 누구에게 제공할 것인가? ② 급여: 대상자들에게 무엇을 제공할 것인가? ③ 전달: 어떠한 방식으로 전달할 것인가? ④ 재정: 어떻게 재원을 확보할 것인가?

전달체계의 원칙에 있어서 많은 학자가 공통으로 제시한 다섯 가지를 논하고자 한다.

① 적절성: 대상자의 문제 해결 및 욕구 충족을 위해 충분한 서비스가 제공되어야 한다.
② 책임성: 사회복지 조직은 국가와 시민으로부터 위임받았기 때문에 서비스 전달에 책임을 져야 한다.
③ 통합성: 복합적이고 상호 연관된 클라이언트의 문제에 대해서 종합적인 서비스가 제공되어야 한다.
④ 접근성: 서비스를 필요한 대상자는 어려움 없이 쉽게 서비스를 받을 수 있어야 한다.
⑤ 연속성: 클라이언트의 문제 해결이나 욕구 충족의 과정은 끊임이 없이 적절하게 연결되어야 한다.

길버트와 테렐(2002)은 사회복지서비스 전달체계의 문제점에 대해서 단편성, 비책임성, 비접근성 및 비연속성이라고 지적했다. 한국의 경우 사회복지 전달체계는 보건복지부(국민연금, 건강보험), 안정행정부(기초생활보장, 사회복지서비스), 고용노동부(산재보험, 고용보험) 등으로 운영되고 있으며, 주로 시 · 도, 시 · 군 · 구를 통해 공공과 민간이 함께 협력하는 특징을 가진다.

2) 사회복지 조직관리

조직관리는 조직의 목표를 달성하기 위해서 조직의 시스템이나 자원들을 효율적으로 관리는 전략을 말한다. 하젠펠드와 패튼(Hasenfeld & Paton, 1983)에 따르면 사회복지 조직은 다른 조직과는 구별되는 점들이 있는데 다음과 같다. ① 투입되는 원료는 도덕적 가치를 지닌 인간이다. ② 사회로부터 복지 증진 및 클라이언트 보호라는 위임을 받았다. ③ 조직의 목표는 모호하고 복잡하기 때문에 이해관계자와의 합의가 필요하다. ④ 사회복지 조직은 불완전한 지식과 기술의 활용으로 성공률이 높지 않다. ⑤ 사회복지서비스의 효과성, 효율성의 객관적인 특정이 어렵다.

이러한 사회복지 조직의 특수성을 감안하며 조직의 목표를 이루고자 하는 다양한 이론들이 존재한다. 그중 대표적인 영역 다섯 가지를 살펴보면 다음과 같다.

① 동기이론: 동기를 부여하는 요인과 부여된 동기를 활성화하는 과정을 통해 조직의 목표를 달성할 수 있다. 동기이론에 포함되는 이론에는 매슬로(Maslow)의 욕구위계 이론, 알더퍼(Alderfer)의 ERG 이론, 애덤스(Adams)의 형평성 이론, 브룸(Vroom)의 기대이론 등이 있다.

② 리더십: 조직 리더의 속성에 따라 과업 달성을 위한 절차, 의사결정, 작업 배분, 감독, 통제 등 일련의 과정들이 상이하며 이는 조직의 목표 달성에 직접적인 영향을 미친다. 리더십에 포함되는 이론으로는 특성이론, 행동이론, 상황이론, 섬김의 리더십, 팔로워십 등이 있다.

③ 조직구조: 조직구조란 조직이 목표하고자 하는 바를 달성할 수 있도록 활동의 조직화, 과정의 공식화, 의사결정 방식의 결정 등을 포함한다. 따라서 조직구조에는 위계의 분화성, 직무수행의 명문화, 의사결정의 집권화 등이 중요한 요소다.

④ 조직문화: 조직 구성원의 태도나 행동에 영향을 미치는 이해 체계 혹은 가치를 의미한다. 현대사회에서는 조직의 목표를 달성하는 데 조직문화의 역할이 크다고 볼 수 있다. 다양한 조직문화 중 데니슨(Denison, 1990)의 유형을 보면, 그는 조직구조의 유연성과 변화의 수용성에 따라 집단 문화, 개발 문화, 위계 문화, 합리 문화로 구분했다.

⑤ 조직기술: 사회복지 조직에서 주로 사용하는 기술은 순서대로 대상자의 모집 → 사정 및 계획 수립 → 개입 → 종결 및 평가를 들 수 있다. 하젠펠드(1980)는 사회복지 조직기술은 몇 가지 특성을 제시하였다. 첫째, 사회복지 조직기술은 사회의 가치나 규범을 반영한다. 둘째, 클라이언트를 대상으로 하는 기술이기

때문에 효과의 예측이나 대상자, 환경 등에 따라 달라서 예측할 수 없다. 셋째, 사회복지사의 역량에 따라 기술을 사용이 달라진다.

4. 사회복지 자원관리

사회복지 조직은 그 특성상 이윤추구만을 목적으로 할 수 없고, 사회로부터 약자에 대한 보호를 위임받았기 때문에 한정된 자원을 가지고 최대의 효과를 나타내야 한다. 이러한 점에서 사회복지 조직의 자원관리가 매우 중요하다. 자원관리는 크게 인적자원관리, 재정관리, 마케팅 및 홍보로 나뉜다.

1) 인적자원관리

인적자원관리란 관리자의 기대와 근로자의 욕구와 상충하여 조직의 목표를 효율적 · 효과적으로 달성하도록 관리하는 것이다(Noe et al., 1997). 하센펠드(1980)가 주장했듯이 사회복지서비스는 사회복지사를 통해 대부분 대면적인 관계를 통해서 전달된다. 따라서 이러한 서비스를 제공하는 사회복지에 대한 관리의 중요성이 다른 조직보다 더 크다. 인적자원관리의 핵심 요소는 네 가지가 있다(Noe et al., 1997). ① 모집: 직무수행에 적합한 사람을 고용하기 위한 기획, 채용, 배치를 의미한다. ② 성과관리: 직문 분석, 업무설계, 성과평가 등의 과정을 통해 근로자의 업무를 통해 조직의 목표를 이루도록 한다. ③ 개발: 훈련 등을 통해 직무를 수행할 수 있는 지식, 기술 등을 교육한다. ④ 보상: 사업자가 고용관계를 통해 받게 되는 모든 종류의 보답, 서비스 등을 말한다.

2) 재정관리

사회복지 조직에서 재정관리는 사회복지서비스를 제공하고, 조직의 목표를 달성하기 위해서 재원을 확보하고, 예산을 수립하며, 효율적으로 사용하는 과정을 말한다. 하센펠드는 사회복지 조직 재정관리에 관한 특징들을 다음과 같이 정리했다(Hasenfeld, 1992,; 황성철 외, 2014: 304 재인용). 첫째, 사회복지 조직은 일반적으로 재원의 지속적인 조달을 직접 통제할 수 없다. 특히, 사회복지 조직은 예산과 관련된 정책결정 과정에 적극적으로 참여할 수 있는 권한이 제한적이다. 둘째, 사회복지 조직은 다양한 재원을 갖는다. 정부로부터의 정부로부터 직접 받거나 예약의 형태로 받는 정보보조금, 재단 지원금, 기부금, 서비스 요금, 대여나 상품 판매 등의 수익사업, 기타 수입 등 재원은 다양하다. 셋째, 사회복지 조직은 다양한 재원을 확보하기 위해서 특별한 업무를 수행한다. 특히, 재단에 사업제안서를 쓰거나, 정부와 계약을 맺고, 기부자에 후원금을 요청하는 등 재원 확보 전략을 다양하게 추진해야 한다. 이러한 재정을 계획하고 사용하는 예산의 원칙은 스미스가 제시한 현대적 예산원칙을 들 수 있다(Smith, 1945; 천정웅 외, 2015: 274 재인용). ① 공개의 원칙, ② 명료성의 원칙, ③ 포괄성의 원칙, ④ 통일성의 원칙, ⑤ 명세상의 원칙, ⑥ 사전 승인의 원칙, ⑦ 정기성의 원칙, ⑧ 정확성의 원칙이 있다.

예산의 종류에는 본예산, 수정예산, 추가경정예산, 준예산이 있으며, 예산은 다음의 네 단계를 거쳐 편성된다. ① 기관의 목적과 대상 목표에 대한 검토, ② 비용과 수입에 대한 산정, ③ 서비스 제공 이후 목표 비용과 수입에 대한 조정, ④ 예산안 확정 및 이사회 승인 등이 있다. 예산의 유형으로는 항목별 예산, 성과주의 예산, 프로그램 계획 예산, 영기준 예산이 있다. 첫째, 항목별 예산은 프로그램에 사용될 다양한 자원을 항목별로 정리하여 총 영역과 그 액수를 단순하게 목록화한 것이다. 둘째, 성과주의 예산은 조직의 모든 활동을 기능이나 사업별로 구분한 후 세부 프로그램별로 나누는 예산 방식이다. 셋째, 프로그램 계획 예산은 조직의 장기적인 계획에 맞춰 프로그램의 목표를 수립하고 이를 가장 효과적 효율적으로 달성할 수 있도록 예산을 편성하는 방식이다. 넷째, 영기준 예산은 조직의 모든 사업에 전년도 예산을 고려하지 않고, 매년 사업의 우선순위를 결정하여 예산을 편성하는 제도다.

3) 마케팅

마케팅은 이윤을 추구하는 기업에만 국한된 활동이 아니다. 오히려 사회복지 조직에서의 마케팅은 대상자와 후원자의 필요를 채우고, 사회적인 인식을 세우며, 필요한 자원을 확보하는 데 필수적이다. 사회복지 조직에서의 적극적 마케팅 활용은 재원의 확보와 함께 조직의 목표를 효과적 효율적으로 달성시킬 수 있는 계기가 될 수 있다. 이는 단순히 재원 확보를 위한 수단뿐만 아니라 이용자와 지역사회의 인식을 개선할 기회가 되며, 사회복지 조직이 책임감을 느끼고 기관을 운영할 수 있는 동기가 되기 때문이다. 사회복지 조직의 마케팅은 일반 영리기관과는 다른 네 가지 특징을 가지고 있다(Lovelock & Weinberg, 1980; 천정웅 외, 2015: 412 재인용).

① 다수의 고객: 마케팅은 대상자뿐만 아니라 기부자의 욕구도 함께 고려해야 한다.
② 다양한 목적: 사회복지 조직은 다양한 목적을 동시에 추구하기 때문에 마케팅에 있어서 선택과 집중이 필요하다.
③ 무형의 서비스 제공: 사회복지 조직의 상품은 보이지 않는 서비스일 경우가 많다. 대부분 서비스는 실체가 없고, 소멸하기 때문에 이를 보완할 방법이 있어야 한다.
④ 대중의 평가: 사회복지 조직의 마케팅은 대상자나 기부자뿐만 아니라 대중의 평가를 받는다. 따라서 조직운영의 투명성, 신뢰성, 책임성 등을 확보하는 것이 중요하다.

사회복지 조직의 대표적인 전술적 마케팅 도구로 마케팅 믹스를 들 수 있다(Fine, 1992). 이는 마케팅 주체인 사회복지 조직과 대상인 대상자 그리고 과학적인 조사를 강조했다. Fine의 7P를 살펴보면 다음과 같다. ① 제품(Product): 서비스, ② 가격(Price): 지불 능력, ③ 판촉(Promotion): 홍보와 의사소통, ④ 유통 장소(Place): 접근 용이성, ⑤ 생산자(Producer): 사회복지 조직, ⑥ 구매자(Purchase): 고객, 후원자, ⑦ 조사(Probing).

마케팅 활동의 과정은 크게 7단계를 나뉠 수 있는데 살펴보면 다음과 같다(고광신 외, 2010; 오세영, 2018).

① 기관의 환경적 요인분석: SWOT(Strength, Weakness, Opportunity, Threat)를 통해 기관 및 기관이 속한 환경의 분석을 한다.
② 마케팅 조사: 사회복지서비스에 대한 후원자 및 이용자의 욕구를 찾아내는 과정이다.
③ 마케팅 목표 설정: 기관의 목적에 맞고 서비스의 목표에 맞게 설정되어야 한다.
④ 시장 분석: 시장 세분화, 표적 시장 선정 및 시장 포지셔닝을 통해 대상이 되는

시장에 대한 분석을 한다.

⑤ 마케팅 도구 설정: 대상자, 후원자 혹은 사회에 마케팅을 수행하기 위한 적절한 방법을 선택하는 것이다. 예를 들어, DM 발송, 특별행사, 대중매체 광고, 이벤트 등이 있다.

⑥ 마케팅 실행: 마케팅 목표를 달성하기 위해서 기획한 것을 활동으로 옮기는 과정이다.

⑦ 마케팅 평가: 마케팅 행위를 통해 발생한 결과물들을 종합적으로 평가하고 분석하는 과정이다.

5. 사회복지서비스 관리

1) 프로그램 관리

사회복지 프로그램이란 다양한 욕구를 가진 개인이나 집단을 위해서 서비스의 목적에 맞는 활동들을 통해서 대상자들의 기능을 향상시키는 위한 시도라고 볼 수 있다. 이러한 프로그램을 개발할 때 고려해야 할 다섯 가지 요소들이 있다(신복기 외, 2013). ① 합목적성 및 목표의 일관성, ② 능력 수준과 흥미의 적합성, ③ 프로그램의 통일성, ④ 프로그램의 지속성, ⑤ 지역의 특성.

프로그램 개발과정은 크게 다섯 단계로 이루어진다.

① 문제 분석 및 욕구조사: 해결하고자 하는 문제를 분석하고, 대상자들이 문제에 대해 어떻게 정의하고 어떠한 욕구를 가지고 있는 조사한다.

② 목적 및 목표 설정: 앞에서 정의한 문제와 충족시켜야 하는 욕구를 채우기 위한 프로그램이 달성하고자 하는 목적과 구체적으로 달성할 방법인 목표를 세운다.

③ 프로그램 설계: 앞서 설정한 프로그램의 목적과 목표를 기반으로 구체적인 활동에 대한 기본 계획과 시간, 장소, 예산, 가용자원 등에 대한 실천 방안을 세운다.

④ 프로그램의 실행: 앞서 계획 된 프로그램의 설계에 맞춰 실천계획을 실시한다.

⑤ 프로그램의 평가: 실시된 프로그램에 대한 활동의 과정과 결과들을 정량적 · 정

성적인 방법을 통해서 프로그램을 통해 이룬 결과들에 대한 가치판단을 한다. 평가의 기준에 있어서 김영종(2017)은 노력성, 효과성, 효율성, 영향, 질, 과정, 공평성 등을 제시했다.

2) 기관 평가

기관 평가의 목적은 개별 프로그램이 아닌 기관 차원의 다양한 분야에 대한 평가를 통해서 시설 운영의 효율화 및 사회복지서비스의 질을 향상시키고자 한다. 기관 평가는 지자체나 재단별로 다양한 기준과 항목들이 있는데 서울시 평가를 기준으로 본다면 크게 관리지표, 조직역량 지표, 사업역량 지표로 나뉠 수 있다.

첫째, 관리지표에 대한 평가는 크게 안전관리, 인적자원관리, 재정관리로 나뉜다. 각 분야별로 세부 평가지표는 다음과 같다. ① 안전관리: 안전 및 시설 환경 관리, ② 인적자원관리: 직원 채용의 공정성, 직원 근속률, 직원의 인권, 직원 복지, 직원 교육활동, 시설장의 자격과 전문성, 중간관리자의 자격과 전문성, ③ 재정관리: 회계의 투명성, 사업비 비율, 후원금 및 외부 지원금 비율.

둘째, 조직역량 지표는 환경 변화의 이해와 대응, 실천 전문가 양성, 지역사회와의 협력으로 나뉘는데 세부 평가지표는 다음과 같다. ① 환경 변화의 이해와 대응, ② 실천 전문가 양성: 직원 교육체계, ③ 지역사회와의 협력: 지역사회 네트워크, 주민(이용자)의 참여권.

셋째, 사업역량 지표는 서비스 절차, 이용자 인권, 심층 사례관리, 사업평가로 나뉘는데 세부 평가지표는 다음과 같다. ① 서비스 절차: 프로그램 이용 관련 서비스 절차의 명문화, ② 이용자 인권: 이용자 고충(불평사항) 처리, 이용자 인권침해 예방, ③ 심층 사례관리: 사례관리의 실행체계, 사례관리의 지원체계, ④ 사업 평가: 우수 사업 평가(네 가지).

각 항목별로 세부 평가 내용이 있으며, 기준과 구체적인 평가 방법은 평가총괄위원회를 통해서 결정된다. 평가 척도 및 적용기준도 위원회에서 결정하고, 각 기관의 평가 위원들이(보통, 학계, 실천 전문가의 집단) 결정한다. 평가의 시행은 문서 확인을 통해 정량적인 방법과 개인 · 집단 면접을 통한 정성적인 방법을 통해 이루어진다. 기관 평가에 이의가 있는 경우 이의 사유와 내용을 첨부하여 수정을 요구할 수 있으며 평가 위원들이 검토하여 최종 결정을 한다. 보통 기관 평가의 경우 정부의 보조금 지원을 받는 기관을 대상으로 실시되며 주기적(예를 들어, 3년마다) 실시되는 것이 일반적이다.

6. 사회복지행정의 과제 및 전망

1) 사회복지 조직의 환경 변화

최근 기업에서뿐만 아니라 환경, 사회적 책임, 지배 구조의 변화를 강조하는 ESG가 사회복지 조직에도 영향을 미치기 시작했다. 첫째, 그동안은 찾아보기 힘들었던 사회복지서비스 중 환경에 대한 고민을 시작했다. 일부 사회복지서비스 중 환경에 대한 내용들이 생기기 시작했고, 환경오염이나 탄소중립과 같이 사회적인 가치를 중요시하는 프로그램들도 점차 늘어나는 추세다. 이러한 조직의 목표가 다변화됨에 따라서 환경이 자연스럽게 변화되고 있는 것이다. 둘째, 기존의 사회복지 조직은 비영리기관으로서 사회적 취약계층만을 대상으로 서비스를 제공했지만, 노인 관련 기관이나 사회적 기업과 같이 준영리 혹은 영리기관으로서 조직의 환경이 변화되고 있다. 따라서 사회복지와 관련된 실천기술뿐만 아니라 경영, 회계, 마케팅, 홍보 등과 같이 타 분야에 대한 전문성 및 지식을 필요로 하였고, 이는 조직의 환경에 큰 영향을 끼치고 있다. 셋째, 사회복지 조직의 환경은 지속 가능한 서비스의 확대를 들 수 있다. 사회복지 조직을 향한 사회적인 욕구나 책임성은 시대별로 이슈에 따라 변화하고 있다. 최근에는 1인 가정, 고독사, 청년문제, 정신질환 등의 문제가 사회적으로 많은 관심을 두고 있다. 사회의 필요에 발맞추어 가면서도 사회복지 조직의 정체성을 찾고, 지속 가능한 서비스를 제공할 수 있는 발판이 마련되어야 한다. 특히, 기업, 영리기관들이 사회복지적 서비스로 관심을 갖고 분야를 넓혀 가고 있기 때문에 사회복지만의 정체성을 나타낼 수 있는 서비스에 대한 개발 및 대상 분야 및 계층의 확대를 고민해야 한다.

2) 사회복지시장의 변화

사회복지시장은 한정된 자원과 채워지지 않는 소비자의 욕구 사이에서 조직운영에 어려움을 겪고 있다. 이는 단순히 자원의 부족을 넘어서서 사회복지실천의 가치나 사회적 인식에도 부정적인 영향을 미치고 있다. 일부 사회복지 조직이 수익사업을 통해 시장에 진입했지만 대부분 사회복지 조직은 정부의 보조금에 의존하여 운영되고 있는 현실이다. 사회복지서비스는 공공성을 가지고 있으며, 대부분의 사회복지서비스의 대상은 사회적으로 보호가 필요한 경우가 많다. 따라서 사회복지서비스는 시장의 논리에만 맡길 수 없고, 수익창출의 논리로 접근할 수도 없다. 하지만 사회복지시장이 공통적으로 겪고 있는 자원의 부족, 서비스에 대한 낮은 사회적 이해, 헌신과 사랑만을 강조하는 접근방식은 변화되어야 한다. 사회복지서비스의 가치를 알리고, 이러한 가치를 상품화함으로써 사회복지시장의 변화를 시도해야 한다. 이는 단순히 사회복지서비스의 질을 향상시킬 뿐만 아니라 사회복지 조직의 운영에도 도움이 될 것이다. 이러한 의미에서 사회복지서비스의 브랜딩 혹은 마케팅 작업을 통해 인식의 개선을 도모해야 한다. 또한, 사회복지 조직의 자원조달을 정부나 모금기관에만 의존하지 말고, 적극적인 사회복지서비스의 상품화를 통해 자원조달의 다변화에 노력해야 한다. 마지막으로, 사회복지서비스의 대상을 일부 저소득층에서 확대하는 방법에 대한 고민이 필요하다. 복지는 경제적으로 어려운 사람만을 대상으로 하는 서비스는 아니며, 사회 구성원 누구나 자연스럽게 받을 수 있는 서비스가 되어야 한다. 이를 위해서는 서비스의 질을 높이고, 다양한 사회 구성원의 욕구에 맞는 서비스의 개발도 필요하다.

3) 사회복지 업무의 전문화 및 효율화

다학제 전공을 통해 전문 분야의 사회복지사를 훈련시켜야 한다. 현재 사회복지 직종에는 정신보건사회복지사를 제외하고는 일반 사회복지사만 존재한다. 외국의 경우 특화된 교육훈련을 통해서 노인, 교정, 범죄 등의 특화된 사회복지사를 양성하고 훈련시키는 과정들이 시행되고 있다. 정신보건사회복지사의 경우도 병의원이나 지역사회정신보건센터에만 근무하는 것이 아니라 다른 사회복지기관(예를 들어, 종합사회복지관, 노인복지관 등)이나 기타 정부기관(경찰서, 보호관찰소, 교도소 등)에 근무할 수 있는 여건을 마련하도록 사회복지사의 전문화에 힘써야 한다. 이러한 직종의 다변화 및 특수화를 통해 전문성을 강조하고, 급변하는 사회적 욕구에 효과적으로 대처할 수 있는 사회복지 인력을 양성할 수 있는 것이다.

관료제의 영향을 받아 전통적인 사회복지 업무는 많은 문서 작업이 있어 왔다. 직접 클라이언트에게 서비스를 제공하는 것 외에 과중한 행정적인 업무는 일의 능률을 떨어뜨리고 이는 다시 서비스의 질에 영향을 미치는 악순환이 계속되고 있다. 하지만 기술 개발과 인터넷 환경의 변화로 인해서 Smart Work를 통한 행정 업무의 효율화를 꾀할 수 있으며, 자료의 체계적인 축적을 통한 기획, 시행, 평가로 이어지는 과정이 전문화되었다는 강점을 가지고 수 있다. 이러한 기술 개발은 대면을 통한 지시적인 의사소통이나 의사결정 과정에서 벗어나서 온라인 소통의 확대와 민주적인 의사결정 과정을 촉진한다는 장점도 있다. 하지만 업무의 효율성을 높여 주는 기술 개발을 넘어서서 사회복지서비스의 질을 높이고, 클라이언트의 접근성을 높일 방법으로 영역을 확대해야 한다. 1인 가구의 증가, 정신건강에 대한 수요 증가 등은 모두 시대의 변화에 따라 새롭게 나타난 사회복지적 욕구이며, 기술의 활용과 사회복지적 접근을 통해서 개입할 수 있는 것이다.

참고문헌

고광신, 김승훈, 손연숙(2010). **사회복지행정론**. 경기: 나눔의 집.

김영종(2017). **사회복지행정(4판)**. 서울: 학지사.

신복기, 박경일, 이명현(2013). **사회복지행정론**. 경기: 공동체.

오세영(2018). **사회복지행정론(4판)**. 서울: 신정.

천정웅, 김용환 , 김승돈(2015). **사회복지행정론**. 서울: 신정.

황성철, 정무성, 강철희, 최재성(2014). **사회복지행정론**. 경기: 정민사.

Ambrosino, R., Heffernan, J., Shuttlesworth, G., & Ambrosino, R. (2001). *Social Work and Social Welfare*. Thomson Learning: USA.

Coulshed, V., & Orme, J. (2006). *Social work practice* (4th ed.). Basingstoke: Palgrave Macmillan.

Denison, D. R. (1990). *Corporate culture and organizational effectiveness*. John Wiley & Sons.

Fine, S. (Ed.). (1992). *Marketing the Public Sector: Promoting the Causes of Public and Non-Profit Agencies*. New Brunswick, Transaction.

Gilbert, N., & Specht, H. (1974). The incomplete profession. *Social Work, 19*(6), 665-674.

Gilbert, N., & Terrell, P. (2002). *Dimensions of social welfare policy*. Allyn & Bacon.

Hasenfeld, Y. (1992). *Theoretical approaches to human services organizations*. InY. Hasenfeld (Ed.), *Human services as complex organizations* (pp. 24-44). Newbury Park, CA: Sage.

Hasenfeld, Y., & Paton, A. (1983). *Human service organizations* (p. 50). Englewood Cliffs, NJ: Prentice-Hall.

Hersey, P., & Blanchard, K. H. (1988). *Management of organizational behavior: Utilizing humanresources* (5th ed.). Englewood Cliffs, NJ: Prentice-Hall.

Katz, D., & Kahn, R. L. (1966). *The Social Psychology of Organizations*. John Wiley and Sons, New York.

Kidneigh, J. C. (1950). The quest for competence in welfare administration. *Social Service Review, 24*(2), 173-180.

Kimberly, J. R., & Quinn, R. E. (Eds.). (1984). *Managing organizational transitions*. Homewood, IL: Irwin.

Lewis, P. A., Donhauser, Z. J., Mantooth, B. A., Smith, R. K., Bumm, L. A., Kelly, K. F., & Weiss, P. S. (2001). Control and placement of molecules via self-assembly. *Nanotechnology, 12*(3), 231.

Lovelock, C. H., & Weinberg, C. B. (1980). *Public and Nonprofit Marketing*. New York: John Wiley & Sons.

Mayo, E. (1933). The Hawthorne experiment. In E. E. Mayo (Ed.), *The human problems of industrial civilization* (pp. 53-94). Boston: Harvard University.

McGregor, D., & Cutcher-Gershenfeld, J. (1960). *The human side of enterprise* (Vol. 21, p. 166). New York: McGraw-Hill.

Noe, R. A., Hollenbeck, J. R., Gerhart, B., & Wright, P. M. (1997). *Human resource management gaining a competitive advance* (2nd ed.). Chicago: The McGraw-Hill Companies, Inc.

Patti, R. J. (1983). Who leads the human services? The prospects for social work leadership in an age of political conservatism. *Administration in Social Work, 8*(1), 17-29.

Rousseau, D. M. (1990). Normative beliefs in fund-raising organizations: Linking culture to organizational performance and individual responses. *Group & Organization Studies, 15*(4), 448-460.

Ruef, M., & Scott, W. R. (1998). A multidimensional model of organizational legitimacy:

Hospital survival in changing institutional environments. *Administrative science quarterly, 43*(4), 877-904.

Skidmore, R. A. (1983). *Social Work Administration: Dynamic Management and human Relationship*. Englewood Cliffs. NJ: Prentice-Hall Inc.

Smith, H. D. (1945). *The Management of Your Government*. New York: McGraw-Hill Book Company, Inc.

Spencer, S. W. (1961). *The administrative process in social welfare agency. Social welfare administration*/Ed. by EW Reed. New York: Columbia University Press.

Stein, M. (1970). The Actual Operation of the Federal Water Pollution Control Administration. *Natural Resources Lawyer, 3*(1), 41-46.

Taylor, W. F. (1911). *The principles of scientific management. Harper and Brothers*. New York, London.

Titmuss, R. (1974). *Social Policy: An Introduction*. London: George Allen & Unwin.

Trecker, H. B. (1971). *Social Work Administration: Principles and Practices*. New York: Association Press.

Warham, J. (1975). *An introduction to administration for social workers*. Routledge.

Weber, M. (1947). *The theory of social and economic organization* (A. M. Henderson & T. Parsons, Trans.). New York: Oxford.

제6장

지역사회복지와 커뮤니티케어

이 장에서는 지역사회복지와 커뮤니티케어에 대하여 서술하였다. 첫째, 지역사회와 지역사회복지의 개념에 관하여 서술하였다. 둘째, 3대 지역사회모델인 지역사회개발, 사회계획, 그리고 사회행동 등에 관하여 기술하였다. 셋째, 지역사회 사정, 욕구 파악, 실천계획 수립, 실천계획 시행, 그리고 평가 등 지역사회복지 실천과정에 관하여 서술하였다. 넷째, 지역사회복지 실천방법으로 조직화, 전술, 전략, 임파워먼트, 그리고 지역사회 구축 등에 대하여 논의하였다. 다섯째, 지역사회복지 분야에서 가장 중심이 되는 복지기관과 센터 등에 관하여 서술하였다. 여섯째, 지역사회복지의 핵심 분야인 커뮤니티케어의 도입 배경과 추진 방향 등에 대하여 서술하였다. 끝으로, 지역사회복지의 과제와 전망을 통하여 지역사회복지 분야에서 해결되어야 할 주요 이슈와 쟁점 등에 대하여 논의하였다.

1. 지역사회와 지역사회복지의 개념

지역사회(Community)는 사람, 재화, 서비스 등의 지역적인 조직이나 단체를 강조하고 있다. 지역사회는 전체 사회에서 가장 중요한 하부 시스템으로 많은 지역 관련 기능들을 수행한다(Rothman, 2001). 지역사회의 일반적인 의미는 지리적인 지역사회와 기능적인 지역사회로 구분될 수 있다. 첫째, 지리적인 지역사회(Geographic Community)는 지리적 조건으로 형성된 지역사회로 읍, 면, 동, 시, 군, 구 등과 같은 행정구역 집단과 마을, 교회권, 학교권, 그리고 시장권 등과 같이 자연스럽게 형성된 사회적 지역 집단을 포함한다. 둘째, 기능적인 지역사회(Functional Community)는 사회적 · 문화적 동질성, 합의 등 공통된 이해와 관심으로 형성된 집단으로 회사, 조합 및 정당 등과 같은 이익집단을 뜻한다. 이러한 유형의 지역사회는 복지, 교육, 종교 등에 있어서 공동의 관심과 기능을 함께 하는 사람들의 집단 등을 의미한다. 지역사회는 다음과 같은 두 가지 특성을 가진다(최일섭, 이현주, 2006). 첫째, 지역사회는 다른 지역과는 다른 특수성과 분리성을 나타내는 물리적 지리성 및 지역적인 경계를 의미한다. 둘째, 사회적 · 문화적인 동질성, 합의성, 자조성, 혹은 다른 형태의 집단 행위와 상호작용을 갖는다.

지역사회의 과학적인 정의는 다음과 같다.

첫째, 지리적 의미에서의 지역사회는 한 지역을 구성하는 사람들과 조직들의 지리적 분포라는 견지에서 고려될 수 있는 사회와 사회집단에 적용된다. 둘째, 사회적으로 동질성을 띤 지역으로서의 지역사회로 다른 지역과 구별될 수 있는 사회적 특성을 지닌 독립적인 지역을 의미한다. 지역사회란 자신들이 상호 관련되어 있다는 의식을 갖은 많은 사람에 의해 구성되고 지리적인 특성보다는 성원 간의 상호 관련성을 강조된다.

셋째, 지역사회는 지리적 및 사회적 동질성을 강조하는 자연지역으로서의 지역사회로서 상호 접촉이 가능한 지역 내에 거주하는 일단의 사람들로 구성되어, 이들은 상호 보호와 복지를 위해서 그 지역 내에 여러 가지 형태의 사회조직을 형성한다(최일섭, 이현주, 2006). 지역사회는 모든 인간 생활을 포함할 수 있는 가장 작은 지역적인 집단이며, 그리고 지역사회는 사회를 구성하는 모든 주요 제도, 지위, 그리고 이익 등을 포함할 수 있을 정도로 넓어야 한다. 또한 지역사회는 심리적인 면에서는 지역사회는 이익집단, 공동의 이익, 혹은 연합을 의미하고, 그리고 지리적인 면에서는 사람들이 함께 모여 사는 특정 지역을 의미한다.

현대사회에 있어서 지역사회의 개념은 지리적이고 공간적인 지역사회의 강조 요인보다는 사회 관계적인 인간공동체 요인이 강조되고 있다. 지역사회는 특수한 지리적 공간을 점유하는 동시에 일상생활에 대한 욕구를 충족시키는 수단에 대한 공통적인 관심을 가져야 한다. 지역사회란 거주공간에서 주민들이 공통적으로 공유하는 작업과 거주공간에서 유용한 활용과정으로부터 나오는 목표에 대한 통합적인 집단구조다. 그래서 지역사회의 구성원은 일정한 거주공간에서 집단적인 동일성을 어느 정도 가지고 있어야 한다. 그러나 지역사회에 있는 모든 주민이 동등하게 지역사회를 기능적으로 만들려는 지역활동에 기여하거나 헌신하는 것은 아니다. 지역사회는 생활의 장에 있어서 시민으로서 자주성과 책임을 자각한 개인과 가족을 구성 주체로 하여 지역성과 각종의 공동 목표를 가지면서 개방적으로 구성원 상호의 신뢰감을 지닌 집단을 의미한다. 지역사회 개념을 통합하여 정리해 보면 지역사회란 일정한 지리적 공간인 생활권 안에서 사회적 상호작용을 통하여 공통된 이해관계, 문화, 그리고 규범 등을 형성하고 공통의 경험과 공동생활을 향유하는 일정 지역의 범위를 지역사회라고 규정할 수 있다.

지역사회복지에 관련된 분야와 개념들은 다음과 같다.

첫째, 지역사회복지는 지역사회를 대상으로 한 개별적인 보호서비스와 지역사회개발 기능의 양자를 통합시킨 실천방법으로 장애인이나 노인 등의 요보호 대상을 시설보호에 맡기자는 것이 아니라 지역사회에 통합시키고자 하는 지역사회보호(Community Care)를 강조한다.

둘째, 지역사회보호는 영국의 1957년 정신보건 분야에서 정신질환법 왕립위원회에서 처음으로 사용했다. 정신질환자가 병원보호보다는 지역사회의 보호가 바람직하다는 건의에서 연유되었다. 지역사회보호는 아동, 노인과 같은 개인에 대한 지원을 시설 입소가 아닌 지역사회에서의 재가보호를 비롯한 비시설적인 환경에서 행해야 한다는 개념을 의미한다.

셋째, 지역사회조직(Community Organization)으로 공적 혹은 사적 사회복지관의 사회복지사에 의해서 보다 조직적으로 추구하는 변화에 대해 의도적이며 계획적이고 과학적인 지식과 기술을 사용한다(Rothman, 2001). 그리고 지역사회복지조직은 지역복지 향상을 위해서 활용하는 실천방법은 지역사회개발(Community Social Development), 사회계획(Social Planning), 그리고 사회행동(Social Action) 등이 있다. 결론적으로 지역사회복지(Community Welfare)는 지역사회 차원에서 전개되는 정부 또는 민간기관의 활동과 전문가 비전문가에 의해 수행되는 다양한 사회복지와 관련된 활동이다. 그리고 지역사회복지는 공식 혹은 비공식 기관들이 지역사회의 문제해결을 위해 지역사회 내 또는 밖의 자원을 동원하여 문제를 예방하고 해결하고자 하는 총체적인 노력을 의미한다.

2. 지역사회복지의 모델

1) 지역사회개발 모델

UN은 지역사회개발(Community Social Development)을 "지역사회 구성원이 함께 모여 공동의 문제에 대한 공동 행동을 취하고 해결책을 도출하는 과정"으로 정의하고 있다. 지역사회개발은 시민 지도자, 활동가, 그리고 참여 시민 등의 지역복지실천에 적용되는 광범위한 개념이다. 국제지역사회개발협회는 지역사회개발은 "참여민주주의, 지속 가능한 개발, 경제적 기회, 그리고 사회정의를 촉진하는 실천 기반 직업이나 학문 분야"로 정의하고 있다(Gilchrist & Taylor, 2016). 지역사회개발은 지역사회 내에서 변화에 영향을 미치는 데 필요한 기술을 가진 개인과 집단에 권한을 부여하는 것을 추구한다. 이러한 기술은 공통과제를 위해 일하는 사회집단의 형성을 통해 만들어진다. 특히, 지역사회개발에서의 지도자는 개인과 협력하는 방법과 거시적 사회제도의 맥락에서 지역사회에 영향을 미치는 방법을 모두 이해해야 한다.

지역사회개발은 지역사회의 조건을 개선하고 지역사회의 일에 대한 자기 방향 및 통합된 노력을 위한 사람의 능력을 개선하기 위한 사람들의 조직적인 노력이다. 지역사회개발은 지역사회의 변화를 가장 효과적으로 이룩하기 위해서는 광범위한 주민들을 변화를 위한 목표 결정과 실천 행동에 참여시켜야 한다. 지역사회주민의 적극적인 참여와 주민들이 가능한 최대의 주도권을 갖고, 전 지역사회의 경제적 · 사회적 조건을 향상시키기 위한 과정이다. 지역사회개발에는 지역개발사업, 국제원조사업, 평화봉사단, 새마을운동, 성인교육 등이 포함된다.

2) 사회계획 모델

사회계획(Social Planning)은 지역사회 문제를 해결하기 위한 사회서비스, 프로그램, 그리고 지역복지정책을 계획하는 과정이다. 정부나 지방자치단체는 사회문제를 해결하기 위해 대규모 개발, 연구 및 계획 등을 추진한다. 예를 들어, 미국의 대공황의 사회보장 프로그램이나 빈곤퇴치 프로그램 등은 정부 계획가에 의해 개발되었다. 그러나 정부나 지방자치단체 이외에도 비영리기관, 지역 계획위원회 및 지역사회조직도 지역사회의 요구 사항을 해결하기 위한 서비스나 프로그램을 계획하고 있다. '사회계획'이라는 용어는 일반적으로 사회서비스의 계획 또는 지역사회의 삶의 질을 향상시키기 위한 노력으로 설명하는 데 사용하고 있다(Hardina, 2021). 우리나라에서는 사회계획은 지역사회계획이나 지역사회보장계획으로 시행되고 있다.

사회계획은 사회행동이나 지역사회개발 외에 지역사회복지 실천의 세 가지 기본 모델 중 하나다. 로스먼(Rothman)은 사회계획의 주요 목표는 지역사회의 문제 해결이라는 점을 강조하고 있다(Hardina, 2021). 사회 계획자는 지역사회 문제에 대한 사실을 수집하고, 데이터를 분석하고, 사용 가능한 계획 옵션 중 가장 실현 가능하거나 효과적인지에 대한 논리적 결정을 내려야 한다. 사회계획은 사회계획 기술과 다양한 형태의 지역사회 행정 관행을 지역복지 문제 해결에 적용하는 것이다. 지역사회의 문제를 해결하기 위한 합리적인 계획수립과 통제된 변화, 사회계획은 비행, 주택, 정신건강 등과 같은 사회문제를 해결하고자 하는 기술적인 과정으로 문제 해결을 위한 합리적인 계획수립과 통제된 변화가 중요하다. 산업사회에 있어서 계획된 변화는 거대한 관료적인 기관들을 움직일 수 있는 능력을 포함한 고도의 기술을 행사할 수 있는 전문가가 매우 필요하다. 사회복지사는 주민들이 필요로 하는 물자와 서비스의 제공에 관심을 갖는다. 사회계획은 정부, 지방자치단체, 사회복지협의회, 그리고 지역복지협의회 등에서 시행하고 있다.

3) 사회행동 모델

사회행동(Social Action)은 삶을 개선하고 지역사회에서 중요한 문제를 해결하기 위해 함께 모인 사람들의 활동이다. 시민의 헌신과 기술을 통해 사회행동은 지역사회에 힘을 실어 주고 도움이 필요한 사람들을 도우며 지역사회의 공공서비스를 보완해 나갈 수 있다. 사회행동에 참여하는 것은 지역주민들의 삶의 질을 향상시키는 것에 관련이 있으며, 그리고 사회행동을 통하여 사람들 본인들의 문제를 해결할 수 있는 자신감과 기술을 향상시켜 주는 것이다. 사회행동을 장려하기 위한 다음과 같은 사항을 강조해야 한다. ① 성장을 위한 프로젝트에 영향을 줄 수 있도록 지원해야 한다, ② 지역사회를 임파워링시켜서 그들의 문제들에 직면하게 한다, ③ 지역사회에서 기업후원의 자원봉사활동을 활성화한다, ④ 지역사회 문제 해결과 복지 향상을 위한 기부활동을 증진한다, ⑤ 젊은 계층이 사회행동에 참여할 수 있도록 장려한다, ⑥ 혁신적인 사회행동에 대한 인정과 보상을 제공한다(Open Government Licence, 2021).

사회행동은 지역사회의 불우계층에 처한 주민들이 사회정의(Social Justice)와 민주주의에 입각해서 보다 많은 자원과 향상된 처우를 그 지역사회에 요구하는 행동으로 지역사회의 기존제도(교육, 취업, 복지, 보건, 가치관)와 현실에 대한 근본적인 변화를 추구한다. 사회복지사는 권력, 자원, 지역사회 정책결정에 있어서의 역할 등의 재분배를 추구하며, 공공기관의 기본정책에 대한 변화를 모색한다. 사회행동은 복지권운동, 인권운동, 여권신장운동, 소비자보호운동, 환경보호운동, 빈민운동 등이 있다.

3. 지역사회복지 실천과정

1) 지역사회의 사정

지역사회복지실천을 위하여 지역사회의 특징을 명확하게 파악해야 한다. 지역사회의 사정(Assessment)에는 다음과 같은 사항들이 포함되어야 한다(박태영, 2008). 첫째, 지역사회의 역사와 문화를 파악하고 주민들의 생활이나 행동들에 대해서도 알아보는 것이 필요하다. 둘째, 지역사회의 환경에 대한 사정이 필요하다. 이러한 사정에는 행정에 의한 지역 구분, 지리와 지형에 의한 지역 구분, 산업구조, 그리고 주택 상황 등에 대해서 사정해야 한다. 셋째, 지역주민에 대한 사정을 실시해야 한다. 지역주민에 대한 사정은 인구, 주민의식, 지역의 네트워크, 그리고 지역주민들의 가치관과 행동양식 등에 관한 것이다. 넷째, 지역사회 사정에는 주민조직과 단체에 대한 것이다. 지역사회에 어떠한 주민조직과 단체 들이 있는지 체계적으로 사정해야 한다. 다섯째, 지역사회의 정보의 전달과 의사소통을 파악해야 한다. 지역사회의 신문과 방송 등 공식적인 의사소통 방법과 형식 등을 규명해야 한다. 여섯째, 지역사회의 권력구조를 파악해야 한다. 권력구조(Power Structure)는 지역사회의 지도자, 주민조직, 그리고 주민들의 정치의식 등을 규명해야 한다. 일곱째, 지역사회의 사회자원구조를 파악해야 한다. 사회자원구조에는 공식적 자원, 비공식적 자원, 그리고 민간자원 등을 규명해야 한다.

2) 지역사회복지 욕구 파악

지역사회복지실천을 체계적으로 실행하기 위한 지역사회복지 욕구의 파악 방법은 다음과 같다. 첫째, 지역사회복지 욕구를 기존의 공공자료(Public Data) 등을 활용하여 파악할 수 있다. 둘째, 지역사회복지 욕구조사는 현장 방문을 통하여 파악할 수 있다. 셋째, 지역사회복지 욕구조사는 각종 복지 관련 기관의 이용 현황을 통하여 파악할 수 있다. 넷째, 지역사회복지 욕구조사는 지역주민과의 모임과 대화를 통하여 파악할 수 있다. 다섯째는 지역사회복지 요구조사는 설문지를 활용한 면접조사나 전화조사를 통하여 파악할 수 있다(박태영, 2008).

3) 실천계획 수립

모든 문제해결 과정에서 어떤 목표를 세우고 그 목표를 달성할 최적의 수단을 찾고 실행하는 과정이기 때문에 목적과 목표를 설정하는 단계는 중요하다. 그리고 목적과 목표를 설정하고 나면 실천계획을 구성해야 한다. 실천 계획서에서는 미래 상황을 어떻게 달성할 것인지에 대해 구체적으로 기술해 놓은 기록물이다(홍현미라 외, 2010). 지역사회복지 실천계획의 수립과정은 다음의 네 단계를 구성하고 있다. 첫째, 실천목표의 설정으로 지역사회에서 해결해야 할 문제의 우선순위를 지역주민, 관련 기관, 그리고 주민조직 등과 함께 결정해야 한다. 둘째, 적절한 실천방법의 선택으로 지역사회복지 문제를 해결하기 위하여 자조집단, 지역 조직화, 자원봉사, 복지교육, 자원 개발, 그리고 네트워크 등의 방법들 가운데 선택해야 한다. 셋째, 지역사회복지 실천계획을 언제, 누가, 어디서, 무엇을, 어떻게, 어떤 방법, 그리고 어떤 협력자 등에 대한 구체적인 계획을 수립해야 한다(박태영, 2008).

4) 실천계획의 시행

지역사회복지실천에서 실천계획의 시행은 설정한 목표나 실시계획을 근거하여 구체적으로 시행하는 단계다. 이 단계에서는 지역사회 문제 해결, 주민의 문제해결 향상, 그리고 지역사회의 연계나 협동 등에 초점을 두어야 한다. 지역사회복지실천에서 실천계획의 시행 방법에는 홍보활동, 주민참여 촉진, 연락과 조정활동 등이 있다. 지역사회복지실천에서의 홍보활동은 가능한 많은 지역주민이 실천계획에 대한 이해와 인식을 확충하는 활동이다. 지역사회복지 실천과정에서 주민의 참여는 매우 중요하므로 주민들의 참여를 독려하고 주민단체를 조직화하며 주민조직의 리더도 적극적으로 실천계획에 참여하도록 환경을 조성하는 것이 필요하다. 지역사회복지 실천과정에서 연락과 조정활동은 지역의 연대와 협동관계를 유지하기 위하여 지역사회 내의 각종의 기관이나 단체들과의 협력을 도모하는 활동이다(박태영, 2008).

지역사회복지 실천과정에서의 실천계획의 시행에는 정책접근법, 프로그램 접근법, 그리고 프로젝트 접근법 등이 있다. 지역사회복지 실천과정에서 정책접근법은 정책 대상자, 정책 지급유형, 정책 전달체계, 그리고 정책 실행 비용 등에 대하여 구체적으로 결정해야 한다. 지역사회복지 실천과정에서 프로그램 접근법은 특별한 욕구를 가진 클라이언트 집단의 변화에 대한 과정을 설계하고 적절한 접근법을 상세하게 서술해야 한다. 지역사회복지 실천과정에서 프로젝트 접근법은 서비스 프로젝트 방안과 지원 프로젝트 방안 등이 있다. 서비스 프로젝트는 단기간 문제를 해결하고자 할 때에 활용할 수 있는 방법이고, 그리고 지원 프로젝트는 특별한 서비스의 효과성을 제시하는 것이 아니라 자원과 기술에 대한 설계를 구체적으로 제시하는 것이다(홍현미라 외, 2010).

5) 평가

지역사회복지 실천과정에서 평가는 실천과정에서 적절한 방법과 프로그램들이 효과적으로 진행하고 있는지를 체계적으로 분석하고, 그리고 지역사회복지실천의 종료 단계에서는 지금까지의 실천과정을 점검하고 목표의 달성 정도를 평가하는 것이다. 지역사회복지 실천과정의 평가는 과정평가, 효과평가, 그리고 욕구평가 등이 있다. 지역사회복지 실천과정에서 과정평가는 설정된 목표가 달성되지 않더라도 지역복지 실천과정에서 무엇을 획득했는지를 평가하는 것이다. 지역사회복지 실천과정에서 효과평가는 실천계획에서 수립된 목표가 어느 정도 성취되었는지를 평가하는 것이다. 지역사회복지실천에서 욕구평가는 지역복지 실천과정에서 발견된 지역사회나 주민들의 잠재적인 욕구를 파악하는 것이다(박태영, 2008).

4. 지역사회복지 실천방법

1) 조직화

조직화(Organizing)는 어떤 일을 하기 위해 사람을 모으는 것이다. 한 사람이 할 수 있는 일은 매우 적지만, 그러나 많은 사람이 함께 만들어 내는 힘은 크며 변화를 일으킬 수 있다. 일반적으로 힘을 가지고 있는 사람들은 잘 조직되어 있는 사람들이다. 조직은 단기적인 측면의 이점과 장기적인 측면의 이점 모두를 갖는다. 조직화는 단기적인 과정으로 어떠한 목적을 성취해 나가는 방법으로 효과적인 도구가 된다. 또한 조직화를 통하여 지역사회 내의 학교문제를 해결하는 것, 세금을 낮추는 것, 노동 권리를 정립하는 것, 의료문제를 해결하는 것, 그리고 이웃과 지역사회를 보호하는 것 등을 가능하게 한다. 장기적인 측면에서는 조직을 형성하면서 사람들은 자신에 대해 새로운 것을 학습할 수 있다. 또한 조직을 형성하면서 사람들은 자신에 대해 재발견하기 시작한다. 그리고 자신이 누구인지, 그리고 자신이 어디에서 왔는지 등에 대해 발견할 수 있다. 특히, 조직을 만드는 것은 문제를 가진 사람을 위한 것으로 조직을 만드는 것은 하나의 도구로서 유용하다(이문국, 이인재 공역, 2002).

우리는 수많은 조직 안에서 지속적으로 경험을 하고 있다. 또한 지금도 우리 일상 속에서는 지속적으로 조직이 만들어지고 있다. 조직의 유용성을 바탕으로 어떠한 조직을 구성해야 하는지 바로 알고 이러한 조직을 통해 건강한 사회를 만들 수 있도록 지속적으로 노력해야 한다(이문국, 이인재 공역, 2002). 조직화 단계는 창조적 분위기를 조성하기, 집단 발전시키기, 그리고 구성원 역량 강화하기 등으로 구성된다. 지역사회 조직가의 주요 과업은 집단 구성원 모두가 자신의 능력을 발휘할 수 있는 창조적인 분위기를 조성하는 것이다. 집단 내에서 창조적인 분위기를 조성하기 위해서는 구성원들의 참여가 보장되어야 한다. 집단을 발전시키기 위해서 조직가는 집단 구성원들과 무엇에 대하여 토의할 것인가 그리고 집중적으로 다루어야 할 것이 무엇인지에 대한 의견을 모아야 한다. 구성원의 역량강화(Empowerment)를 위해서 지역사회 조직가는 집단성원들에게 상황을 변화시킬 수 있다는 희망을 알려 주고, 그리고 동기부여를 위해 행동 수행의 기회를 제공해야 한다(홍현미라 외, 2010).

2) 전술

전술(Tactic)은 전략의 한 부분으로 조직이 행하는 특정한 모든 활동이다. 전술은 특정 이슈에서의 승리를 위해 필요한 압박을 구사하기 위해 고안되며 전술을 통한 구성원의 참여로 이루어진다. 일반적으로 사용하는 전술로는 스트레이크, 보이콧, 연좌시위, 공청회, 대중시위, 탄원서, 폭로, 그리고 법적 소송 등이 있다. 전술을 선택하는 것은 어려운 일이며 복잡한 효과를 나타낸다. 전술의 선택은 전략을 계획할 때 매우 중요한 부분이다. 선택한 전술은 상대편에게 실제적인 영향을 미쳐야만 한다. 또한 전술을 통해 구성원들을 포함시키고 조직을 형성해야 한다. 일반적으로 전술의 선택에 있어서 낮은 단계부터 시작하여 점점 고도의 단계로 변화하는 방식이 필요하다. 적은 자원과 낮은 압박 수위의 전술부터 점차 구성원들의 규모가 커지고 굉장한 압력을 생산하는 전술로 진행해 나가야 한다(이문국, 이인재 공역, 2002).

전술에는 다음과 같은 다양한 종류가 있다. 첫째, 탄원서는 사람들이 공통적인 문제를 가지고 있을 때 일반적으로 처음 활용할 수 있는 방법이다. 탄원서는 많은 사람이 볼 수 있기 때문에 구성원들을 참여시키는 데 유용성을 가진다. 둘째, 편지는 탄원서와 비슷하고 특히 입법 운동을 할 때 정치인으로 하여금 관련 이슈에 지지하는 사람들이 많다는 것을 알게 하는 방법으로 자주 사용된다(이문국, 이인재 공역, 2002). 셋째, 공청회는 이슈와 그에 대한 사람들의 지지에 주의를 모으는 주요 방법의 하나다. 공청회에서는 말을 통해 의사소통이 이루어지며 사람들이 자신들의 이야기를 할 수 있는 좋은 기회다. 공청회를 통해서 사람들의 힘을 보여 줄 수 있으며 대중매체의 관심을 끌기에도 유용하다.

넷째, 폭로는 우리의 조직이 상대편에 해를 끼치는 정보를 공개하는 것을 말한다. 정보의 공개는 보도자료를 통하거나 언론사에 있는 동조적 구성원에게 전달할 수도 있지만 해를 끼칠 수 있는 정보를 노출시켰을 때 좀 더 극적인 효과를 얻기 위해서는 정보의 제공과 함께 행사를 마련하는 것이 좋다. 다섯째, 대립이나 행동은 시민조직에서 자주 사용하는 전술의 한 방법이다. 대립은 구성원들이 자신들의 분노를 분출할 기회를 제공하기 때문에 효과가 있고 집단과 함께 할 때 굉장한 일치의 경험을 할 수 있다. 여섯째, 보이콧은 보통 성공적으로 수행하기가 매우 어렵고 상당한 에너지가 필요하다. 하지만 종종 보이콧을 할 것이라는 협박은 보이콧 자체보다 효과적일 때가 많고, 그리고 상대편에게 문제에 대한 정보를 알리는 피켓 시위는 조직에게 필요한 압력을 만드는 데 충분할 수 있다. 일곱째, 스트라이크는 사람들이 가진 가장 중요한 수단 중 하나다. 연좌시위, 도로시위, 그리고 대중시위 등은 상대기관의 효율적 기능을 방해할 수 있기 때문이다. 이러한 전술들은 폭력적인 반응, 체포, 그리고 다른 보복 등의 위험이 있기 때문에 신중하게 선택해야 한다.

3) 전략

전략(Strategy)은 마치 도로 지도와 같다. 현재 있는 곳에서 가고자 하는 곳으로 가기 위한 계획이다. 전략을 계획하는 것은 여행을 계획하는 것과 같다. 전략은 선택의 신뢰성을 고려해야 한다. 여행 경로를 선택할 때도 가장 빠른 경로가 반드시 가장 좋은 것은 아니다. 여행을 계획하는 것처럼 전략을 계획하는 것도 현재 있는 곳과 가려고 하는 곳에 대한 지식에서 시작된다. 전략개발은 예측하지 못했던 것, 새로운 것, 색다른 것이 가장 좋을 수 있다. 전략개발에서 지도자와 구성원의 참여는 동기부여에 매우 필요한 주인의식을 키우는 데 도움이 된다(이문국, 이인재 공역, 2002).

전략의 중요한 부분 가운데 하나는 시간이다. 목표를 이루기 위해 단기 전략과 장기 전략을 모두 세워야 한다. 조직은 수개월의 단기간 내에 무엇을 이루기 바라는지 뿐만 아니라, 향후 5년 이상의 장기적 차원에서 어떤 것을 이루길 바라는지 고려해야 한다. 그러나 전략 기간이 길어질수록 전략이 변화될 가능성은 커진다는 것을 인식하는 것이 중요하다. 그래서 전략이 융통성이 있어야 한다는 것은 중요하다. 상황을 무시하고 특정한 전술에 얽매이는 일이 없도록 전략을 세워야 한다. 변화 가운데는 예상할 수 있는 것이 있으며 예상할 수 없는 것도 있다. 그리고 앞으로 일어날 상황에 대비하여 대안적 전략(Alternative Strategy)을 세울 수 있다. 조직이 단 한 가지의 전략만을 가지고 있다면, 구성원들은 그 전략의 성공을 위해 매우 강한 감정적 집착을 보일 것이다. 그래서 대안 전략을 개발하고 전략의 융통성을 유지함으로써 조직이 하나의 단계에 지나치게 초점을 두는 것을 막는 것이 필요하다.

그리고 전략 수립과 집행에서 비밀을 지키는 것은 매우 어렵다. 가능하다면 전략의 성공이 비밀에 좌우되지 않는 전략을 개발하는 것이 필요하다. 반대로 상대편에게 전략을 공개적으로 알리는 경우가 있다. 회유와 위협의 협상 접근은 적절하게 사용될 경우도 있다(이문국, 이인재 공역, 2002). 좋은 전략에서는 승리의 가능성뿐 아니라 패배의 가능성도 고려해야 한다. 조직은 조직이 승리할 것이라고 가정하고 이기지 않을 가능성에 대해서도 대안적인 방안을 모색해야 한다. 전략이 실패할 경우 조직은 실패에서 회복하는 데 많은 시간이 소요된다. 현실적 기대를 갖고 승리하지 않을 가능성에 대한 대비 계획도 체계적으로 수립하는 것이 필요하다. 또한 조직은 전략의 성공에 대한 승리도 자축해야 한다. 그리고 지역사회조직은 전략의 성공으로부터 얻는 점들이 있을 뿐만 아니라 전략의 실패로부터도 교훈을 얻을 수 있다.

4) 지역사회 임파워먼트

지역사회복지실천에서 지역사회 임파워먼트(Community Empowerment)는 지역사회 스스로가 지역사회에 대한 통제력을 높일 수 있도록 하는 과정을 의미한다. '임파워먼트'는 사람들이 자신의 삶을 형성하는 요인과 결정에 대한 통제력을 얻는 과정을 의미하고, 그리고 통제력을 얻기 위해 자산과 속성을 늘리고 액세스 권한, 파트너, 그리고 네트워크 등을 얻을 수 있는 역량을 구축하는 과정이다. 따라서 지역사회 임파워먼트는 지역사회의 참여를 통하여 사회적이나 정치적 변화를 명시적으로 목표로 하는 공동체를 의미한다. 지역사회 임파워먼트는 더 많은 통제력을 얻기 위해 권력을 재협상하는 과정이다. 지역사회 임파워먼트는 지역사회의 사회적, 문화적, 정치적, 그리고 경제적 쟁점을 해결하는 있어서 다른 부문과의 파트너십을 구축해야 한다(WHO, 2021).

지역사회복지실천에서 임파워먼트는 개입 대상의 문제보다는 가능성에 초점을 맞추고, 그리고 클라이언트를 서비스의 수혜자로 인식하기보다는 동반자로서 대상자의 주체성을 강조하고 있다. 지역사회복지실천에서 임파워먼트의 구체적인 실천기술과 방법은 다음과 같다(홍현미라 외, 2010). 첫째, 지역사회 조직가는 무력감을 느끼는 개인들이 문제의 원인이 자신들에게 있는 것이 아니라는 의식을 제고시켜야 한다. 둘째, 지역사회 조직가는 문제의 원인을 파악하여 자기의 목소리를 낼 수 있도록 자기주장을 할 수 있도록 독려해야 한다. 셋째, 지역사회 조직가는 지역사회의 쟁점과 이슈가 공공 어젠다(Public Agenda)가 될 수 있도록 지원해야 한다. 넷째, 지역사회 조직가는 자원동원과 조직화를 통하여 주민의 힘을 키울 수 있도록 해야 한다. 다섯째, 지역사회 조직가는 주민의 역량을 강화시키기 위한 조직을 건립하고 주민들의 주장을 효과적으로 표명할 수 있는 캠페인을 전개해야 한다. 여섯째, 지역사회 조직가는 사회적 자본(Social Capital)의 창출을 위하여 지역주민 간의 협력과 연대감을 향상시킬 수 있도록 해야 한다.

5) 지역사회 구축

지역사회 구축(Community Building)은 지역사회 내에서 공통의 필요 또는 관심을 가진 개인 간이나 집단 간의 지역사회를 생성하거나 향상을 지향하는 지역사회복지의 분야다. 지역사회 구축은 지역사회조직, 지역사회사업, 그리고 지역사회개발 분야 등에도 포함된다. 지역사회 구축은 개인 간의 비공식적 모임이나 소규모 행사 등과 같은 단순한 모임부터 대규모 축제까지 외부인이 아니라 지역주민이 참여하는 다양한 활동들이 지역사회 구축활동에 활용될 수 있다. 모든 국가에서 지역사회 구축에 많은 신경을 쓰고 있는 것은 지역사회의 상실로 한 사회의 사회적 붕괴와 해체의 주요 원인이 될 수 있기 때문이다. 지역사회 조직가가 지역사회 구축을 강조하는 것은 이를 통하여 지역사회의 사회적 불평등과 불의, 개인과 집단의 안녕, 그리고 단절되거나 소외된 개인의 부정적인 영향을 해결하기 위한 수단으로 활용하고 있다(Wikipedia, 2021).

지역사회복지실천에서 지역사회 구축의 과정은 다음과 같다(홍현미라 외, 2010). 첫째, 지역사회 자산지도를 작성한다. 지역사회 자산지도를 통하여 지역사회가 갖고 있는 강점과 자산을 파악하는 것이다. 이를 통하여 지역사회 조직 간의 관계성을 확인하고 지역사회 역량을 개발하도록 해야 한다. 둘째, 지역사회포럼을 개최한다. 지역사회포럼을 통하여 지역사회의 비전을 개발하고 이를 주민들과 함께 공유할 수 있는 의제와 사업을 결정하는 것이다. 지역사회포럼을 통하여 지역사회 안에서 지역사회 역량을 구축하고 개발할 수 있는 기회가 될 수 있도록 한다. 셋째, 지역사회 실행계획을 수립한다. 지역사회포럼 이후에 보다 구체적인 지역사회계획을 개발하고 수립한다. 넷째, 지역사회 학습 프로그램을 실시한다. 지역사회의 공유된 지역사회 비전을 달성하는 데 필요한 학습 프로그램을 제공한다. 다섯째, 지역사회 거버넌스를 구축한다. 지역사회 거버넌스에 지역사회의 주요 이해관계자들이 모두 참여하도록 한다. 여섯째, 지역운영위원회의 구성을 하고 운영한다. 지역사회의 다양한 대표가 지역운영위원회에 참여하도록 하고 지역사회를 대표하여 지역운영위원회를 운영하도록 한다. 일곱째, 지역사회 구축을 위한 사업팀을 운영한다. 장기적인 차원에서 지역사회 강화전략을 바탕으로 사업팀의 활동이 지역사회 구축과 사업성과로 연결될 수 있도록 한다.

5. 지역사회복지 분야

1) 지역사회보장협의체

지역사회보장협의체는 읍면동 지역사회보장협의체와 시군구 지역사회보장협의체가 있다. 읍면동 사회보장협의체와 시군구 지역사회보장협의체의 주요 역할은 다음과 같다(보건복지부, 2020).

첫째, 복지사각지대 발굴: 사회적 위험(빈곤 및 사망, 질병, 장애, 노령, 실업 등)으로 인해 사회보장급여를 필요로 하는 지원대상자들을 발굴한다. 둘째, 사회보장 자원 발굴 및 연계—① 읍·면·동에서 사회보장 대상자를 위해 인적·물적 서비스를 제공하는 기관, 단체, 개인에 대한 현황을 파악한다, ② 다양한 자영업자들이 부담 없이 나눔을 실천할 수 있도록 기회를 제공하고 지속적인 인정과 보상 활동을 계획한다, ③ 지역사회보호체계 구축 및 운영: 사회적인 관심과 보호가 필요한 이웃들이 지역사회에서 어려움 없이 살아갈 수 있도록 많은 주민이 관계와 소통으로 이루어 가는 네트워크 형태로 공식적인 의사소통 채널을 구축하고 지속적으로 지원한다, ④ 지역 특화사업 추진: 읍·면·동 관내 복지 문제 해결을 위한 자체 복지사업을 스스로 기획하고, 필요한 재원을 마련해서 실행한 후 평가와 환류를 통해 지속 발전시킨다.

시군구 지역사회보장협의체의 운영 목적은 다음과 같다.

첫째, 시군구 지역사회보장협의체는 민관협력의 구심점으로서 지역사회보호체계를 구축하고 운영하며 지역사회보장계획의 수립, 집행, 평가 등 지역사회보장 증진을 위한 과정에 민간의 참여와 협력 기반을 마련함으로써 국민 중심의 맞춤형 복지서비스 제공에 기여한다. 특히, 사회보장급여가 필요한 지원 대상자에게 필요한 급여를 제공하는 기관·법인·단체·시설의 대표 또는 실무자 등 다양한 지역주민의 참여를 통하여 맞춤형 복지서비스를 통합적으로 제공하는 지역사회보호체계를 구축하고 운영한다.

둘째, 시군구 지역사회보장협의체는 수요자 중심의 통합적 사회보장급여 제공

기반을 마련하여 종전의 보건의료와 사회복지 위주의 서비스 제공에서 벗어나 고용, 주거, 교육, 문화, 그리고 환경 관련 서비스 제공자 간 연계망을 구성하여 수요자의 다양하고 복합적 욕구에 대응한 서비스를 원스톱(One-Stop)으로 제공하는 것이다. 지역 내 서비스 제공 관련 기관, 법인, 시설, 단체 간 연계, 협력 강화를 통하여 지역사회보장협의체가 시군구의 희망복지지원단 또는 읍면동 주민센터의 통합 사례관리 기능을 효율적으로 지원한다. 그리고 읍면동 복지허브화 추진으로 복지통장 및 지역사회보장협의체, 복지기관 등의 자발적 참여로 긴밀한 민관협력으로 지원대상, 자원발굴 확대, 그리고 민간자원 연계 활성화를 추진한다.

셋째, 시군구 지역사회보장협의체는 지역사회 내 사회보장급여 제공기관, 법인, 단체, 시설 간 연계, 그리고 협력으로 지역 복지자원의 효율적 활용체계를 조성한다. 특히, 지역사회의 다양하고 잠재적 복지자원을 발굴하고, 확충하고, 서비스 제공기관 간 연계와 협력을 통해 지역사회 복지자원 및 지원 대상자에 대한 정보 등을 공유함으로써 급여 제공의 중복과 누락을 방지한다. 그리고 기부금, 후원금품 지정기탁, 자원봉사, 재능기부, 그리고 생필품 지원 등 복지자원을 개발한다. 그리고 읍면동 의뢰 가능, 보건소 · 읍면동 상호 의뢰하여 복지 대상자의 중복 누락을 방지하고 한정된 복지자원을 효과적으로 활용할 수 있도록 민 · 관 정보공유 시스템 구축을 추진한다.

넷째, 시군구 지역사회보장협의체는 민 · 관 협력을 통해 사각지대 발굴 및 지원 강화를 위한 읍면동 단위 주민 네트워크를 조직하여 「사회보장급여법」 시행으로 새롭게 읍면동 단위 지역사회보장협의체가 조직되고 운영되면서 관할 지역의 사회보장 대상자 발굴 업무, 사회보장 자원발굴 및 연계 업무 등의 기능을 수행하면서 다양한 지역주민이 참여하는 주민 네트워크를 조직화한다. 즉, 마을 또는 생활권역 내 취약계층 발굴을 위한 사회적 안전망의 역할을 수행하면서 동향 파악 및 필요한 지원을 연계한다.

2) 지역사회복지관

지역사회를 기반으로 일정한 시설과 전문인력을 갖추고 지역주민의 참여와 협력을 통하여 지역사회복지 문제를 예방하고 해결하기 위하여 종합적인 복지서비스를 제공하는 시설을 말한다. 사회복지관은 사회복지서비스 욕구를 가지고 있는 모든 지역사회 주민을 대상으로 보호서비스, 재가복지서비스, 그리고 자립 능력 배양을 위한 교육훈련 등 그들이 필요로 하는 복지서비스를 제공한다. 그리고 사회복지관은 가족기능 강화와 주민 상호간 연대감 조성을 통한 각종 지역사회 문제를 예방하고 치료하는 종합적인 복지서비스 전달기구로서 지역사회 주민의 복지 증진을 위한 중심적 역할을 수행하고 있다(한국사회복지관협회, 2021).

사회복지관의 기본 원칙은 다음과 같다. 첫째, 지역성의 원칙으로 사회복지관은 지역사회의 특성과 지역주민의 문제나 욕구를 신속하게 파악하여 사업계획 수립시 반영하여 지역사회의 문제를 해결한다. 그리고 사회복지관은 이에 따른 서비스를 제공하고 지역주민의 적극적 참여를 유도하여 주민의 능동적 역할과 책임 의식을 조성해야 한다. 둘째, 전문성의 원칙으로 사회복지관은 다양한 지역사회 문제에 대처하기 위해 일반적 프로그램과 특정한 문제를 해결할 수 있는 전문적 프로그램이 병행될 수 있도록 지식과 기술을 보유한 전문인력이 사업을 수행한다. 그리고 사회복지관은 이들 인력에 대한 지속적인 재교육 등을 통해 전문성을 증진해야 한다(한국사회복지관협회, 2021).

셋째, 책임성의 원칙은 사회복지관은 서비스 이용자의 욕구를 충족하고 지역사회 문제를 해결하면서 효과성을 극대화하기 위하여 최선의 노력을 기울어야 한다. 넷째, 자율성의 원칙으로 사회복지관은 다양한 복지서비스를 효율적으로 제공하기 위하여 사회복지관의 능력과 전문성이 최대한 발휘될 수 있도록 자율적으로 운영해야 한다. 다섯째, 통합성의 원칙으로 사회복지관은 사업을 수행하면서 지역 내 공공 및 민간복지기관 간에 연계성과 통합성을 강화해 지역사회복지 체계를 효율적이고 효과적으로 운영해야 한다. 여섯째, 자원 활용의 원칙으로 사회복지관은 주민 욕구의 다양성에 따라 다양한 기능인력과 재원을 필요로 하므로 지역사회 내의 복지자원을 최대한 동원 활용해야 한다. 일곱째, 중립성의 원칙으로 사회복지관은 정치활동, 영리활동, 그리고 특정 종교활동 등으로 이용되지 않고 중립성을 유지해야 한다. 여덟째, 투명성의 원칙으로 사회복지관은 자원을 효율적으로 이용하고 운영 과정의 투명성을 유지해야 한다.

사회복지관의 3대 주요 사업은 사례관리 기능, 서비스 제공 기능, 그리고 지역조직화 기능 등으로 구분된다(한국사회복지관협회, 2021).

첫째, 사회복지관의 사례관리(Case Management) 기능은 현재의 파편화되고 분절화된 지역사회 복지서비스의 제한점을 극복하고 보다 통합적인 서비스 전달체계로 나아가기 위해 지역사회 내 민·관을 연계하는 서비스 네트워크를 구축하고 다양한 지역주민의 복지욕구를 연결해 맞춤형 서비스를 제공하고 있다. 사례관리 기능의 주요 기능은 다음과 같다. ① 사례발굴은 지역사회 내 보호가 필요한 대상자 및 위기개입 대상자를 발굴하여 개입계획을 수립한다. ② 사례개입은 지역사회 내 보호가 필요한 대상자 및 위기개입 대상자의 문제와 욕구에 대한 맞춤형 서비스가 제공될 수 있도록 사례개입을 한다. ③ 서비스 연계는 사례개입에 필요한 지역사회 내 민간 영역과 공공 영역의 가용자원 및 서비스에 대하여 정보를 제공하고 의뢰한다.

둘째, 사회복지관의 서비스 제공 기능은 클라이언트에게 직접적인 전문서비스를 제공하는 기능이다. 사회복지관의 서비스 제공 기능에는 다음과 같은 사업을 제공한다. ① 가족기능강화사업에는 가족관계 증진사업, 가족기능 보완사업, 가정문제해결 및 치료사업, 부양가족 지원사업 그리고 다문화가정 지원사업 등을 제공하고 있다. ② 지역사회 보호사업은 급식 서비스, 보건의료 서비스, 경제적 지원, 일상생활지원, 정서 서비스, 일시보호 서비스, 그리고 재가복지봉사 서비스 등을 제공한다. ③ 교육문화사업은 아동·청소년 사회교육, 성인기능교실, 그리고 노인여가 및 문화사업 등을 제공한다. ④ 자활지원 등 기타 사업은 직업기능훈련, 취업 알선, 직업훈련 직업능력개발, 그리고 특화사업 등을 제공한다.

셋째, 사회복지관의 지역조직화 기능은 다음과 같다. ① 복지네트워크 구축사업은 지역사회에 복지기관과 복지시설과의 네트워크를 구축해서 복지서비스 공급의 효율성을 제고하고, 그리고 사회복지관이 지역복지의 중심으로서의 역할을 강화하는 사업이다. ② 주민조직화사업은 주민이 지역사회 문제에 스스로 참여하고 공동체 의식을 갖도록 주민조직의 육성을 지원하고 주민 협력 강화에 필요한 주민 의식을 높이기 위한 교육을 시행하는 사업이다. ③ 자원 개발 및 관리사업으로 지역주민의 다양한 욕구 충족과 문제 해결을 위해 필요한 인력, 재원 등을 발굴하여 연계하고 지원하는 사업이다(한국사회복지관협회, 2021).

3) 지역아동센터

지역아동센터는 2004년 「아동복지법」을 개정하여 예전의 일명 '공부방'을 '지역아동센터'로 개명하였으며, 아동복지시설로 법제화하여 총 895개소 시설에 23,347명에게 아동서비스를 지원하기 시작하였다. 2005년에는 지역아동센터가 양적으로 증가하여 전국 1,709개소로 확대되어 총 43,749명의 아동을 지원하게 되었다. 2006년에는 '지역아동정보센터'를 설치하여 지역아동센터에 대한 전반적인 조사연구사업, 교육사업, 그리고 정보제공사업 등을 제공하고 있다. 2009년에는 전국 지역아동센터에 대한 평가(총 3,224개소)를 진행하고 전문적인 컨설팅사업을 실시하였고, 그리고 종사자 역량강화를 위한 교육을 실시했다. 2012년에는 일반 학교의 주 5일제 전환에 따른 지역아동센터의 토요일 운영을 지원하기 시작했다. 그리고 지역아동센터의 방과 후 돌봄서비스를 통합적으로 지원하기 위하여 보건복지부, 교육부, 여성가족부, 그리고 안전행정부 등이 협약을 체결하였다.

2013년에는 방과 후 돌봄서비스 연계로 종합적 지원 · 관리체계를 마련하였고, 그리고 지역아동센터 맞춤형 사회복지시설 정보 시스템 고도화를 구축하였다. 2014년에는 지역아동센터에 대한 아동 패널을 구축하였다. 2018년에는 저소득계층이 아닌 일반아동도 지역아동센터를 이용할 수 있도록 이용 아동 기준을 개선하였다. 2019년에는 지역아동센터 운영비를 증가하고 그리고 지역아동센터의 환경개선을 위한 지원금을 제공하였다(보건복지부, 2021a). 지역아동센터는 2004년 총 895개소로 시작하여 2021년 현재는 전국에 4,211개(초등 저학년: 43,438명, 초등 고학년: 44,063명, 중등: 16,321명, 고등 3,902명)가 운영 중이다.

지역아동센터는 방과 후 돌봄이 필요한 지역사회 아동의 건전한 육성을 위하여 아동보호, 교육, 건전한 놀이와 오락의 제공하며 보호자와 지역사회의 연계하여 아동들에게 종합적인 복지서비스를 제공하는 복지기관이다. 지역아동센터의 설립 근거는 「아동복지법」 제50조~제52조, 제54조~제75조 등을 근거로 하고, 「아동복지법」 이외의 규정은 「사회복지사업법」 제3조에 근거를 두고 있다. 그리고 「아동복지법」 제50조에 따라서 설치된 지역아동센터로서 24개월 이상 운영한 시설 중에서 진입 평가 결과를 반영하여 지원대상시설을 선정한다. 지역아동센터의 주요 기능과 프로그램은 아동보호(안전한 보호, 급식 등), 교육 기능(일상생활 지도, 학습능력 제고 등), 정서적 지원(상담 · 가족 지원), 문화서비스(체험활동, 공연) 등으로 지역사회에서 아동 돌봄에 대한 사전 예방적 기능과 사후 연계서비스를 제공하는 것이다(보건복지부, 2021a). 지역아동센터의 추진체계는 다음과 같다. 첫째, 보건복지부: 기본계획 수립, 지침 마련, 법령 · 제도개선 등 사업총괄, 국고보조금 지원, 아동복지교사 예산지원 · 사업총괄과 평가, 사업운영 지도 · 점검, 평가총괄 및 표준화 모델 개발 · 보급, 시설정보 시스템 개편과 관리 총괄, 방과 후 돌봄서비스 추진 기관 간의 서비스 연계 · 조정 등, 둘째, 아동보장정보원: 종사자 교육기획, 프로그램 개발, 컨설팅, 그리고 시설운영 지원 등.

4) 지역자활센터

2000년에 국민기초생활보장제도가 도입되면서 자활급여가 시행되었고 이에 따라서 자활지원사업이 출범하게 되었다. 국민기초생활보장제도에 포함된 자활지원사업은 기본적으로 '근로능력이 있으나 충분한 근로활동에 참여하고 있지 않은 경우'에 대한 조건 이행의 방법으로 성격이 변화되었다. 그리고 자활급여의 수행기관으로 자활지원센터가 출범하였고, 국민기초생활보장제도의 조건부과 이행 기관으로서 현재는 지역자활센터로 운영되고 있다. 국민기초생활제도 시행 초기에는 자활지원사업은 활성화되지 않았지만, 최근에 사회적 일자리, 사회적 기업, 마이크로 크레딧 등과 통합되면서 자활지원센터가 보다 더 활성화되었다(중앙자활센터, 2021). 자활지원센터는 「국민기초생활보장법」 제16조에 의거하여 설립되었고, 그리고 자활지원센터의 설립 목적은 근로능력 있는 저소득층에게 집중적이고 체계적인 자활지원서비스를 제공함으로써 자활의욕 고취 및 자립능력 향상을 지원하여 기초수급자 및 차상위계층의 자활 촉진에 필요한 사업을 수행하는 핵심 인프라로서의 역할을 수행하고 있다.

지역자활센터의 주요 기능은 다음과 같다. 첫째, 자활급여 대상들을 위한 자립지원 대상 확충 및 관리 강화로 자활지원 대상자의 근로능력을 개선하고, 그리고 자활지원 대상자의 선정과 관리의 내실화 등을 주요 기능으로 하고 있다. 둘째, 맞춤형 자활사례관리 강화로 취업적성 평가를 개선하고, 시 · 군 · 구의 자활사례 조정회의를 확대하고 개편하며, 그리고 지역자활센터의 사례관리팀 신설하고 운영 등을 담당한다. 셋째, 자활지원센터는 자활사업의 활성화를 위하여 성과 중심 자활사업의 확대, 자활사업단의 사업운영 및 평가체계 구축, 자활공동체 지원과 육성의 강화, 그리고 정부재정 사업과 자활사업의 연계 강화 등을 담당한다. 넷째, 자활지원센터는 일하는 것이 유리한 근로유인체계를 구축하기 위하여 자활급여의 탈수급의 확대, 수급자의 자산형성 지원, 그리고 저소득계층의 창업지원 활성화 등의 업무를 담당한다. 다섯째, 자활지원센터는 자활인프라 효율화를 증대하기 위하여 자활인프라의 개선, 자활사업 인적자원 강화, 그리고 자활기금의 활성화 등의 업무를 담당한다. 여섯째, 자활지원센터는 수급자의 취업지원을 활성화하기 위하여 수급자와 고용부의 직업훈련 연계 강화, 일자리 알선기능 확대를 위한 민간역량 활용 확대, 그리고 위기가구에 대한 집중지원 강화 등을 추진하는 역할을 담당한다(중앙자활센터, 2021).

자활사업의 주요 프로그램은 다음과 같다.

① 희망리본(Re-born) 프로젝트: 본 사업은 저소득층의 취업과 창업을 지원하기 위하여 사례관리 및 근로의욕 증진을 위한 서비스, 일할 여건 조성을 위한 보건복지서비스, 그리고 자활을 위한 직업훈련과 일자리 연계 등 맞춤형 서비스를 제공한다.

② 희망키움뱅크사업: 본 사업은 보건복지부가 2000년부터 2009년까지 '자활공동체'와 금융소외계층인 저소득 '개인'을 대상으로 무담보나 무보증 창업자금 융자와 성공적 창업을 위한 교육과 컨설팅 등 종합적인 창업지원 및 운영자금을 대여한다.

③ 희망키움통장: 본 사업은 자산형성지원사업으로 일하는 기초수급자에게 일한 만큼 늘어나는 근로소득장려금과 본인 저축에 대한 매칭자금을 지원하고 적립하여 일을 통한 탈빈곤을 촉진하고 자립자금을 마련하도록 돕는 사업이다.

자활사업의 유형은 참여자의 자활능력과 사업 구분에 따라 근로유지형, 사회서비스일자리형, 인턴형, 그리고 시장진입형으로 구분하여 지원하고 있다. 첫째, 근로유지형은 현재의 근로능력과 자활 의지를 유지하면서 향후 상위 자활사업 참여를 준비하는 형태의 사업이다. 둘째, 사회일자리형은 사업의 수익성보다 사회적으로 유용한 서비스와 참여자에게 일자리를 제공하는 연계를 통해 근로 기회와 근로역량을 배양하여 다시 시장의 진입을 준비하고 사업훈련을 받는 사업이다. 특히, 적극적인 자립과 자활 의지를 북돋우며 지역에 필요한 최소한의 서비스를 일자리 형태로 제공하는 사업이다. 셋째, 시장진입형은 근로 능력 있는 기초생활수급자와 차상위 계층에게 근로 역량을 높이고 근로 여건의 장애를 줄여 시장 경쟁력 확보를 위한 시장진입을 재목표로 진행하는 지원사업이다(보건복지부, 2021b).

자활사업의 주요 중장기 과제는 다음과 같다. 첫째, 자활사업제도에 대한 개혁

방안을 마련해야 한다. 자활사업이 잔여적 복지에서 보편적 복지로 전환되도록 제도, 정책, 그리고 사업 변화가 가능한 방안을 마련해야 한다. 둘째, 자활사업을 통하여 신빈곤층과 근로빈곤층의 적극적인 탈빈곤을 위한 대책 마련해야 한다. 자활사업이 근로빈곤층에 대한 맞춤형 탈빈곤 프로젝트가 될 수 있도록 자활사업의 참여 대상자 프로그램, 인프라의 다양화 및 지원의 적합성과 시의성을 확보해야 한다. 셋째, 자활공동체나 자활기업을 활성화해야 한다. 자활공동체(혹은 자활기업)는 자활근로사업단을 통해 근로 여건과 의지가 충분하게 높아져 취약계층이 참여하는 형태의 공동창업 모델을 의미한다. 즉, 일정 조건을 충족하는 1인 이상의 저소득층이 상호 협력하여 조합 또는 공동사업자의 형태로 탈빈곤을 위한 자활사업을 운영하는 업체로 사회적 기업의 기반이 될 수 있다.

5) 자원봉사센터

자원봉사를 뜻하는 'Voluntarism'은 의지(Will)를 뜻하는 Voluntas에 어원을 두고 있다. 의지의 힘은 자유주의(Liberalism)의 이론과 실천체계를 통해서 실현되는데, 이것은 개인에게 부과된 강요된 복종 또는 조작된 행위를 거부하고 자신의 자발적인 행동을 가치지향의 중심으로 삼고 있다. 현대의 자원봉사활동은 사회단체나 종교단체 같은 비정부 기관(Non Governmental Organization: NGO)들이 정부 기관들보다 조직적이고 효율적으로 다양한 형태의 복지 및 사회서비스를 제공할 수 있으며, 기관의 재정도 조세에 의존하기보다는 자선적 기부 및 헌금에 의해서 조달되어, 자원봉사활동이 법률이나 권력에 의해서 강요되거나 조작되지 않고 외부에서 그 활동을 통제하지 않는 자유로운 상태에서 자발적인 의사에 의해서 행해지는 활동을 의미한다.

현대의 자원봉사 영역은 매우 포괄적이어서 어느 기준 한 가지로는 설명하기 곤란하지만, 대개 활동의 장(Place)에 의한 영역과 활동의 대상(Population)에 의한 영역으로 분류될 수 있다. 우리나라에서 자원봉사활동이 가장 활발한 장은 사회복지기관 및 관련 시설들로서 자원봉사활동의 약 80%가 이루어지고 있다. 그 외 자원봉사활동의 장으로는 가정, 지역사회, 종교기관, 국제사회, 시민운동단체, 의료기관, 교육기관 및 사회문화단체 등에서 다양하게 이루어지고 있다. 일반적으로 자원봉사활동의 주요 대상은 아동 문제, 청소년 문제, 노인 문제, 장애인 문제, 여성 문제,

빈곤 문제, 비행 및 범죄 문제, 성차별 문제, 성폭력 문제, 미혼모 문제, 약물남용 문제, 정신건강 문제, 환경오염 문제, 소비자권익 문제, 그리고 외국인 노동자 문제 등을 들 수 있다. 결론적으로 현대사회에 있어서 자원봉사의 활용 영역은 우리 사회에 존재하는 사회문제만큼 다양하게 존재한다고 말할 수 있다(허준수, 2021).

자원봉사센터의 주요 기능은 다음과 같다. 첫째, 자원봉사센터는 자원봉사활동의 수급과 조정의 기능을 담당한다. 자원봉사활동을 원하는 단체나 사람들에게 자원봉사활동을 연결시켜 주고, 그리고 자원봉사자가 필요한 기관이나 단체에게 자원봉사자들을 소개하는 일을 한다. 둘째, 자원봉사센터는 원활한 수급조정을 위하여 자원봉사활동에 대한 모든 사항들을 구체적으로 기록하고 자원봉사자와 자원봉사활동 수요처 등을 등록하는 기능을 담당한다. 셋째, 자원봉사활동센터는 자원봉사자들에 대한 상담, 기자재 대여, 정보제공, 그리고 보험가입 등 자원봉사활동을 지원하는 기능을 담당한다. 넷째, 자원봉사센터는 자원봉사활동에 필요한 인력을 양성하고 자원봉사 프로그램이 필요한 단체가 기관들에게 연수 프로그램을 제공한다. 다섯째, 자원봉사센터는 자원봉사활동을 홍보하고 계발하는 기능을 담당한다. 여섯째, 자원봉사센터는 자원봉사활동을 보다 원활하고 효과적으로 추진하기 위하여 자원봉사활동에 대한 조사와 연구를 담당한다(박태영, 2008).

우리나라의 자원봉사 관련 주요 기관들은 다음과 같다. 첫째, 1365 자원봉사 포털은 그동안 개별적으로 이루어지던 전국의 자원봉사 정보를 한곳에 모아 다양한 자원봉사 정보 검색은 물론 신청부터 실적 확인까지 원스톱으로 제공하고 있다. 1365 자원봉사 포털에 가입하면 전국 단위 자원봉사 정보조회, 신청, 그리고 실적 확인 등이 가능하며 연계기관의 연계를 통한 실적 확인 및 확인서를 직접 발급받을 수 있는 서비스를 제공한다. 둘째, 한국중앙자원봉사센터는 2010년에 「자원봉사활동 기본법」 및 동법 시행령 제19조에 의해 설치되었고, 그리고 자원봉사활동의 전문성 보완과 운영의 활성화 등 전국적인 자원봉사활동의 허브 역할을 담당하고 있다. 한국중앙자원봉사센터의 목표는 현장 중심의 자원봉사 정책활동, 사회변화를 위한 역량강화, 그리고 자원봉사자가 주도하는 참여문화 조성 등이다. 셋째, 지역사회에서의 자원봉사활동을 활성화하기 위하여 전국에는 245개의 지역자원봉사센터가 지역사회의 자원봉사활동을 총괄하는 업무를 담당하고 있다(1365 자원봉시포털, 2021).

6. 커뮤니티케어

1) 커뮤니티케어 도입 배경

커뮤니티케어(혹은 지역사회통합돌봄서비스)는 돌봄이 필요한 어르신, 발달장애아동, 정신장애인, 그리고 노숙인 등을 시설보호가 아닌 지역사회에서 본인이 원하는 살던 곳에서 재가보호(Community Care)를 위하여 개개인의 욕구에 부합하는 서비스를 제공하는 것이다. 특히, 커뮤니티케어는 시설 중심의 복지를 탈피하여 지역사회 내에서 살아갈 수 있도록 주거, 보건, 의료, 요양, 돌봄, 그리고 독립생활 등을 위한 재가서비스를 통합적으로 지원하는 정책이다. 커뮤니티케어를 도입하려는 목적은 인구의 고령화와 노인성 만성질환자의 증가로 공적 돌봄(Public Caring)이 필요한 인구가 증가하고 있기 때문이다. 2017년 노인실태조사 결과 노인들의 57.6%가 거동이 불편해도 본인들이 살던 곳에서 여생을 마치고 싶다고 응답했다. 그러나 만성질환이 가지고 있을 경우 지역사회 내에서 보호서비스를 받기보다는 병원이나 시설에서 지내야 하는 상황이 높은 편이다. 이는 지역사회의 불충분한 재가서비스로 인해 만성질환을 돌보는 가족들의 부양부담을 증가하여 피부양자들을 병원이나 시설로 보내는 경향이 높기 때문이다(보건복지부, 2021c).

2016년 건강보험에서 노인진료비의 비중은 25조 원으로 전체 진료비에서 38.7%에 이르고 점차적으로 노인진료비는 증가할 예정이다(보건복지부, 2021c). 2016년 국민기초생활보장보장제도의 의료급여 지출에서도 노인진료비는 3.1조 원으로 전체 의료급여 지출에서 46.3%를 점유하고 있고 이는 지속적으로 증가하고 있다. 그리고 2016년 GDP 대비 치매 관리비용은 13.6조 원(0.83%)이 들어갔지만 2030년에는 34.3조 원(1.8%)이 소요될 전망이다. 이처럼 노인들을 위한 체계적이고 통합적인 재가서비스가 없어서 노인들이 사용되는 노인진료비, 의료급여, 그리고 치매 관리비용 등이 지속적으로 증가하고 있다. 특히, 현재 우리나라의 재가서비스는 서비스 간 연계 부족으로 지역사회에 통합적 케어 제공에 한계가 있어서 어르신들의 건강 관련 삶의 질은 매우 낮은 편이다.

복지 선진국은 지역사회 중심의 서비스 제공을 위한 개혁을 지속해서 추진하고 있다. 영국에서는 1990년에 「커뮤니티케어법」을 제정했고, 이를 통하여 지방정부에 지역사회에 '포괄적 케어서비스' 제공의 책임성을 부여했다. 일본에서는 2013년 '병원-시설로부터 지역-재택으로'를 목표로 '지역포괄케어시스템'을 도입했다. 스웨덴에서는 이미 1950년대에 재가 돌봄서비스를 도입했고, 그리고 2001년에 「사회서비스법」을 개정해 지역사회의 책임과 재량을 확대하고 있다. 지역사회통합돌봄서비스(혹은 커뮤니티케어)는 그동안의 생활시설을 중심으로 서비스를 제공하는 것을 탈피하여 초고령사회를 앞둔 시점에서 광범위한 돌봄 불안을 해소하고 국민의 삶의 질을 높이기 위해 어르신들이 살던 곳에서 건강한 노후를 보낼 수 있도록 주거 · 의료 · 요양 · 돌봄 서비스를 제공하려는 재가복지정책이다. 보건복지부에서는 2018년에 '지역사회통합돌봄 기본계획' 1단계(노인커뮤니티케어)를 제안했다. 그리고 지역사회통합돌봄사업의 제공을 위한 기반을 구축하기 위한 추진 로드맵과 4대 중점 과제(주거, 건강 · 의료, 요양 · 돌봄, 서비스 통합 제공)를 제시했다. 2019년에는 16개 시 · 군 · 구에서 2년간 지역 자율형 지역사회통합돌봄사업의 모형을 구축하기 위하여 선도사업을 추진하고 있다.

지역사회통합돌봄서비스의 주요 선도사업들은 다음과 같다.

첫째, 보건의료사업: ① 요양병원 통합 환자평가 및 케어플랜 수립사업, ② 의료기관 퇴원지원 시범사업, ③ 지역사회 방문 진료 수가 시범사업, ④ 요양병원 퇴원환자 방문진료 시범사업, ⑤ 일차의료 만성질환 관리 시범사업.

둘째, 복지 · 돌봄사업: ① 재가 의료급여 시범사업, ② 의료급여 사례관리 강화사업, ③ 확대형 가사 간병 서비스 사업, 인공지능(AI), ④ 사물인터넷(IoT) 기술 활용 스마트홈 서비스 사업.

셋째, 주거지원사업: ① 도시재생 뉴딜사업, ② 주거 취약지구 생활여건 개조사업(새뜰마을사업), ③ 케어안심주택 운영지원 사업.

2) 지역사회통합돌봄서비스의 4대 핵심 요소

지역사회통합돌봄서비스의 4대 핵심 요소는 다음과 같다.

① 주거지원 인프라 확충: 어르신 맞춤형 케어안심주택, 집수리 사업, 커뮤니티케어형 도시재생뉴딜, ② 방문 건강 및 방문 의료: 집중형 방문 건강서비스, 방문 의료, 어르신 만성질환 전담 예방관리, 병원 '지역 연계실' 운영, ③ 재가 돌봄 및 장기

요양: 차세대 노인장기요양보험 구축, 재가 의료급여 신설, 식사 배달 등 다양한 신규 재가서비스, 회복 · 재활서비스, ④ 서비스 연계를 위한 지역 자율형 전달체계 구축: 케어안내창구 신설(읍 · 면 · 동), 지역케어회의 등 지역사회 민 · 관 서비스 연계 · 협력(시 · 군 · 구).

그리고 향후 시행될 지역사회통합서비스의 단계별 계획은 다음과 같다.

① 1단계 선도사업 실시와 핵심 인프라 확충(2018~2022년): 선도사업 실시에 의한 커뮤니티케어 모델 개발, 생활 SOC 투자를 통한 케어안심주택, 주민건강센터, 도시재생뉴딜 사업의 추진, 가칭 '지역사회통합돌봄기본법' 제정과 복지사업지침 정비, ② 2단계 지역사회통합돌봄(커뮤니티케어) 제공 기반 구축(2023~2025년): 장기요양 등 재가서비스 대폭 확충, 인력 양성, 케어매니지먼트 시스템 구축 및 품질관리체계, 재정 전략 마련, ③ 3단계 지역사회통합돌봄(커뮤니티케어) 보편화 단계(2026년 이후): 케어가 필요한 사람 모두에게 욕구에 맞는 보편적 케어 제공하고 지역사회 중심으로 지역사회통합서비스의 자율적 실행(보건복지부, 2021c).

3) 지역사회통합돌봄서비스의 4대 중점과제: 노인돌봄사업을 중심으로

(1) 주거지원 인프라 대폭 확충

지역사회통합돌봄서비스는 다음과 같은 주거지원 인프라를 확충할 예정이다. 첫째, 어르신 맞춤형 '케어안심주택' 제공: ① 어르신이 평소 사는 곳에서 건강관리를 받고 각종 돌봄서비스 등을 편하게 누릴 수 있는 '관리 안심주택' 확충, ② 다양한 모델 개발, 선도사업 및 도시재생 지역 등에서 케어안심주택의 실증을 거쳐 확대.

둘째, 어르신 독립생활과 낙상 예방을 위한 주택 개조: ① 어르신이 집에서 안전사고를 당하지 않도록 집수리 사업을 추진, ② 집수리를 통한 낙상 예방은 어르신 의료비 절감.

셋째, 커뮤니티케어 특화 도시재생뉴딜 사업 시행: ① 복지부, 행안부, 그리고 국토부 등 3개 부처 공동 협력으로 커뮤니티케어-주민자치-도시재생 연계 모델을 구축하고 확산, ② 돌봄, 자치, 도시재생 사업을 연계하여 의료 · 요양 · 복지 · 주거 등의 지역 기반 서비스 통합 제공(보건복지부, 2021c).

(2) 어르신의 집으로 찾아가는 방문 건강 및 방문 의료 실시

지역사회통합돌봄서비스는 어르신들의 집에 찾아가는 방문 의료를 시행한다. 첫째, 어르신을 찾아가 건강관리를 하는 '주민건강센터'을 확충한다. 건강 상태가 나쁜 노인의 집으로 찾아가 혈압 · 혈당 등을 확인하고 생활습관과 만성질환을 관리해 주는 방문 건강서비스를 확충한다. 그리고 '주민건강센터'를 보건지소 기능으로 전환하고 '건강생활지원센터'를 확충한다. 둘째, 어르신의 집에서 진료 · 간호 등을 하는 방문 의료를 제공한다. 의사와 간호사가 거동이 불편한 어르신의 집으로 찾아가 진료하고 간호하는 방문 의료를 제공한다. 셋째, 지역사회 기반의 어르신 만성질환을 전담하고 예방하며 관리한다. 지역 동네 의원을 중심으로 어르신의 만성질환을 지속적으로 그리고 포괄적으로 예방하고 관리해 건강 악화와 합병증 등을 방지한다. 넷째, 경로당과 노인 교실에서 운동, 그리고 건강 예방 등 프로그램을 활성화한다. 건강 예방과 관리 프로그램 등을 운영하는 경로당을 확대한다. 어르신 교실과 노인대학에서 사회참여와 자원봉사 등을 활성화하고, 그리고 노화 적응과 건강 유지 등 교육 프로그램을 제공한다. 다섯째, 병원 '지역연계실'을 통해 퇴원환자의 원활한 지역 복귀를 지원한다. 병원에서 의사, 간호사, 사회복지사 등과 협업하여 '지역연계실'을 설치하고 운영하여 퇴원환자의 지역 복귀를 위한 퇴원계획(Discharge Planning) 수립과 돌봄 자원을 연결한다(보건복지부, 2021c).

(3) 재가 장기요양과 돌봄서비스 획기적 확충

지역사회통합돌봄서비스는 재가 장기요양과 돌봄서비스를 다음과 같이 확충한다. 첫째, 커뮤니티케어에 부합하는 노인장기요양보험제도를 구축한다. ① 노인장기요양보험으로 돌보는 어르신을 OECD 선진국 수준으로 확대하는 목표로 설정하고, 그리고 사회적 논의를 통하여 대상지를 확대한다, ② 통합재가 급여를 도입하여 방문요양, 간호, 목욕, 그리고 주야간 보호 등 다양한 재가급여를 수요자 중심으로 제공한다, ③ 병원에 갈 때 필요한 차량 이용 등의 이동서비스를 제공하고, 그리고 집 문턱 제거 등의 주거환경 개선도 장기요양보험으로 지원한다, ④ 집에서 독립적으로 생활하는 데 필요한 보조기기 지원을 확대한다, ⑤ 집에서 장기요양서비스를 이용하는 어르신을 전체의 80%로 확대한다.

둘째, 지역사회통합돌봄서비스는 '종합재가센터'를 설치해서 서비스를 통합하고 제공하며 서비스 품질을 향상시킨다. 시 · 군 · 구별로 1개씩 종합재가센터를 설치하여 다양한 재가서비스를 제공한다. 그리고 사회서비스원 직영센터와 종합사회복지관 등 기존 기관을 지정하고 '종합재가서비스업'을 신설하여 민 · 관 협업을 추진한다. 그리고 식사 배달, 법률 지원, 안부 확인 등의 신규 재가서비스를 개발하여 선도사업을 통해 제공 모델을 개발하고 노인장기요양보험과 사회서비스 바우처 등을 지원한다. 셋째. 재가 의료급여를 신설해서 의료급여 퇴원환자의 재가 생활을 지원한다. 특히, 장기입원 후 퇴원한 의료급여 대상자에게 재택의료, 간병, 돌봄 · 영양, 그리고 이동지원 등의 통합서비스를 제공한다.

(4) 사람 중심의 민 · 관 서비스 연계와 통합 제공

지역사회통합서비스는 사람 중심의 민관 서비스 연계와 통합을 다음과 같은 서비스를 제공한다. 첫째, 지역사회통합서비스는 공급자 중심의 분절적인 서비스를 해소한다. 오랜 기간 누적된 보건과 복지 간의 분절적 서비스를 해소하고, 그리고 각종 복지사업 간의 칸막이와 연계를 저해하는 걸림돌을 제거한다. 둘째, 지역사회 민간과 공공의 협력으로 사람 중심의 서비스를 연계한다. 읍 · 면 · 동에 각종 서비스를 안내하고 연계하는 '케어안내창구'를 신설한다. 지역사회에서 민과 관이 협력해 '지역케어회의'를 통하여 사람을 중심으로 서비스를 연계하고 통합하여 제공하는 모델을 구축한다. 사람 중심의 서비스 안내하고 연계하기 위한 통합플랫폼을 구축한다. 그리고 '어르신 지역 돌봄 시범마을'을 선정하고 확산한다. 셋째, 지역사회통합서비스는 민 · 관의 서비스 제공인력 및 사례관리인력을 확충한다. 지자체에 사회복지전담공무원 확충과 연계하여 지역사회통합돌봄사업 전담인력을 확충한다. 또한 종합사회복지관 등의 인력을 증원하고 '명예 사회복지공무원'을 위촉하고 자원봉사자 등을 활용한다(보건복지부, 2021c).

7. 지역사회복지의 과제와 전망

지역사회복지는 개별지도와 집단지도와 함께 사회복지의 주요 실천방법의 하나다. 그러나 지역사회복지는 우리나라 복지 현장에서 주목을 받고 있지 못하고 형식적으로 시행되고 있다. 지역사회복지에는 지역사회개발, 사회계획, 그리고 사회행동으로 구분된다. 앞으로 지역사회복지의 3대 분야가 더욱더 발전되어야 한다.

첫째, 우리나라의 경제 사회적 조건에 부합하는 지역사회개발을 전개해야 한다. 우리나라가 절대적 빈곤이 심했던 수십 년 전에는 새마을운동 같은 지역사회개발 운동이 중심이 되었으나 현재는 어느 정도 절대적 빈곤을 극복했기 때문에 지역사회의 인프라를 보다 개선할 수 있는 지역사회개발을 진행해야 한다. 이를 위하여 지역 단위에서 활동할 수 있는 다양한 풀뿌리 주민조직을 조직화하여 지역사회개발의 중추적인 역할을 수행해야 한다.

둘째, 지역사회 문제를 보다 체계적으로 개선하기 위하여 사회계획을 시행해야 한다. 사회계획은 지역사회 문제를 보다 과학적인 차원에서 접근하려는 지역사회복지의 하나의 실천방법이다. 이를 위하여 우리나라는 2003년에 「사회복지사업법」의 개정으로 법적 근거가 마련된 후 2006년에 제1기(2007~2010년) 지역사회복지계획이 최초로 수립되었다. 그리고 2015년 7월 「사회보장급여의 이용 · 제공 및 수급권자 발굴에 관한 법률」의 제정과 함께 '지역사회보장계획'으로 명칭을 바꿔 현재까지 이어지고 있다. 지역사회보장계획은 중기계획이므로 지방자치단체와 관련 단체 기관들과 협력하여 지역사회계획을 연차별로 시행될 수 있도록 하고, 그리고 매년 연차별 시행 결과를 평가하여 다음 연도 지역사회보장계획에 반영해야 한다.

셋째, 사회행동은 지역사회에서 소외되고 취약한 계층을 위하여 그들을 임파워먼트시키고, 그들의 권익을 위하여 대변하는 역할을 하는 것이다. 우리나라는 아동, 청소년, 여성, 장애인, 그리고 노인복지 분야 등에서 클라이언트들이 다양한 경제, 심리, 의료 및 사회적 문제들로 인하여 어려움을 겪고 있다. 이를 위하여 사회복지사는 경제 사회적으로 소외되고 취약한 계층의 삶의 질 향상을 위한 제도 개선, 기관 운영, 그리고 프로그램 제공 등의 지지적인 환경을 구축해야 한다.

그동안 우리나라는 생활시설을 중심으로 복지서비스를 제공해 왔지만, 그러나 지역사회에서의 커뮤니티케어(Community Care)의 발전은 매우 미흡한 측면이 높다. 이를 개선하기 위하여 정부에서는 2026년부터 만성질환의 노인, 발달장애 아동, 정신장애인, 그리고 노숙인 등을 위한 '지역사회통합돌봄서비스'를 제공하여 재가복지서비스를 보다 확충해 나가고 있다. 그러나 아직도 지역사회통합돌봄을 위한 지역사회의 복지인프라, 전담 기관, 그리고 전담 인력 등은 매우 부족한 실정이다. 특히, 우리나라는 사회복지서비스의 개발이 미흡하여 다양한 재가보호의 욕구를 가진 클라이언트에게 제공할 수 있는 다양한 사회복지서비스나 사회서비스 바우처 등을 개발하는 것이 매우 필요하다.

우리나라의 사회복지현장에서 지역사회복지실천을 체계적으로 시행되지 않고 있다. 특히, 종합사회복지관, 장애인복지관, 그리고 노인복지관 등의 사회복지사들은 지역사회복지에 대한 교육과 훈련이 부족하고, 그리고 지역사회복지실천을 위한 프로그램과 서비스의 운영이 매우 미흡하다. 앞으로 지역사회복지실천이 보다 확충될 수 있도록 복지기관, 주민조직, 그리고 복지 관련 NGO 등이 주민들의 삶의 질을 향상하기 위하여 지역사회개발, 사회계획, 그리고 사회행동 등의 방법을 보다 활용하는 방안을 모색해야 한다. 그리고 이를 위하여 지역사회 구축, 지역자원 동원, 임파워먼트, 그리고 지역사회 연계사업 등을 보다 활성화해야 한다. 앞으로 정부는 지역복지실천이 보다 활성화되기 위한 제도개선, 기관운영, 그리고 전담 인력 양성 등에 대한 포괄적인 대책을 마련해야 한다.

참고문헌

박태영(2008). **지역사회복지론**. 경기: 학현사.

보건복지부(2020). **지역사회보장협의체 운영안내**. 세종: 보건복지부.

보건복지부(2021a). **2021 지역아동센터 지원사업 안내**. 세종: 보건복지부.

보건복지부(2021b). **2021년 자활사업안내**. 세종: 보건복지부.

보건복지부(2021c). **지역사회통합돌봄**. 세종: 보건복지부.

이문국, 이인재 공역(2002). **지역복지실천전략**(Si Kahn 저, *Organizing: A Guide for Grassroots Leaders*). 경기: 나눔.

중앙자활센터(2021). **자활사업이란?**. 서울: 중앙자활센터.

최일섭, 이현주(2006). **지역사회복지론**. 서울: 서울대학교 출판부.

한국사회복지관협회(2021). **사회복지관이란?**. 서울: 한국사회복지관협회. https://kaswc.or.kr.

허준수(2021). **초고령사회의 노인복지학**. 서울: 도서출판 신정.

홍현미라, 김가율, 민소영, 이은정, 심선경, 이민영, 윤민화(2010). **지역사회복지론**. 서울: 학지사.

Gilchrist, A., & Taylor, M. (2016). *The short guide to community development*. Policy Press.

Rothman, J. (2001). *Strategies of Community Intervention: Macro Practice* (6th ed.). Wadsworth Publishing.

Wikipedia (2021). Community Building. Wikipedia.

World Health Organization (2021). Community Empowerment. United Nations.

1365 자원봉사포털(2021). 지역지원봉사센터. https://www.1365.go.kr

Hardina, D. (2021). Social Planning. Oxford Blibliographies. https://www.oxfordbibliographies. com

Open Government Licence (2021). Policy Paper: Social Action. https://www.gov.uk

제7장

국제사회복지[1]

이 장에서는 첫째, 국제사회복지의 배경이 되는 세계화, 개발, 인권의 개념을 설명하고, 둘째, 국제사회복지의 정의를 고찰한다. 셋째, 국제사회복지와 관련 세 가지 쟁점—국제사회복지는 하나의 독특한 실천 분야인가? 국제사회복지의 보편적 접근은 가능한가? 국제사회복지의 활동과 관심 범위의 수준은 어느 정도인가?—을 짚어 본다. 넷째, 빈곤, 아동, 여성, 전쟁, 환경과 같은 세계화와 관련한 사회문제를 설명한다. 다섯째, 국제사회복지기구를 국제기구, 정부기구, 시민사회조직으로 구분하여 설명하고, 마지막으로 국제사회복지 연구를 소개하며 이 장을 마무리한다.

1. 세계화, 개발, 인권

1) 세계화

세계화는 국제사회복지를 이해하기 위한 기초적인 배경이다. 세계화 자체는 새로운 현상은 아니지만, 오히려 세계화가 강력해지고 가속화되고 또 다변화하는 양상을 주목할 필요가 있다. 세계화란 인력, 물자, 정보, 투자, 사상, 권력의 다국적 흐름이 집합적 결정체이며(Brysk, 2002), 경제, 정치, 문화적 차원에서 다양한 사

1) 이 장에서 International Social Work은 국제사회복지로 번역하였다.

람들과 교류하고 점점 더 국제적인 영향권에 놓이게 되는 과정이라고 볼 수 있다(Midgley, 1997). 세계화로 인하여 시장이 개방되고 생산성이 향상되는 것과 같은 성과도 있지만, 세계화의 이익이 국가 간에 골고루 분배되지 못하고 있으며 환경이 훼손되는 등 심각한 문제 또한 존재한다. 세계화는 자본, 기업가적 능력, 교육, 기술을 소유한 집단에게는 이익을 가져다주며 더 큰 자본의 형성에 기여하지만, 상대적으로 자본, 교육, 기술의 기회가 부족한 집단에게는 다양한 형태의 피해를 초래하고 있다. 예를 들면, 도시보다는 향토 지역의 주민, 남성보다는 여성이 상대적 피해를 경험하고 있다(ICSW, 2007). 물질적 풍요와 테크놀로지의 표상으로 대변되는 세계화의 이면에는 계층 간 소득의 양극화 심화, 선진국과 후진국 간의 경제적 격차 심화, 전통문화와 공동체의 약화, 경쟁력 없는 기업의 퇴출로 인한 실업의 증가, 물질만능주의에 따른 인간소외 심화, 사회경제적 약자의 삶의 파괴 등이 존재하고 있다.

국제사회복지에서 주목하고 있는 세계화로 인한 문제들은 전통사회의 파괴, 여성과 아동에 대한 인신매매, 성폭력 및 성매매, 노동 착취, 이주노동자에 대한 차별 및 착취, 소비·물질 만능주의 문화의 팽배, 원리주의 종교집단의 증가 등을 들 수 있다(Rowlands & Tan, 2004). 이와 같은 세계화의 부정적인 영향에 대응하고자 국제노동시장의 최저기준, 사회적 보호의 최저수준, 공정성 향상을 위한 국제무역, 국제구호 증가 등 다양한 개혁방안 또한 시도되고 있다. 세계화는 사회복지사와 서비스 이용자의 안전, 건강, 복지에 직간접적인 영향을 미치기 때문에 사회복지도 국제화의 물결에 빠르게 대응하고자 노력하고 있다. 또한, 세계화는 개별 국가가 가지고 있는 문제들을 해결하는 데에 있어서 국가가 개별적으로 대처하기보다는 유사한 부분을 찾아내어 공동으로 대응할 수 있는 효율적인 해결방안을 도출해 내기도 한다. 그러므로 개별 국가의 문제가 해당 국가에서만 해결되는 것이 아니라 이해관계국들의 상호작용이나 원조를 통하여 해결이 가능한 일이 상황이 벌어지는 것이다. 현대사회에서 사회복지가 점차 세계화의 추세에 따를 수밖에 없는 이유는 인간다운 생활 보장을 위한 보편적인 근로자의 기준, 국제적인 노동조합, 국제적인 사회복지의 기준 설정 등이 모든 나라가 공통으로 합의를 해야만 해결이 가능한 문제들이기 때문이다.

2) 개발

개발은 빈곤 감소를 지향하는 국제사회복지 실천의 주요한 핵심으로 사회적이고 경제적인 복지의 향상에 그 목적을 두고 있다. 현대적인 개발의 접근방법은 인간의 복지와 형평성 참여를 포괄하는 총체적인 접근을 강조하고 있으며, 사회 개발의 접근방법을 조직화하기 위한 개입 전략은 다음과 같이 세 가지로 정리될 수 있다(Midgley, 1999). 첫째, 인적 자본 개발은 사람에 대한 투자를 강조하며 이를 통한 생산성 증대를 목표로 하고, 교육, 건강, 영양섭취의 향상 등을 포함한다. 둘째, 사회적 자본 개발은 지역 사람이 사회 개체의 능력 강화를 통해 이루어지는데 이는 사회집단들이 사회기반 시설을 창조해 내기 위해 노력함으로써 가능하다. 셋째, 자영업 혹은 기타 고용사업 장려는 종종 소액대출 및 기술지원과 같은 형태의 원조 제공을 통하여 개인이 서로에게 소득을 창출할 수 있도록 돕는 형태를 말한다.

지속 가능한 개발의 개념은 물리적 환경에 대한 스트레스와 경제 발전이 자원을 제한한다는 인식의 반영이며, 지속 가능한 발전이란 "미래 세대의 요구를 충족시키는 능력을 훼손하지 않고 현 세대의 요구와 열망을 충족시키는 인간 진보의 길"을 의미한다(World Commission on Environment and Development, 1987: 43).

3) 인권

인권은 사회복지가 인권을 기본 가치로 하는 전문직이라는 점에서 사회복지 가치의 선언이며 정책에 대한 입장 표명이자, 전문직 실천의 틀로의 활용을 의미한다. 따라서 인권은 국제적 의사소통과 활용을 위해 매우 중요한 개념으로 지역복지 및 사회복지정책뿐 아니라 개인 및 집단과의 직접적인 사회복지실천 모두가 인권의 실천이라고 정의할 수 있다. 인권 지향적 접근은 개별적 문제보다는 사회정의에 더 집중할 수 있는 방향성을 제시하고 있다. 인권 분야에서 문화적 권리와 보편적 인권이 균형을 유지하는 과정에서 나타나는 갈등이 사회복지에게 주어진 도전적 과제라고 할 수 있다. 전 세계적인 테러 및 전쟁, COVID-19 대유행과 같은 상황에 대한 대중의 공포감으로 기본적인 시민권과 정치권을 제한하는 사례가 늘어나고 있으며 분배 원칙에 대한 새로운 위협 또한 전 세계적으로 확산되고 있다. 사회복지는 이러한 합법적인 인권 제약과 새로운 도전에 대해서 관심을 기울이고 적극적인 행동을 해야 할 것이다.

2. 국제사회복지의 정의

현재의 사회복지는 국제적인 전문성을 포함하고 있다. 한국을 비롯한 미국, 영국, 인도 등 여러 국가에서 사회복지는 점점 그 전문성을 확고히 하고 있으며, 모든 국가의 사람들은 상호 의존적이라는 공감대 또한 형성되고 있는 현실이다. 다양한 측면에서 전 세계는 점차 '지구촌 공동체'가 되어 가고 있다. 특정 국가가 경험하는 위기나 문제는 다른 많은 국가들에게 여러 가지 형태로 영향을 미치고 있다. 전 세계의 국가들은 점점 상호 의존적이 되어 가고 있으며 이제 모든 사람들은 지구촌이라는 공동체에서 함께 생활하고 있는 것이다. 나로부터 먼 나라에서 발생한 심각한 현상이나 일들 또한 우리 모두에게 영향을 미치게 된다(Zastrow, 2000: 60).

1) 국제사회복지의 개념과 활동

국제사회복지는 특정 국가에 국한되지 않고 지구촌의 문제를 포괄적으로 또는 부분적으로 접근하는 전문적인 사회복지의 실천 및 정책 영역이다. 또한 국제사회복지는 특정 지역에서의 사회복지실천이 지구촌 상황에 유기적으로 연결되어 전 세계의 사회정의와 인권에 기여하는 전문적 활동이라고도 정의될 수 있다(Haug, 2005). 힐리(Healy)는 세계화, 개발, 인권, 환경을 중심으로 하여 국제사회복지를 다음과 같이 네 가지 범주의 개념과 활동으로 구분한다(Healy, 2008a).

① 국내 사업(국내에서 이루어지는 국제 관련 이슈의 전문적 실천 및 옹호활동; 예: 다문화 가정, 난민 가정 돕기 등): 국내에서 활동하는 사회복지사들이 2개국 이상의 국가들의 정책이나 제도에 어떠한 형식으로든지 관여되어 있는 사례를 기반으로 활동하는 경우에 해당한다. 난민, 국제 입양, 결혼이민, 외국인 근로자 등과 같은 집단과 일하기 위해서는 사회복지사로서 갖추어야 할 전문적인 지식과 실천기술과 더불어 특수한 국제 상황에 민감하게 대처할 수 있는 국내외 외교 및 법적 쟁점에 대한 능력이 요구된다. 예를 들면, 이민 관련 법률에 대하여

사회적 민감성이나 현실을 인지하고 이와 동시에 사회적 약자의 이익을 대변하고 옹호하는 역할 또한 감당하여야 할 것이다. 사회복지사들은 이러한 법률의 제정 및 개정, UN이나 외교 정책의 의결이나 투표의 과정에 관심을 갖고 감시하는 역할을 해야 한다. 또한 해외원조와 같은 중대한 국제적인 사안에 있어서도 사회복지의 전문성을 바탕으로 하여 정책 성명서를 채택하고 정책의 결정권자들에게 사회복지사들의 잠재적인 영향력을 행사하여 사회적 약자의 이익이 대변되고 옹호될 수 있도록 활동이 필요하다.

② 국제 사업 및 국제 구호(예: 국제 개발사업, 국제원조 · 봉사 NGO 활동, 해외에서 직접 이루어지는 전문적 실천 및 옹호활동 등): 사회복지사들은 전문적인 국제개발 조직이나 기관에서 종사하거나 또는 자원봉사의 형태로 국제개발 업무에 직접 기여한다. 이러한 국제 사업의 성공 여부는 전문적인 국제 관련 지식을 숙련된 사회복지 기술과 접목시키는 능력에 달려 있다고 해도 과언이 아니다. 국제적인 실천을 하는 사회복지사들은 교육 및 훈련의 과정을 통하여 축적한 전문적 지식과 기술을 국제 개발, 협력, 원조에 활용할 수 있어야 하며, 나아가 이러한 전문적인 역량은 문화적 민감성과 의사소통 기술이 적절하게 혼합되어 적용될 때 극대화될 수 있을 것이다.

③ 전문적 교류(예: 국제사회복지학회, 교류활동 등): 사회복지 전문가는 다양한 경험과 정보를 국제적으로 교환하고, 나아가 이러한 경험과 지식이 사회복지실천과 정책의 향상에 실질적으로 기여할 수 있도록 적용하는 전문적 능력의 전환이 중요하다. 특정 분야의 전문 학술지와 서적의 구독, 다양한 국가의 전문가와의 정기적인 교류, 국제적인 전문 또는 학술회의에서의 교류와 같은 일련의 활동들이 전문가 교류의 영역이며, 다른 국가의 창의적이고 선도적인 사회복지실천 및 정책을 파악하여 국내에 적용할 수 있도록 하는 것 또한 전문가 교류에 해당한다. 전문가 교류활동은 정보산업기술의 발달로 더욱 가속화 및 활성화되고 있으며 사회복지사들 간의 국제교류는 다양한 접점을 가지고 있다. 국제교류에서 가장 우선되는 순위는 국제기술 이전으로 한국의 창의적인 사회복지 접근방법을 발굴하고 수정 및 보완하여 다른 국가로 지식과 기술을 이전시키는 것이다. 이때에 중요한 부분은 다른 국가의 사회복지 발달 및 문화에 대한 배경지식이 반드시 필요하다는 것이다.

④ 국제적인 정책개발과 옹호활동(예: 아동 인권선언, 국제 난민 옹호 작업 등): 사회복

지 전문직은 국제적으로 심각한 사회문제에 대하여 의견을 교환하고 입장을 표명하며 그 문제를 해결할 수 있는 능력을 기반으로 국제적인 정책개발과 옹호활동을 할 수 있다. 문제에 대한 실질적인 변화와 행동은 전문가가 지리적·문화적 경계를 넘어서 상호 협력을 할 때 가능하다. UN에 정책 제안서를 제출하는 등 다양한 국가 출신의 사회복지사들이 정보를 공유하고 국제적으로 중요한 사회문제에 대응하여 공동으로 정책을 개발하는 작업에 있어서 상호 협력의 자세는 매우 핵심적인 기본 요소다. 국제사회복지는 국가의 경계를 넘나드는 광범위한 지역 및 영역을 대상으로 정치, 경제 및 사회적 인간의 복리에 직간접적으로 개입하는 국제적이고 거시적인 시각이 필요하며, 이와 동시에 기본적으로 사회복지의 가치관과 전문성을 기반으로 하지만 다양하고 포괄적인 방법을 통합하는 보편적인 시각 또한 중요하다.

2) 한국의 국제사회복지

국제사회복지는 지역적·이념적·경제적 한계를 넘어 인간의 안녕을 추구하는 모든 복지활동을 포함한다고 볼 수 있다. 따라서 이러한 목적에 부합하는 다양한 전문적 개입방법을 포괄한다. 그러나 국가마다 계획 정도에 따라서 그 개입의 수준을 판단하게 된다. 국내와 해외 사회복지기관이 유기적으로 연결되어 연대함으로써 그 활동을 이어 가고 있다. 대부분의 국제사회복지 기관들은 한 가지의 영역에 속한다기보다는 여러 분야 및 영역에 중첩되어 있으며 사업 분야도 종합적으로 수행하고 있다. 국내 굴지의 사회복지기관의 실천, 정책 및 연구활동은 국제적인 사회문

외국에서 활약하는 한국 발원의 시민 주도 NGO, 공적(KOICA 등) 사업과 활동	국내에서 활약하는 해외 발원 복지 조직 및 기관의 활동	UN 기구를 포함한 유명 국제복지 조직 및 기관의 활동	사회복지와 관련된 국제법과 협의회에 관한 연구
국제적인 사회복지 관련 정책 개발과 변화를 위한 활동	국내에 있는 다문화가족 이주 외국인 노동자를 위한 복지활동	특수한 국내/국외 상황으로서의 대북 지원 사업	사회복지에 관련된 전문적 및 교육적 국제 교류

[그림 7-1] **한국 국제사회복지의 영역**

제, 대상 및 그 욕구에 대응하는 활동과 밀접한 관련이 있다고도 볼 수 있다.

현재 우리나라의 국제사회복지는 급격한 경제발전과 세계화로 인하여 매우 다변화되고 한국적 특수 상황을 토대로 발전해 왔다. 한국의 국제사회복지 영역은 국내, 국외 사업으로 구분되지만, 국제사업 분야도 개발, 구호, 자원봉사 등의 영역으로 세분화되며, 북한과의 정치적인 특수성이 반영된 대북지원사업 또한 한 축을 구성하고 있다. 김동수 등(2013)은 우리나라의 현실과 특수성을 반영하여 국제사회복지의 영역 8개 분야를 [그림 7-1]과 같이 규정하고 있다.

3. 국제사회복지의 정의에 대한 논의

국제사회복지를 정의하는 과정에서 몇 가지 논쟁이 지속되고 있다. 첫째, 국제사회복지가 사회복지의 독립적인 실천 분야인가에 대한 질문이다. 둘째, 국제사회복지가 하나의 실천 분야라면 그 보편적 접근이 있는가 혹은 가능한가에 관한 논쟁이다. 마지막으로, 국제사회복지의 관심 범위 및 개입수준에 대한 논의다(이창호, 2011).

1) 국제사회복지는 하나의 독립적인 실천 분야인가

첫째로, 과연 국제사회복지는 사회복지 전공의 하나로 독립할 수 있을 만큼 이론적 토대를 포함한 학문적 체계와 실천 영역이 구체화되어 있는지 혹은 구체화가 가능한 독자적인 분야인가에 관한 논의다. 국제사회복지의 정의에 대한 논의는 1930년대에 미국에서 등장한 『사회복지연보(Social Work Yearbook)』에서부터 시작되어 그동안 여러 학자들이 국제사회복지를 다양하게 정의하고자 시도해 왔다(Cox & Pawar, 2006; Healy, 2001; Lyons et al., 2006). 전 세계적으로 국제사회복지에 대한 관심이 증가함에 따라 학문적인 성과 또한 상당하게 배출되었다. 이러한 학문적 노력을 바탕으로 국제사회복지가 특정한 실천 분야임에 대한 합의는 전반적으로 이루었지만, 이 실천 분야를 포괄하는 활동에 대한 합의에는 이견이 존재한다. 즉, 국제사회복지 실천의 분야는 과연 무엇인가라는 질문으로 귀결된다. 요약하면, 많은 학자들은 국제사회복지의 활동범위나 분야에 대해서 체계적이고 구체적인 이론과 개념화에는 이견을 보이고 있지만, 다른 영역과 차별성이 존재하는 '독특성'이 존재하는 새로운 사회복지의 분야임을 인정하고 있다. 예를 들어, 1980년대에 국제사회복지는 국제적십자사 등의 국제기구에서 종사하는 사회복지사들이 전문적인 지식과 기술을 바탕으로 하는 활동으로 시작하여, 점차 그 영역을 이민과 난민문제를 다루는 사회복지활동까지 포괄하는 사회복지활동으로 정의되었다(Sanders, 1984). 이후 1990년대에 사회복지의 전문성과 고유성을 강조하기보다는 포괄적인 시각을 반영하여 국가 간의 상호 접촉과 교류의 활동까지 포함하여 개념화하였다(Hokenstad et al., 1992).

이러한 확장된 개념화와는 상반된 시각도 존재하는데, 힐리는 국제사회복지를 하나의 고유 분야라고 인정하기는 어렵다는 입장을 취하며, 그 개념을 포괄적으로 단순히 '국제적인 활동'이라고 정의하고 있다(Healy, 2001; 2008). 힐리는 국제사회복지의 주요한 활동 주체가 사회복지사라는 점은 인정하나, 국제사회복지는 반드시 사회복지사의 활동만으로 이루어지는 것은 아니라는 입장으로, 전 세계가 점차 상호 의존적으로 변화되어 감에 따라서 지역 활동가나 국내 시민단체 및 기관들이 국제적인 활동에 관여할 기회와 책임이 점차 증가하고 있음을 강조한다.

국제사회복지의 정의를 둘러싼 이와 같은 논의는 미국 사회복지사협회(National Association of Social Workers: NASW)가 발간한 출판물에도 반영되어 있다. 1995년 발간한 『사회복지 백과사전(The Encyclopedia of Social Work)』 제19판에는 '국제사회복지(International Social Work)'라는 용어는 없고, '국제 및 비교 사회복지(International and Comparative Social Welfare; J. Midgley 대표 집필)', '국제사회복지: 조직과 활동(International Social Welfare: Organizations and Activities(L. Healy 대표 집필)', '국제사회복지 교육(International Social Work Education; M. Hokenstad와 K. Kendall 대표 집필)' 등이 주제어로 다루어지고 있었다. 하지만 같은 해 1995년 『사회복지사전(The Social Work Dictionary)』 3판에는 국제사회복지가 별도의 주제어로 다루어지고 있으며, 국제사회복지는 첫째, 전문 사회복지의 방법론과 인력을 사용하는 국제조직, 둘째, 국가 간에 이루어지는 전문적 사회복지 협력, 셋째, 국가 간의 사회복지에 대한 방법론과 지식의 교류에 적용이 가능한 용어라고 설명하고 있다. 이와 더불어 국제사회복지의 활동적인 조직의 예로 UNICEF, ILO, UNESCO 등 유엔 산하기구와 적십자사, YMCA 등 민간 조직들을 소개하고 있다. 즉, NASW는 『사회복지사전(The Social Work Dictionary)』에서 국제사회복지를 조직과 활동범위를 불문하고 전문적인 사회복지 방법론과 지식, 그리고 사회복지사의 개입을 필수적으로 하는 국제적인 활동으로 규정하고 있는 것으로 요약할 수 있다. 이와 같이 과거 NASW는 국제사회복지를 전문 사회복지가 개입하는 국제활동으로 규정하면서도 그 접근 내용에 대한 구체적인 추가 설명은 부족하다.

결론적으로 전통적인 사회복지가 인간행동과 사회 환경을 기반으로 하고 인권과 사회정의를 중요시하는 학문이라면, 국제사회복지는 제1차 및 제2차 세계 대전 후 사회과학과 협력적 활동에서 진화된 하나의 확장된 구성개념(Construct)이다(Mohan & Priscilla, 2008: 12-13). 그러므로 국제사회복지는 국가 간 경계를 넘는 실천과 초국가적(Super-national) 수준의 정책과 실천에 영향을 미치는 '독특한 분야(A distinctive field)'(Lyons, 1999)로서 학문적으로나 실천적으로 국제사회복지는 사회복지의 전문적인 분야로 인정받고 있다고 볼 수 있다.

2) 국제사회복지의 보편적 접근이 있는가? 가능한가?

두 번째 논쟁은 국제사회복지가 독특한 하나의 실천 분야라면 과연 국제적으로 인정받을 만한 보편적인 개입방법이 존재하는가에 관한 질문이다. 이는 다른 한편으로는 국제사회복지가 독자적인 이론체계를 가지고 학문 영역으로 발전할 수 있느냐 하는 문제와도 같다. 이는 국제사회복지가 독특한 실천 분야로서의 정체성에 대한 논쟁과는 별도로 대부분의 학자들은 회의적이다. 이는 국제사회복지 실천의 기반이 되는 전문적인 사회복지의 방법론이 과연 전 세계의 모든 국가와 모든 문화를 포괄할 만큼 국제적일 수 있는가에 대한 문제와 직결되기 때문이다(Harris, 1990; George, 1999; Drucker, 2003; Webb, 2003). 예를 들어, 사회복지의 주요 가치 중 한 가지인 '인권'의 경우 시대와 국가의 상황에 따라 그 담론이 달라지는데, 서구식 인권을 기준으로 접근할 경우 아시아 · 아프리카 · 중남미의 개발도상국에서는 성공하기 어렵다는 것이다. 실제로 1970~1980년대 개발도상국에서 이루어진 사회개발은 서구 중심의 사고 때문에 예견된 실패라는 지적이 많다(Midgley, 1997; Mohan & Priscilla, 2008). 오늘날 국제사회복지의 위기는 개발중심주의 위주의 인간 및 사회개발 과정에서 초래되었다고도 볼 수 있다(Mohan & Priscilla, 2008). 즉, 서구 중심의 전문적 사회복지의 가치와 접근방식을 개발도상국의 개발사업에 무분별하게 투영시키면서 빚어진 위기이고 실패라는 것이다. 이처럼 학자들은 국제사회복지를 한 가지의 독특한 분야로 인정하면서도 서구식 사회복지의 접근방법이 획일화된 보편화된 개념으로 존재할 수는 없다는 것을 파악하고 있다. 모한(Mohan)은 국제사회복지의 이론화 작업은 어려운 과정이므로 국제사회복지를 일련의 학문 분야로 규정하는 것에 소극적인 입장으로 실천 분야임을 강조하고 있다.

국제사회복지의 이론화 작업에 공통된 합의가 도출되지는 않았지만, 실천을 위한 접근방법이 제시되기도 한다. 콕스와 파와르(Cox & Pawar, 2006)는 '세계적 관점, 인권 관점, 생태적 관점, 그리고 사회개발 관점'의 네 가지 통합 관점 접근 모형을 국제사회복지 실천 접근으로 제시하고 있다. 이 네 가지 통합 관점은 모두 중요하며 어느 한 가지만으로 국제사회복지 실천의 중점이 될 수 없으며, 나아가 국제사회복지의 이론화 구성을 위한 기초를 형성하고 있다.

모한은 국제사회복지를 학문 분야로 규정하는 것에 소극적인 입장임에도 불구하고, 이론을 기반으로 한 학문 분야로 성장할 수 있는 잠재력은 높이 평가하고 있다. 그래서 '비교사회복지(Comparative Social Welfare)'와 '국제사회복지(International Social Work)'를 구별하며 독자적인 국제사회복지의 이론을 개발하기 위해서 고려해야 할 부분을 다음과 같이 일곱 가지로 제시하고 있다(Mohan & Priscilla, 2008: 16-17). 첫째, 단일한 국제사회복지이론을 수립하는 것은 AIDS, 빈곤, 난민 등의 오늘날 끊임없이 새롭게 발생하는 문제들에 대응하는 데에 적절하지 않다. 둘째, 상호결합 및 결속 또는 환경 속의 개인이라는 전통적인 사회복지의 접근방식은 국제사회복지의 영역에서는 상황의 타개에는 기여가 가능하나 독립적인 이론이 되기에는 한계가 존재한다. 셋째, 상호주관성 및 해석학은 인간의 행동을 이해하기 위한 중요한 요소다. 넷째, 사회복지에서 객관성이란 개념적 환상일 뿐이다. 다섯째, 이와 같은 맥락 속에서 국제화 작업이란 단일함과 동시에 변화가 공존하는 역동적인 세계를 수용하는 것이다. 여섯째, 사회문제가 점차 세계화되어 감을 인지하고 민감성을 키워야 한다. 일곱째, 국제적 이슈 해결을 위한 비교학적 분석 접근은 과학적 탐구의 과정이다. 결론적으로 모한은 국제사회복지가 독립된 학문으로 자리 잡기 위해서는 서구식 사회복지 전문성이 전통적으로 지향하는 임상 중심의 치료 모델의 한계를 벗어나 국제사회의 역동을 수용할 수 있는 홀리스틱적 관점을 수용할 것을 제안하며, 나아가 국제사회복지는 초국가적(Transnational) 지식과 역량과 경험을 함양하는 전공 학문(Professional discipline)으로 새롭게 정의되어야 함을 강조하였다(Mohan & Priscilla, 2008).

3) 국제사회복지의 관심 범위 및 개입의 수준

국제사회복지의 활동과 관심 범위의 수준은 어느 정도인가? 오늘날 사회복지사 및 각국의 사회복지기관들이 견지해야 할 관심 범위 또는 개입수준은 과연 어디까지인가 하는 질문이다. 사실 이 문제는 앞선 주제에 비하면 논쟁의 핵심은 아니었다. 그러나 현재 국내 기관들의 다양한 활동들이 국제적으로 영향을 받는 문제를 직간접적으로 개입하고 있다는 점에서 국내 사회복지활동과 정책까지 국제사회복지의 영역으로 이해해야 할 것인가의 문제가 등장하는 것이다. 오늘날의 세계화는 사회복지의 환경을 완전히 바꿔 놓고 있다. 국제사회복지 실천은 전통적인 사회복지 실천이 단순하게 국경을 넘어 확산하는 수준이 아니라, 국제적인 압력과 행동으로 파생된 국내외의 사회문제를 해결해야 하는 방향으로 전환하고 있다. 즉, 국제와 국내의 경계 없이 서로 지구촌의 영향을 주고받는 이 시대에 국제사회복지는 모든 사회문제의 접근에 있어서 국제적인 원인과 결과를 고려하고 국제사회복지의 고유한 방식으로 접근해야 한다는 것이다. 하지만 한 국가의 기관이 이러한 이상적인 접근을 시도하고 감당이 가능할 것인가 하는 질문에 봉착할 수 있다. 국가마다 자원이나 재화의 보유가 다르기 때문에 국내의 사회복지기관이 국제적 이슈와 문제의 원인에 적극적으로 개입을 기대하는 것은 비현실적일 수도 있으며(Xu, 2006), 또한 항상 국제적인 시각을 기반으로 관련 국내 문제를 해결하고자 기대할 수도 없는 것이 현실이다. 하지만 관심의 범위가 전 세계적으로 국내외 문제를 함께 포괄적인 접근으로 해결하고자 시도하는 국제사회복지의 활동은 긍정적인 방향임이 틀림없다.

국제사회복지를 규정해 본다면, "국제사회복지에 대한 우리의 이해는 그 잠재적 관련성이 사실상 국제공동체, 전 세계의 특정 인구집단, 개입이 필요하고 가능한 모든 수준에 관련된 활동 범위를 포괄한다"라고 광범위하게 설명될 수 있다(Cox & Pawar, 2006). 나아가 국제사회복지의 대응 수준을 '국제'(International; 예: 유엔), '국내'(Domestic; 예: 정부), '지역'(local; 예: 지방조직과 시민운동) 및 '구역' (Regional; 예: 유럽연합) 등 4개로 분류하고 있으며, 현재 이 네 가지 수준에서 특히 지역(Local)이 주목을 받고 있는데, 이는 "국제사회복지를 실천함에 있어서 개발도상국 상황에서 '지역'의 수준 및 단위가 쉽게 간과되기 때문이다. 즉, 국제사회복지사는 사회복지사들이 전문성을 바탕으로 각국의 지역 수준에서 정책과 계획에 참여하고 실천지식과 많은 경험을 쌓아야 하는 활동임을 강조하고 있다(Cox & Pawar, 2006).

4. 세계화와 사회문제

지구촌의 모든 사람들은 빈곤, 정신질환, 범죄, 가정폭력, AIDS, 성폭력, 약물남용, 테러, 실업, 인종차별, 성차별, 의료문제, 장애, 인구, 환경 등의 사회문제를 직간접적으로 경험하고 있다. 다른 국가들이 이러한 국제적 사회문제에 어떻게 대처하는지를 연구하고 분석함으로써, 각국의 사회복지정책의 입안가들이나 제공자들은 좀 더 효과적인 프로그램과 전달체계를 발굴하고 수립하는 방법을 배울 수 있다. 사실, 인구 과밀이나 테러와 같은 사회문제 국가 간의 협력이 문제의 해결에 있어서 중요한 지점이다. 미래의 사회복지사에게는 사회문제를 진단하고 대처하기 위해서 국제적인 시각이 점점 더 요구되는 상황이 도래하고 있다.

1) 빈곤

전 세계적으로 만연해 있는 빈곤은 새로운 지구적 현상이라고 볼 수 있으며, 국제사회복지 및 국제사회 전체가 모두 넘어야 할 가장 큰 장벽이라고 할 수 있다. 브라이언트와 카파즈(Bryant & Kappaz, 2005)에 의하면, 국경을 불문하고 만연한 빈곤의 본질을 이해하기 위해서는 국제적인 관점이 필수임을 강조하고 있다. 세계화로 인한 문제 가운데 빈곤은 가장 근본적이고 다루기 어려운 문제라고 볼 수 있다. 빈곤은 또한 다양하고 많은 사회문제의 원인이 되기도 하는데, 예를 들면, 빈곤은 지구촌의 이주에도 가장 큰 영향을 미치며, AIDS의 확산 및 치료, 불법적 약물의 생산과 사용 및 유통과도 밀접하게 연결되어 있다. 또한 빈곤은 거리 아동 · 청소년, 노숙인, 아동 노동, 영양실조 등의 직접적인 원인이다.

2019년 전 세계 최상위 26명의 사람이 가지고 있는 재산이 인류의 절반이 가지고 있는 재산과 같다. 10명 중에 한 명이 기아에 허덕이는 반면 지구상에서 생산되는 음식의 3분의 1은 버려지고 있다. 고등교육 및 초고속데이터 통신망으로의 접근과 같은 새로운 불평등은 기후변화 갈등, 뿌리 깊은 성별불평등을 더욱 가속화시키고 있다. 현재도 빈곤과 불평등은 해결이 어려운 실정인 현실임을 고려해 보면, COVID-19의 팬데믹에 직면해서 경제는 멈추어서고 실업률이 치솟는 2021년의 상황은 전 세계의 지속 가능한 개발이라는 목표 달성이 불가능해 보이는 현실이다

(UNDP Annual Report 2019).

2) 여성

전 세계적으로 사회복지와 밀접한 관련이 있는 또 한 가지의 사회문제는 여성의 지위와 관련된 이슈다. 오늘날 여성과 여자 아이들에게 가해지는 다양한 유형의 폭행은 전 세계가 주목하고 변화의 징조가 차츰 보이기 시작하고 있지만, 폭행은 아직도 만연해 있으며, 여성들의 유리천장은 여전히 깨지지 않고 있다. 상대적으로 개발이 진행된 부유한 국가에서는 여성의 지위에 대한 문제는 크게 주목 받지 못하기도 하지만, 아직도 대부분의 국가에서 여성의 지위는 여러 방면에서 열악한 상황이다. 빈곤의 여성화 역시 전 세계에 걸쳐 현재 진행형으로 여성 가구주는 모든 국가에서 더욱 빈곤하며, 여성의 빈곤은 그 아이들에게 영향을 미치며, 빈곤 아동들이 보이고 있는 다양한 문제의 원인이 되고 있다. 높은 문맹률을 포함한 남녀의 교육 격차 또한 여성의 발전에 위험요인으로 빈곤으로 이어지고 있다. 전 세계 문맹의 3분의 2가 여성이며, 남녀의 읽고 쓰는 능력의 격차는 남아시아, 사하라 남쪽 아프리카, 중동 지역에서 가장 크게 나타나며, 전 세계적으로 여성의 고등교육 진학률조차 낮은 수준이다.

임신 또는 출산에서의 합병증으로 발생하는 모성 사망률 또한 매우 심각한 상황이다. 의료체계, 영양, 보건의 발전이 모성 사망률을 감소시키는 데 큰 영향을 미쳤지만, 여전히 예방이 가능한 임신과 출산 관련 사망이 여전히 존재한다. 세계보건기구(WHO)에 의하면 2015년에 300,000명 이상의 여자들이 임신 출산과 관련하여 사망하였다고 보고하는데, 이는 매일 830명의 여성이 사망한다는 의미다. 모성 사망의 2/3가 사하라 이남 아프리카에서 발생하고 22%가 남아시아에서 발생하고 있다. 이는 아시아와 아프리카의 출산율이 높은 이유도 있기는 부분적으로 존재하지만, 모성 사망률은 상대적으로 경제적 저소득 국가에서 많이 나오기 때문이다. 2015년 모성 사망률이 가장 높은 국가는 나이지리아로 58,000명이며, 이에 비해 한국은 50명, 스웨덴은 5명이다. 모성 사망은 출산과 관련하여 의료적인 전문가에 의한 최소한의 개입만 있다면 방지할 수 있는 문제이므로 전 세계적인 관심이 시급한 사안이다 (https://ourworldindata.org/maternal-mortality).

3) 아동

전 세계적으로 아동과 관련한 이슈는 매우 다양하지만 대표적인 것은 아동 사망률, 아동 노동, AIDS 고아 등이다. 아동 사망률은 빈곤 및 질병과 밀접한 연관이 있으며, 매일 5세 이하의 아동 15,000명이 예방 가능한 질병으로 인하여 사망한다. 모든 아동 사망의 거의 절반이 생후 28일 이내에 발생한다. 다섯 명 중 한 명의 아동이 생존과 성장에 필수적인 예방접종을 받지 못하는 것으로 보고되고 있다(United Nation, 2020).

오늘날 1억 5천 2백만 명의 아동들이 여전히 아동노동으로 착취를 당하고 있다. 국제노동기구(ILO)에 의해 규제되는 국제조약에서 아동 노동은 '최소 연령' 이하의 아동이 종사하는 일을 지칭하며, 일을 허용하는 최소 연령을 규정한 국제조약에서는 연령과 노동의 종류에 따라 최소 연령에 차이가 존재한다. 전 세계적으로 아동노동의 현장은 광산, 카펫 공장, 농장, 벽돌공장, 원양어선 등이 대표적이며, 개별 가정에 고용되는 가사도우미나 거리에서 구걸하는 앵벌이 등의 형태 또한 대다수 존재한다. 더욱 심각한 형태의 아동 노동은 매춘이나 군대의 경우다. 대부분의 노동현장에서 아동들은 가족으로부터 분리되어 기숙사나 일하는 현장의 바닥과 같은 열악한 환경에서 생활하는 경우가 대부분이다. 이러한 안전하지 못하고 위험한 노동 및 생활 현장에서 혹사당하는 아동들은 인체에 치명적인 화학물질이나 분진에 노출되거나, 장시간 노동, 신체적 성적 학대 등으로 신체적으로나 정신적으로 건강한 성장에 위협을 받고, 교육의 기회 또한 박탈당하고 있다. 나아가 이러한 불합리와 고통에도 불구하고 대다수 아동의 급여 수준은 터무니없이 낮은 편이다(United Nation, 2020).

부모는 빈곤과 다양한 형태의 억압을 방어하는 최전선의 방어막의 역할을 하기 때문에 고아가 된다는 것은 아동이 치명적인 위험 상황에 노출이 된다는 의미다. 현재 전 세계적으로 AIDS 고아에 대한 대응이 절실한 상황이다. 특히, 사하라 남부 아프리카 AIDS로 인하여 고아가 된 아동들의 문제가 심각하다. AIDS 고아들은 부모가 오랜 시간 질병으로 쇠약해지는 상황을 곁에서 그 고통을 함께하며, 질병으로 인하여 악화되는 빈곤에 직접적으로 노출되며 결국 부모의 사망에 이르는 길고 어려운 여정을 경험하게 된다. 나아가 아동들 또한 질병의 위험에 노출될 확률 또한 높아 2018년에 10~19세 아동 190,000명이 HIV에 감염되었다.

4) 전쟁

오늘날 폭력과 분쟁의 영향력은 전쟁터를 훨씬 넘어선다. 장기적인 영향은 도로, 기업, 학교 건물을 포함한 사회 기반 시설의 훼손뿐만 아니라 국가적 · 개인적 경제적 손상은 회복을 매우 어렵게 만든다. 민간인에 대한 부정적인 영향도 눈에 띄게 증가하여, 분쟁의 물리적 충격을 경험하는 것이 더 이상 군인들만의 경험이 아니라는 것을 증명하고 있다. 전쟁은 고립된 전쟁터에서 도시와 마을로 확장되고 있으며, 이라크와 남수단에서 볼 수 있듯이 민간인이 직접 폭력의 표적이 되는 경우도 있다(Burnham, Lafta, Doocy, & Roberts, 2006; Médecins Sans Frontières, 2012). 또한, 일반적으로 분쟁이나 내전의 결과로 발생하는 사망의 대부분은 폭력에서 비롯된 것뿐만 아니라, 영양실조와 전염성 질병의 증가와 같이 전시에 의해 야기된 상황들에서 기인한다는 점도 전쟁이라는 국제사회의 문제에서 반드시 고려되어야 하는 부분이다. 의료서비스에 대한 접근, 충분한 음식과 물 또는 적절한 대피소의 부족은 많은 사상자를 발생시킨다. 예를 들어, 수단의 다르푸르 지역에서는 사망자의 대부분이 처음에는 폭력으로 인한 것이었지만, 질병은 그 후 가장 큰 살인자가 되었다(DeGomme & Guha-Sapir, 2010). 또한, 장기간의 전쟁은 경제적 손실과 실업뿐 아니라 충분한 음식과 물을 얻는 것조차 매우 어려운 상황을 야기시키고 있다.

전쟁에서 나타나는 폭력과 갈등의 영향력 남성, 여성, 그리고 아이들에게 각각 다르게 나타난다. 남성들은 가장 직접적으로 폭력에 노출이 되며, 배우자나 딸에게 행해지는 성폭력을 목격하는 경우도 있으며, 실제로 강제로 성폭력을 해야만 하는 상황에 놓이기도 한다. 성폭력은 남자에게 가정의 보호자 역할을 수행하지 못하도록 하고 불명예와 수치심을 느끼도록 하는 전쟁의 수단으로 사용되고 있다(Ward & Marsh, 2006).

여성들은 전쟁의 상황 속에서 수많은 위험에 직면한다. 앞서 지적했듯이, 가장 큰 것 중 하나는 성폭행의 위험이다. 또 다른 위협은 앞서 지적한 바와 같이 남편의 높은 스트레스로 인해 분쟁 기간 동안 가정 폭력의 위험이 증가하는 것이다. 여성들은 또한 다양한 이유로 인해 이동의 제한을 경험한다. 폭격이나 납치 및 공격으로부터 자유롭지 않을 뿐 아니라 남자의 보호 없이 외출할 수 없는 경우도 있으며, 자유 이동에 필요한 적절한 문서를 미처 준비하지 못한 경우도 있다(Governance and Social Development Resource Centre, 2009). 이러한 문제들은 전쟁이 끝나더라도 다른 형태로 지속된다. 여성은 전쟁으로 인해 배우자의 죽음과 그에 따르는 가중적인 부담에 직면할 수 있다. 여성이 동등한 법적 지위를 갖지 못하는 나라에서는, 여성이 남편의 재산을 상속받는 것이 금지되어 여성의 빈곤을 악화시킬 수도 있다. 이라크에서는 사망을 증명하기 위해 남자의 시신이 필요하지만 실종과 분쟁으로 사망하는 비율이 높아 미망인이 연금을 받을 수 없는 경우가 많다(Oxfam International, 2009).

전쟁이 아동에게 미치는 부정적인 영향 또한 매우 심각하다. 유엔에 따르면, 아동에게 부정적인 영향을 미치는 여섯 가지 '엄중한 위반'이 있다. ① 아동을 살해하거나 또는 불구로 만드는 행위, ② 아동을 구인하거나 노동을 착취하는 행위, ③ 아동에 대한 성폭력, ④ 학교나 병원을 공격하는 행위, ⑤ 아동을 위한 인도주의적 개입을 거부하는 행위, ⑥ 아동 유괴다. 앞서 언급한 바와 같이, 이들 중 많은 것들이 성인들에게도 영향을 미친다. 지뢰와 집속탄은 많은 아동들을 죽이고 불구로 만드는 특별한 위험으로 밝혀졌다. 이러한 군수품들은 종종 전투 후에도 오랜 시간 동안 유지되는데, 그 이유는 그것을 치우는 데 드는 시간, 전문성, 그리고 비용 때문이다. 특히, 아동의 경우 경고문을 읽을 능력이 떨어지고 지뢰의 위험성에 대해 잘 알지 못하기 때문에 지뢰 희생자가 될 위험이 높다. 가난한 가정의 아동들은 특히 위험에 처해 있는데, 이 아이들이 장작을 찾거나 물을 길어오거나 농작물을 재배하거나 목축하는 동물을 찾을 때 광산 지역에 있을 가능성이 높기 때문인데, 건강에 해로운 물질과 환경에 노출이 되며, 게다가 일부 지뢰는 밝은색을 띠고 어린이들에게 장난감으로 보일 수 있다. 한때 아프가니스탄에서 흔히 볼 수 있었던 나비 광산은 여러 가지 색깔로 만들어져 날개가 달려 어린아이들에게 매력을 느끼게 하는 지역으로 악명이 높았다(Machel, 2001).

5) 환경

사회복지가 '환경 속의 인간'에 기반을 두고 있는 학문임에도 불구하고, 사회복지에서의 환경은 주로 물리적 환경보다는 사회적 환경을 고려해 왔다. 사회복지사들은 오랫동안 권력을 박탈당한 빈곤한 지역사회에서 유독성 쓰레기 더미를 발견하는 것과 같은 개발의 부정적인 단면을 알고 있지만, 인도 보팔의 유니온 카바이드 가스 누출과 같은 재난 사건이 지역사회와 주민들에게 악영향을 끼침에도 불구하고 많은 사람들의 관심과 지원을 거의 받지 못한다는 것 또한 경험하고 있다. 그러나 메리 로게와 프레드 베손(Mary Rogge & Fred Besthorn)과 같은 일부 학자들을 제외하고, 물리적 환경과 관련된 이슈들은 상대적으로 주목을 받고 있지 못하는 현실이다. 심각한 기후 변화와 환경의 훼손이 빈곤하고 권력에 소외된 사람들에게 불균형한 영향을 미치면서, 이러한 개발의 이면에 존재하는 현실은 점차 가시화되고 있다. 최근 많은 연구는 환경과 사회복지를 포괄하는 이러한 문제들에 대한 전문직 종사자들의 인식을 높이기 위해 노력하고 있다(Dominelli, 2012; Gray, Coates, & Hetherington, 2013). 천연 자원의 파괴, 기후 변화, 독성 물질 생산 및 폐기, 대기, 토양 및 수질 오염, 종의 멸종, 자연 재해 및 지속 가능한 개발 등 사회복지사가 주목해야만 하는 환경문제의 중요성이 강조되고 있다(Gray et al., 2013). 2012년 국제사회사업학교협회, 국제사회복지협의회, 국제사회복지사업자연맹이 환경과 지속 가능성을 4대 중점 분야로 공동으로 개발하였으며 인식의 개선과 교육을 통한 변화를 위해 노력하고 있다. 유엔인권고등판무관(UNHCR, 2009) 또한 건강한 물리적 환경이 생명권, 건강, 식량, 물, 주거를 포함한 많은 다른 권리들의 성취를 가로막고 있다고 지적한다. 이러한 관계를 인정하면서, 노벨 평화상은 최근 몇 년간 환경 영역에서 종사하는 사람들에게 수여되어 왔다. 예를 들어, 왕가리 마타이(Wangari Maathai)는 2004년 그린벨트 운동을 통한 지속 가능한 개발과 산림 재조성에 대한 노력으로 노벨 평화상을 받았으며, 2007년 기후 변화에 대한 지식을 확장시킨 공로로 정부 간 기후변화위원회(IPCC)와 전 미국 부통령 앨 고어(Al Gore)에게도 노벨 평화상이 수여되었다.

5. 국제사회복지기구

국제사회복지의 영역에는 다양한 국제기관들이 국제화로 인한 다양한 문제에 대응하고 있다. 이 장에서는 국제사회복지 분야의 조직을 국제연합 산하기구(United Nations: UN system)와 정부기관, 그리고 비영리조직과 시민사회조직(Nongovernmental organizations, NGOs & Civil Society Organization: CSOs)으로 구분하여 설명하고자 한다.

1) 국제연합 산하기구

제2차 세계 대전 이후 1945년 발족된 국제연합(United Nations: UN)은 국제평화와 안전을 유지하며, 민족들의 평등권 및 자결 원칙에 기초하여 국가 간의 우호관계를 발전시키며, 경제적, 사회적, 문화적 또는 인도적 성격의 국제문제를 해결하고, 모든 사람의 인권 및 기본적 자유에 대한 존중을 촉진하기 위한 국제적 협력을 달성하며, 이러한 공동의 목적을 달성함에 있어서 각국의 활동을 조화시키는 중심이 되는 것을 목적으로 하고 있다. 국제연합의 활동은 평화유지 및 안보 외에도 인권보호, 구호 및 원조활동, 지속 가능개발의 장려, 환경보호, 국제법 등 다양한 분야에 걸쳐 있다.

국제연합을 구성하는 주요 기관으로는 총회, 안전보장이사회, 경제사회이사회, 신탁통치이사회, 국제사법재판소 및 사무국 등 6개의 기관이 있다. 각 기관은 흔히 보조기구라고도 불리는 기구를 산하에 두고 있으며, 대표적인 곳으로는 유엔개발계획(UNDP), 유엔환경계획(UNEP), 유엔인구기금(UNFPA), 유엔아동기금(UNICEF), 유엔세계식량계획(WFP), 유엔난민기구(UNHCR), 유엔여성기구(UN Women) 등이 있다. 이 밖에도 국제연합의 경제사회이사회와 협정을 맺고 활동하는 독자적 국제기구들이 있으며 흔히 전문기구로 알려져 있다. 국제연합의 전문기구로는 유엔식량농업기구(FAO), 국제민간항공기구(ICAO), 국제노동기구(ILO), 국제통화기금(IMF), 유엔교육과학문화기구(UNESCO), 세계보건기구(WHO), 세계은행(World Bank) 등 15개가 있다. 2021년 UN에는 193개 국가들이 회원국으로 가입되어 있는데, UN과 그 산하의 다양한 전문기구, 기금 및 위원회는 UN 회원국이 제공하는 분담금, 기여금 등을 바탕으로 국제개발협력에 적극 참여하고 있다.

한국의 공적개발원조정책의 추진 및 집행체계는 외교통상부 한국국제 협력단은 무상원조를, 기획재정부 수출입은행은 유상원조를 담당하는 이원적 구조를 유지해 오고 있다. 이와 함께, 한 개 이상의 개별 부처 기관들이 각자 예산 범위 안에서 국제협력사업의 일환으로 사실상의 개발원조사업을 실행해 왔다. 하지만 범정부적 통합정책이 추진되지 못하여 개발원조사업의 효과성에 대한 문제점이 지적되고 있다. 또한, 한국 정부는 2006년 국무총리 산하에 대외원조정책의 최고심의기구로 국제개발협력위원회를 설립하였고, 2009년 OECD-DAC 한국의 회원국 가입이 논의되면서 공적개발원조체계를 정비하기 위한 논의가 본격화되었다.

2) 국제개발 NGO & CSO

국제개발협력 분야에서 활동하는 비영리조직이나 시민사회조직을 지칭하는 용어에는 CSO, NGO, Development NGO, NGDO, NPO 등이 있으며, NGO라는 용어는 1946년「유엔 헌장」제10장 제71조에 최초로 공식화되었는데 국가 혹은 문화에 따라 상이한 명칭을 사용한다. 시민사회조직이라는 용어는 영국에서는 자원조직(Voluntary Organization: VO), 미국과 일본에서는 비영리조직(Non Profit Organization: NPO)으로 사용되며, 미국에서는 UN과 관련된 국제기구나 국제개발협력 분야에 대해서만 NGO란 용어를 한정적으로 사용한다. 이외 유럽 국가들은 비영리조직, 제3섹터, 자원조직이라는 용어를 혼용하고 있다(박상필, 2011).

일반적으로 국제개발협력 분야에서 활동하는 비영리조직을 개발 NGO, 구호개발 NGO, 개발복지 NPO 등으로 명명하고 있는데, 범세계적 이슈와 과제들을 해결하기 위해 시민들의 자발적인 설립과 참여로 운영되는 국제개발협력을 수행하는 민간 조직을 국제개발 NGO라 정의할 수 있다(김정선, 2019).

세계은행은 NGO의 역할을 개발 프로그램의 이행과 사회서비스 전달 등 정부가 제대로 하지 못하는 부분에 대한 보충적 기능을 수행하는 것으로 평가하면서 ① 구호복지기관, ② 개발 문제에 대한 새로운 접근방식을 모색하는 기술혁신단체, ③ 정부의 공적 원조를 집행하는 사업집행단체, ④ 제3세계의 개발을 돕는 선진국의 공공개발단체, ⑤ 자국의 개발을 위해 활동하는 개발도상국의 풀뿌리개발단체, ⑥ 개발에 대한 교육과 로비활동을 하는 옹호단체 등 개발 NGO의 활동 영역에 따라 여섯 가지로 구분하였다(김혁래 외, 1997; 손혁상, 공석기, 2015).

NGO의 기능을 국가와 비교했을 때 다음과 같은 장점을 찾을 수 있다. 첫째, NGO는 단일 현안 또는 문제에 집중적으로 자원을 투입하여 보다 효과적인 성과를 올릴 수 있는 반면, 정부는 국가안보를 최우선으로 하여 복합적인 기능을 수행해야 하는 입장이므로 특정 사안에 집중도가 부족할 수밖에 없다. 둘째, 원칙을 기반으로 하는 현안에 대해서 NGO는 즉각적으로 행동으로 옮겨 실천할 수 있다는 반면, 정부는 정책의 우선순위에 있어서 다른 외교 정책 사안에 종속 또는 무시되어 순위에서 밀리는 경향이 있는 점이다. 셋째, NGO는 소수 현안에 전문적인 활동을 수행하기 때문에 보다 치밀한 작업으로 성과를 올릴 수 있는 반면, 정부는 다양하며 경쟁적인 정책 현안을 다루기 때문에 단일 분야의 성과는 떨어진다는 점이다(Clark,

1995).

최근에는 비정부기구나 비영리조직과 같은 용어보다는 포괄적인 의미의 시민사회조직(Civil Society Organization)이라는 용어가 흔히 사용되고 있다. 이는 개인과 국가 사이의 모든 조직들을 일컫는 매우 광범위한 개념으로 국제사회에서도 NGO보다는 CSO라는 용어를 공식적으로 사용하고 있으며, NGO가 포함하지 못하는 다양한 단체들을 모두 포함하는 광의의 개념이라고 볼 수 있다(이종무 외, 2008). 일반적으로 국제사회복지 및 국제개발협력 분야에서 국제개발을 수행하는 민간단체는 CSO와 NGO라는 용어를 크게 구별하지 않고 사용하고 있다. 2000년대 후반부터 한국사회에 등장한 국제개발협력 시민사회조직(Civil Society Organizatio: CSO)은 전통적으로 현장의 즉각적인 요구에 반응하는 인도주의적 구호와 근대화 이론을 바탕으로 한 전통적인 개발로부터 전 지구적 평등과 자유라는 지구적 연대와 사회운동으로 전향적 발전의 개념으로 전환을 시사하고 있다(공선주, 2012).

6. 국제사회복지 연구

국제사회복지에 대한 이론과 학문에 대한 합의는 확고하게 이루어지지 않은 상황이지만, 국제사회복지가 종합적인 실천 분야임을 고려하면 국제사회복지 연구에 기존 사회과학 방법론과는 차별적인 접근이 필요하다. 박상필(2011)은 NGO를 대상으로 하여 다음과 같이 일곱 가지 접근법을 제시하였는데, 국제성을 강하게 내포하는 NGO에 대한 이 접근방법은 본질적인 목적과 성격상 국제사회복지의 연구에 있어서도 통영 될 것으로 보인다.

첫째, 통합적인 시각(Integrated insight)이 필요하다. 인류가 직면해 있는 문제를 정확히 인지하고 이를 해결하기 위한 대안을 모색하는 일은 일차원적인 단면적인 접근으로는 불가능하다. 인간다운 삶의 기반을 마련하고, 삶의 근본적인 변화를 가능하게 하기 위해서는 다양한 문화와 전통에 기반한 사람들이 직면한 삶의 환경과 구조를 통합적으로 바라보아야 하는 것이다. 민주주의, 경제정의, 과학기술, 환경, 평등, 평화, 인권, 빈곤 퇴치 등은 결코 분리될 수 없는 가치이며, 통합적인 시각을 바탕으로 한 다른 문화와의 긴밀한 교류와 이해가 지속적으로 이루어져야 여러 인종과 문화로 구성된 국제사회의 복합성에 적절하게 대응이 가능할 것이다.

둘째, 변화지향적 접근(Change-oriented approach)이 중요하다. 국제사회는 변하지 않는 물리적 현실이 아니라 다양하고 지속적으로 변화하고 갈등하는 역동적 실체다. 따라서 세계 각지 국가들의 집단 행동이나 변화하는 지구촌의 역동적인 변화 과정의 다양한 측면을 종합적으로 이해할 수 있어야 한다. 사회 · 경제 · 정치적 상황과 조건의 객관적 분석을 넘어서, 전 세계의 안전, 자유, 평등, 정의를 추구하고자 더욱 노력해야 할 것이다.

셋째, 사회 저변으로부터의 바라보는 관점(Perspective from bottom)의 전환이다. 국제사회는 물질문명을 기반으로 서열화되는 사회를 당연시 받아들이고 자본주의와 신자유주의적 세계화를 서구사회의 지배 정당성의 도구로 삼아 왔다. 서구사회에서 일반화된 형식은 정통적인 방식과 진보로 인정받으며, 모든 사회에 일괄적으로 적용되었고 개발과 발전으로 동일시되었다. 그러나 현재는 과거의 식민화 억압과 수탈을 당한 국가들이 국제사회의 일원으로 등장하면서 평등과 분배가치를 주장하기 시작하였다. 이러한 제3세계의 저항은 국제사회의 저변에서 서구화 자본주의 성장이라는 미신적 유일신앙을 배격하고, 인권과 문화적 다원성의 보상을 요구하며, 국제사회가 어려운 국가들의 발전, 안전, 그리고 행복에 책임을 함께해야 한다는 점을 강조한다.

넷째, 국가와 시장 중심의 접근방법을 넘어서야 한다(Beyond statism and market system). 인류는 근대국가가 발달하면서 국가 중심적이었으며, 발전은 국가의 발전을 의미했으며, 이는 법학, 정치학, 경제학, 사회학에서 모두 국가가 발전의 중심이었으며, 서구 환경의 영향을 받은 비서구 사회에서도 마찬가지였다. 그러나 국가는 행복을 보장하지 않았고 실질적인 향상을 보장하지도 못했으며, 특히 국제사회에서는 경제, 경쟁, 전쟁, 정복, 파괴의 합법적 당사자가 거의 다 국가였다. 또한, 시장도 이윤 추구의 속성만을 강조하면서 환경을 파괴하고 인간성을 고갈시켰다. 시장중심사회가 인간을 경제적 동물이자 소비문화의 노예로 몰아가고 있다. 국제사회에서도 이러한 시장중심주의가 거대한 착취와 억압의 연장선에서 작동하게 되는 상황이 발생하게 되었다. 그러므로 이러한 국가와 시장 중심의 틀을 넘어서는 지구촌 중심의 혹은 인간 중심의 접근방식이 절실히 요구되는 시점이다.

다섯째, 생태가치 기반 연구방법(Research based on ecological values)을 지향해야 한다. 인간과 자연을 분리하여 인간을 최고의 존재로 규정하고 인간 이외의 것들을 부정하는 것이 근대적 인식 틀의 특징이다. 근대 문명은 생산력의 증진을 위하여 생산을 위한 수단과 기술 발전에만 관심을 가지고, 이는 인간을 중심으로 하는 도구의 합리성과 자연의 지배를 정당화하여 환경의 변화를 초래하였다. 소위 말하는 선진국들은 이러한 자연의 지배자이자 환경 파괴의 선두 주자들로서, 근대 문명에 기초한 서양 중심 사고는 인류의 복지에 부정적인 영향을 초래하였다. 인간과 자연과의 공생 논리에 근거한 생명 윤리는 휴머니즘으로 현재의 인류에게 대안이 될 수 있으며, 지구촌의 온 인류가 행복하게 삶을 영위하기 위해서는 환경과 생태학에 관심을 두고 지속 가능한 발전을 추구해야만 한다.

여섯째, 상호주관성(Intersubjectivity)에 입각한 연구방법이 필요하다. 근대 사회과학은 주체와 객체를 분리하고 관찰자적 중립적 논리에 근거하여 객관적 지식의 조건을 규정하고, 객관적이고 과학적인 지식을 강조하였다. 이것은 가치중립적이고 현상유지적이며 단순화된 지식으로서의 지배 이데올로기이기도 하다. 그러나 지구촌의 모든 현상은 가치중립적이거나 현상유지적이 아니다. 국제사회의 모든 현장이나 실제는 자연현상처럼 분석 판별하는 주체와 동떨어진 객체로 존재하는 것이 아니다. 그러므로 국제사회복지 연구는 관찰자적 중립적 논리와 함께 사회현실에 참여하여 활동하는 것 또한 중시되어야 할 것이다. 이 과정에서 연구참여자는 자신의 가치관을 공유하고 서로의 정당성을 존중하는 태도를 준수해야 할 것이다.

일곱째, 역사성을 복원하여 개별 사회를 심층적으로 분석하고 한정된 일반화(Bounded universalism)를 추구한다. 국제사회복지 연구는 한 사회의 정치 · 경제 · 문화의 변화를 투영하는 역사적 산물로서 시공간적 역사성을 반영하고 있다. 선진국 중심의 보편적 이론 중심의 실천은 각각의 국가가 가지고 있는 특수성이 반영되는 데에 한계를 보일 수 있다. 과거 국제사회에서 실패한 개발이론이 그 좋은 선례가 된다고 할 수 있다. 무작정 민족주의를 지향하는 것은 아니지만, 일반화를 추구하면서도 동시에 독특성을 중요시해야 한다는 것이다. 이러한 점에서 유사한 정치체계나 문화권 내에서 보편적인 이론을 개발하는 중범위 이론이 대안적인 접근이 될 수도 있다. 나아가 사례연구와 비교연구를 통하여 한국을 비롯한 아시아적 보편성과 특수성을 발견하고 다른 문화와 비교하는 학문적 시도가 지속적으로 이루어져야 할 것이다.

참고문헌

공선주(2013). 국제개발협력 시민사회조직(CSOs)의 변화과정에 관한 연구: 자선적 구호사업에서 전 지구적 연대로. 성공회대학교 대학원 사회학과 석사학위논문.

김동수, 정무성, 정진옥(2013). 국제사회복지: 더불어 지구촌에 잘살기 위하여. 서울: 신정.

김정선(2019). 국제개발 NGO 성과 개념에 관한 관리자 인식 연구. 숭실대학교 대학원 박사학위논문.

김혁래, 이홍균, 이신화, 김혜경(1997). 세계화와 한국 NGO의 발전방안. 경실련 연구보고서, 97-10.

박상필(2011). NGO 학: 자율 · 참여 · 연대 의 통계(개정판). 서울: 아르케.

손현상, 공석기(2015). "국제개발협력에서 개도국 NGO의 역할과 한계: 방글라데시 BRAC에 대한 비판적 고찰". 국제지역연구, 19(2), 735-748.

이종무, 최철영, 박정란(2008). 국제 NGO의 원조 정책과 활동. 서울: 통일연구원.

이창호(2011). 국제사회복지의 역사와 정의에 관한 고찰. 국제사회복지학, 1(1), 9-30.

Bryant, C., & Kappaz, C. (2005). *Reducing poverty building peace.* Bloomfield, CT: Kumarian Press.

Brysk, A. (Ed.). (2002). *Globalization and human rights.* Berkeley: University of California Press.

Burnham, G., Lafta, R., Doocy, S., & Roberts, L. (2006). Mortality after the 2003 invasion of Iraq: A cross-sectional cluster sample survey. *Lancet, 368*(9545), 1421-1428.

Clark, A. (1995). "Non-Governmental Organizations and their Influence ON International Society". *Journal of International Affairs, 48*(2), 507-525.

Cox, D., & Pawar, M. (2006). *International Social Work: Issues, Straitegies and Programs.* Thousand Oaks, CA: Sage Publications.

DeGomme, O., & Guha-Sapir, D. (2010). Patternsof mortality rates in Darfur conflict. *Lancet, 375*(9711), 294-300.

Dominelli, L. (2012). *Green Social Work: From Environmental Crises to Environmental Justice*. Cambridge: Polity Press.

Drucker, D. (2003). Whither international social work?: A reflection. *International Social Work*, *46*(1), 53-81. https://doi.org/10.1177/0020872803046001596

George, J. (1999). Conceptual muddle, practical dilemma: Human rights. Social development and social work education. *International Social Work, 42*(1), 15-26. https://doi.org/10.1177/002087289904200103

Governance and Social Development Resource Centre. (2009). The impact of conflict on women's education, employment and health care. Retrieved from http://www.gsdrc.org/docs/open/HD588.pdf

Gray, M., Coates, J., & Hetherington, T. (Eds.). (2013). *Environmental Social Work* (1st ed.). Routledge. https://doi.org/10.4324/9780203095300

Harris, R. (1990). Beyond rhetoric: a challenge for international social work. *International Social Work, 33*(3), 203-212. https://doi.org/10.1177/002087289003300303

Haug, E. (2005). Critical reflections on the emerging discourse of international social work. *International Social Work, 48*(2), 126-135.

Hawkins, C. A. (2010). Sustainability, human rights, and environmental justice: Critical connections for social work. *Critical Social Work, 11*(3). Retrieved from http://www1.uwindsor.ca/criticalsocialwork

Healy, K. (2001). Participatory action research and social work: A critical appraisal. *International Social Work, 44*(1), 93-105. doi:10.1177/002087280104400108s

Healy, L. M. (2008a). *International Social Work*. Oxford University Press. Kindle Edition.

Healy, L. M. (2008b). Exploring the history of social work as a human rights profession. *International Social Work, 51*(6), 735-748.

Hokenstad, M. C., Khinduka, S. K., & Midgley, J. (1992). 'The World of International Social Work', in M. C. Hokenstad, S. K. Khinduka and J. Midgley (Eds.), *Profiles in International Social Work*, pp. 1-10. Washington, DC: NASW Press.

ICSW (2007). Global Social Policy First Issue for 2007. GSP Digest (GSP 7.1). International Council for Social Welfare.

ICSW (International Council on Social Welfare). (2007, February 7-16). Promoting full employment and decent work for all. Unabridged version of the Statement to United Nations Commission for Social Development, 45th Session. Utrecht, Netherlands: Author.

Intergovernmental Panel on Climate Change. (2013). Working group I contribution to the IPCC fifth assessment report. Climate change 2013: The physical science basis. Retrieved from http://www.ipcc.ch

Lyons, K. K. (2006). Globalization and Social Work: International and Local Implications. *The British Journal of Social Work, 36*(3), 365-380. https://doi.org/10.1093/bjsw/bc1007

Machel, G. (2001). *The impact of war on children*. New York, NY: Palgrave.

Mapp, S. C. (2020). Human Rights and Social Justice in a Global Perspective: An Introduction to International Social Work. Oxford University Press. Kindle Edition.

Médecins Sans Frontières. (2012). South Sudan's hidden crisis. Retrieved from http://

www.doctorswithoutborders.org/publications/article.cfm?id=6438

Midgley, J. (1997). *Social welfare in global context.* Thousand Oaks, CA: Sage.

Midgley, J. (1999). Social development in social work: Learning from global dialogue. In C. Ramanathan & R. Link (Eds.), *All our futures: Principles & resources for social work practice in a global era* (pp. 193-205). Belmont, CA: Brooks/Cole.

Mohan, B., & Priscilla, A. (2008). "Social Policy against Hegemonic Social Develpoment: Achieving a Universal Society" (Abstract) International Association of Schools of Social Work, Dunbar, South Africa, July, 16-2.

Oxfam International. (2009). In her own words: Iraqi women talk about their greatest challenges. Retrieved from http://www.oxfam.org

Rowlands, A., & Tan, N. T. (2004). International survey on globalization and social work. In N. T. Tan & A. Rowlands (Eds.), *Social work around the world III* (pp. 113-129). Berne, Switzerland: International Federation of Social Workers.

Sanders, D. S. (1984). *Education for International Social Welfare*. Pedersen, P. (Eds.), Paul, Editors, University of Hawaii Press, Manoa, HI.

UNHCR. (2009). Climate change, natural disasters and human displacement: A UNHCR perspective. Retrieved from http://www.unhcr.org/4901e81a4.html

United Nations (1987). Our Common Future: Report of the World Commission on Environment and Development.

United Nations (2020). A Child's Right to Rights. United Nations. https://books.google.co.kr/books?=HeQJEAAAQBAJ

Ward, J., & Marsh, M. (2006). Sexual violence against women and girls in war and its aftermath: Realities, responses, and required resources. Retrieved from http://www.unfpa.org/emergencies/symposium06/docs/finalbrusselsbriefingpaper.pdf

Webb, S. A. (2003). "Local Orders and Global Chaos in Social Work". *European Journal of Social Work, 6*(2), July, 191-204.

Wilensky, H., & C. N. (1965). *Industrial Society and Social Welfare*. New York: Free Press.

Xu, Q. (2006). Defining international social work: A social service agency perspective. *International Social Work, 49*(6), 679-692. https://doi.org/10.1177/0020872806069075

Zastrow, H. (2000). *Introduction to Social Work and Social Welfare* (7th ed.). Belmond, CA: Wadsworth.

UNDP Annual Report 2019

https://annualreport.undp.org/assets/UNDP-Annual-Report-2019-en.pdf

https://ourworldindata.org/maternal-mortality

https://www.un.org/development/desa/pd/sites/www.un.org.development.desa.pd/files/unpd_2020_levels-and-trends-in-child-mortality-igme-.pdf

https://data.unicef.org/resources/child-labour-2020-global-estimates-trends-and-the-road-forward/

https://world.moleg.go.kr/web/wli/nationReadPage.do?ISO_NTNL_CD=UN

제3부

사회복지실천 분야

제8장

아동복지[1]

이 장은 아동복지에 대한 전반적인 이해에 필요한 기초 지식을 제공하는 데 중점을 두었다. 먼저 아동복지의 개념과 발달과정을 선진외국과 우리나라를 중심으로 살펴보았다. 다음으로 아동권리의 개념을 설명하고, 「UN 아동권리협약」의 발달과 기본 원칙, 이행 상황을 살펴보았다. 마지막으로, 아동보호서비스의 기본 원칙을 고찰한 후 대표적인 아동보호서비스인 아동학대예방서비스와 일시 대리보호서비스(가정위탁, 공동생활가정, 아동양육시설), 영구 대리보호서비스(입양)의 개념과 각 서비스와 관련된 우리나라의 현 상황과 평가를 중심으로 기술하였다.

1. 아동복지의 개념과 발달

1) 아동복지의 개념

아동복지는 아동과 복지의 합성어로 어원대로 풀이하면, 아동이 편안하게 잘 지내는 상태를 말한다(한성심, 송주미, 2012). 아동복지는 '아동복지제도', '아동복지정책', '아동복지서비스'로 표현하기도 하는데, 이 세 용어는 매우 밀접하게

1) 이 장의 내용은 '(1) 선진외국의 아동복지 발달' 부분을 제외하고는 모두 '노혜련, 김미원, 조소연(2021). 예방과 통합의 관점에서 본 아동복지론(2판). 서울: 학지사'에서 발췌한 것이다.

관련되어 있다.

'아동복지제도'는 모든 아동의 행복을 위해 아동에게 안전하고 지속적이며 안정된 환경을 제공하는 모든 '공적 · 사적 정책과 서비스'를 의미하는 포괄적 개념이다(Center for Advanced Studies in Child Welfare 홈페이지, 2014). '아동복지정책'은 국가나 지방정부가 아동복지를 위해 설정한 목적과 원칙, 행동 방향, 절차 등을 의미하며, 이런 점에서 아동복지제도보다 실천적 의미가 강하지만, 둘은 서로 혼용되는 경향이 있다. '아동복지서비스'는 정책 목표를 달성하기 위해 아동이나 아동이 속한 가정에 제공하는 소득 지원과 보육 · 교육, 음식, 보건의료, 아동의 생활조건 개선을 위한 주거, 상담, 사례관리 등 각종 현물급여와 현금급여를 의미한다(Businessdictionary 홈페이지, 2014).

아동복지는 이념에 따라 제도, 정책, 서비스의 초점과 범위를 달리한다. '좁은 의미의 아동복지제도'는 '잔여적', '선별적' 복지제도와 관련된 개념으로 부모의 양육이 불가능하거나 어렵고, 정서 · 행동 · 발달상 취약한 아동의 특수한 욕구에 관심을 둔다(Kadushin & Martin, 1988; Popple & Leighninger, 1999). 이때 아동복지서비스는 아동보호를 일차적으로 책임지는 가족이 아동의 욕구를 적절하게 충족하지 못할 때 제공해야 한다고 여기므로, 기본적으로 위기 중심으로 이루어지고 사후처방의 특성을 보인다. 또한, 이 접근은 '일반 가족'은 도움이 필요하지 않다고 전제하므로 도움을 받는 사람을 부정적인 시각으로 볼 수 있으며, 미국과 우리나라의 아동복지는 주로 이러한 정의를 택해 왔다.

반면, '넓은 의미의 아동복지제도'는 특별한 보호가 필요한 아동뿐 아니라 모든 아동이 가족과 사회의 일원으로 정신적 · 육체적으로 건강하고 행복하게 성장하는 데 필요한 제반 환경을 조성하는 국가와 사회의 노력을 의미한다. 이러한 관점에서 아동복지제도는 '아동'의 영역에만 국한되지 않고 가족과 사회, 경제제도 등과 연결되는 복합적인 성격을 띠며, 치료와 개입을 넘어 '예방'을 강조한다(Lüscher, 2000). 서비스 내용도 아동의 신체적 · 심리적 · 사회적 발달을 위한 것뿐 아니라 교육과 의료, 공원, 여가와 공공 안전 영역을 포함한다. 스웨덴, 덴마크, 프랑스, 독일 등 유럽 국가에서는 포괄적인 아동수당과 같은 제도를 통해 아동문제를 예방하는 데 초점을 맞추므로 주로 넓은 의미의 아동복지, 즉 '제도적', '보편적' 복지가 이루어진다고 할 수 있다.

복잡한 현대사회에서는 아동복지를 좁은 의미로 국한해 정의하는 것보다 넓은 의미로 정의하는 것이 필요하다. 아동은 가족 안에서 생활하고 가족은 지역사회 안에서 살아가며, 지역사회는 사회적 · 경제적 · 문화적 · 정치적 맥락 속에 존재하므로, 아동복지는 아동이 속한 사회구조 안에서 이해해야 한다(Downs, Moore, & McFadden, 2007). 이에 따라 아동복지의 목표도 위험으로부터 아동을 보호하는 것뿐 아니라 아동의 가족을 보호하는 것으로, 더 나아가 아동이 잘 성장할 수 있는 건강한 지역사회가 되는 것으로 확장해야 한다.

2) 아동복지의 발달

(1) 선진외국의 아동복지 발달

선진외국에서 아동복지제도와 서비스가 발전한 배경을 살펴보는 것은 그들의 선행 경험이 우리나라의 아동복지 방향을 결정하는 데 유익한 참고가 될 수 있으므로 의미가 있다. 선진외국은 가장 진전된 복지국가의 형태를 띠고 있는 국가 중 하나인 스웨덴과 경제 대국이지만 늘 아동복지서비스에서 잔여적 접근을 고수해 온 미국을 중심으로 전반적인 발달배경을 살펴보고자 한다(김현용 외, 2001; 노혜련, 김미원, 조소연, 2021; Downs et al., 2007; Popple & Leighninger, 1999).

먼저 스웨덴 아동복지의 시초는 1763년 제정한 「구빈법」을 통해 아동을 포함해 보호가 필요한 사람을 구빈원에 수용 · 보호하는 것에서 찾을 수 있고, 근대적 의미의 사회복지는 1902년 「아동복지법」 제정에서 시작하였다. 「아동복지법」은 1934년 제정한 「청소년보호법」과 함께 아동과 청소년복지의 기초가 되었다.

스웨덴에서는 1913년 제국의회에서 국민 전체를 대상으로 한 세계 최초의 국민연금제도를 도입했으며, 1936년에는 지역별 생계비를 고려한 보조금제도와 유족연금, 자녀보조금제도를 도입하였다. 이어 1956년 종래 「구빈법」을 「공적부조법」으로 개성해 보호가 필요한 사람을 위한 생활보호를 시행했으며, 1963년 「국민보험법」의 제정에 따라 16세 이상 모든 국민이 보험 혜택을 받게 되었다. 오늘날 스웨덴의 사회복지는 1981년에 입법화된 「사회봉사법(Social Service Act)」을 근간으로 시행하고 있다.

스웨덴의 아동복지제도는 가족이 아동을 건강하게 양육하는 데 필요한 재정적 지원과 의료보험, 주택수당, 보육서비스, 출산휴가, 아동양육을 위한 유급휴가제도 등을 제공함으로써 문제발생을 예방하는 보편주의적 접근을 취하고 있다. 아동과 청소년을 위한 직접적 재정지원에는 아동수당, 부모보험보조, 부양대출, 아동연금, 장애아동보호수당 등이 있다.

아동수당은 16세 이하 모든 아동에게 지급한다. 또한, 아동연금은 부 또는 모 혹은 양친이 모두 사망했을 때 아동에게 지급하는 재정지원으로 아동이 재학 중이거나 기타 기본 교육을 이수하고 있는 경우에는 18세 이상 학생에게도 연장 지급한다. 한편, 주택수당은 신혼가정과 청소년, 재학생 등에 지급하며 주택비와 자녀수에 비례해 차등 지급한다.

건강보험은 각종 통원치료, 입원치료, 치과진료비 등을 포함하는데 재원은 조세수입과 정부의 사회보험예산에서 충당하며 모든 사람에게 보편적으로 적용된다. 자녀를 가진 가정에는 임신기간의 무상건강검진, 유아학교 아동에 대한 무료검진, 19까지 모든 아동과 청소년의 건강검진과 치과검진을 무료로 시행하고, 16세 이하 자녀가 병원에 입원해 있는 경우 부모나 친척이 병원을 방문하는 데 소요되는 초과교통비도 지급한다. 출산 또는 아동의 입양으로 부모보험계약이 이루어지며, 부모보험은 출산 후 480일간 부나 모가 아동양육을 위해 가정에 머무르는 기간의 수입손실을 보상해 준다. 이러한 혜택은 아동이 8세가 되거나 초등학교 1학년을 마칠 때까지 활용할 수 있다(Sweden.se, 2021). 부모가 아동의 질병이나 치과진료 등에 따른 보호를 위해 가정에 머무르게 되는 부모는 부모보험금을 연간 60~120일간 지급받을 수 있다.

장애아동과 관련해서는 「사회봉사법」에 따라 시당국은 장애아동과 가정을 지원하고 그들의 욕구를 충족할 책임을 진다. 19세 이하 장애아동 대부분은 정상화원리에 따라 가정에서 보호받고 있지만, 가정보호가 불가능한 아동은 사회복지위원회가 가정과 비슷한 소규모 집단주거 형태인 호스텔 등에 배치한다. 1994년에는 「장애아지지서비스관련법(Act Concerning Support and Service for Persons with Certain Functional Impairments)」을 입법화했는데 이는 지방자치협의회와 시 당국의 장애인에 대한 재활의 책임, 특별장려금의 지원, 장애아동의 부모에 대한 지원강화 등을 주요 내용으로 하고 있다.

영유아보육서비스는 1995년부터 모든 시 당국이 1~6세 아동을 위한 어린이집과 가정보육서비스를 제공할 것과 6~12세 아동을 위한 방과 후 보호서비스를 제공할 것을 의무화하였다. 그 외에도 0~5세 아동을 돌보는 모든 부모와 보육자가 아동과 함께 놀이와 교육적 · 사회적 활동에 참여하면서 쉼과 다양한 정보를 얻을 수 있는 개방유아학교(Open preschool)를 국가 예산으로 운영해, 특히 젊은 부모에게 큰 도움이 되고 있다. 1979년부터는 가정과 학교에서 체벌하는 것을 법으로 금지하였다(Sweden.se, 2021). 아동학대와 방임의 문제에 대해서도 개방유아학교를 통해 어린 자녀를 가진 부모를 대상으로 다양한 교육을 실시함으로써 예방적 접근을 취하고 있다.

스웨덴의 아동복지제도의 기본 토대는 「UN 아동권리협약」이다. 1993년부터는 '스웨덴 아동을 위한 옴부즈맨(The Ombudsman for Children in Sweden)'이라는 정부기관을 통해 사회의 모든 아동 관련 영역에서 「UN 아동권리협약」이 어떻게 지켜지고 있는지, 중앙정부와 지방자치단체, 정부기관의 협약 이행 사항을 모니터하면서 법 개정과 개선방안을 제안해 왔다(Barnombudsmanne, 2021). 이렇게 아동과 관련된 모든 정책과 서비스를 「UN 아동권리협약」 내용에 따라 계속해서 발전시켜 온 스웨덴은 2020년 1월부터는 아예 협약 자체를 법으로 채택해 아동과 관련된 모든 결정과 실천에서 아동 최선의 이익을 보장하고자 노력하고 있다(Sweden.se, 2021).

한편 식민지시대 미국의 아동복지는 스웨덴과 마찬가지로 1601년에 제정한 영국의 구빈법의 전통에 따라 구빈원에 기아나 고아를 성인과 함께 수용하는 것으로 시작하였다. 그러나 영국에서 독립한 후 자급자족할 수 없는 아동과 가족의 책임을 지던 지역사회는 아동을 구빈원에 수용·보호하는 방법 외에도 어린 아동은 정기적으로 제공하는 소액이나 물건의 대가로 아동부양을 책임지기로 동의한 가족에게 맡기기도 했고, 건강하면서 나이가 든 아동은 지역사회의 시민과 계약을 맺어 아동노동을 통한 이익의 대가로 아동을 부양하게 하는 도제제도를 활용하기도 하였다. 또 다른 방법은 '원외구호(Outdoor relief)'로서 가정 내 아동에게 빈약한 재정 지원을 제공하는 것이었다. 이는 지역의 빈곤법 관계당국이 졸렬하게 운영해 가장 기피하는 방법이었지만, 다른 어느 방법보다도 더 많은 아동을 지원했고, 오늘날 미국에서 가장 많이 활용하는 공적부조인 '빈곤가족 일시부조(Temporary Assistance to Needy Families: TANF)' 프로그램의 기원이 되었다고 볼 수 있다.

점차 아동에게는 구빈원 내 보호와 도제제도와는 다른 형태의 보호가 필요하다는 인식이 생기면서 주로 민간단체가 아동시설을 설립하기 시작하였고, 이들은 이후 지역사회의 위탁가정에 아동을 배치·보호하는 등의 활동을 하는 아동복지기관으로 발전하였다. 19세기 후반부터는 유럽에서 이민 온 사람으로 가득한 도시 빈민가의 각종 범죄와 악습, 빈곤에서 아동을 구제하는 시대로 돌입하였고, 아동구제 활동을 위해 설립한 아동구조협회(Children's Aid Societies)는 아동을 무료 위탁가정에 배치하기 시작하였다.

미국은 오랜 전통인 자조 정신을 강조해 왔으며, 정부가 국민의 개인과 가족생활에 개입하지 않아야 한다는 원칙과 각 주정부의 자주권을 존중 · 강화한다는 원칙을 고수해 왔으므로 가능한 한 아동과 가족의 복지에 관여하는 것을 기피하였다. 하지만 다양한 지역에 사는 아동 삶의 질 간에 현격한 차이가 드러나기 시작하자 해결방안을 마련하기 위해 1909년 제1차 백악관 회의를 개최했고, 1912년에는 미국연방정부에 아동문제를 전담하는 아동국(Children's Bureau)을 설치하였다. 1930년대 경제대공황은 1935년 「사회보장법(Social Security Act)」의 제정으로 이어졌다. 이 법은 연방정부 프로그램 중 가장 많은 가족과 아동에게 제공한 소득지원 프로그램인 '빈곤아동과 가족부조[2](Aid to Families of Dependent Children: AFDC)'를 설립하였고, 아동국에게 요보호 아동을 위한 아동복지서비스를 제공하는 주정부를 재정적으로 지원하는 권한을 부여해 아동복지서비스가 공적 기능이 되었다. 1960년대의 급격한 경제성장과 진보적 사회적 분위기는 사회복지서비스의 확대로 이어져 도시빈민층 자녀를 위한 헤드스타트(Head Start) 프로그램과 저소득층을 위한 푸드스탬프(Food Stamp) 프로그램과 같은 다양한 프로그램을 실시하게 되었다. 그러나 1970년대에 들어서면서부터 연방정부의 역할에 대한 좀 더 보수적인 입장이 대두하기 시작해, 아동에 대한 새로운 서비스가 줄고, 예산 삭감과 인플레이션으로 아동복지 프로그램에 대한 지출이 감소하기 시작하였다.

최근 30~50년 동안 미국의 아동복지제도는 보편적 아동복지제도의 확대보다는 아동학대와 같은 특별한 문제와 밀접히 연관해 진행해 왔다. 1963년을 기점으로 미국 50개 주에서 「아동학대신고법」이 통과했고, 1974년에는 「아동학대 예방과 치료법(Child Abuse Prevention and Treatment Act)」[3]이 통과하였다. 아동학대의 재발견은 폭발적인 아동보호서비스제도(Child protective service system)의 확대와 위탁보호아동

---

2) '빈곤아동과 가족부조(AFDC)'는 1996년 「개인책임과 직업기회조정법(Personal Responsibility and Work Opportunity Reconciliation Act)」을 채택하면서 '빈곤가족 일시부조(TANF)'로 전환되었다. TANF의 경우, 연방정부의 현금지원은 대부분 5년 이내에 종결된다. 이를 통해 지원받는 성인은 근로와 그 외 '개인적 책임'을 수행해야 하고, 이러한 요구에 응하지 않으면 제재를 받는다(Hutson, 2001).

3) 이 법령에 의해 국립 아동학대 · 방임센터(NCCAN: National Center on Child Abuse and Neglect)를 설립하였고, 아동학대 · 방임의 발견, 예방, 치료와 관련된 시범사업과 주정부 프로그램에 대한 재원을 제공하기 시작하였다.

수의 증가로 이어졌다. 그러나 대다수 아동이 위탁가정을 전전하는 위탁보호제도의 문제점이 드러나면서 아동을 위한 영구적인 계획의 중요성을 인식했고, 이는 결과적으로 1980년 「입양지원과 아동복지법(Adoption Assistance and Child Welfare Act)」의 제정으로 이어졌다. 이 법의 시행 이후 아동복지서비스의 초점은 아동보호에서 가족지원으로 전환하였지만, 가족보존을 위한 지원서비스를 효과적으로 제공하는 데 필요한 재원은 마련하지 않은 채 서비스의 필요성만을 강조한 한계가 있었다.

이에 1993년에는 아동복지가 가족을 지원하는 방향으로 개혁해야 할 것을 분명히 하고, 가족보존을 위해 지역사회에 기반을 둔 가족지원서비스를 원가족은 물론 친인척과 이웃에게까지 예방부터 위기개입의 차원에 이르기까지 제공할 것을 요구하고 재정적 지원을 약속한 1993년 「가족보존과 가족지원법(Family Preservation and Support Act)」이 통과되었다. 하지만 가족보존서비스의 성공을 위해 필요한 상담뿐 아니라 경제적 지원, 식품, 주택, 보육, 휴식과 같은 구체적인 서비스의 지원이 부족한 현실 속에서는 가족보존서비스의 효과가 긍정적이지만은 않았고 아동복지계에서는 다시 아동보호로의 복귀를 요구하는 목소리가 높아지기 시작하였다. 따라서 1997년에는 「입양과 안전한 가족법(Adoption and Safe Families Act)」이 제정됐는데 이 법은 가정 내 아동의 안전을 강조하면서 주로 위탁가정과 입양에 관한 규정을 제시하지만, 여전히 아동학대를 예방하고 아동을 가정 안에서 안전하게 보호하는 데 필요한 가족지원서비스에 대한 재원의 제공에 대한 규정도 포함하고 있다.

보육서비스와 관련해서는 다른 선진외국과 비교할 때 미국의 정부지원은 매우 빈약한 상태다. 1990년대에 들어서야 보육을 정치적 이슈로 수용하기 시작하면서 1965년에 빈곤한 아동의 조기교육으로 시작한 헤드스타트는 1992년에 재정적 지원이 최대로 증가하였고, 취업모를 위한 종일, 연중 프로그램으로 확대되었다. 미국은 유급출산휴가에 관한 정부 프로그램이 전혀 없고, 1993년 「가족과 의료휴가법(Family and Medical Leave Act)」이 통과되면서 비로소 50명 이상이 고용된 직장의 직원에 한하여 매년 출산이나 입양 또는 심각한 질병을 앓고 있는 가족원을 돌보기 위해 12주 동안 무급 휴가를 사용할 수 있게 되었다(Gornick & Meyers, 2001). 미국은 세계 최강국인데도 아직 아동수당과 같은 보편적 아동복지제도가 없으며, 늘 아동과 가족정책에 소극적인 태도를 보여 왔다. 전 세계에서 아직까지 「유엔아동권리협약」을 비준하지 않은 유일한 국가가 미국이라는 사실도 이러한 현실을 반영한 것이라고 볼 수 있다.

이상 살펴본 스웨덴과 미국의 아동복지서비스의 시작은 비슷했지만, 20세기에 들어오면서 스웨덴은 사회보장제도를 통해 국가가 모든 아동과 가족에게 아동복지 프로그램과 서비스를 보편적으로 제공하는 방향으로 발전하였다. 스웨덴에서는 아동·청소년과 관련된 모든 문제를 예방하고 해결해 나갈 때 중앙정부가 확고한 지도력을 발휘해 구체적인 방향을 제시해 주고, 필요한 재원을 지원해 줌으로써 이끌어 간다. 스웨덴의 지방정부는 전체 예산 중 약 30%를 아동 관련 제도와 서비스에 투자하는데, 이 중 절반 정도는 아동보호에 사용하고 있다(박세경 외, 2005). 그런 노력의 긍정적인 효과는 2015년 스웨덴의 절대 아동빈곤율이 3%(Thevenon et al., 2018: 23)도 되지 않는다는 사실을 통해서도 알 수 있다. 한편 미국 정부는 가능하면 가족의 독자적인 아동양육 권리와 책임을 존중하면서 가족이 빈곤이나 다른 문제로 인해 제 기능을 할 수 없을 때만 개입하는 잔여적 입장을 고수해 왔다. 따라서 역사상 민간단체가 주요 기능을 하면서 정부는 주로 정책 입안과 수행만을 담당하는 방식으로 전개해 왔다. 미국은 최근 아동·가족복지를 위한 지출이 크게 증가하였음에도 2015년 절대 아동빈곤율이 거의 20%(Thevenon et al., 2018: 23)에 육박함으로써 OECD 국가를 비교했을 때 가장 높은 국가 중 하나다. 이러한 현상은 보편적 접근이 아동복지 보장에 더욱 효과적이라는 것을 시사한다.

(2) 우리나라 아동복지의 발달

① 현대사회 이전의 아동복지

우리나라 아동복지의 발달 과정은 시대적 배경에 따라 크게 전통과 근대, 현대사회로 구분한다. 전통사회는 삼국시대부터 조선 중기까지의 시기로, 이 시기에는 고아, 기아 등 요보호 아동에 대한 구호가 주를 이루었으며 친족 부양을 우선해 보호가 필요한 아동의 문제를 보통 가족 안에서 해결하게 했다. 전통사회의 아동보호는 국가 개입보다는 사적으로 이루어진 일시적인 구제책이 주를 이루었으므로 진정한 의미의 아동복지가 발달했다고는 보기 어렵다.

근대사회는 봉건 사회조직이 붕괴하고 민주주의, 자본주의 체제가 형성된 사회로, 우리나라는 동학혁명이 일어난 후부터 시작했다고 할 수 있다. 근대사회에는 천주교와 개신교를 중심으로 부모가 없는 아동을 교인의 집에서 위탁·양육하거나, 보육원을 설립·운영하는 등의 아동복지사업이 있었다. 1923년에는 부랑 걸식아동이나 고아를 위한 구호시설을 법제화한 「조선감화령」을 발표했는데, 이는 우리나라 최초 아동복지 관련 법이라고 할 수 있으며 1944년 「조선구호령」으로 확대되었다. 그러나 이 법은 사회복지 관점의 법령이기보다 일본 강점기에 식민통치의 안정과 사회통제를 위해 제정한 것이었다.

한편, 이 시기에는 아동권리 향상을 위한 민간 차원의 운동을 전개하기도 하였다. 천도교소년회를 중심으로 발족한 '조선소년운동협회'는 우리나라 최초의 「아동권리선언」이라고 할 수 있는 「아동의 권리공약 3장」[4]을 발표했고, 각 지역에서도 소년단체를 조직해 아동의 성장 · 발달에 장애가 되는 요인을 제거하려는 소년 운동을 전개하였다(정옥분 외, 2012).

② 현대사회 이후의 아동복지

해방 이후부터 현재까지는 현대사회로 보며, 이 시기에는 아동복지에 대한 국가의 책임을 강조하면서 다양한 법과 제도가 만들어졌다. 이 시기에 우리나라 아동복지는 서비스 제공기관이 외국 원조기관에서 정부기관으로 이동했고, 집단적 수용보호 중심에서 소규모 수용보호나 재가보호 중심으로, 기초생활 지원 중심의 비전문적이고 단순한 서비스에서 다양한 형태의 전문적 서비스로 변모하였다(이순형 외, 2014). 현대사회의 아동복지 발달은 1961년 「아동복리법」 제정, 1981년과 2000년 두 차례에 걸쳐 전면 개정한 「아동복지법」, 그리고 2019년에 발표한 「포용국가아동정책」을 중요한 전환기로 보고 시기를 구분해 설명할 수 있다.

- 1945~1960년: 해방 직후부터 1960년대까지는 전쟁 흔적을 처리하기 위해 사회복지제도를 활용했다는 특징이 있다. 그러나 국가체제가 형성되는 과정이었으므로 공적 제도를 통한 효과성은 크지 않은 편이었고, 국가의 사회복지 역할은 주로 외국 원조기관(이하 외원기관)이 수행하였다(남찬섭, 2007). 이때는 국가에 의한 사회적 보호가 미비하고, 전쟁으로 사회 기반시설이 완전히 파괴된 상

4) 「아동의 권리공약 3장」(1923년 5월 1일 조선소년운동협의회 소년운동선언 중)
1. 어린이를 재래의 윤리적 압박으로부터 해방하여 그들에 대한 완전한 인격적 예우를 허하라.
2. 어린이를 재래의 경제적 압박으로부터 해방하여 만 14세 이하의 그들에 대한 무상 또는 유상의 노동을 폐하라.
3. 어린이들에게 그들이 고요히 배우고 즐거이 놀 만한 각양의 가정 또는 사회시설을 행하라.

황이었으므로 '기독교 아동복리회(Christian Children's Fund)', '선명회 세계본부(World Vision)', '양친회(Foster Parents Plan)' 등 외국 기관이 국내에 들어와 활동하며 아동 후원사업, 전쟁고아의 보호와 수용, 입양사업 등을 시행했다. 해방 이후부터 1950년까지는 미군 군사정부(이하 미 군정)가 통치한 시기로, 이때의 아동복지정책은 전쟁고아와 기아, 미아의 생존문제 해결을 위한 응급구호 활동이 대부분을 차지했다. 그리고 이들에 대한 대책은 주로 시설수용이었다. 전쟁 난민의 유입이 급속히 늘어나자, 미 군정 당국은 1947년 '후생시설 운영에 관한 건'을 발표해 "국가 재정상 국비 보조가 어려우므로 관민유지의 긴밀한 협력 하에 각 시설이 자급자족할 것"을 천명하였다(이순형 외, 2014).

미군정이 철수한 후에도 군사 정권기에 형성한 사회복지제도를 대부분 유지하였다. 그러나 미군정기의 복지가 전쟁과 식민지 경험에 의한 피해를 복구하기 위한 것이었다면, 1950년대의 복지는 반공국가 건설과 경제 개발을 목적으로 한 것이었다(남찬섭, 2005). 아동복지시설은 급속히 증가해 1960년 아동복지시설 수는 472개로 전체 사회복지시설의 80%에 달했으며(신선인, 박영준, 2013), 대부분 외원기관 민간 사회복지법인으로 형식이 바꾸어 운영하였으므로 사실상 외원기관이 정부 역할을 대행하는 것은 변함이 없었다.

- 1961~1980년: 1960년대는 쿠데타로 군사정권이 들어선 시기로, 군사정부는 자기 정당성을 확보하기 위해 복지 관련 법률을 대량으로 제정하였다. 1962년까지 1년여 동안 정부는 무려 545건의 법률을 새로 제정했으며(남찬섭, 2005), 이 중 복지 관련 법률로는 「아동복리법」, 「생활보호법」, 「고아입양특례법」, 「사회보장에 관한 법률」, 「산업재해보상보험법」, 「사회복지사업법」 등이 있다. 「아동복리법」은 1961년에 일제강점기의 「조선감화령」과 「조선구호령」을 기초로 제정한 법으로 최초로 아동복지에 대한 국가 책임을 법적으로 명시해 아동복지사업을 정부 차원에서 제도화하려 했다는 점에서 그 의의를 찾을 수 있다. 「아동복리법」은 1981년 개정 전까지 '보호대상아동'을 보호하는 유일한 법이었다.

그러나 이 시기 아동복지는 법률상으로는 국가가 책임을 인식했지만, 실질적 사업은 여전히 민간을 중심으로 이루어졌고, 정부는 이를 관리 · 감독하는 역할만을 하였다. 아동복지사업도 보호가 필요한 18세 미만 아동을 대상으로 하는 시설 중심 서비스가 대부분이었으며, 외원기관에서 제공하는 재원이 전체 사회복지 예산의 50%를 넘었다(정옥분 외, 2012). 1970년대부터는 외원기관이 철수함에 따라 국가 보조 비율이 조금씩 증가하기 시작했지만, 국가가 사회복지제도 도입을 통해 본격적으로 대응했다고는 볼 수 없다. 이때에는 그동안 이루어진 경제 성장에 기인한 모순이 크게 나타나기 시작하면서 국민의 복지욕구가 급증했지만, '불우이웃돕기' 등으로 국가 책임을 민간에 전가하기도 했고, '소년소녀가장을 지원하자'는 부당한 구호가 유행하기도 했다. 소년소녀가장은 부모의 사망, 이혼, 가출 등의 이유로 미성년자만으로 구성한 세대나 조부모 등 보호자가 있어도 노령, 장애로 부양 능력이 없는 세대를 뜻한다(위키백과, 2020). 소년 · 소녀는 상식적으로나 법적으로나 미성년자를 가리키지만, 가장(家長)은 통상적으로 한 가정을 경제적으로 책임질 능력을 갖춘 성인을 의미하므로, 미성년자와 가장은 함께 사용할 수 없는 용어다. 아동은 어떤 형태로든 성인의 보호를 받으며 성장해야 하고 국가는 아동을 보호할 책임이 있다. 미성년자가 홀로 세대를 구성해 살아가는 '소년소녀가장'을 인정하는 것은 국가 책임을 방기하는 일이라 할 수 있다(남찬섭, 2006).

- 1981~1999년: 1980년대는 국내외적으로 아동복지 발전의 발판을 마련한 시기라고 할 수 있다. UN은 1979년을 '세계 어린이 해'로 선정하고 「아동권리협약」의 초안을 마련했으며, 이는 아동권리에 대한 국제적 관심이 증가하는 계기가 되었다. 국내에서는 '경제 개발 5개년 계획'을 통해 경제적 발전을 이루어 가고, 기혼 여성의 사회참여가 늘어나면서 자녀 양육 지원에 대한 사회적 욕구가 증가하였다. 또한, 아동 유기와 학대를 비롯한 가정해체 문제와 청소년 폭력, 약물남용, 자살, 노숙인 문제 등 각종 사회문제가 증가하자 정부는 더는 국민의 복지욕구 해결을 민간에 전가할 수 없게 되었고, 그동안 외면해 온 사회복지서비스를 제도화하기 시작하였다. 이 시기에 「장애인복지법」과 「영유아보육법」, 「청소년기본법」, 「사회보장기본법」, 「교육기본법」, 「청소년보호법」 등의 법률을 제 · 개정했으며, 1981년 「아동복리법」을 「아동복지법」으로 개정함으로써 아동복지의 대상을 '요보호 아동'에서 '18세 미만의 전체 아동'으로 확대하였다. 그러나 법률상으로는 모든 아동을 대상으로 아동복지를 구현하는 보편주의를 지향했지만, 실제 사업 내용에서는 여전히 보호가 필요한 아동 중심의 사업이 주를 이루었다. 다만, 보육사업은 1991년 「영유아보육법」 제정으로 대상을 일반아동으로 확대하였다.

- 2000~2014년: 2000년 정부는 「아동복지법」을 전면 개정했으며, 개정한 「아동복지법」에서는 아동을 단순한 보호 대상이 아닌 권리 주체로 보고, '무차별 원칙', '아동 이익 최우선의 원칙', '안정된 가정환경에서 양육할 필요성' 등 「아동권리협약」의 내용을 적용하였다. 그리고 아동학대와 아동 안전에 관한 규정을 대폭 확대하였다. 아동학대와 관련해서는 아동학대의 정의, 아동학대 관련 업무를 담당하는 아동보호전문기관 설치에 관한 규정, 아동학대 신고 의무와 절차 등 구체적인 절차를 마련했고, 아동 안전과 관련해서는 아동복지시설과 아동용품에 대한 안전 기준을 정하였다. 또한, 2004년 「아동복지법」을 개정하면서 건강한 출생과 성장을 위한 종합적 아동 정책의 수립을 강조하고, 아동복지시설 종류에 공동생활가정과 지역아동센터를 추가해 가정 중심, 지역사회 중심의 아동복지정책을 추진하게 보완하였다.

  한편, 21세기에 들어서면서 출산율이 급격히 떨어지고 여성의 노동시장 참여가 늘어나자, 정부는 2004년 「영유아보육법」을 전면 개정해 보육시설 종류와 종사자 자격기준을 명확히 하는 등 보육사업에 대한 기본 틀을 마련하고, 2013년에는 전격적으로 0~5세 무상 보육을 시행하였다. 이는 부모의 경제력과 재산에 관계없이 우리나라 모든 영유아의 보육비용을 국가가 지급한다는 것으로, 아동복지를 보편주의 원칙을 기초로 확장하려는 사회 추세를 반영한 것이다. 그러나 우리나라 보육시설은 대부분 민간기관으로 공보육 비율은 매우 미미한 편이며, 이는 실질적 의미에서 보편적 아동복지라고 볼 수 없다. 그리고 보육제도를 제외한 정부의 전반적인 아동복지정책은 여전히 보호가 필요한 아동 중심으로 이루어지고 있다. 예를 들어, 보건복지부의 『아동복지사업 안내』에 제시한 아동복지사업은 가정보호와 지역사회 아동보호, 아동시설보호, 자립지원사업이 주요 내용이며, 아동복지예산 역시 시설지원 위주로 편성한 한계가 있다(보건복지부, 2014).

- 2015년~현재: 「아동복지법」 제7조에 따르면 정부는 아동정책의 효율적인 추진을 위해 5년마다 「아동정책기본계획」을 수립해야 하며, 중앙부처와 지자체는 매년 「아동정책기본계획」에 따른 「아동정책시행계획」을 수립하고 시행해야 한다. 이에 정부는 2015년 제1차 「아동정책기본계획」을 수립했는데, 이 계획은 모든 아동의 권리보장과 삶의 질 개선에 관한 정책을 포함하고 있으며, 보편적 아동복지의 토대 마련을 강조하고 있다. 현재 우리나라 상황은 아직 보편

적 아동복지를 달성했다고 보기 어렵지만, 여기서는 「아동정책기본계획」을 수립한 2015년을 우리나라에서 아동복지 발달의 중요한 분기점으로 보고, 그 내용을 소개하고자 한다.

「제1차 아동정책기본계획」은 '아동 행복도 증진과 아동 최우선 원칙 기반 조성'을 목표로 생애주기에서 아동기가 가장 행복한 시기가 되게 영역별 정책을 추진하였다. 영역별 과제는 '미래를 준비하는 삶'과 '건강한 삶', '안전한 삶', '함께하는 삶', '실행기반 조성' 다섯 가지이며, 이 계획은 그간 부처와 영역으로 국한해 분절적이고 단편적으로 추진하던 아동 정책을 범부처 차원에서 포괄한 최초의 중기 계획이라는 데 의의가 있다. 「제1차 아동정책기본계획」을 통한 성과는 2018년 아동수당 지급과 온종일 돌봄체계 마련으로 사회적 돌봄 공공화의 토대를 강화한 것, 2019년 아동의료비를 경감하고 고교 무상교육을 실시하게 된 것을 들 수 있다. 그러나 이 계획은 목표로 했던 아동 행복도와 아동권리 인식개선 성과가 미흡했고, 아동을 권리 주체가 아닌 정책 대상으로 보는 관점에서 접근했다는 데 한계가 있었다.

이러한 한계를 보완해 2020년에는 「제2차 아동정책기본계획」을 발표하였다. 이 계획은 2019년에 발표한 「포용국가아동정책」의 주요 내용을 반영해 마련하였다. 2018년 정부는 우리 사회의 양극화·불평등 등 압축성장의 부작용을 극복하고 지속 가능한 발전을 달성하기 위해 새로운 국정운영 비전으로 '혁신적 포용국가'를 제시했으며, 사회관계 부처와 합동으로 「혁신적 포용국가 사회정책 추진계획」을 수립하고 구체적인 정책과제를 제시하였다. 혁신적 포용국가는 국정 운영의 중심에 '사람'을 두고 일반 국민의 삶의 질 개선에 초점을 둔다. 「포용국가아동정책」은 「혁신적 포용국가 사회정책 추진계획」 중 아동에 초점을 둔 정책으로 '아동이 행복한 나라'를 슬로건으로 하여, 보호권과 인권·참여권, 건강권, 놀이권의 4대 영역, 10개의 핵심 과제를 제시하고 있다.

첫째, 보호권과 관련해서는 학대와 빈곤, 유기 등으로 가정에서 보호가 어려운 아동을 국가와 지자체가 책임지고 보호하는 체계 혁신을 계획하였다. 이를 위해 아동보호체계와 아동학대 대응체계를 전면 개편해 공적 전담인력을 배치하기로 했으며, 시설기능을 전문화·다양화하고 보호종료 후 자립지원을 강화할 과제를 수립하였다. 둘째, 인권과 참여권 영역에서는 가정과 지역사회, 정부가 아동의 목소리에 귀를 기울이고 아동의 권리를 보장하기 위해 노력해야 함을 언급했으며, 세부 과제로 누락 없는 출생 등록과 아동에 대한 체벌 금지를 설정하였다. 셋째, 건강권 영역에서는 아동이 생애 초기부터 몸과 마음이 건강하게 성장할 수 있게 건강 관련 지원을 강화해야 함을 명시하였다. 넷째, 놀이권 영역에서는 아동이 지역사회와 학교에서 놀이를 통해 잠재력을 키울 수 있는 환경을 확대해 나갈 것을 약속하였다.

「포용국가아동정책」에서 나타난 가장 눈에 띄는 변화는 아동정책의 종합적 수립을 지원하고, 아동복지 관련 사업을 효과적으로 추진할 기관으로 아동권리보장원을 설립했다는 것이다. 아동권리보장원은 아동정책의 수립을 지원하고 사업평가 등의 업무를 수행하려는 목적으로, 중앙입양원, 아동자립지원단, 드림스타트사업지원단, 실종아동전문기관, 중앙아동보호전문기관, 지역아동센터중앙지원단, 중앙가정위탁지원센터, 디딤씨앗지원사업단 등 기존 8개 아동복지사업을 통합해 2019년 출범하였다. 「아동복지법」 10조 2항에 명시된 아동권리보장원의 구체적인 역할은 아동정책 수립을 위한 자료 개발과 정책 분석, 아동 관련 조사와 통계 구축, 아동 관련 교육과 홍보 등을 포함한다.

한편, 「제2차 아동정책기본계획」은 '아동이 행복한 나라'를 비전으로 네 가지 추진전략과 아홉 가지 추진과제로 구성되어 있다. 추진전략은 '권리주체 아동권리 실현'과 '건강하고 균형 있는 발달 지원', '공정한 출발 국가책임 강화', '코로나 19 대응 아동정책 혁신'이다. 특이한 점은 COVID-19에 대한 내용을 포함했다는 점이다. 2020년 COVID-19 감염병이 전 세계적으로 확산하면서 아동과 가족의 삶이 많은 부분 변화하였다. 먼저 경제적 활동이 둔화하면서 취약계층의 삶이 더 어려워졌으며, 바이러스 확산 방지에 따른 물리적 거리두기의 생활화로 비대면 문화가 확대하고, 특정 계층에 대한 혐오와 배제, 차별이 심화하기도 했다. 특히, 아동은 복지시설과 학교 휴관에 따라 여러 문제에 직면하게 되었는데, 구체적으로 급식 중단과 학업결손, 돌봄 공백의 문제가 크게 대두하였고, 아동방임과 학대도 증가하였다(아동권리보장원, 2020). COVID-19 감염병의 확산은 이러한 새로운 문제를 유발했으므로 정부는 「제2차 아동정책기본계획」의 주요 주제 중 하나로 COVID-19에 대응하는 아동정책을 다루게 된 것이다.

(3) 아동권리와 아동복지

① 아동권리의 개념

'아동권리'란 독립된 인간으로서 최소한의 기본 생활과 인간다운 생활을 영위할 수 있는 아동의 기본 인권을 말한다. 아동권리는 의식주와 보편적 무상교육 · 보건 등 기본적 생활조건의 제공, 아동의 나이에 맞는 법령과 아동의 시민권 보호, 인종 · 성별 · 성적 지향 · 국적 · 종교 · 장애 등과 관련하여 차별받지 않을 자유 등 인권 차원에서 아동이 필수적으로 가져야 할 권리를 의미한다. 아동권리를 인정한다는 것은 아동을 보호와 양육, 지원의 대상으로서뿐 아니라 권리 소지자로서 보는 것이다. 이는 곧 아동에게도 경제권과 사회권, 문화권, 시민권(정치권)이 있음을 받아들이는 것이다(Jones, 2011). 동시에 아동의 인권 · 행복과 관련된 제반 사항을 개인 차원에 맡기지 않고 사회와 국가가 관리하고 보장할 의무가 있다는 것이기도 하다.

② 「UN 아동권리협약」

- 「UN 아동권리협약」의 발달: 아동은 오랫동안 양육과 보호의 대상으로만 여겨지고 독립된 주체로 인정받지 못하였으며, 20세기가 되어서야 비로소 아동에 대한 전통적 사고 변화와 함께 아동의 권리를 신장하려는 노력을 시작하였다. 제1차 세계 대전 후 「아동헌장」(1922)을 선포했으며, 이 헌장의 영향으로 1924년 국제연맹은 국제적 문서인 「아동의 권리에 관한 제네바 선언」을 채택하여 아동이 성인과 같은 권리를 지닌 인격체임을 천명하였다(이영호, 문영희, 2016). 이어 「아동권리선언」을 선포했는데, 이 선언에서는 아동을 단순히 보호와 구제 차원이 아닌 권리의 차원으로 보고자 하였다. 그러나 이 선언은 규범적 구속력이 없어 실천에 한계가 있었으며, 이를 보완하고 그동안의 아동권리에 대한 노력을 집대성하여 마련한 결과물이 바로 「UN 아동권리협약(Convention on the Rights of the Child: CRC, 이하 아동권리협약)」이다(나달숙, 2020).

  「아동권리협약」은 국제사회가 전 세계 모든 아동의 인권을 보호, 증진, 실현하기 위해 만든 약속이며, 아동을 권리의 주체로 보는 원칙을 전제로 한다(Deutsches Institut für Menschenrecht, 2006). 「아동권리협약」은 제3부 총 54개 조항으로 이루어졌으며, 협약의 전문에서는 협약의 기본 정신을 밝히고 있다. 제1부(제1조~제41조)는 '실질적 규정'으로 아동의 권리와 가입국의 아동보호

의무를 기술하고, 제2부(제43조~제45조)는 협약의 국제적 이행과 모니터링에 관해 규정하였으며, 제3부(제46조~제54조)에는 비준 절차 등을 포함한 부칙을 포함한다. 이후 2개의 추가의정서를 통해 2002년 1월 아동 매매와 아동 성매매, 아동 성적 외설물(pornography)을 금지하고, 같은 해 2월에는 아동의 무장 행위를 금지하도록 규정하였다(Göpfert, 2010).

이 협약은 1989년 11월 UN 총회에서 만장일치로 채택해 1990년 9월 2일 국제법으로서 효력을 발휘하기 시작했다. 이는 현재까지 가장 많은 국가가 비준한 「국제인권법」으로, 전 세계 196개국(2020년 8월 기준)이 비준하였다. 우리나라는 1991년 11월 20일 이 협약을 비준하였으며, 2004년 9월 24일 2개의 추가의정서를 비준하였다(국제아동인권센터 홈페이지, 2020).

- 「아동권리협약」의 기본 원칙: UN 아동권리위원회(Committee on the Rights of the Child: CRC, 이하 아동권리위원회)는 「아동권리협약」 중 차별금지의 원칙(제2조), 아동 최선의 이익 원칙(제3조), 생명 · 생존 및 발달의 원칙(제6조), 아동 의견 존중의 원칙(제12조) 네 가지를 다른 권리규정의 바탕이 되는 기본 원칙(general principle)으로 규정하였다.

  첫째, '차별금지의 원칙'은 모든 아동이 차별받지 않고 자신의 권리와 자유를 누릴 권리가 있다는 것으로, 이를 위해 협약 당사국은 자국의 관할권 내에 있는 아동과 부모, 법정후견인이 차별 없이 권리를 존중받을 수 있게 모든 적절한 조치를 취해야 한다.

  둘째, '아동 이익 최우선의 원칙'은 아동에 관한 모든 활동에서 아동 이익을 최우선으로 고려해야 한다는 것으로, 이는 주로 아동의 이익과 부모의 이익, 또는 국가 당국의 편의가 충돌할 때 적용할 수 있다.

  셋째, '생명 · 생존 및 발달의 원칙'은 모든 아동이 고유의 생명권을 가지고 있음을 인정하고 최대한 아동의 생존과 발달을 보장해야 한다는 것이다.

  넷째, '아동 의견 존중의 원칙'은 아동에게 영향을 미치는 모든 문제에 대해 아동 스스로 자신의 견해를 표현할 권리를 보장하는 것이다.

- 「아동권리협약」의 이행: 「아동권리협약」을 비준한 당사국은 5년마다 국가의 이행사항을 아동권리위원회에 보고하여 심의를 받아야 한다(아동권리협약 제44조). 우리나라는 현재까지 네 번의 국가보고서 심의를 받았는데, 협약 비준 2년 후인 1994년 11월 첫 번째 보고서를 제출하였고 2000년 5월 2차 보고서, 2009년 5월

3 · 4차 통합보고서, 2017년 12월 5 · 6차 통합보고서를 제출하였으며, 차기 제7차 심의를 위한 국가보고서는 2024년 12월까지 제출해야 한다.

아동권리위원회는 제1차 보고서에 대한 심의부터 현재까지, 아동권리와 관련한 조정 기구와 모니터링 기구, 아동참여 기구 마련, 아동 관련 예산의 확대와 효과성 평가, 아동안전과 건강 증진, 공교육 정상화, 체벌 금지, 차별금지에 관해 지속해서 권고해 왔다. 우리나라는 법률의 제 · 개정을 통해 지속적인 개선 노력을 해 왔으나, 이행이 미흡한 부분도 있다. 특히, '모든 상황에서의 아동 폭력 금지법안 마련'과 '차별금지법의 제정'에 관한 권고는 지켜지지 않아, 제5 · 6차 보고서에 대한 권고 사항에서도 이러한 내용을 다시 제시하였다.

우리 정부는 아동권리위원회가 촉구한 내용의 실천, 이행을 담은 제7차 보고서를 2024년 12월 19일까지 제출해야 한다. 이때까지 법적 정비와 제도 개선을 통해 「아동권리협약」의 내용을 국내법에 적극적으로 반영해야 할 것이다.

2. 우리나라 아동보호서비스

아동보호서비스는 아동복지서비스 중 아동학대와 방임, 빈곤 등의 문제로 보호대상 아동을 발견하거나 보호자로부터 의뢰를 받았을 때 아동 최선의 이익을 위해 취하는 모든 조처를 말한다. 또한, 예방적 차원의 아동복지와 연결된 교육과 의료, 공원, 여가와 공공 안전 영역 등과는 달리 사회복지사가 주축이 되어 활동하는 사회복지 영역이라는 특징이 있다.

아동보호서비스에서 1차 대상은 모든 가족이며, 2차 대상은 위험 상황에 노출된 아동, 3차 대상은 학대받거나 방임된 아동이다. 아동 최선의 이익을 위해서는 3차 대상인 피학대나 방임 아동에 대한 사후 처방적 접근에서 1차 대상인 모든 가족에 대한 예방적 접근으로 서비스의 초점을 전환할 필요가 있으며, 이러한 예방적 서비스는 가족 보존을 우선적인 목표로 한다. 그러나 현재, 미국을 비롯한 많은 나라에서 여전히 3차 예방 중심의 아동보호서비스를 시행하고 있으며, 우리나라에서도 가족보존서비스보다는 학대받거나 방임 또는 유기된 아동에 대한 사후 대책으로 제공하는 아동보호서비스가 주를 이룬다. 이 절에서는 먼저 아동보호서비스의 기본 원칙을 기술하고, 우리나라 아동보호서비스 중 학대피해아동 보호서비스, 일시 대리보호서비스(가정위탁, 공동생활가정, 아동양육시설), 영구 대리보호서비스(입양)에 관해 간단히 살펴보고자 한다.

1) 아동보호서비스의 기본 원칙

국제사회는 아동보호 책임이 국가에 있다고 보고 아동을 보호하고 아동이 바람직한 환경에서 성장하는 데 필요한 기준에 관해 합의해 왔다. 대표적인 것은 「아동권리협약」이라고 할 수 있으며, 이외에도 2009년 유엔총회에서 결의한 '아동 대안양육에 대한 지침(Guidelines for the Alternative Care of Children)(A/RES/64/142)'과 「헤이그 국제아동입양협약」(이하 헤이그협약)이 있다. 우리나라가 1991년에 비준한 「아동권리협약」은 국내법에 준하는 효력을 가지므로 국내에서 협약에서 규정하는 것과 같거나 더 나은 수준의 제도를 국내에서 입법하고 시행해야 한다. 「헤이그협약」은 우리나라가 2013년에 가입했지만, 아직 비준 과정이 이루어지지 않았다. 「아동권리협약」과 「아동 대안양육에 대한 지침」, 「헤이그협약」의 내용 중 보호대상아동의 아동보호서비스와 관련된 사항을 바탕으로 아동보호서비스의 원칙을 정리하면 다음과 같다.

(1) 아동 이익 최우선의 원칙

아동 이익 최우선의 원칙은 아동보호에서 가장 중요하고 기본적인 원칙이라고 할 수 있다. 이는 아동과 관련된 국제협약과 우리나라의 「아동복지법」에서도 아동복지의 핵심 원리로 삼고 있다. 「아동복지법」 제2조에서는 아동에 대한 상담과 보호조치를 결정하는 등 아동보호의 전 과정에 걸쳐 아동 이익을 최우선으로 고려해야 함을 명시하고 있다. 아동은 이익이나 권리를 스스로 인식하거나 권리 보장을 주장하고 획득하기 어려우므로, 아동 이익이 다른 주체의 이익과 상충할 때 먼저 아동 이익을 고려해야 한다(보건복지부, 아동권리보장원, 2020).

(2) 원가정 우선 보호 원칙

원가정 우선 보호 원칙은 모든 아동은 태어난 가정에서 보호받고 성장하는 것이 가장 바람직하며, 이를 위해 국가와 사회는 아동이 원가정에서 부모의 보호 아래 성장하게 지원해야 한다는 것이다. 이는 아동의 이익은 원가정 안에서 성장할 때 가장 잘 지켜질 수 있다고 보기 때문이다. 이를 위해서는 위기가정 지원을 통해 가족해체를 예방해 보호가 필요한 아동이 발생하는 것을 사전에 차단하는 것이 중요하다. 국가는 취약한 가정을 조기에 발견하게 애써야 하며, 위기 가정에 상담과 복지급여, 서비스를 지원해야 한다. 조기 발견을 위해서는 아동학대나 방임에 관한 정보뿐 아니라, 아동의 보육시설이나 학교 출석 상황 등을 살펴볼 필요가 있다.

또한, 보호자가 아동의 아동복지시설에 입소나 입양을 희망하더라도, 바로 시설 입소나 입양기관 의뢰 절차를 진행하기보다는 먼저 원가정이 아동을 보호할 수 있게 최대한 필요한 지원과 조처를 해야 한다. 아동을 가정에서 분리할 때는 가능하면 일시적이고 최대한 단기간 해야 하며, 분리 결정을 주기적으로 다시 검토해야 한다. 그리고 분리 후에도 아동이 조속히 원가정에 복귀할 수 있게 원가정의 양육능력 회복을 위한 지원을 지속해야 한다.

(3) 국가 책임의 원칙

「아동권리협약」을 포함한 주요 아동 관련 국제협약은 보호대상 아동에 대한 책임의 주체를 국가로 명시한다. 아동의 건강한 성장을 위한 아동보호는 아동이 반드시 보장받아야 하는 기본 권리다. 아동의 가족이 위기에 놓이고 어려움을 경험하면 아동보호에 공백이 생기게 되므로, 국가는 가족이 아동을 잘 보호하고 양육하게 지원해야 한다. 특히, 취약한 가족이 경험하는 문제는 단지 개인의 문제로 볼 수 없으며, 사회구조의 영향을 크게 받기 때문에 향후 발생할 사회적 비용 감소를 위해서도 국가가 나서서 아동과 가족의 문제를 조기에 해결하는 데 도움이 되는 제도와 서비스를 마련해야 한다. 특히, 사회에서 가장 취약한 집단인 아동의 보호를 기관 이익을 추구하는 특성이 있는 민간기관에 맡길 때 발생할 수 있는 아동권익 침해의 가능성을 방지하려면 아동보호 관련 업무를 국가가 주도하는 것이 매우 중요하다.

(4) 아동과 가족 중심 원칙

아동보호 조처 과정에서 아동 최선의 이익을 보장하려면 아동과 가족이나 보호자는 아동보호 절차와 영향, 결과, 자신들이 받을 수 있는 서비스 등에 관한 충분한 정보를 받아야 한다. 또한, 초기 상담과 아동보호계획 수립, 보호조치 등 전 과정에 참여하면서 자신들의 의견을 표명할 권리를 보장받고, 그 의견이 최대한 반영되어야 한다. 「아동권리협약」 제12조는 자신의 견해를 형성할 능력이 있는 아동은 자신에게 영향을 미치는 모든 문제에 관해 자신의 견해를 자유롭게 표현할 권리를 보장해야 함을 명시하고 있다. 아동의 견해는 아동의 나이와 성숙도에 따라 적절한 비중을 부여해 결정에 반영해야 할 것이다.

(5) 대리보호 한시성의 원칙

대리보호 한시성의 원칙은 아동을 가족에서 분리해 보호할 때 대리보호 기간은 최대한 짧게 하고 가능한 한 빨리 원가정으로 복귀할 수 있게 하는 것을 말한다. 그러나 이는 아동의 대리보호 기간을 무조건 단축해야 한다는 것을 의미하는 것은 아니다. 아동이 가정으로 복귀하려면 원가정이 아동양육 능력을 충분히 회복해서 아동을 안전하게 양육할 수 있다는 것을 완전히 보장할 수 있어야 하며, 이를 아동보호를 담당하는 사회복지사나 관련 전문가가 확인하는 절차가 필요하다. 따라서 아동의 대리보호 기간을 단축하려면 아동을 분리 보호하는 순간부터 원가족 복귀를 목표로 원가족 기능 회복을 위한 집중적인 지원이 이루어져야 한다.

(6) 소규모 가정환경 보호의 원칙

소규모 가정환경 보호의 원칙은 대리보호 시 아동이 살아온 가정에 최대한 가깝고 유사한 환경에서 아동을 보호해야 한다는 것이다. 아동은 지금껏 살아온 지역에서 최대한 가까운 곳에 배치해 보호받게 함으로써, 아동이 살면서 맺어 온 가족관계와 또래 관계를 유지할 수 있어야 한다. 그리고 아동보호의 환경은 대규모 시설을 지양하고 위탁가정이나 공동생활가정 등 가정환경과 유사한 소규모 집단을 선택하는 것이 좋다. 이는 최소 제한 대안의 원칙을 반영한 것으로, 이는 아동의 자율적 결정과 자유로운 생활을 최대한 보장할 수 있는 환경을 제공하는 것이 새로운 환경에서 아동 적응을 돕고, 건강한 성장·발달에도 도움이 되기 때문이다. 어떤 이유로든 가정을 떠나 대리보호에 맡겨진 아동은 심리·정서적으로 어려움을 겪을 수 있음으로, 아동을 대리 양육하는 곳에서는 아동에게 최대한 익숙하고 편안한 환경을 마련해 줘야 한다.

(7) 통합적 서비스 제공 원칙

취약 가구 대부분은 빈곤이나 질병, 가정해체 등 복합적인 어려움을 경험하면서 아동보호에서도 문제를 보이게 된다. 따라서 취약 가구의 아동에 대한 보호조치를 취할 때는 개별 가구의 욕구와 특성에 따라 통합적으로 개입할 필요가 있다. 이때, 집중적인 사례관리를 통해 아동과 가족이 원하는 변화를 종합적으로 알아보고 이들이 가진 강점과 자원을 활용해 그 변화를 만들어 나가는 데 도움이 되는 개입 계획을 함께 세우는 것이 중요하다.

(8) 취약아동 특별지원 원칙

취약아동 특별지원의 원칙은 장애아동이나 경계선 지적지능 아동, 심리 · 사회 · 정서적으로 불안정한 아동 등에 대해 특별한 보호와 지원이 이루어져야 한다는 원칙이다. 아동의 개별 특성에 따라 보호 유형과 기간, 방법은 달라질 수 있으므로, 아동의 상황과 욕구를 정확히 파악하고 아동 최상의 이익을 보장할 수 있는 아동보호 계획을 수립해야 할 것이다.

2) 우리나라 아동보호서비스

(1) 아동학대예방서비스

아동학대의 개념은 사회의 문화와 가치, 가족의 의미, 아동 폭력에 대한 해석에 따라 다양하게 정의한다. 과거에는 아동학대 정의를 신체적 · 정신적 · 성적 폭력 행위에 국한했으므로 학대피해아동에 대한 보호 서비스는 주로 성인으로부터 폭력이나 위해를 당한 아동에 대한 서비스를 의미했다. 그러나 최근 아동학대는 "아동의 복지나 잠정적 발달을 위협하는 넓은 범위의 행동"(중앙아동보호전문기관 홈페이지, 2014)으로 그 개념을 확대해 빈곤과 질병, 노동의 위험에 노출되었거나 적절한 보호를 받지 못한 아동도 '방임 아동'으로 간주하고 정의하는 경향이다. 1999년 WHO는 아동학대를 "아동 양육을 책임지고 있거나, 아동과의 관계에서 신뢰나 권위가 있는 사람에 의한 모든 형태의 신체적 · 정서적 가혹한 처사, 성학대, 방임, 보호의 태만을 포함해, 상업적인 착취 결과로 아동의 건강과 생존 발달, 존엄성에 실제로 해를 끼치거나 그 가능성을 초래한 것"으로 정의하였다. 이는 아동에게 가해진 실제 피해뿐 아니라, 잠재적인 피해까지 포함하는 포괄적인 정의로 볼 수 있다(안재진, 2002).

우리나라 「아동복지법」에서는 아동학대를 "보호자를 포함한 성인이 아동의 건강 또는 복지를 해치거나 정상적 발달을 저해할 수 있는 신체적 · 정신적 · 성적 폭력이나 가혹 행위를 하는 것과 아동의 보호자가 아동을 유기하거나 방임하는 것"으로 정의하고 있으며, '피해아동'은 아동학대로 피해를 본 아동을 의미한다(「아동복지법」 제3조). 「아동복지법」에서는 아동학대로 간접적으로 피해를 본 아동도 '피해아동'에 포함해 이들에 대한 지원을 보장하며, 「아동학대범죄의 처벌 등에 관한 특례법」에서는 '피해아동'을 아동학대 범죄로 직접적으로 피해를 본 아동으로만 한정하고 있다.

우리나라의 아동학대 사례는 해마다 증가하고 있다. 학대 행위자 중에는 부모와 대리 양육자가 대부분을 차지하고 가정 안에서 발생한 사례가 가장 많다. 유형별 아동학대 발생 현황을 살펴보면, 중복학대가 가장 많은 부분을 차지하고, 정서학대와 신체학대, 방임, 성학대 순으로 높게 나타났으며, 중복학대 중 신체학대와 정서학대가 많은 편이다. 학대 행위자의 주요 학대 원인은 양육기술 부족이었다. 과거에는 학대의 원인 중 학대 행위자의 심리 · 기질적 문제와 물질남용 문제가 두드러졌지만, 최근에는 스트레스, 사회적 고립, 경제적 어려움 등 상황적 요인이 학대 발생에 큰 영향을 미치는 것으로 보인다. 특히, 우리나라에서 빈번히 발생하는 학대 유형인 방임은 그 원인이 주로 경제적 빈곤문제와 결부된 것으로 나타났는데(보건복지부, 2020), 이는 아동학대와 방임을 위기가정에 대한 지원을 통해 예방할 가능성이 있음을 시사한다.

우리나라 학대피해아동 조처의 특성을 살펴보면, 원가정에서 사례관리하는 경우가 많은 편이지만, 분리보호아동 중 원가정으로 복귀하는 아동의 수는 현저히 적은 편이다. 이는 우리나라 가족보존서비스의 양과 질이 미흡하기 때문이라고 볼 수 있는데, 아동의 성장과 발달에 가장 중요한 환경이 가족이라는 점을 고려할 때, 이러한 현실은 시급히 개선해야 할 것이다. 지금까지 우리나라의 아동학대에 대한 개입은 아동의 안전과 위험방지에만 초점을 두었으며, 아동보호전문기관 상담원이 공급자 입장에서 일방적으로 사례관리를 기획, 제공하는 현실의 한계가 지적되기도 했다. 이러한 상황에서, 2020년 아동학대 대응체계 개편을 통해 아동학대 사례관리의 목표를 원가정 복귀로 명시하고, 실천원칙도 강점관점 해결중심 접근의 적용을 제시한 것은 매우 고무적이다(보건복지부, 아동권리보장원, 2020). 강점관점 해결중심 접근은 아동학대 행위자나 피해아동이라도 자신에게 도움이 되는 변화를 이루어 낼 능력이 있다고 믿고, 이용자가 변화를 이루어 내는 데 활용할 강점과 자원을 발견하고 개발하는 데 초점을 두고 실천하는 것이다. 미국에서도 아동학대와 보호서비스에 강점관점과 해결중심 접근을 적용하여, 피해아동과 가족, 아동학대 행위자가 자신들이 이미 가진 강점과 자원을 활용해 스스로 자신들이 원하는 변화를 이루어 감으로써 부모가 아동의 안전을 자신들만의 방법으로 책임지게 하는 실천이 점점 더 많이 이루어지고 있다.

이러한 정책과 실천의 개편에도 우리나라는 아동의 가정에 대한 적절한 지원과 서비스가 여전히 부족한 상황이다. 특히, 아동을 분리보호한 후에는 가족에 대한 드림스타트 서비스를 중단해 분리 전보다 오히려 가족의 양육능력 향상을 위한 자원연계가 줄어들 수 있다. 또한, 아동에 대한 가정복귀계획 수립 시 원가정에 대한 지원계획을 포함하게 되어 있지만, 물적 · 인적 자원의 한계로 원가정에 대한 실질적 지원이 이루어지지 않고 있는 것이 현실이다. 아동학대예방서비스의 궁극적 목적은 개별 가족의 욕구와 필요에 따른 다양한 가족기능강화서비스를 통해 주 양육자가 양육능력을 향상하고 가정환경이 변화해 가정이 아동을 안전하게 양육할 수 있게 하는 것임을 생각할 때, 훨씬 더 적극적인 가족지원서비스 개발과 지원이 필요하다.

한편, 지자체에 전담공무원 배치를 통해 아동학대예방서비스의 전달체계를 공공화한 것은 매우 의미 있는 일이다. 다만, 아동학대조사는 아동학대 전담공무원이 하고, 사례관리 업무는 민간 아동보호전문기관에서 담당하는 분절된 현재 상황은 개선할 필요가 있다. 아동학대 사례관리는 조사 단계에서부터 시작해야 하며, 담당자를 변경하지 않고 연속해서 수행할 필요가 있다. 현재는 아동학대 사례관리 초기상담과 사정 과정에서 이미 아동학대조사에서 했던 비슷한 조사를 이중으로 수행해 피해아동과 가족의 부담과 피로를 가중하고 있다. 또한, 사례관리가 효과적으로 이루어지려면 가족과 밀착해서 이루어져야 하는데 아동보호전문기관 대부분이 지역사회 안에 위치하지 못하고 있고, 한 아동보호전문기관이 여러 지역을 담당해야 하는 현실도 사례관리를 수행하는 데 치명적인 한계로 작동할 수 있다. 아울러 공공기관과 민간기관이 아동에 대한 민감한 정보를 교류하며 업무를 수행하는 것이 업무의 효과성과 효율성에 방해 요인이 될 수 있으며, 이 과정에서 역할 갈등도 발생할 수 있다. 이러한 역할 갈등과 혼란스러운 상황은 아동 분리보호 시에도 발생하는데, 현재 아동을 분리보호하는 절차를 「아동복지법」상 아동보호전담요원이 관여하는 체계와, 「아동학대처벌법」상 아동학대전담공무원이 관여하는 체계로 중첩해서 구축한 점도 향후 개선이 필요한 부분이다.

(2) 일시 대리보호서비스: 가정위탁, 공동생활가정, 아동양육시설

일시 대리보호서비스는 부모가 아동을 양육 · 보호할 능력을 상실했거나 그 역할을 회피할 때, 원가족이 아닌 어른이 함께 거주하면서 아동을 일정 기간 보호하는 서비스를 말한다. 아동의 대리보호가 필요한 상황은 크게 세 가지로 분류할 수 있다. 첫째는 아동 학대 · 방임 · 유기와 심각한 부부 갈등, 알코올 중독, 복역 등 '부모의 상황'과 관련된 것이고, 둘째는 지적장애와 비행, 신체적 · 정서적 장애, 문제 행동 등 '아동의 상황'과 관련된 것이며, 셋째는 빈곤과 불량한 주택, 부모의 실직, 사회적 지원체계의 결핍 등 '환경'과 관련된 것이다(Kadushin, 1988).

일시 대리보호서비스는 아동을 원가정에서 분리해 일시적으로 보호하면서 아동과 그 가족에게 서비스를 제공함으로써 아동을 가족으로 복귀하게 하는 것을 목적으로 한다. 일시 대리보호서비스를 제공할 때 지켜야 할 원칙은 다음과 같다. 첫째, 아동에게는 부모–자녀 관계와 부모의 적절한 양육이 무엇보다 중요하므로 사회의 일차적 책임은 아동의 원가정 보존이다. 둘째, 아동의 원가정이 아동을 보호할 최소한의 양육수준을 회복할 수 없는 상황이라면, 아동에게 영구적 생활환경을 제공하기 전까지는 가정의 양육과 사회화 기능을 대신할 서비스를 마련해야 한다. 셋째, 가정위탁과 공동생활가정, 아동양육시설 등 대리보호 유형에 따라 서비스 제공 내용이 다르므로, 일시 대리보호 서비스를 결정할 때는 아동의 욕구와 상황에 맞는 형태를 선택해야 한다. 넷째, 일시 대리보호서비스 대상은 가족이며, 사업 목표는 가족의 재통합 또는 대안이 되는 영구 가정을 아동에게 제공하는 것이다. 다섯째, 일시 대리보호서비스 제공자는 아동을 위한 서비스 제공체계의 핵심 일원으로서 아동의 보호계획 수립과정에 반드시 참여해야 한다. 이 과정에서 보호서비스 제공자는 아동과 원가족 간 복잡한 역할과 관계를 관리하고, 원가족의 역할 모델이 되고 가족의 재통합을 돕는다. 여섯째, 아동의 장래에 큰 영향을 미칠 사항을 결정하기 전에는 반드시 아동 권리를 먼저 숙고해야 한다. 동시에 가족과 보호서비스 제공자의 권리도 균형 있게 고려해야 한다(Costin, Bell, & Downs, 1991). 과거 우리나라는 가족의 분리를 전제로 하는 서비스가 아동보호서비스의 많은 부분을 차지했고, 분리한 아동은 대부분 가정 형태가 아닌 대규모 시설에서 보호하였다. 아동은 가족과 분리된 후 장기간 시설에 머물렀으며, 만 18세 만기 퇴소 전에 원가정으로 복귀하는 사례는 매우 드문 편이었다. 이는 양육시설과 공동생활가정, 위탁가정 서비스의 양적 · 질적 발전은 있었지만, 일시 대리보호서비스의 궁극적 목적인 원가정 복귀를 위한 노력은 미비했기 때문이다. 또한, 대리보호를 통한 양육과 친생부모 양육 간 국가 지원의 차이도 영향을 주었다. 아동을 가정에서 분리해 일시 대리보호할 때는 아동에 대한 양육비와 생계비, 교육비, 의료비 등을 지원하고, 입양가정에도 양육비와 의료비, 심리치료비 등을 제공한다. 그러나 아동을 친생부모가 직접 양육할 때는 지원받을 수 있는 서비스가 거의 없어서 위기 상황에 놓인 부모가 아동 양육을 포기하는 사례가 빈번하게 발생하였다. 이렇게 가족을 지원하기보다 시설 중심 서비스 제공을 확대하는 정책은 가족의 분리와 아동 유기를 조장할 우려가 있다. 가족보존 원칙의 실천은 분리보호한 아동을 원가정으로 복귀하는 노력에만 국한하는 것이 아니라, 아동을 분리하기 이전에 가정을 지원해 문제를 예방하는 방식으로 이루어져야 한다.

이러한 원칙에 따라 정부는 2019년을 기점으로 가족보존과 아동의 원가정 복귀를 중심으로 보호서비스를 개편하였다. 현행 일시 대리보호서비스는 위기가정 발견 시 상담과 조사 결과를 토대로 사회복지서비스를 연계해 원가정을 먼저 지원해야 하며, 분리보호가 필요한 때에도 위탁가정이나 공동생활가정 등 가정형 보호를 중심으로 아동에게 가장 적합한 보호 방식을 결정해야 한다. 또한, 보호조치 후에도 주기적으로 아동과 원가정을 모니터링해 원가정 조기 복귀와 자립을 지원해야 한다. 아울러 이러한 업무를 국가 책임 아래 시행할 수 있도록 공적 보호체계를 개편해, 지자체에 보호대상아동을 전담하는 아동보호전담요원을 배치하였다(보건복지부, 2019). 이렇게 가족지원 중심으로 아동보호체계를 개편한 것은 매우 중요하고 큰 변화다. 그러나 가족을 지원할 실질적인 자원과 인력 부족, 서비스 제공인력의 전문성 문제는 여전히 해결해야 할 과제다.

(3) 영구 대리보호서비스: 입양

입양은 생부모가 자녀를 양육할 수 없을 때 새로운 가정을 통해 아동을 보호하는 '영구적인 대리보호서비스'다(Kadushin & Martin, 1988). 하지만 입양은 부모-자녀 관계가 새롭게 맺어지는 과정이라는 측면에서 아동보호서비스로만 이해해서는 안 된다. 입양은 출산이 아닌 방법을 통해 새 가족이 구성되는 사회적 · 법적 과정으로(Costin et al., 1991), 아동과 생부모 간 관계를 단절하고 혈연관계가 없는 사람들 사이에 새 부모-자녀 관계를 구축하는 것이다. 이 결과로 입양아동은 새 가족의 영구적 구성원이 되고, 친생자녀에게 주어지는 모든 혜택과 권리를 부여받게 된다(McGowan & Meezan, 1983). 즉, 아동이 입양가정에서 자라는 것은 보호서비스를 받는 것이 아니라, 가정의 일원으로 살게 되는 것이다. 다만, 국가는 입양의 전 과정에서 보호대상아동 최선의 이익을 보장할 수 있게 해야 한다. 이를 위해 입양 준비 단계부터 입양삼자에 대한 상담과 교육, 결연 절차를 정비해야 하며, 입양 후에도 입양가족이 어려움을 해결할 수 있게 적절한 서비스를 제공해야 한다.

우리나라에서 현대적 의미의 입양 역사는 한국전쟁 이후 혼혈아동을 국외로 입양 보내기 시작한 1953년을 시작으로 거의 70년이 되었다. 그러나 그중 거의 60년 동안 입양의 모든 절차를 아동보호체계와 분리해서 운영했다는 것이 가장 큰 문제다. 선진외국의 입양 서비스는 아동의 보호체계와 연결되어 있고, 아동보호 과정에서 아동 최선의 이익을 보장하기 위해 공적 기관이 친권과 아동 양육에 개입한다. 그리고 이러한 국가의 개입은 경제적 지원을 포함한 양육지원을 통해 원가정을 보존하는 것을 최우선 목표로 한다. 과거 우리나라처럼 단지 친생부모의 입양 동의로만 아동을 입양 보내는 것이 적격한지에 대한 판단이 이루어지는 경우는 거의 없고, 입양 절차 이전부터 정부의 관리감독과 법원의 개입을 통해 일련의 절차가 이루어진다(이경은, 2017). 또한 「헤이그협약」과 「아동권리협약」에서는 친생가족이 아동을 보호할 수 없을 때는 아동의 입양 적격성 판단과 최종 입양에 대한 결정은 정부당국이 해야 하고, 아동의 입양 절차에서 부적절한 재정적 이익을 취하는 것을 금지해야 함을 명시하고 있다.

그러나 우리나라에서는 2012년부터 「입양특례법」 개정을 통해 법원의 입양 허가 과정이 시작하고, 2021년부터 지자체가 예비 입양대상아동의 결정에 관여하기 시작하기 전까지는 모든 핵심 업무를 민간 입양기관에서 담당해 왔다. 이러한 현상은 세계에서 가장 많은 아동을 가장 오래 국외로 입양 보낸 국가의 오명을 안게 하는 데 큰 영향을 미쳤다. 우리나라에서는 1953년 한국전쟁 이후 처음 국외 입양을 시작했는데, 가장 많은 아동이 국외로 입양 간 것은 오히려 경제적으로 훨씬 더 발전한 1980년대다. 그중 1985년과 1986년에는 출생한 아동 100명당 1.3명이 국외로 입양되었고, 1984부터 1988년까지 5년 동안도 매년 아동 100명당 1명 이상이 국외로 입양 가는 전 세계에서 유례없는 현상이 일어났다(이상정 외, 2018).

최근 우리나라도 원가족 보존 중심의 서비스 체계를 마련하고 보호대상아동 결정을 공공화하였다. 다행히 2021년 6월 30일부터는 자녀의 입양을 고려하는 친생부모의 상담도 지자체 아동보호전담요원이 담당하고, 아동복지심의위원회에서 입양대상아동을 결정하게 되어 원가정 중심의 적극적인 지원이 가능하게 되었다. 이는 매우 중요한 변화로 미혼부모라는 이유로 자녀의 입양을 강요받는 친생부모 대다수가 좀 더 신중하게 자신과 자녀를 위한 최선의 이익을 고려해 결정할 수 있게 되었고, 지자체에서는 친생부모의 상황과 욕구에 따라 입양 서비스뿐 아니라 가족 보존을 위한 사례관리와 일시 대리보호 후 원가정 복귀를 지원할 수 있게 되었다. 이전에는 입양기관이 어떤 아동을 입양대상아동으로 인수할지를 결정할 전적인 권한을 가짐으로써 입양이 꼭 필요한 아동이 장애가 있거나 너무 나이가 많다는 이유 등으로 입양대상아동으로 선정되지 못하기도 하고, 충분한 상담과 지원을 통해 원가정에서 양육이 가능한 아동이 어리고 건강하므로 오히려 친생부모에게 입양을 보내게 권하는 문제도 있었다. 이는 민간기관은 아무래도 기관의 이익 추구에서 자유롭기 어렵기 때문이다.

친생부모의 상담은 아동보호전담요원이 담당하는 긍정적인 변화가 있었지만, 아직도 입양대상아동을 민간 입양기관에서 보호할 수 있다는 것은 시급히 해결해야 할 문제다. 입양기관이 관리하는 위탁가정은 가정위탁지원센터에서 관리하는 공식적인 위탁가정이 아니므로, 아동의 진입창구가 다를 뿐 아니라 전체 과정을 공적으로 관리 감독할 수 없다. 특히, 입양대상아동만을 따로 보호하는 것은 아동의 이익을 고려한 최선의 보호조치를 선택하는 데 한계가 될 수 있다. 세계 어디에서도 민간 입양기관에서 직접 아동을 보호하는 국가는 찾아볼 수 없다. 입양기관의 전문성은 예비 입양부모의 교육과 상담, 가정 조사, 입양 관련 당사자와 가정의 사후상담 등에서 발휘되어야 한다. 우리나라에서는 일시 보호체계가 이미 가정위탁, 공동생활가정, 양육시설로 분절된 상태로 운영되어 문제가 되고 있는데, 민간 입양기관에서 입양대상아동을 보호할 권한을 가짐으로써 아동의 일시 보호체계가 더욱더 분절되고 있다.

이외에도 민간기관 중심의 입양 업무를 진행할 때는 입양과 관련한 핵심 업무가 모든 아동에게 동일하게 이루어지지 못하는 한계가 있다. 우리나라는 입양사업을 수행하는 입양기관마다 인력 현황이나 운영 방식에 차이가 있고, 입양기관마다 따로 입양대상아동과 예비 입양부모를 접수함으로써 이들에 대한 통합관리가 이루어지기 어렵다. 지금처럼 정부가 입양기관에 국내입양 건수에 따라 입양 수수료를 지급하고 생계비와 양육수당을 아동 수에 따라 제공하는 상황에서는 입양기관 간 업무 협력이 제대로 이루어질 수 없으며, 이에 따라 아동의 최상의 이익을 보장하기도 어렵다.

참고문헌

김현용, 윤현숙, 노혜련, 김연옥, 최균, 이배근(2001). **현대사회와 아동(개정판)**. 서울: 소화.

나달숙(2020). 아동의 인권에 관한 법적 조명–아동권리협약을 중심으로. **법학연구**, 20(2), 1-30.

남찬섭(2005). 1950년대의 사회복지. **복지동향**, 80, 56-64.

남찬섭(2006). 1970년대의 사회복지 1. **복지동향**, 88, 39-45.

남찬섭(2007). 사회복지 역사기행 연재를 마치며. **복지동향**, 99, 45-50.

노혜련, 김미원, 조소연(2021). **예방과 통합의 관점에서 본 아동복지론(2판)**. 서울: 학지사.

박세경, 서문희, 강주희, 서영숙, 진미정, 노성향(2005). OECD 국가와 한국의 아동보호체계 비교연구. **한국보건사회원 연구보고서**, 2005, 14.

보건복지부(2014). **아동복지사업안내**. 세종: 보건복지부.

보건복지부(2019). **포용국가 아동정책**. 세종: 보건복지부.

보건복지부(2020). **2019 아동학대 주요 통계**. 세종: 보건복지부.

보건복지부, 아동권리보장원(2020). **아동학대 대응 업무 매뉴얼 1권**. 보건복지부, 아동권리보장원.

신선인, 박영준(2013). **아동복지론**. 서울: 신정.

아동권리보장원(2020). **코로나 대응활동 기록서**. 서울: 아동권리보장원.

안재진(2002). 아동학대 신고 의도에 영향을 미치는 요인: 서울시 학부모를 중심으로. 서울대학교 대학원 석사학위논문.

이경은(2017). 국제입양에 있어서 아동권리의 국제법적 보호. 서울대학교 대학원 박사학위논문.

이상정, 류정희, 임정미, 이주연, 노혜련, 변미희(2018). **아동보호체계 강화방안 연구**. 보건복지부, 한국보건사회연구원.

이순형, 민하영, 이소은, 이완정, 황혜신, 이강이, 이영미, 이혜승, 한유진, 권혜진, 성미영(2014). **아동복지: 이론과 실천(6판)**. 서울: 학지사.

이영호, 문영희(2016). UN 아동권리협약의 변천과 한국의 이행 성과와 과제. **비교교육연구**, 26, 1-25.

정옥분, 정순화, 손화희, 김경은(2012). **아동복지론**. 서울: 학지사.

한성심, 송주미(2012). **아동복지론**. 서울: 창지사.

Costin, B., Bell, J., & Downs, W. (1991). *Child welfare: Policies and practice*. Longman.

Deutsches Institut für Menschenrecht (2006). *Unterrichtsmaterialien zur Menschenrechtsbildung*. Ausgabe 4.

Downs, S., Moore, E., & McFadden, E. (2007). *Child welfare and family services* (8th ed.).

Allyn and Bacon.

Göpfert, L. (2010). *Entstehung der UN-Kinderrechtskonvention*. http://www.matthias-baerwolff.de/ uploads/media/Entstehung_der_UN-Kinderrechtskonvention__UN-KRK_.pdf

Gornick, J., & Meyers, M. (2001). "Support for working families". *The American Prospect, 12*(1), 1-10.

Hutson, R. (2001). *Red flags: Research raises concerns about the impact of "welfare reform" on child maltreatment.* Center for Law and Social Policy.

Jones, P. (2011). *What are children's rights? Contemporary developments and debates.* http://www.uk. sagepub.com/upm-data/39891_9781849203807.pdf

Kadushin, A. (1988). Neglect in families. *Mental illness, delinquency, addictions and neglect: Families in Trouble Series, 4*.

Kadushin, A., & Martin, J. (1988). *Child welfare services* (4th ed.). McMillan Publishing Company.

Lüscher, K. (2000). *Kinderpolitik konzipieren*. Konstanz Universität Sozialwissenschaftliche Fakultaät.

McGowan, G., & Meezan, W. (1983). *Child welfare: Current dilemmas-future directions.* FE Peacock Publication.

Popple, P., & Leighninger, L. (1999). *Social work, social welfare and American society* (4th ed.). Allyn & Bacon.

Thevenon, O., Manfred, T., Govind, Y., & Klauzner, I. (2018). Child poverty in the OECD: Trends, determinants and policies to tackle it. *OECD social, employment and migration working papers, No 218.*

국제아동인권센터 홈페이지. 2020 검색. "아동권리협약". http://incrc.org/uncrc

위키백과 홈페이지. 2020 검색. "소년소녀 가장".

중앙아동보호전문기관 홈페이지. 2014 검색. "아동학대 유형". http://korea1391.org/new_index

Barnombusmanne 홈페이지. 2021 검색. https://www.barnombudsmannen.se/om-webbplatsen/english/

Businessdictionary 홈페이지. 2014 검색. "Social services".

Center for Advanced Studies in Child Welfare 홈페이지. 2014 검색. "Concept and history of permanency in U.S. child welfare". "Definitions & questions about services: Child welfare". http://cascw.umn.edu/wp-content/uploads/2013/11/DCWC ChildWelfareDefined.pdf

http://www.businessdictionary.com/definition/social-services.html#ixzz2tfur3tts.
https://ko.wikipedia.org/wiki/%EC%86%8C%EB%85%84_%EC%86%8C%EB%85%80_%EA%B0%80%EC%9E%A5
https://sweden.se/life/society/children-in-sweden
Sweden.se 홈페이지. 2021 검색. "Children in Sweden".

제9장

노인복지

이 장에서는 현대사회의 노인복지에 관한 기본적인 개념, 노화 이론, 실천방법, 분야별 문제, 그리고 노인복지 과제와 전망 등에 대하여 서술하였다. 첫째, 초고령사회에서의 세계 노인인구와 우리나라의 노인인구에 관하여 서술하였다. 둘째, 노화에 관한 일곱 가지의 주요 이론에 관하여 기술하였다. 셋째, 노인복지 실천방법에서는 노인복지 원칙, 거시적 실천, 미시적 실천, 그리고 문제 사정 등에 관하여 서술하였다. 넷째는 노인복지 분야별 문제로 노인 여가, 노인부양, 노인취업, 퇴직, 그리고 노인학대 등에 관하여 서술하였다. 끝으로, 노인복지의 과제와 전망을 통하여 앞으로 노인복지 분야에서 해결해야 할 주요 이슈와 쟁점 등에 대하여 논의하였다.

1. 초고령사회의 도래

1) 세계의 노인인구

평균수명의 증가로 인해서 세계의 노인인구는 지속적으로 증가하고 있다. 2000년 전 로마제국의 평균수명은 25년에 지나지 않았지만, 2000년 영국에서 태어난 아동의 평균수명은 80세로 전망하고 있다. 1960년 세계의 65세 이상 노인인구 비중은 5.3%에 불과했지만, 2000년엔 6.9%로 증가하여 '고령화사회(Aging Society)'로 진입했고, 그리고 2025년에는 전 세계의 노인인구는 전체 인구의 10%가 넘을 것으로 전망되고 있다. 특히, 선진국은 전체 인구 중 노인인구가 차지하는 비율이 높은 반면 노인인구 증가율은 개발도상국들 중에서 극동아시아 지역의 고령화 속도가 급격하게 진행되고 있다.

2016년에 전 세계 노인인구는 6억 1,700만 명으로 전체 인구의 8.5%에 달했던 세계 노인인구 비율이 2050년에는 17%인 16억 명으로 늘어날 것으로 전망되고 있다. 또한 전 세계 인구의 평균 기대수명은 2015년 68.6세에서 2050년에는 76.2세로 늘어날 예정이다(YTN, 2016). 특히, 전 세계 노인인구의 증가와 더불어 유의할 사항은 2010년 이후 80세 이상의 고령 후기의 노인인구의 증가가 전 세계적으로 심각하게 증가할 것이라는 점이다. UN통계에 따르면 고령화 비율은 일본(28.4%)에 이어 이탈리아(23%), 포르투갈(22.4%), 핀란드(22.1%), 그리스(21.9%), 독일(21.6%) 등 유럽 국가들이 높게 나타났고, 그리고 우리나라의 65세 이상 고령화 비율도 14.9%였다(UN, 2019).

2) 우리나라의 노인인구

우리나라의 노인인구도 급속하게 증가하고 있다. 1920년대 후반 우리나라의 평균수명은 남자 32.4세, 여자 35.1세였으나, 2000년 평균수명은 남자가 71세, 여자가 79세에 이르고 있다. 2000년 65세 이상 우리나라 노인인구는 337만 명으로 전체 인구의 7%를 넘어서 고령화사회에 진입하였다. 2018년에는 노인인구가 전체 인구의 14% 이상으로 우리나라는 고령사회(Aged Society)로 진입하였다. 그리고 1980년 65세 이상 인구 145만 명과 비교하면 20년 동안 65세 이상 인구 규모는 약 2.3배 증가하였다. 1995년부터 2000년까지의 인구의 증감을 살펴보면 총인구가 3.2% 증가하는 동안 65세 인구는 27.7%가 증가하여 급격한 고령인구 증가 추세를 보여 주고 있다(통계청, 2001). 2021년에 65세 이상 고령인구는 전체 인구의 16.5%이고 2025년에는 20.3%에 이르러 우리나라가 초고령사회(Super-aged Society)로 진입하였다(통계청, 2021).

OECD 통계를 분석한 결과, 2020년 현재 OECD 29위 수준인 고령인구 비율(15.7%)은 20년 후인 2041년에는 33.4%로 인구 셋 중 한 명이 노인이 되고, 27년 후인 2048년에는 37.4%로 한국이 가장 고령국가가 될 것으로 전망하고 있다(OECD, 2020). 그러나 더 큰 문제는 우리나라 고령화 속도가 전 세계에서 가장 빠르다는 것이다. 65세 노인인구의 비중이 7%에서 14%로 증가하는 데 걸리는 기간이 프랑스 115년, 스웨덴 85년, 그리고 미국이 71년 걸렸다. 그러나 우리나라는 고령화사회에서 고령사회에 진입하는 기간이 불과 18년 만에 도달할 것으로 예상되어 고령화가 완만하게 진행된 선진국에 비해 더 많은 국가적 준비가 요청되고 있다.

국내 생산연령인구의 구성비는 2020년 71.5%에서 2040년 55.6%로 감소하고, 그리고 65세 이상의 고령인구는 2020년 803만 명에서 2040년에는 1,666만 명으로 두 배 이상으로 증가할 전망이다. 통계청(2019) 조사에 의하면 65세 이상 고령인구는 2025년에는 1,000만 명을 넘고, 그리고 2036년에는 1,500만 명을 초과한다. 그리고 65세 이상 고령인구 구성비는 2020년 16.1%에서 2025년에는 20%를 넘어서 2035년에는 30%를 초과할 예정이다. 그리고 우리나라의 총부양비는 생산연령인구 1백 명당 2020년에는 39.8명에서 2040년에는 79.7명까지 증가할 정도로 심각하다. 저출산과 인구고령화로 2040년까지 생산가능인구가 880만 명 감소할 예정이고, 그리고 베이비붐 세대(1955~1963년생)가 노인인구로 진입하면서 2040년에는 노인부양비는 거의 3배로 증가할 예정이다. 이에 따라 생산가능인구의 노인부양 부담도 크게 불어날 전망이다. 생산연령인구 100명당 부양 인구(유소년인구 + 고령인구)를 나타내는 총부양비는 올해 39.8명에서 2030년에는 54.5명, 그리고 2040년에는 79.7명으로 두 배 이상 늘어날 전망이다.

2. 노화에 관련된 이론

1) 활동이론

활동이론(Activity Theory)은 노년학에서 가장 지배적인 이론적 관점의 하나다. 이 이론은 해비거스트(Havighurst)에 의해서 45세에서 85세 연령의 중산층 노인 300명을 대상으로 6년 동안의 정기적인 조사를 통하여 정립되었다. 이 이론에 의하면 활동이 많은 노인은 활동이 적은 노인들보다 삶의 만족도가 높다는 것이다. 활동이론에서 한 사람의 자아개념은 중년기의 역할 수행에 의해서 결정되며, 노인들에게 가능한 그들의 중년기 활동들을 유지하는 것이 바람직하다. 또한 퇴직이나 배우자의 사별 때문에 상실된 부분들을 새로운 역할로 상쇄시킬 수 있도록 해야 한다

(Hooyman & Kiyak, 2017).

생물학적 측면과 건강의 불가피한 변화를 제외하고는 노인은 근본적으로 중년기와 다름없는 심리적 · 사회적 욕구를 지니고 있다. 노인이 다른 사람들과 어울리기를 원하고 집단활동과 지역사회의 일에 참여하는 것은 자연스러운 일이다. 그러나 자아정체감을 향상시킬 수 있는 사회적 활동 참여가 제약을 받으면 자아 평가에 위기를 초래하고 부정적인 자아상을 형성할 가능성이 커진다. 친밀한 활동을 할수록 노인의 생활만족도가 높게 유지되므로 퇴직으로 인하여 상실된 역할활동을 대치할 만한 다른 활동에의 참여가 절대적으로 필요하다.

2) 분리이론

분리이론(Disengagement Theory)은 노년학의 이론 중에서 가장 논란이 많이 되는 이론이다. 분리이론은 1961년 커밍과 헨리(Cumming & Henry)의 『증가하는 노인』이라는 책에서 소개되었다. 이 이론은 노인들이 노년기에 잘 적응하기 위해서 활발하게 활동해야 한다는 활동이론의 문제점을 지적했다. 분리이론은 노인들이 활동을 활발하게 하는 것보다는 활동을 줄이고, 수동적인 역할을 모색하거나, 다른 사람들과의 접촉을 줄이고, 개인의 내적인 삶에 더욱더 몰두하는 것이 노인들에게 적합하고, 또한 이로 인한 개인적인 만족감도 높다고 설명하고 있다(Zaidi & Howse, 2017). 분리는 죽음에 대한 보편적인 기대와 고령화에 따른 능력의 감소에 의한 것으로 자연적인 것이다. 분리의 과정은 노인들에 의해서 시작될 수도 있고 또한 사회에 의해서도 진행되기도 한다(Achenbaum & Bengtson, 1994).

노인은 젊은이보다 건강이 약화되고 죽음에 임하게 되는 확률이 높으므로, 개인의 입장에서는 최적의 만족을 얻고, 사회체계의 입장에서는 중단 없는 전진을 위하여 노인과 사회는 상호 간에 분리되기를 원하며, 이러한 분리는 정상적이고 피할 수 없는 것이다. 개인은 자기의 자아가 변하여 타인과의 관계를 유지시킬 수 있는 동기가 약화되는 것을 경험한 후에 먼저 사회로부터의 분리를 결정할 수 있다. 노인이 갖고 있는 기술 및 지식이 현대사회에 적합하지 않을 때에 사회가 노인을 사회체계로부터 분리시킬 수도 있다. 그러나 활동이론과는 정반대의 견해로서 분리이론은 노화와 더불어 사회적 활동을 적게 할수록 노인의 심리적 만족도는 높아진다고 주장하고 있다.

3) 지속이론

지속이론(Continuity Theory)은 분리이론과 활동이론에 대한 단점을 극복하기 위해서 만들어졌고, 노년기의 적응에 관한 사회심리학적인 관점을 내포하고 있다. 지속이론에 의하면 노인들은 내적인 심리적 지속성을 유지하기 위해서 환경에 적응하기 위한 전형적인 방법을 유지하고, 노년기의 역할상실에 대해서 비슷한 역할로 대치하는 경향이 높다. 이 이론에 의하면 노인들은 매우 상이한 성격과 생활방식을 가지고 있으며, 노년기의 성격은 노년기 이전의 성격을 유지하는 경향이 높으며, 이러한 노인들의 성격의 다양성들은 노화 형태의 다양성으로 나타난다. 예를 들어, 모든 일에 수동적인 사람이 퇴직 후에 활동적인 사람으로 변화되기는 매우 어렵다. 비슷하게, 매우 활동적인 사람이 퇴직 후에 집에서 조용히 생활하면서 수동적인 생활을 하는 경우는 드물다. 이 이론은 나이가 들면 사람들의 중심적인 성격의 특색과 중심 가치가 더욱더 심화된다고 주장하고 있다(Hooyman & Kiyak, 2017).

4) 하위문화이론

하위문화(Subculture Theory)는 사회 내에서 다른 계층이나 집단과는 분리되어서 동일한 집단이나 계층의 사람들과의 빈번한 상호작용에 의해서 형성된다. 이러한 상호작용은 집단이나 계층에 속한 구성원들이 공유하고 있는 동일한 배경, 문제, 관심 및 동기 등에 의하여 더욱더 촉진되고, 이로 인해서 사회의 다른 집단이나 인구층과의 상호작용이 점차로 감소하게 된다. 노년기의 하위문화는 노인들이 다른 연령계층과의 접촉은 줄어들고 노인들 간의 빈번한 상호작용으로 인하여 노인계층이나 집단에서 특유한 하위문화가 생겨난다는 이론이다. 노령기에 속해 있다는 공통적인 특성과 사회로부터의 소외와 노인에 대한 사회의 부정적인 반응으로 인하여 노인들끼리만 상호작용을 하기에 용이한 조건이 생긴다. 이 이론은 노인 퇴직자촌이나 노인생활시설 등의 어떤 특수한 노인집단의 상호작용 현상을 설명하는 데는 유용하지만, 이러한 하위문화 현상이 현대사회의 전체적인 현상으로 나타날 수 있는 가능성은 적으므로 어려운 점이 있다(Hooyman & Kiyak, 2017).

5) 연령계층화이론

연령계층화이론(Age Stratification Theory)은 노화에 영향을 미치는 사회적 과정과 변화, 연령계층과 사회구조, 그리고 연령계층 간의 관계 및 특성을 다루고 있다. 이 이론의 기본 개념은 사회에서 연령은 개인의 역할 및 권리 등을 부여하는 데 있어서 보편적인 기준으로 활용되고 있고, 연령계층에 따라서 주어지는 사회적 역할이 상이하다고 설명하고 있다(Foner, 1984; Estes, 2020). 또한 사회에는 연령계층에 대한 차별이 존재한다. 예를 들어서 산업현장에서는 고령 근로자들보다는 젊은 근로자를 선호한다. 사회는 기본적으로 연령등급에 의해서 구분되는 연령층으로 구성 및 서열화되어 있고, 한 연령계층에 속하는 사람들은 서로 비슷한 역사적인 경험을 하며 성장해 왔기 때문에 비슷한 태도, 가치 또는 전망을 가지게 되며 다른 역사적 경험을 하며 성장해온 다른 연령집단과는 구별된다고 주장하고 있다.

6) 사회교환이론

교환이론(Social Exchange Theory)에서는 사회적 행동을 적어도 두 사람 사이의 활동의 교환으로 보고 대인관계는 사람들 사이에 보상을 반복적으로 교환하는 것으로 규정하고 있다. 이러한 사회적 행동 또는 대인관계가 이루어지는 기본 조건은 투자보다는 보상의 가치가 높을 때에 사회적 교환행동들이 지속된다. 불균형화된 교환관계에서 의존성이 커져 결국은 권력적 열세에 처하게 되는 쪽은 가능한 한 교환관계를 균형화시키려 하고, 그렇게 함으로써 교환관계에서 발생하는 손해 또는 비용을 줄이려는 경향이 있다. 노인의 교환자원의 부족, 가치성의 저하 또는 고갈 등은 노인이 집단으로서 또는 개인으로서 사회적 교환관계를 형성하는 데 있어서 열세를 면치 못하는 지위로 하락되는 경향이 높다. 교환자원의 가치 저하는 의존성을 증가시키고 이는 권력의 약화를 초래하고 권력의 상대적 약화는 교환관계에서의 교환조건의 열세를 초래하며 노인은 결국 개인 및 사회와의 관계에서 어려움을 당하게 되는 문제가 발생한다(Danigelis & McIntosh, 1993; Wan & Antonucci, 2016).

교환이론이 노인에 관련된 모든 문제를 설명할 수는 없지만, 퇴직제도, 경제적 문제, 역할상실, 사회적 고립 및 소외, 가족 및 친구관계에 관한 부분의 노인 문제들을 설명하는 데에 적합하다. 이러한 사회적 행동 또는 대인관계가 이루어지는 기본 조건은 투자보다는 보상의 가치가 높을 때에 사회적 교환 행동들이 지속된다. 불균형화된 교환관계에서 의존성이 커져 결국은 권력적 열세에 처하게 되는 쪽은 가능한 한 교환관계를 균형화시키려고 하고, 그렇게 함으로써 교환관계에서 발생하는 손해 또는 비용을 줄이려는 경향이 있다. 노인의 교환자원의 부족, 가치성의 저하 또는 고갈 등은 노인이 집단으로서 또는 개인으로서 사회적 교환관계를 형성하는 데 있어서 열세를 면치 못하는 지위로 하락되는 경향이 높다. 교환자원의 가치 저하는 의존성을 증가시키고 이는 권력의 약화를 초래하고 권력의 약화는 교환관계에서의 교환조건의 열세를 초래하며 노인은 결국 개인 및 사회와의 관계에서 어려움을 당하게 되는 문제가 발생한다(Denigelis & McIntosh, 1993).

7) 현대화이론

현대화이론(Modernization Theory)에 의하면 한 사회의 현대화 정도가 높을수록 노인의 지위는 더욱 낮아진다고 다음과 같이 주장하고 있다(Cowgill & Holmes, 1972; De Tavernier et al., 2019). 첫째, 건강기술의 발전은 수명의 연장을 가져오고 이로 인해서 고령인구가 증가하고, 제한된 직업을 두고 젊은 세대와 고령세대 간의 경쟁이 심화된다. 둘째, 과학기술의 발전으로 인해서 도시 지역에 새로운 직업이 많이 생겨나고 새로운 직업은 젊은이들이 먼저 참여하여 개척하게 되며, 이에 따라 노인의 직업기술과 지식은 젊은이에 비하여 뒤떨어지게 되고 이로 인하여 압력을 받아 결국은 퇴직하게 된다. 셋째, 도시화(Urbanization)로 인해서 농촌에서 도시로 또는 도시에서 도시로 직업을 찾아 지리적 이동을 유발하고 새로운 지역에서 직업을 얻은 젊은이들은 그곳에서 결혼하여 정착하게 된다. 이렇게 거주 지역이 달라지게 됨으로써 자녀와 노부모 간의 지리적 분리현상이 생기고, 이것이 사회적 상호작용을 약화시켜 사회관계의 분리를 초래하며 결국은 노인의 지위를 하락시키는 데 영향을 미치게 된다. 넷째, 교육의 대중화(Mass Education)로 교육의 기회가 확산함에 따라 교육은 점차 대중화되고, 이로 인하여 자녀 세대들은 부모 세대들보다 교육을 더 많이 받게 된다. 이러한 교육의 격차는 사회적 지위를 전도시켜서 지적 및 도덕적 분리를 촉진시키고 이러한 현상은 노인이 지위를 낮게 만든다. 현대화의 영향으로 노인들은 긴 여가시간, 역할상실, 수입절감, 건강악화 · 건강보호 문제, 부양 · 보건 문제, 그리고 사회적 및 심리적 고립과 소외 등의 문제들을 경험하게 될 확률이 높다.

3. 노인복지의 실천방법

1) 노인복지의 원칙

(1) 존엄성 및 개성 존중의 원칙

인간은 신분, 직업, 연령, 신체적 · 정신적 건강, 경제적 지위 등의 어떤 면에서도 차별을 받지 않는 인간적인 권리로서의 존엄성(Dignity)이 존중되어야 한다. 비록 노인이 신체적 질병이나 정신적인 장애를 갖고 있더라도 그들의 존엄성과 개별적인 특성을 충분히 고려하여 노인들을 위한 서비스나 프로그램들을 운영해야 한다(최성재, 장인협, 2010).

(2) 개별화의 원칙

인간은 각각의 개성이 존중될 수 있도록 개별적으로 다루어져야 한다. 노인을 연령층에 따라 60세 또는 65세 이상 등 동일한 집단으로 다루는 경우가 많으나 노인의 연령 폭은 65세에서 120세 이상까지 넓다. 노인들에 대한 고정관념과 편견(Stereotpye)을 버리고 노인들의 개별적인 특성 및 상황을 충분히 고려하는 것이 바람직하다.

(3) 자기결정의 원칙

클라이언트의 자기결정(Self Determination)은 외부의 영향을 받지 않고 스스로 결정하는 것으로서 모든 사항에 대하여 스스로 선택하여 생활하고 다른 사람의 충고를 받지 않고 행동하거나 결정할 자유를 의미한다. 사회복지사는 노인이 신체적 · 정신적인 이유로 의사를 결정할 수 없는 경우를 제외하고 노인 자신의 복지에 영향을 미치는 어떠한 결정도 가능하면 노인 스스로의 선택에 의하여 이루어지도록 해야 한다.

(4) 권리와 책임의 원칙

모든 노인에게는 권리와 책임이 수반된다. 「노인복지법」에는 노인들의 권리와 책임을 다음과 같이 정의하고 있다. 첫째, 노인은 국가 및 사회 발전에 기여해 온 자로서 존경받으며 건전하고 안정된 생활을 보장받는다. 둘째, 노인은 능력에 따라 적당한 일에 종사하고 사회적 활동에 참여할 기회를 보장받는다. 셋째, 노인은 자신의 건강을 유지하고, 그들의 경험을 활용하여 사회의 발전에 기여하도록 노력해야 한다. 노인들이 권리와 책임을 이행할 수 있는 사회적 환경을 제공하는 것이 매우 시급하다.

(5) 보편성과 선별성의 원칙

보편적 프로그램(Universalism)은 경제적 상태에 관계없이 어떤 계층이나 범주에 속하는 모든 사람에게 그 혜택이 주어지는 것이고, 선별적 프로그램(Selectivism)은 급여의 자격조건이 잠재적인 클라이언트의 재정적인 상태를 평가하는 자산조사(Means Test)의 결과에 의하여 결정하는 것이다. 노인복지서비스를 제공할 경우 정부의 주어진 재정적 · 사회적 여건을 고려하여 노인의 욕구에 따라 선별적 원칙과 보편적 원칙을 적절히 적용해야 한다.

(6) 계발적 기능의 원칙

노인복지서비스의 과제는 평생교육제도의 활성화를 통하여 노인에게 내재되어 있는 능력을 도출해 내어 발전할 수 있도록 해야 한다. 노인들이 단순히 사회에서 존경의 대상으로 남는 것이 아니라 그들의 능력, 기술, 경험들을 활용하여 사회에 기여할 수 있도록 다양한 후원체계를 구축해야 한다(최성재, 장인협, 2010).

(7) 전체성의 원칙

노년기에는 신체적 능력의 저하, 우울감의 증가, 학습의욕의 저하 및 사회적 고립 등에 처할 경우가 매우 많다. 노인들에게 복지서비스를 제공할 때는 노인은 신체적 · 정서적 · 지적 · 사회적 · 심리적 · 영적 측면의 총체로서 인정받아야 하며 어느 한 측면만을 강조하여 원조하는 것은 바람직하지 못하다.

(8) 전문성의 원칙

노인복지사업을 효과적으로 수행하기 위해서는 자선적 온정의 손길 이외에도 노인과 관련된 다양한 분야의 전문적인 지식과 기술을 기반으로 해야 한다. 또한, 노인복지서비스의 전문성을 확보하기 위하여 지속적인 연구와 전문인력의 양성이 매우 필요하다.

(9) 노인의 시대적 욕구와 반영 원칙

노인들은 시대에 따라서 각각 다르게 이해되어야 한다. 노인을 동년배 집단별로 비교해 보며 각각 다른 사회적 · 역사적 경험을 겪었고, 다른 사회화 과정을 거쳐서 고령기에 이르므로 노인들의 욕구는 시대와 관계없이 동일할 수가 없다. 노인복지 정책 및 서비스를 계획할 때 노인들의 시대적 욕구를 잘 파악하여 이를 적절히 반영해야 한다. 이를 위하여 노인들에 대한 전국적인 규모의 정기적인 욕구조사와 생활실태조사가 필요하다.

2) 노인을 위한 거시적 실천

거시적 실천(Marco Practice) 방법은 문제를 규명하고, 문제가 발견되는 지역사회 또는 사회체계에서 문제의 중요성에 대한 순위를 정하며, 그 문제들을 극복할 방법을 알아보고 극복할 수단을 찾아내어 실질적으로 그 문제를 처리하는 방법을 제공하는 것이다. 거시적 접근방법에는 계획, 행정, 평가 그리고 지역사회조직을 포함한다. 거시적 실천은 동일한 욕구를 가진 개인이 직면한 문제를 다루기 위한 특수한 방법에 초점을 두는 것이 아니라 개인들이나 집단들이 그들이 가진 요구를 건의하고 해결할 수 있게 하는 체계 및 제도를 개발하는 데 초점을 두고 있다. 노인의 사회문제와 거시적 접근의 준비를 위하여 노인복지 관련 단체들을 노인들이 그들의 사회문제를 극복하고 효과적으로 처리할 수 있는 서비스 및 전달체계를 조직할 수 있는 거시적 차원의 접근을 추구해야 한다.

거시적 실천으로 정치적 활동과 로비활동 등이 있고, 그리고 거시적 실천은 노인의 복지 향상과 권리보호를 위한 가장 중요한 활동 중의 하나다. 거시적 실천은 노인이 직면하고 있는 다양한 경제, 사회 및 의료 분야 문제들에 대하여 정치적 활동 및 로비활동을 통해서 해결해 나갈 수 있다. 사회복지사는 거시적 실천을 통하여 경제적으로 어려운 노인집단으로부터 재정적으로 여유가 있는 일반 노인집단에서 이르기까지 고령인구를 위해 다양한 서비스와 프로그램들을 제공할 수 있다. 그리고 거시적 실천을 통하여 노인들을 임파워먼트시켜서 노인들이 자기 문제를 정확하게 인식하고 다양한 노인 문제를 해결하기 위해서 보다 적극적으로 사회활동이나 공익활동 등에 참여할 수 있도록 해야 한다. 특히, 거시적인 실천은 중앙정부나 지방자치단체가 노인들을 위한 새로운 정책이나 프로그램을 개발하도록 독려하거나 노인들에게 혜택을 주는 정책, 서비스, 그리고 프로그램 등을 현실화시킬 수 있도록 해야 한다.

미국의 경우에는 노인문제에 대한 로비활동에 전국노인협회(National Council on Aging), 미국은퇴자협회(American Association Retired Persons) 등이 중심이 되어 협회의 중앙조직과 지역조직을 통하여 매우 효율적으로 노인을 위한 정치적 압력단체의 역할을 수행해 나가고 있다. 그리고 다양한 노인단체들은 노인들에게 특별하게 영향을 미치는 입법이나 공공정책 문제들이 제기되었을 때는 전국사회사업가협회, 의료협회, 간호협회, 병원 및 요양기관들과 상호 협력하여 공동 대처해 나가는 경우가 많다. 거시적 차원에서 노인복지사업을 수행해 나가는 사회복지사들은 노인들의 요구, 욕구 및 관심을 면밀히 파악하고, 이를 구체적인 정책이나 사업으로 체계화하기 위해서 노인들을 조직화하여 정부의 각종 입법활동이나 정치활동에 효과적으로 대처하도록 하여야 한다. 그리고 사회복지사는 노인 관련 복지정책에 영향을 미치기 위해서 전문적인 지식의 습득과 교육을 통하여 노인들을 위한 대변자(Advocate)의 역할을 담당해야 한다. 거시적 차원의 활동은 노인을 위해 수행되는 직접서비스(Direct Service)와 행정적 노력 등 모든 활동을 위한 기반 및 재원을 제공하게 된다. 그리고 사회복지사는 노인들에게 직접적인 서비스도 제공해야 하고, 또한 서비스를 계획하고 조직을 활용하는 거시적 차원의 기술도 지녀야 한다.

3) 노인을 위한 미시적 실천

노인에 대한 미시적 실천(Micro Practice)의 목표는 다양한 방법을 통하여 노인들에게 그들의 신체적 · 정신적 제약 속에서 문제대처기술 및 능력을 증신시키는 것이다. 사회복지사는 노인에 대한 편견 없이 그들의 삶의 경험과 현재의 주어진 상황을 긍정적으로 받아들이는 수준에서 노인들이 제시하는 문제를 사정함으로써 미시적 실천과정을 시작하게 된다. 노인들을 위한 미시적 실천과정은 노인들을 위한 적절한 개입방법을 선택하는 것이 중요하다. 노인의 연령보다는 개별 노인들이 처해 있는 특수한 상황이나 가정적, 경제적, 그리고 심리적 욕구 등을 고려하여 적합한 개입방법을 선정해야 한다. 노인들은 장황하고 즉각적인 문제를 직접적으로 다루어 주지 않는 개입 모델들을 수용하지 않으려는 경향이 높다. 또한 노인에 대한 미시적 실천의 초점은 노인들이 성격이나 태도의 변화를 추구하기보다는 노인들의 현재 상황을 유지하거나 개선하려는 것을 목표로 해야 한다.

미시적 실천의 초기 과정에서 사회복지사는 노인의 장점과 능력에 관해 정확히 이해하는 것이 매우 중요하다. 사회복지사의 제안이나 조언을 노인들이 잘 수용하지 않는 것은 사회복지사가 노인들의 기능적 능력(Functional Capacity)을 잘 고려하지 못했을 때 발생하게 된다. 노인들의 최대 관심사는 자신들의 현재의 삶을 그대로 유지하는 것이다. 노인들은 본인에게 익숙한 가정적 · 사회적 환경에서 계속 생활하기를 원하며 그들의 삶에 대해서 통제력을 갖고 싶어 하는 욕구가 매우 크다. 사회복지사는 노인들의 권위와 인격을 존중하고 노인의 자기결정권을 존중하고, 노인의 입장에서 문제를 이해하고, 그리고 노인의 장점과 자신감을 증진하여 과거와 현재의 문제를 능동적으로 해결할 수 있도록 도움을 주어야 한다.

일반적으로 정신건강의 문제가 없는 노인들에 대해서는 인지적 그리고 문제 중심적인 개입방법이 매우 효과적이다. 구체적인 개입방법들은 다음과 같다.

① 긴장완화 치료(Relaxation Therapies): 노인들을 위한 긴장완화 요법, 점진적 긴장완화 방법
② 생활양식의 변화: 운동, 영양 개선, 금연 및 금주를 위한 프로그램
③ 인지치료: 클라이언트의 결점이나 자신에게 피해를 주게 되는 잘못된 인지구조의 변화
④ 주장훈련(Assertiveness Training): 노인 클라이언트가 자기 자신의 욕구나 불만들에 대해서 보다 적극적으로 자기의 의사를 분명히 표현할 수 있도록 돕는 방법
⑤ 시간관리 프로그램: 당면한 역할과 책임감을 잘 수행하기 위하여 다양한 일상생활의 작업과 일들에 대한 우선순위를 정하고 효과적으로 시간을 관리함으로써 노년기의 무료함을 극복하고 보다 적극적인 삶을 유지해 나갈 수 있게 한다.

사회복지사는 노인들에게 스트레스에 효과적으로 대응하는 방법을 이해시키고, 여러 가지의 대처기술을 가르치며, 상담 시에 다양한 기술들을 연습할 기회를 제공하며, 노인들이 실제 생활에 기술들을 사용해 보도록 지지를 제공해 주어야 한다.

사회복지사는 다양한 제안함으로써 노인들에게 적합한 방법을 자유로이 선택할 수 있도록 지지적인 역할을 담당해야 한다. 사회복지사는 노인들의 어려운 점들에 대하여 심층적으로 논의하고, 새로운 행동을 연습하게 하고, 사고와 행동 간의 관계를 이해하도록 도우며, 그리고 변화를 위한 노인들의 선택에 초점을 유지하도록 돕고 노인들을 지속적으로 지지하고 격려해 주는 역할을 수행해야 한다. 노인들을 위한 사회복지실천의 원칙은 다음과 같이 정리하고 있다. 첫째, 노인복지실천은 노인들의 능력을 신장하고 문제 해결 및 대응 능력의 향상에 그 목적이 있다. 둘째, 노인들이 필요한 자원을 획득할 수 있도록 원조한다. 셋째, 노인들에게 적합한 서비스를 제공할 수 있도록 사회복지기관이나 관련 단체들의 조직과 기능이 개선되도록 한다. 넷째, 노인들이 그들의 환경에 잘 적응할 수 있도록 돕는다. 다섯째, 노인들의 복지에 관련된 사회정책들의 잘못된 점을 개선하고 새로운 정책들을 모색한다 (Monk, 1990).

4) 노인에 대한 문제 사정

노인의 생활력(Life History)을 작성하는 것은 매우 어렵다. 왜냐하면 노인들은 인생을 통하여 많은 삶의 경험을 하였고, 다양한 신체적 · 정신적 · 사회적 요인들이 현재의 능력과 기능 등에 영향을 미치기 때문이다. 그리고 노인이 정신장애, 치매 및 청각장애 등을 갖고 있는 경우에는 노인을 대상으로 생활력의 측정을 위한 대화를 나누기가 매우 어렵다. 또한 노인과 사회복지사의 세대 차이 역시 노인들의 효과적인 문제 사정에 걸림돌이 될 수 있다. 노인에 대한 신체적 진단과 정신 관련 진단 등이 없는 경우에 적절한 사정을 하기에는 어려운 점이 많다.

노인들에 대한 효과적인 사정을 위한 다원적인 사정 도구(Multidimensional Assessment)에는 다음과 같은 사항들이 포함되어야 한다.

① 신체적 능력: 신체 상태 진단, 병원 이용 정도, 의약품 복용, 주관적 건강 상태, 시력, 청력, 치아 상태 및 발 상태

② 정서적 상태: 정신 상태 진단, 정서적 상태(Affective States), 미래 계획, 자살위험, 음주 및 약물남용의 정도

③ 환경적 측정: 활동, 취미, 대인관계, 자원, 재산 및 소득

④ 자기보호 능력(Self Care Capacity): 일상생활동작(Activity of Daily Living: ADL), 수단적 일상생활동작(Instrumental Activity of Daily Living: IADL)
⑤ 선호도 측정: 안전, 주택, 복지 등에 관련된 이슈들
⑥ 인지적 능력: 적응, 기억, 판단, 논리 및 지능
⑦ 사회적 후원의 활용 정도: 공식 후원 연계망과 비공식 후원 연계망에 대한 범위, 빈도, 만족도 및 안정성
⑧ 후원체계의 부담(Burden): 심리적 · 사회적 · 경제적인 측면 등의 부담 등이다 (Monk, 1990).

앞에서 제시한 모든 내용을 가능한 한 측정하여 노인의 개별적, 문제별 및 상황적 특성에 부합하는 서비스와 자원을 제공하는 것이 바람직하다. 그리고 다원적인 평가도구를 활용하기가 어려운 경우에는 각 분야에 필요한 주요 내용을 중심으로 재구성하여 사용할 수 있다. 다원적인 측정 도구의 활용을 단순한 초기 과정에서의 평가로만 국한하지 않고 사회복지서비스의 효과성 검증을 위한 자료나 사례관리를 위한 기초 자료로도 활용할 수 있다. 노인복지의 전문성을 높이기 위해서 가장 필요한 것은 노인복지의 다양한 분야들에 적합한 사정 도구들을 개발하는 것이다.

4. 노인복지 분야별 현황 및 과제

1) 노인의 여가활동

(1) 여가의 개념 및 현황

사람들마다 여가(Leisure)에 대한 의미를 다르게 해석하거나 이해하는 경향이 높다. 어떤 사람에게는 여가는 시간을 낭비하는 것이고, 또 어떤 사람들에게는 여가활동을 위해서 노동에 종사해야 한다고 생각하기도 한다. 여가에 대한 정의는 사회의 문화적인 가치에 의해서 다르게 정의될 수 있다. 또한 노인의 사회경제적 계층에 따라서 여가를 바라보는 시각이 상이할 수 있다. 경제적으로 상류층에 속하는 노인들에게 여가활동은 그들의 삶에 있어서 매우 중요한 활동으로 간주되지만, 저소득계층에게 여가는 사치스러운 행위로 규정될 수도 있다(Hooyman & Kiyak, 2017).

여가는 단지 시간을 보내는 것이 아니라, 여가활동을 통하여 만족감을 느낄 수 있어야 진정한 여가활동이라고 할 수 있다. 예를 들어서 스포츠, 여행, 박물관 관람 등을 통하여 만족감을 느끼지 못한다면 이러한 여가활동은 진정한 의미에서 여가활동이 아니라 노동에 가깝다고 할 수 있다. 어떠한 여가활동을 통해서 시간을 보낼 것인가보다는 어떠한 여가활동에 참여하는 것이 참가자의 만족도를 증대시킬 수 있는지가 더욱더 중요하다. 많은 연구에서 노년기에서의 적절한 여가활동은 건강과 삶의 만족도를 증대시키고, 노인의 긍정적인 정체감과 자존감의 형성에 많은 영향을 미친다고 보고하고 있다.

일반적으로 노인들이 참여하는 여가활동의 형태 및 종류는 매우 다양하다. 대부분 노인은 공공기관이나 사회단체에서 노인들을 위해서 기획한 여가 프로그램에 참여하기보다는 노년기 이전에 그들이 좋아했던 여가활동들을 지속하는 경향이 높다. 젊은 연령층과 비교해 보면, 노인의 연령이 증가함에 따라 지역사회에서 이루어지는 체육활동, 야외활동, 여행, 공연 및 경기관람 등과 같은 동적인 활동에 참여하는 경우는 급격히 줄어드는 반면 집안에서 이루어질 수 있는 TV 시청, 친척 · 친구 집의 방문, 독서 등과 같은 정적인 활동에 참여하는 경우가 높아진다. 선행연구에 의하면 우리나라 노인들은 TV 시청, 라디오 청취, 장기 · 바둑 등과 같은 소극적이며 정적인 활동 등에 많이 참여하는 편이고, 운동, 등산, 취미활동 및 예술 관련 활동 등과 같은 적극적이며 동적인 활동에 참여하는 것은 적은 편이다(허준수, 2021).

로와 칸(Rowe & Kahn, 1997)은 성공적 노화(Successful Aging)에 대한 모델을 제안하면서 장애를 피하고, 육체적인 기능을 유지하며, 삶에 있어서 적극적으로 활동하는 것 등이 성공적 노화를 위해서 필요한 주요 요인이라고 주장했다. 특히, 여가활동을 통해서 노인들은 적극적인 활동을 증대시킬 수 있으며 건강기능을 유지하거나 향상시킬 수 있으므로 성공적 노화를 위해서 여가활동의 효과적인 활용은 매우 중요한 의미를 지닌다.

그러나 우리나라에는 노인들을 위한 여가시설이나 여가활동 프로그램들이 양적으로나 질적으로나 매우 미약한 실정이다. 노인정, 노인학교, 노인대학, 노인종합복지관, 종합사회복지관, 노인복지회관 등에서 노인들을 위한 여가활동 프로그램들이 실시되고 있지만 노인들의 개인별 특성과 능력을 고려하여 프로그램들을 운영하기보다는 공급자 중심으로 프로그램들을 기획하여 제공하기 때문에 노인들의 개별적인 욕구 및 특성들에 부합하는 여가활동 프로그램들은 매우 부족한 실정이다(허준수, 2021).

(2) 노인 여가활동에 대한 사회복지적 과제

우리나라의 「노인복지법」에 의하면 다음과 같은 노인을 위한 여가시설이 있다. 첫째, 노인복지회관은 무료 또는 저렴한 요금으로 노인에 대하여 각종 상담에 응하고, 건강의 증진, 교양, 오락 등 노인의 복지 증진에 필요한 편의를 제공함을 목적으로 하는 시설이다. 둘째, 경로당은 지역노인들이 자율적으로 친목도모, 취미활동, 공동작업장 운영 및 각종 정보교환과 기타 여가활동을 할 수 있는 장소를 제공함을 목적으로 하는 시설이다. 셋째, 노인교실은 노인들의 사회활동 참여욕구를 충족시키기 위하여 건전한 취미생활, 노인건강 유지, 소득보장 등 일상생활과 관련한 학습프로그램 제공을 목적으로 하는 시설이다. 넷째, 노인휴양소는 노인들에 대하여 심신의 휴양과 관련한 위생시설 및 여가시설 등 편의시설을 단기간 제공함을 목적으로 하는 시설이다. 노인복지회관, 경로당, 노인교실 등은 순수한 여가시설이기보다는 복지시설에 적합한 시설들이다. 정부는 여가시설을 복지시설과 분리하고, 개념도 보다 체계화해야 한다.

노인들의 여가활동을 진정으로 증진하기 위해서는 노인들의 개별적인 특성에 맞는 여가활동들을 북돋을 수 있도록 지역사회 내에 더욱 다양한 여가시설과 공간을 확충해야 한다. 그리고 노인들이 평소에 좋아하는 활동들이나 물리적인 제약 때문에 할 수 없었던 여가활동들을 노인들이 주체가 되어 체계적으로 전개할 수 있는 환경과 자원을 제공하는 것이 바람직하다. 현재 노인복지 관련 기관 등에서 실시하고 있는 획일적인 사회교육 형식의 활동들을 지양하고, 노인들의 여가기능(Leisure Function), 동기 및 기호 등에 부합하는 여가활동 프로그램을 활성화해야 한다. 외국에서는 지역사회 내에 무료 여가교육, 노인호스텔 프로그램(Elder Hostel Program), 평생교육 및 자원봉사 등을 연계하여 노인들에게 다양한 여가활동 프로그램을 제공하고 있다(AARP, 2020). 그리고 외국에서 실시하고 있는 여가 및 여행 관련 물품권(Leisure and Tour Voucher)을 발행하여 노인들의 여가활동들을 보다 진작할 수 있는 방안도 적극적으로 모색해야 한다.

노인 여가활동의 활성화를 위하여 다음과 같은 문제점들이 개선되어야 한다. 첫째, 노인들에게 다양한 여가활동의 기회를 마련해야 한다. 노인들의 여가활동은 운동이나 문화예술과 같은 적극적인 활동에 참여하는 경우는 매우 적고, TV 시청이나 집안 내 소일과 같은 소극적인 활동에 주로 참여하고 있다. 둘째, 지역사회에 노인들을 위한 다양한 여가시설을 확보해야 한다. 노인들이 지역사회에서 다양한 여가활동을 할 수 있는 공간을 확보하거나, 경로당에 간단한 여가활동을 할 수 있는 기구나 공간을 확보하고 여가 프로그램을 진행할 수 있는 전문인력의 지도를 받을 수 있도록 해야 한다. 셋째, 정부는 저소득층 노인들을 대상으로 이들의 여가활동을 활성화시킬 수 있는 대책을 마련해야 한다. 중산층 노인들에 비하여 저소득층 노인들의 여가활동은 활동 정도나 내용이 매우 미약하다. 넷째, 정부는 노인들의 여가활동을 활성화시킬 수 있는 대책을 마련해야 한다(허준수, 2021). 정부는 단순히 노인들을 위한 여가 공간의 확보뿐만 아니라 노인들의 여가활동을 진작시킬 수 있도록 재정적 지원과 행정적 지원을 계속해야 한다. 마지막으로, 노인들의 기능적 능력에 부합하는 여가활동을 개발하고 보급해야 한다. 성공적인 노화를 위하여 신체적 · 정신적 기능이 미약한 노인들도 여가활동을 할 수 있는 다양한 프로그램들을 개발하여야 한다.

2) 노인부양

(1) 노인부양의 개념 및 현황

현대사회에서 인구의 고령화가 진행되면서 만성질환이나 장애를 가진 노인들이 부적절한 시설보호를 지양하고 어떻게 하면 효과적으로 가정에 보호할 수 있는가에 대하여 지속적인 연구 및 대책 마련에 많은 노력을 기울이고 있다. 노인들에 대한 부양(Caregiving) 혹은 간병에 대한 욕구는 다양한 인구학적, 경제적, 그리고 사회변동 등의 영향을 받으면서 점차 증가하고 있다. 현대화와 의료 및 보건기술의 향상으로 노인들의 기대수명이 점차 증가하였다. 인구의 고령화는 더 많은 노인이 그들의 삶을 영유히기 위해시 가족, 친적 혹은 사회로부터 지속적인 사회적 · 경제적 · 의료적 도움 및 지지를 받아야 한다는 것을 의미한다. 대부분 노인은 비록 질환이나 장애를 갖고 있어도 시설보호를 받기보다는 지역사회에서 독립적인 삶을 유지해나가기를 매우 선호하고 있다.

노인을 위한 사회나 가족들의 부양에 대한 책임 및 역할의 증대는 다음과 같은 요소들에 의해서 영향을 받고 있다. 인구학적 요인들로 기대수명의 증가, 전체 인구에 대한 노인인구의 급격한 증가 및 출산율의 저하를 들 수 있다. 기대수명의 증가로 인해서 더 많은 노인이 만성질환이나 장애를 경험하게 될 확률이 높아지면서 가족이나 타인에게 부양을 받아야만 생활이 가능한 기간이 점점 증가하고 있다. 그러나 여성의 사회진출이 증가하면서 가정에서 노인에 대한 적절한 보호를 제공할 수 있는 인력은 지속적으로 감소하고 있다. 여성의 노동참여 증가는 여성의 사회참여 확대와 인력개발 차원에서 매우 긍정적인 일이지만 전통적으로 노인의 부양을 주로 담당했던 층이 기혼여성이었다는 측면에서 여성의 사회진출 확대는 가정에서 노인의 부양을 담당할 수 있는 인력의 감소를 의미한다. 이러한 상황 속에서 노인들에게 부양을 제공하는 가족 구성원들의 경제적, 사회적, 그리고 심리적 부담 및 스트레스 등의 부양 부담을 경감시켜 주며, 그들의 부양 행위를 지속적으로 유지할 수 있게 하는 다양한 후원 프로그램의 개발과 이를 위한 재원 및 제도의 구축이 필요하다(허준수, 2021).

우리나라에서도 지역사회에서 노인을 부양하는 가족들의 경제적 · 사회적 · 심리적 부담을 경감시켜 줄 수 있는 다양한 후원 프로그램들을 지역사회복지관을 중심으로 보다 활성화해 나가야 한다. 그리고 시설 중심의 보호를 탈피하여 지역사회의 지역사회보호(Community Care)를 위하여 2026년부터 시행되는 지역사회통합돌봄 사업에 만성질환을 돌보는 가족부양자들을 위한 부양자 후원 프로그램(Caregiving Support Program)이 핵심적인 프로그램으로 발전되어야 한다. 특히, 만성적 질환의 노인들을 보호하는 가족 구성원들은 그들이 부양에 따른 역할을 수행해 나가는 데 있어서 여러 가지 부담과 스트레스를 받게 된다. 노인에 대한 부양부담이 가중되면 부양자의 육체적 및 정신적인 상태에 심각한 영향을 미치게 되고, 심한 경우에는 과중한 부양 행위로부터 부양자가 질병을 얻어서 더 이상 부양을 하지 못하고 정부나 지자체의 공식 지지망(Formal Support Network)에 의존할 수밖에 없는 상황이 발생하게 된다. 이러한 부양자의 부담과 스트레스를 경감시켜 주고 부양에 필요한 적절한 정보 및 도움을 줄 수 있는 지역사회 내 사회복지 프로그램의 개발은 가족 구성원들의 부양 행위를 지속시킬 수 있으며, 장기적 측면에서는 조기 시설화를 방지하며 비용이 많이 드는 시설보호의 의존을 경감시켜 사회경제적으로 긍정적인 효과도 가져올 수 있다.

(2) 노인부양에 대한 사회복지적 과제

우리나라에서는 현재까지 노인부양에 있어서 모든 책임과 권리를 가족의 의무로 전가하는 경향이 높은 편이다. 그러나 언제까지나 노인에 대한 부양의무를 가족에게만 책임 지울 수는 없다. 정부는 부양자들의 부양부담을 경감시켜 줄 수 있는 사회서비스 및 정책개발에 노력해야 한다. 이때 가장 중요하게 고려될 사항은 부양자와 피부양자들의 경제적 · 신체적 · 심리적 욕구에 맞는 의료, 사회 및 재정적 후원 서비스들을 제공하는 것이다. 모든 부양자를 대상으로 하는 서비스나 정책의 개발은 재정적으로 많은 어려움이 따른다. 정부는 비공식 지지망에 의한 노인들에 대한 부양 행동이 활성화될 수 있도록 적극적으로 후원할 필요가 있다. 이렇게 함으로써 노인부양에 따른 부양자들의 부양 부담을 경감시킬 수 있고, 지역사회 내의 가족 구성원들에 의한 노인의 부양 행위를 진작시켜서 만성질환이나 장애가 있는 노인들이 가족 구성원들과 더불어 살 수 있는 환경이 마련될 수 있다(허준수, 2021).

또한 가족 구성원들에 의한 노인부양은 의료시설이나 요양 시설에서 제공되는 보호보다도 경제적인 측면에서 저렴하면서도 피부양자의 욕구에 맞는 개별화된 보호를 제공하는 데 매우 적합하다는 사실을 인식해야만 한다. 정부는 우선 경제적으로 취약한 계층의 부양자들을 선정하여 그들의 어려움을 경감시켜 줄 수 있는 사회서비스와 프로그램들 제공하고, 지역사회를 근간으로 한 사회복지 관련 단체들이 연계하여 지역주민들의 경제적 계층과 능력에 부합하는 다양한 부양자들을 위한 후원 프로그램을 개발하고 발전시켜 나갈 수 있도록 재정적이나 기술적 후원을 해주는 것도 바람직하다.

만성질환이나 중병의 노인을 보호하는 부양자들에게는 육체적, 정신적, 그리고 경제적 부담 등은 가중된다. 노인을 부양하는 대부분 사람은 가족 구성원 중에서 한 사람이고 그중에서도 배우자, 자식 중에서 딸, 혹은 며느리가 대부분의 부양제공의 역할을 수행하게 된다. 비록 부양자가 초기에는 건강하더라도 부양 기간이 길어지고 부양제공의 정도가 강해지면서 부양자는 여러 가지 정신적 · 육체적 어려움에 직면하게 된다. 많은 부양자가 우울증, 스트레스 및 사회적 고립감 등을 경험하게 된다. 이러한 부담의 경감을 할 수 있는 방법의 하나가 지지집단 프로그램(Support Group Program)의 시행이다. 이 방법은 정기적인 집단모임을 통해서 부양자들에게 휴식의 기회를 제공하는 것뿐만 아니라 효과적인 부양제공의 기술, 스트레스 경감 방법, 문제해결 방법, 그리고 대처방안 등에 대한 다양한 학습의 기회를 제공한다. 앞으로 정부와 지자체는 가족 구성원들이 지역사회에서 만성질환의 노인들을 지속적으로 보호하고 다양한 부양부담이 경감될 수 있도록 부양자 후원 프로그램(Caregiver's Support Program)을 개발하여 노인복지 관련 기관들과 협력하여 전국적으로 확산시켜 나가야 한다.

3) 노인취업

(1) 노인취업의 개념 및 현황

우리나라에서는 대부분의 기업에서 퇴직연령을 55세 전후로 제한하는 경우가 대부분이어서 개인의 의사와 능력과는 상관없이 퇴직하는 경향이 매우 높은 편이다. 실제로 근로자들의 약 50% 정도는 50대 중반 이전에 생애 주된 일자리에서 퇴직을 한 것으로 조사되었다. 60세 이전까지를 기준으로 보면 남성 근로자의 약 70%, 여성 근로자의 약 66%가 주된 일자리에서 퇴직하게 되어 60세 이후에도 계속 고용되어 있는 비율이 약 3분의 1에 지나지 않는 것으로 추정되었다(방하남 외, 2005). 그리고 2016년 퇴직한 55~64세 취업 경험자 가운데 권고사직이나 명예퇴직·정리해고로 일자리를 잃는 비율은 9.6%였다. 이 비율은 2017년에 11%대로 올라가더니 2019년에는 12.2%까지 높아졌다(통계청, 2019).

고령자의 대부분은 건강하고 더 일할 수 있는 능력이 있고, 또 일에 대한 의욕이 있다. 그럼에도 정년퇴직이나 조기퇴직, 명예퇴직 등으로 직장에서 떠나게 되면, 과거 오랫동안 유지했던 익숙한 업무를 놓게 되며, 사회에 대한 적극적인 참여에서도 물러서게 되어 소외감을 경험하게 된다. 특히, 대다수가 고령자가 처음에는 막연하게 그다음 직장을 기다리는 준실업 상태로 머무르다가 나중에는 할 일없는 실업 상태로 들어서게 됨으로써, 고령 근로자가 지닌 숙련된 경험과 지식의 방대한 축적은 사장되어 버리게 되고, 결국 사회적인 낭비로 연결된다. 따라서 고령자의 인력개발을 통한 취업의 활성화에 대해서 더욱 심각하게 고려해야 한다.

또한 우리나라의 노인들을 위한 노후소득보장제도 역시 매우 취약한 실정이다. 2002년 말 국민연금, 공무원연금, 사학연금, 군인연금 등 공적연금 수급자는 총 378,000명으로 65세 이상 노인들의 10%만이 공적연금을 받고 있다(통계청, 2003), 2004년도에는 공적연금을 받고 있는 노인들은 13.9%에 지나지 않았다(통계청, 2005). 2019년 고령자(55~79세)의 연금수령 비율은 45.9%이며, 월평균 연금수령액

은 61만 원으로 2018년보다는 다소 증가한 것으로 조사되었다(통계청, 2019). 그러나 노인 빈곤도 증가하여 2018년 65세 이상 인구 중 국민기초생활보장 수급자 비율은 7.4%로 계속 증가하고 있다. 이처럼 노후소득보장제도가 취약한 상황에서 우리나라 노인들의 취업에 대한 욕구는 매우 높은 편이다.

그러나 우리나라의 노인취업(Senior Employment)에 대한 정책은 매우 빈약하다. 1981년 「노인복지법」을 제정할 때 국가 및 지방자치단체가 노인적합직종을 개발 보급하고 노인의 취업을 위해 노력해야 한다는 규정을 도입한 바 있다. 그러나 이 규정은 선언적 성격에 머물렀고, 실제 보건복지부에서는 1982년부터 대한노인회 조직에 노인 인력은행을 설치하여 고령자의 취업 알선사업을 시작하였으나 그 성과는 미비하였다. 1992년부터 「고령자고용촉진법」을 제정하여 고령자의 고용을 증대시키려고 노력하고 있지만, 제도의 내용적인 면을 살펴보면 고용주의 고령자 고용은 권고 사항이지 의무 사항이 아니어서 고령자 고용이 활성화되지 못하고 있다. 「고령자고용촉진법」과 「고용보험법」에 따른 고령자고용촉진장려금 제도 역시 잘 정착되지 않고 있다.

노인들의 취업 활성화를 위해서 설치된 고령자인재은행, 노인취업 알선센터, 노인 능력은행, 지역사회 시니어클럽(Community Senior Club) 등이 있으나 물적 · 인적 자원의 부족으로 효과적인 역할을 담당하지 못하고 있다. 2004년부터는 보건복지부에서 노인들에게 사회적 일자리를 제공하기 위하여 노인일자리사업을 추진하고 있으나, 취업 기간 및 지원 기간이 짧고 사업의 유형들이 단순노무직에 집중되어 있어서 앞으로 실질적인 노인고용 활성화 정책으로 정착하기 위해서는 개선되어야 할 점이 많다. 우리나라의 고령화 속도가 급격히 진행되면서 노인고용 문제가 중요한 정책 이슈로 부각됨으로써 정부의 관련 행정부처들에서는 노인들을 위한 다양한 고용정책 및 일자리 창출을 위한 제도 등을 시행하고 있지만, 아직 구체적인 성과를 이루지는 못하고 있다.

(2) 노인취업을 위한 사회복지적 과제

노인고용을 활성화하기 위해서는 우선적으로 우리 사회에 만연하고 있는 노인고용에 대한 다음과 같은 부정적인 인식 및 불합리한 고용제도를 개선해 나가야 한다. 우리 사회에서 고령 근로자와 노인계층의 직업수행 능력에 대한 부정적인 인식과 편견이 매우 높은 편이다. 외국의 선행연구들에 의하면 직업수행 능력은 연령집단

간(Young vs Old)의 차이보다는 연령집단 내(Old vs Old or Young vs Young)의 차이가 높다고 보고하고 있다. 우리 사회에서는 직업수행 능력에 있어서 연령의 증가보다는 개인 간의 차이가 크다는 것을 인식하지 못하고 있다. 그리고 고령 근로자들의 고용 확대를 위하여 「고령자고용촉진법」을 마련해 두었는데 강제 의무규정인 「장애인고용촉진법」 상의 '장애인고용률'과 달리 「고령자고용촉진법」의 '고령자고용률'은 권고 사항이어서 고령 근로자의 고용 확대에 전혀 도움이 되지 않고 있다.

2009년 3월부터 시행된 「고령자고용촉진법」 상의 '연령제한 금지 사항'이 선언적인 수준에 머무르지 않고 산업현장에서 보다 강력하게 집행되어야 한다. 또한 노인취업 및 일자리 창출을 위해서 국가 차원의 고령 인적자원개발 제도 개발, 상시적 고령 근로자 직업훈련 프로그램의 시행 및 관련 전문인력 양성 등 다양한 방안 등을 모색해 나가야 한다. 노인취업을 실제로 증대시키기 위해서는 노인고용을 가로막는 사회 · 환경적인 장애물들을 제거하고 개선해 나가야 한다. 이를 위해서는 민간 영역에서 경쟁력이 취약한 노인들을 위한 노인일자리사업의 확충, 공공 · 민간 영역의 고령자 고용 활성화, 고령자 우선 고용 직종의 개발 및 보급 등이 필요하고, 궁극적으로는 공공 및 민간 영역에서 정년제도의 안정적인 정착이 매우 필요하다. 기업 측면에서는 노인근로자 고용업체에 대한 인센티브 확대, 다양한 근로시간(시간제, 탄력적 시간제) 및 급여지급 방법(임금 피크제) 개선, 고령 근로자들을 위한 직업 · 재교육 훈련의 활성화, 퇴직 예정자를 위한 퇴직준비 프로그램의 도입, 그리고 고령 근로자를 위한 취업 및 창업센터 운영이 필요하다.

특히, 고령 근로자를 포함하여 모든 근로자가 인생 주기에 걸쳐서 적응적인 경력진로들(Flexible Career Paths)로 나아갈 수 있도록 해야 한다. 그리고 개인적인 능력, 생산성, 가능성에 부합하는 고용을 증진시키며, 개별 근로자들의 선호도에 따른 탄력적인 카페테리아식(Cafeteria-type)의 급여계획을 제공하며, 융통적이고 점진적인 퇴직을 위한 노동환경을 조성해 나가는 것도 중요하다. 지역사회에서는 노인취업을 활성화하기 위하여 지역사회 내의 노인취업 관련 공공 및 민간 영역의 기관들이 연계하여 지역별 특성에 맞는 노인취업 분야를 개발하고, 그리고 상시적으로 예비노인취업자들을 위한 교육, 훈련 및 정보제공을 효과적으로 제공할 수 있는 전달체계의 구축이 시급하다(허준수, 2021).

최근 정부와 우리 사회 일각에서 노인취업 활성화에 많은 관심을 가지고 정부나 민간 영역에서 다양한 대책들을 모색하고 있다. 그러나 초고령사회에서 노인 일자리 창출은 노인복지 분야의 경제적 분야에서 중요한 문제 중 하나이지만 노인 일자리 창출만이 우리 사회가 직면하고 있는 모든 노인복지 관련 문제들을 해결할 수 있는 유일한 대책은 아니다. 노인 일자리 창출만 너무 강조하면 우리나라의 전반적인 노인복지 발전의 저해 요인으로도 작용할 수도 있다. 실제로 2004년부터 정부가 노인일자리사업을 시작하면서 노인일자리사업에 대한 예산은 급격히 증가했지만, 그 이외의 노인복지예산은 거의 답보 상태에 머무르고 있다. 앞으로 노인 일자리 창출 사업과 병행하여 전반적인 노인복지 분야를 균형 있게 발전시켜 나갈 방안을 모색해야 한다.

많은 노인이 본인들의 능력과 기술을 활용하여 노동시장에 참여하기를 원하고 있다. 그러나 우리 사회는 노인에 대한 편견과 부정적인 인식으로 인하여 어르신들의 노동시장 참여를 직간접적으로 제한하고 있다. 이를 개선하기 위해서는 단기적 차원의 노인취업대책 마련도 중요하지만, 궁극적으로는 우리 사회가 더욱 성숙하고 세대 통합적인 사회(Intergenerational Society)로 지향해 나가며, 그리고 어르신들이 사회적 · 문화적 · 경제적 측면에서 소외되거나 차별받지 않는 고령 친화적인 사회(Aging Friendly Society)로 나아갈 때 노인들의 노동시장 참여도 보다 활성화될 수 있을 것이다.

4) 퇴직

(1) 퇴직의 개념 및 현황

퇴직(Retirement)은 인간의 생활주기에 있어서 매우 주요한 전환점의 하나다. 퇴직은 인생의 다른 전환들과 같이 각 개인에게 미치는 영향이 다양하고, 개개인이 퇴직을 맞이하고 느끼는 의미와 정도가 상이하다. 이것은 각 개인이 속해 있는 사회와 문화에 영향을 받는다. 어떤 사람에게는 퇴직이 힘들었던 노동의 시간으로부터의 탈출을 의미하며, 또 다른 사람에게는 자기 생애에 가장 소중했던 직업이나 노동으로부터의 격리를 의미하기 때문에 퇴직 자체가 매우 부정적으로 작용할 수도 있다. 정년퇴직에 대한 정의는 정규적인 직장에서 일정 연령이 되면 물러난다고 이해되고 있지만, 우리나라 노동시장에 참가하는 모든 근로자가 정규직인 직장에 소속되어 있지 않기 때문에 퇴직에 대한 일반적인 정의가 모두에게 적용되기에는 한계가 있다. 퇴직은 사회적 사건이 정년과 맞물려 제도화된 것으로 세계적인 추세이고 선진국일수록 정년의 연령이 높다. 우리나라의 법적 정년연령은 60년이지만 통상적인 정년연령은 보통 55세에서 57세 사이이다. 그러나 프랑스의 정년연령은 62세이고, 독일과 일본의 정년연령은 65세이고, 그리고 영국과 미국은 정년의 연령제한을 폐지하고 있다(세계법제정보센터, 2021). 외국의 정년제도의 목적은 고령 근로자를 강제로 퇴직시키는 데 목적이 있는 것이 아니고, 고령 근로자가 자발적으로 퇴직하여 연금수급자가 될 수 있는 연령을 규정할 목적으로 운영되고 있다. 세계노동기구(ILO)의 조약이 정년연령을 인구, 경제, 사회적 기준을 준용하여 65세 이하로 규정하도록 한 것은 고령자의 취업 박탈을 의미하는 것이 아니라 고령 근로자의 복지 증진 차원에서 권고한 것이다.

노동연구원(1998)의 조사에 의하면 일반 기업체에서 규정한 정년연령은 높아지고 있으나 퇴직은 반대로 크게 줄어들고 있다. 약 850개의 기업체의 1996년도 남성 근로자의 정년 연령은 약 40%가 근로자 연령 56세에서 59세 사이로 가장 많이 차지하고 있고, 55세가 가장 많았던 1990년에 비해 정년 연령이 높아지는 추세를 보였다. 그러나 최근 통계청(2019) 조사에 따르면 취업 경험이 있는 55세부터 64세까지의 고령 근로자가 생애 동안 가장 오래 지속하던 직업을 그만둔 나이의 평균 연령은 49.4세로 조사되었다. 우리나라는 2016년 1월부터 정년 60세 규정을 공공기관, 지방공사, 지방공단, 300인 이상 사업장에 적용하고 있으며, 그리고 2017년 1월 1일부터는 국가 및 지자체, 300인 미만 사업장에 적용된 뒤 모든 사업장으로 확대되었다. 반면에 일본의 정년 경향을 살펴보면 정년 연령이 60세까지인 기업이 전체 기업의 84.1%를 차지하고, 65세를 정년으로 하는 기업도 20.7%가 되었다.

현재 우리나라의 경제는 산업구조조정과 경제불황으로 많은 청·장년층의 근로자들이 명예퇴직과 해고를 당하는 시점에서 고령 근로자들의 퇴직을 위한 준비 프로그램(Preretirement Planning Program)의 활성화 방안에 대한 사회적 후원을 기대하기는 매우 어려운 것이 사실이다. 하지만 많은 퇴직자가 아무런 준비나 계획 없이 정년을 맞이할 경우, 장기적으로 정부나 사회에서 노인의 삶의 증진에 필요한 대책을 위해서 더 많은 사회적 비용을 부담해야 한다. 현재 우리나라에는 퇴직 예정자들이 성공적이고 의미 있는 노후 생활을 위해서 퇴직 이전에 준비하고 계획할 기회는 마련되지 않은 채, 근로자 대부분이 퇴직을 맞이하기 때문에 퇴직 후 다양한 사회적·심리적·경제적 어려움에 직면하고 있는 것이 사실이다.

우리나라 근로자 대부분은 퇴직에 대한 준비나 계획을 전혀 세우지 않고 있다가 퇴직하기 불과 몇 년 전부터 관심을 보이기 시작한다. 퇴직 준비는 빠르면 빠를수록 그 효과가 크고, 특히 40세를 전후해서 퇴직 준비계획을 시작하는 것이 가장 효과적이다. 퇴직준비 프로그램에 대한 인식이 부족한 우리나라에서는 퇴직 3년에서 5년 전부터 실시하는 것이 이상적이고 늦어도 1년 전부터는 실시되어야 한다. 정부에서는 보다 적극적으로 퇴직 예정자들을 위해서 퇴직준비 프로그램이 활성화될 수 있도록 관련 정책과 제도를 정비하고, 그리고 기업은 산업복지 측면에서 근로자가 퇴직 후의 생활에 대해서 체계적으로 준비를 할 수 있도록 퇴직준비 프로그램을 활성화할 수 있는 다양한 대책을 마련해야 한다.

(2) 퇴직 문제에 대한 사회복지적 과제

앞으로 다가올 초고령사회(Super Aged Society)를 대비하여 현재 60세로 되어 있는 정년제도의 개선이 매우 필요하다. 대부분 우리나라 기업들은 60세 정년제를 채택하고 있어 고령 근로자에게 정년퇴직한 후에는 전혀 재고용의 기회가 주어지지 않고 있다. 하지만 국민연금의 수혜 연령이 60세로 되어 있고, 민간기업에서는 퇴직금을 퇴직 직후에 일시금으로 지급하기 때문에 퇴직 후의 적절한 소득보장대책으로는 미비한 실정이다. 정부는 정년연장을 위한 관련 법규 및 제도를 정비하고, 퇴직 후에도 취업을 원하는 고령 근로자들을 위해서 그들의 다양한 경험과 전문기술 및 지식 등을 활용할 수 있도록 민간기업들이 감액 임금 재고용제, 시간제 고용 등과 같은 다양한 재취업 기회의 방안들과 재교육 훈련 등을 확대할 수 있도록 지원해 주어야 한다. 현재 고용보장법상에서 명시한 50세 이상의 근로자가 실직에 대비하여 자비로 재취업을 위한 교육훈련을 할 경우 비용의 일부를 보조하기로 되어 있는 제도를 보다 효율적으로 운영하도록 하여야 한다(허준수, 2021).

현재 정부에서는 「고령자고용촉진법」에 따라 고령자 취업 알선센터를 통한 노인 취업 관련 정보의 제공, 고령자들의 취업을 확대하기 위해서 종업원 70인 이상 기업을 대상으로 고령자 고용장려금 지급대상으로 정하고 있으나, 그러나 재원 마련의 문제와 전문인력 배치 부족으로 「고령자고용촉진법」의 목적에 부합하는 제도적 뒷받침을 제대로 수행하지 못하고 있다. 이 문제점에 대한 한 가지 해결방안으로는 정부는 기업들이 주체가 되어 각 기업의 문화와 근로자들의 특성을 충분히 살려서 고령 근로자의 재취업을 진작할 수 있도록 고령자 취업알선센터를 기업 내의 퇴직준비 프로그램(Preretirement Planning Program)과 연계하여 운영할 수 있도록 권장하는 것이다. 또한 정부는 우리나라 기업들이 선호하는 퇴직금의 일시금 지급 방법을 매월 또는 분기별 지급 방법으로 전환할 수 있도록 장려하고, 그리고 공무원들의 정년 연장은 현실적으로 어려운 측면이 있지만, 정부는 우선 정부 관련 기관이나 공공단체를 중심으로 정년연령을 점차적으로 상향 조정하며, 적어도 모든 퇴직 예정자가 퇴직 전에 노후 생활에 대하여 체계적으로 준비하고 계획할 수 있도록 민간기업 내의 퇴직준비 프로그램이 정착할 수 있도록 제도의 정비나 대책을 마련해야 한다.

정부는 대기업과 각 산업별 노동조합을 중심으로 퇴직 프로그램을 실행하도록 장려하고, 중소기업이나 소규모 사업장의 근로자들을 위해서는 지역의 사회복지기관이나 근로복지공단을 활용하여 프로그램을 운영하는 방안도 신중하게 검토해 보아야 한다. 퇴직준비 프로그램을 고령 근로자의 인력개발과 연계시킨다면 앞으로 초고령사회에 대비한 고령 근로자의 기술교육훈련도 효과적으로 실행할 수 있을 것이다. 특히, 퇴직준비 프로그램이 활성화되기 위해서는 고용주의 의지, 기업의 적극적인 후원, 근로자의 적극적인 참여, 정부의 제도 마련과 세제 혜택, 전문적으로 프로그램을 운영할 수 있는 산업복지 관련 사회복지사의 훈련과 양성이 절실하게 요청된다. 장기적 차원에서 효과적인 퇴직준비 프로그램의 운영은 고령 근로자들의 삶의 질의 향상에 매우 긍정적인 영향을 미치고, 초고령사회에 필요한 고령인력개발에도 많은 도움이 된다(허준수, 2021).

5) 노인학대

(1) 노인학대의 개념 및 현황

노인학대(Elder Abuse)는 노인 스스로 자기를 돌보지 않거나, 노인의 부양이나 수발을 담당하고 있는 부양자가 의도적 또는 비의도적으로 노인에게 신체적 · 정서적 · 성적 · 재정적인 손상을 가하거나 부양의무를 소홀히 하는 것을 말한다는 노인학대의 종류와 관련해서 살펴보면 신체적 · 정신적 손상을 의도적으로 가하는 것뿐만 아니라 비의도적인 손상도 포함되며, 생존에 필요한 재화와 서비스를 본인이 스스로 제공하지 않거나 부양자가 제공하지 않는 방임 상태도 포함이 되며, 금전적인 갈취나 착취도 포함된다고 할 수 있다. 노인학대의 유형은 신체적 학대, 언어적 학대를 포함한 정서적 학대, 재정적 학대, 성적 학대, 소극적 방임과 적극적 방임(유기를 포함)을 포함한 방임 및 자기 방임 등이다(중앙노인보호전문기관, 2021). 구체적으로 살펴보면 노인학대는 가볍게는 노인에게 함부로 말을 하거나 자존심을 상하게 말을 언어적 학대와 노인의 심기를 불편하게 하는 정서적 학대에서부터 심하게는 노인에게 구타와 폭력을 행하는 신체적 학대, 노인의 재산을 착취하는 재정적 학대까지 포함되며, 좁게는 증거가 명백한 신체적 학대에서부터 넓게는 방임, 자기 방임 · 학대까지 포함되고 있다.

보건복지부(2020)의 노인학대 현황보고서에 의하면 2020년 노인학대 신고 건수는 1만 6,973건으로 2019년에 비하여 노인학대 신고 건수가 5.6%(16,071건)로 증가했고, 그리고 이 중 2020년에 학대 사례로 판정된 건수는 총 6,259건으로 2019년에 학대 사례로 판정된 건수보다 19.4%(5,243건) 증가했다. 그리고 구체적인 주요 학대 유형은 다음과 같다. 첫째, 학대 유형으로는 정서적 학대, 신체적 학대, 방임, 그리고 경제적 학대 등의 순서로 나타났다. 둘째, 노인학대의 발생 장소는 가정, 생활시설, 이용시설, 그리고 병원 등의 순서로 나타났다. 셋째, 생활시설에서 노인학대는 노인요양시설, 노인복지관, 그리고 경로당 등의 순서로 조사되었다. 넷째, 학대 행위자는 아들, 배우자, 기관학대, 그리고 딸 등의 순서로 나타났다. 다섯째, 노인학대가 일어나는 가구 형태는 자녀동거가구, 노인부부가구, 그리고 노인독거가구 등의 순서로 조사되었다.

(2) 노인학대에 대한 사회복지적 과제

노인학대의 문제는 사회복지사가 실제 실천현장에서 자주 접할 수 있는 문제다. 사회복지사는 의료적, 심리적 또는 사회적 문제로 치료를 받는 노인들과 상호작용하는 기회가 많으며, 노인생활시설, 정신보건복지센터, 노인복지관 및 사회복지관 등에서 노인들과 그들의 가족을 상담할 수 있다. 이러한 상담 과정에서 노인들은 종종 두려움, 슬픔, 당황, 우울 등의 감정을 나타낼 수 있는데, 이것은 그들의 학대를 은연중에 암시하는 것으로 볼 수 있다. 사회복지사는 노인들과 상호작용하면서 학대가 발생하거나 위험한 상황에 처해 있는 노인들의 생활환경, 행동 특성, 그리고 감정 상태 등의 요소들을 정확히 파악할 수 있는 능력을 길러야 한다.

노인학대에 대한 서비스체계는 피해자가 급박한 위험에 처해 있을 때 현실적인 안정을 제공하는 응급보호서비스, 의료서비스, 그리고 피해자는 물론 가해자에 대한 상담 및 교육서비스 등으로 구성되어야 한다. 응급보호서비스는 학대를 받은 노인에 대한 의료적인 서비스를 제공하고, 필요하다면 일시적으로 가해자로부터 격리하여 일시보호시설에 보내야 한다. 그리고 학대 피해자에 대한 상담은 오랜 기간에 형성된 내재화된 무력감과 그들이 경험하는 소외감, 불안, 공포, 죄의식, 수치심 및 저하된 자존심 등을 극복하고 스스로 자신의 장래를 결정할 수 있도록 도와야 한다. 이러한 서비스체계의 원활한 운영을 위해서 정부, 지방자치단체, 지역사회 및 노인복지 관련 기관들을 체계적으로 연계하여 노인학대를 예방하고 개선할 수 있도록 장기적인 차원에서 노력해야 한다.

노인학대를 학대를 예방하고 학대 피해 노인들을 보호하기 위한 대책은 다음과 같다. 첫째, 우리 사회의 노인학대에 대한 인식을 개선하기 위하여 대국민 인식 캠페인을 지속해야 한다. 둘째, 인권(Human Right) 관점의 서비스를 제공하기 위하여 노인복지시설 종사자에 대한 인권교육을 강화해야 한다. 셋째, 노인학대를 예방하기 위하여 노인학대를 신고할 수 있는 신고 의무자의 직권을 보다 확대해 나가야 한다. 넷째, 지역 단위에서 노인학대와 노인권익 향상을 위하여 지역노인보호전문기관을 보다 확충해야 한다. 다섯째, 노인학대를 보다 신속하고 체계적으로 하기 위하여 ICT 기술을 활용하여 노인학대 조기 발견 및 신고체계를 강화하도록 한다. 여섯째, 노인학대 재발 방지를 위해 노인학대 행위자 및 학대 피해 노인의 가족 등에 대한 상담과 교육 등 서비스 제공을 확대해야 한다. 여섯째, 노인학대 사례가 종료된 후에도 학대 재발 여부 확인하고, 그리고 필요한 경우 피해 노인, 보호자, 그리고 가족 등에게 상담과 교육 등의 사후관리를 강화해야 한다.

5. 노인복지의 과제와 전망

우리나라의 고령화 속도는 전 세계적으로 가장 빠르고 전체 인구 중에서 노인인구의 비중이 계속 증가하지만, 국가 차원에서 다양한 노인 문제에 대한 복지대책은 매우 미흡한 측면이다. 앞으로 우리나라의 노인 문제를 해결하기 위하여 다음과 같은 이슈들이 해결되어야 한다. 첫째, 우리나라의 노인 빈곤 문제를 해결해야 한다. 우리나라의 노인 빈곤율은 OECD 국가 중에서 가장 높은 편이다. 이는 우리나라의 공적노후소득보장제도의 발전이 미흡하여 아직도 공적연금을 받고 있지 않은 노인들이 대다수를 차지하고 있다. 그리고 국민연금을 받더라도 연금액이 용돈 수준이어서 노인들의 경제적 빈곤은 해결되지 않고 있다. 앞으로 국민연금의 소득대체율을 증가시켜서 국민연금의 급여만으로도 일상생활을 유지해 나갈 수 있도록 해야 한다.

둘째, 노인들에게 적절한 건강보호체계를 제공해야 한다. 노인들은 다양한 질환과 질병을 가지고 있다. 우리나라는 급성질환은 국민건강보험으로 의료서비스를 제공하고 있고, 그리고 만성질환은 노인장기요양보험제도로 요양보호서비스를 제공하고 있다. 그러나 아직도 건강보험이나 노인장기요양보험의 비급여 부분이 많아서 노인들의 본인부담금이 높은 편이다. 앞으로 비급여 부분을 급여 부분으로 변경하여 노인들의 의료비 부담을 경감하는 것이 필요하다. 그리고 노인들의 질환에 대한 치료 중심을 지양하고 예방, 건강 증진, 그리고 재활 중심으로 개선하여 어르신들의 건강 관련 삶의 질(Health Related Quality of Life)을 개선하는 것이 필요하다.

셋째, 독거노인의 삶의 질을 개선할 수 있는 복지정책을 제공해야 한다. 핵가족화와 고령화로 독거노인이 급증하고 있다. 독거노인들이 가진 문제들은 매우 다양하다. 독거노인들은 가족, 친구, 그리고 친족 등의 도움을 받을 수 없어서 일상생활을 하는 데 많은 어려움이 있다. 이러한 문제를 해결하기 위하여 정부에서는 독거노인들에게 '노인맞춤돌봄서비스'를 제공하고 있다. 또한 독거노인들의 고독사는 지속적으로 증가하고 있다. 노인들의 고독사를 해결하기 위하여 지역 단위로 노인 고독사에 대응할 수 있는 지역협의체를 구성하고, 그리고 공영장례제도와 공영장례지원센터 등을 확충하여 노인들의 고독사를 보다 효과적으로 대비해야 한다.

끝으로, 성공적인 노후 생활을 위하여 노인들에게 적절한 역할을 부여해야 한다. 우리나라에서는 노인들이 퇴직한 이후에 본인들의 기호, 능력, 그리고 적성 등을 고려하여 사회에 적절한 역할을 수행할 수 있는 환경을 구축하는 것이 필요하다. 우리나라 노인들은 주로 가족, 친구, 그리고 학연 관련의 모임이나 활동 등에 대한 참여는 높은 편이나, 그러나 자원봉사활동, 공익활동, 그리고 정치활동 등의 참여는 매우 부족하다. 노인들이 활동적인 노화(Active Aging)를 할 수 있도록 다양한 사회참여 활동을 할 수 있도록 복지제도와 지역사회 환경을 구축하는 것이 필요하다. 이를 통하여 노인들이 퇴직 이후에도 적절한 역할을 수행하면서 사회에 기여하고 사회적 자본(Social Capital)의 형성에도 기여할 수 있도록 해야 한다.

참고문헌

방하남, 신동균, 김동헌, 신현구(2005). **인구 고령화와 노동시장 변화 및 노동정책과제**. 서울: 한국노동연구원.

보건복지부(2020). **2020 노인학대 현황보고서**. 세종: 보건복지부.

세계법제정보센터(2021). **세계주요국의 정년제도**. 세계법제정보센터.

중앙노인보호전문기관(2021). **노인학대의 유형**. 서울: 중앙노인보호전문기관.

최성재, 장인협(2010). **고령사회의 노인복지학**. 서울: 서울대학교 출판부.

통계청(2003). **2003 고령자통계**. 대전: 통계청.

통계청(2005). **2005 고령자통계**. 대전: 통계청.

통계청(2019). **2019년 장래인구특별추계**. 대전: 통계청.

통계청(2021). **2021 고령자통계**. 대전: 통계청.

한국보건사회연구원(1995). **노인생활 실태분석 및 정책과제**. 세종: 보건사회연구원.

허준수(2021). **초고령사회의 노인복지학**. 서울: 신정.

AARP (2020). *Leisure Activities*. Washington, DC: American Association of Retired Persons.

Achenbaum, W. A., & Bengtson, V. L. (1994). Re-engaging the Disengagement Theory of Aging". *The Gerontologist, 34*(6), 756-763.

Cowgill, D. O., & Holmes, L. D. (1972). *Aging and Modernization*. New York: Appleton Century Crofts.

Danigelis, N. L., & McIntosh, B. R. (1993). Resources and the Productive Activity of Elders. *Journal of Gerontology, 48*(4), S192-203.

De Tavernier, W., Naegele, L., & Hess, M. (2019). A Critical Perspective on Ageism and Modernization Theory. *Social Inclusion*, 7(3), 54-57.

Estes, C. L. (2020). Theoretical Perspectives on Old Age Policy: A Critique and Proposal. In *The Need for Theory*. Routledge.

Foner, N. (1984). *Ages in Conflict*. New York: Columbia University Press.

Hooyman, N. R., & Kiyak, H. A. (2017). *Social Gerontology: A Multidisciplinary Perspective*. Pearson Education.

Monk, A. (1990). *Handbook of Gerontological Services*. New York: Van Nostrand Reinhold Company.

National Association of Social Workers (2014). *The Social Work Dictionary*. NASW.

OECD (2020). OECD Data: Elderly Population. OECD.

Rowe, W., & Kahn, L. (1997). Successful aging. *The Gerontologist, 37*, 433-440.

United Nations (2019). World Population Ageing 2019. Department of Economic and

Social Affairs, United Nations.

Wan, W. H., & Antonucci, T. C. (2016). Social Exchange Therapy and Aging. *Encyclopaedia of Geropsychology, 1*(1), 1-9.

Zaidi, A., & Howse, K. (2017). The Policy Discourse of Active Ageing: Some Reflections. *Journal of Population Aging, 10*(1), 1-10.

YTN(2016). 전 세계 노인 인구 비율, 2050년 17%로 증가. 2016년 3월 29일.

제10장

가족치료

이 장에서는 가족치료 태동에 대한 배경과 사회과학철학에서의 패러다임의 변화와 그 변화에 따른 가족치료의 방향성과 이론들에 대한 영향, 기본적인 개념들로서의 사이버네틱스 인식론과 일차적 사이버네틱스, 이차적 사이버네틱스를 살펴본다. 또한 가족치료 이론의 철학적 토대로서, 모더니즘(근대주의), 체계이론, 포스트모더니즘(탈근대주의), 구성주의, 사회구성주의, 구조주의와 후기구조주의, 해체주의와 언어의 역할, 페미니즘, 다원론적 관점의 영향을 알아본다. 마지막으로, 이와 같은 철학적 토대에 따른 가족치료 이론들을 살펴본다.

1. 가족치료 발달 역사와 이론적 토대

1) 가족치료 태동의 배경

20세기 초기 중반에는 프로이트에게 영향을 받은 심리치료 혹은 고전적인 심리분석이 개인의 정신 내부 세계—비록 정신 내부 세계가 가족관계에서 영향을 받은 것으로 보여졌을지라도—에 초점을 두었다(Goldenberg, Stanton, & Goldenberg, 2017). 비록 프로이트가 개인의 성격에 가족이 지대한 영향을 미친다고 하였을지라도, 그는 일반적으로 환자를 치료하는 데 가족성원을 포함시키지 않고 환자의 무의식적인 환상 세계를 탐색하는 것을 선호하였다. 그렇지만 어떤 치료사들 또는 이론가들은 개인의 무의식적인 삶에 대한 단 하나의 초점이 때로는 개인의 문제를 이해하거나 치료하는 데 불충분하다고 느끼게 되었다(Goldenberg et al., 2017). 이처럼 1950년대, 개인에 초점을 둔 개별심리 치료에 대한 한계점을 인식하면서부터 가족에 초점을 두고 가족체계의 변화를 도모하는 가족치료가 발달하게 되었다(Goldenberg, Goldenberg, & Goldenber Pelavin, 2014; Janzen et al., 2006). 이와 같은 개인 심리치료로부터 가족치료로의 패러다임의 전환은 과학혁명이었다.

이러한 가족치료 발달은 20세기 후반의 자연과학과 사회과학에서 일어난 패러다임의 전환으로부터 시작되었다. 즉, 사물의 본질의 특성이나 존재 또는 진실에 초점을 두기보다는 주변 상황이나 관계 또는 의미에 초점을 두게 된 사회과학 철학적인 토대하에 가족치료의 역사가 이루어지게 되었다. 가족치료에 지대한 영향을 끼친 이론들로는 수학, 물리학, 사회학, 일반체계이론, 인공두뇌학, 생태학, 의사소통이론, 그리고 더 최근에 사회구조주의 이론 등을 들 수 있다. 이러한 이론에서 인간은 물리적 · 사회적 · 문화적 · 정치적 · 경제적 환경들의 영향을 받게 되고, 또한 이러한 환경들과의 상호적인 또는 순환적인 관계 안에서 개인의 삶이 형성된다는 것이다.

가족치료 발달의 시작을 정확히 지적하기란 무리라고 볼 수 있으며, 또한 어느 한 경로를 통하여 발전된 것도 아니다. 대부분의 가족치료와 관련된 권위자들에 의하면, 가족성원이 심리적인 불안 또는 혼동을 겪게 만들고 또한 그러한 증상을 유지하게 하는 가족의 역할에 주의를 기울이게 된 것은 제2차 세계 대전 이후의 약 10년 정도의 기간이다. 전쟁 후에 가족의 갑작스러운 재결합이 가족성원들에게 사회적 · 인간 상호 간의 · 문화적 · 상황적인 여러 가지 문제를 야기시켰다(Goldenberg et al., 2017).

이 장에서는 최근에 일어나고 있는 패러다임의 전환과 이러한 패러다임의 변화로 인한 가족치료의 변화와 가족치료 이론의 철학적 토대, 그리고 가족치료 모델들에 대하여 살펴보겠다.

2) 가족치료에 있어서 패러다임의 전환과 철학적 토대

가족치료 이론의 변화과정을 이해하기 위해서는 과학적 방법과 패러다임의 변화과정을 이해하여야 하며, 이를 통해 모더니즘과 포스트모더니즘에 따른 가족치료 이론의 분리를 이해할 수 있다. 따라서 여기서는 과학적 방법에 관한 패러다임에 대하여 설명하고자 한다.

(1) 패러다임의 전환

사람들은 일반적으로 과학적 방법이 합리적이고 세계에 대한 객관적인 지식을 우리에게 제공해 준다고 생각한다. 과학적 지식이 객관적이라는 것은 개인들의 믿음과 가치들과는 무관하게 모든 사람이 믿을 만한 가치가 있다는 것을 의미한다. 과학이론이 어떻게 발전하는가를 설명하는 과학적 방법은 프랜시스 베이컨(Francis Bacon)의 귀납주의로부터 과학이론들이 제안되었을 때 이론의 검증에만 관련되는 카를 포퍼(Karl Raimund Popper)의 반증주의까지 다양하게 전개되고 있다(박영태, 2003; Ladyman, 2002). 제2차 세계 대전 이후에 (영어 사용권의) 과학철학에서 이루어진 전통적인 견해는 논리경험론(논리실증주의와 비슷한 입장)이며, 카르납(Rudolf Carnap)은 논리경험론자 중에서 가장 대표적인 학자다(Lakatos, 1968). 다양한 철학자들 중 흄(David Hume)은 과학이 귀납적이며 비합리적이라고 주장하였고, 포퍼는 과학이 비귀납적이고 합리적이라고 보았으며, 카르납은 과학이 귀납적이고 합리적이라고 생각하였다(박영태, 2003; Ladyman, 2002).

그러나 1960년대에 들어가면서, 과학사, 특히 코페르니쿠스(Nicolaus Copernicus)의 천문학 혁명에 관심을 가진 물리학자인 토머스 쿤(Thomas Kuhn, 1922~1996)이 『과학혁명의 구조』라는 책을 써서 여러 분야에서 광범위하게 지대한 관심을 불러 일으켰다. 과학혁명이란 천문학에서 발생한 코페르니쿠스 혁명, 물리학에서 발생한 아인슈타인 혁명, 생물학에서 발생한 다윈 혁명 등을 의미한다. 『과학혁명의 구조』에서 쿤이 설정한 목적의 하나는 과학의 변화하는 방식에 대해 일반적으로 받아들여지고 있는 가정들에 대한 도전이었다. 쿤이 과학적 지식의 합리성과 객관성에 대하여 비판하면서, 과학적 지식의 연구방법에 대하여 많은 사람들이 의문을 제기하게 되었다. 앞에서 언급한 흄, 포퍼, 카르납과는 대조적으로 쿤은 과학이 비귀납적이며 비합리적이라고 주장하였다. 쿤은 반증주의에 의해서 깨뜨려진 모든 이론을 과학자들이 포기해야 한다고 설명한 카를 포퍼의 반증주의에 대해서 매우 비판적이었다. 쿤은 과학의 방법론과 지식에 관하여 기존의 방식과는 다르게 보는 시각을 제안하였고, 과학사의 전개과정에 대한 시각을 변화시켰다(박영태, 2003; Ladyman, 2002).

정상과학에 대한 쿤의 해석에는 패러다임 개념이 중심에 있다. 쿤은 패러다임을 "과학 내부에 있는 주제에 대한 근본적인 표상"이라고 정의하였다. 쿤에 의하여 제창된 패러다임 개념은 무엇이 연구되어야 하는지, 무슨 질문이 어떻게 제기되어야 하고, 그리고 얻어진 해답을 해석하는 데 어떤 규칙이 수반되어야 하는가를 밝히는

데 기여하였다. 패러다임은 과학 내부에서 가장 넓은 일치의 단위이며, 하나의 과학공동체와 다른 것들을 구분하는 데 기여한다(Kuhn, 1962). 패러다임은 실례, 이론, 그리고 그 내부에 존재하는 방법과 수단들을 포괄하고, 규정하며, 상호관계를 보게 한다. 따라서 패러다임은 다음과 같은 두 가지 요소로 구성된다. 첫째, 과학자 공동체의 모든 구성원이 받아들이는 근본적인 이론적 가정들의 집합이다. 둘째, 범례(exampler), 즉 그러한 이론적 가정들을 해결한 후 해당 분야의 교과서에 등장하는 특정한 과학 문제들의 집합이다(비록 쿤은 때때로 두 낱말을 교환 가능한 것으로 사용하지만). 다시 말하면, 패러다임이란 과학적 세계관의 총체를 의미하며, 어떤 과학자 공동체가 공유함으로써 그 공동체를 단합시키고 정상과학이 일어나도록 해 주는 가정, 믿음, 가치의 모임이다(Okasha, 2016; 김미선 역, 2017). 그리고 패러다임에는 우주론, 존재론, 인식론, 윤리가 포함된다. 쿤은 과학을 증명하는 연구방법으로서 패러다임 I과 II를 언급하였다.

패러다임 I이라는 것은 실증주의에 뿌리를 두고 있는데 이 패러다임에 대한 철학적 근본은 물리학으로부터 나왔다. 실증주의란 감각 경험과 실증적 기반을 둔 것만이 확실한 지식이라고 보는 인식론적 관점이자 과학 철학이다. 실증주의적 접근법은 '고대 그리스 시대부터 오늘날까지 서구 사상사에서 논의가 계속되는 주제'다(Cohen, Manion, & Morrison, 2017).

19세기 초에 콩트(Auguste Comte)는 실증주의에 대한 개념을 더욱 발전시켰다. 실증주의는 사물의 본질에 대한 논의를 지향하는 것이 아니라 사물에 대한 관찰과 이러한 사실들 사이에 존재하는 법칙들에 관하여 논의를 지향한다. 따라서 실증주의의 목적은 불확실하고 절대적인 것에 대한 추상적인 탐색보다는 확실하고 상대적인 사실을 관찰하는 데 둔다(김정석 역, 2001). 그러나 콩트의 실증주의 이전에 프랑스의 철학자, 수학자, 물리학자이면서 근대 철학의 아버지라 불리는 합리주의자인 데카르트(René Descartes)가 있다. 그는 동시대인 영국의 프란시스 베이컨과 마찬가지로 지식 연구의 목적은 원인과 결과의 관련성을 취하여 인간 본질을 개선하는 데 있다고 하였다(양진호, 2011).

그 이후에 1920년대부터 1930년대에 빈 대학을 중심으로 '빈 학파'라고 불리는 철학자 · 수학자 · 과학자의 서클이 있었다. 논리실증주의란 이 서클과 관련된 철학적 입장의 호칭이며, 이 서클의 중심에 있던 슐리크(Moritz Schlick)와 노이라트(Otto Neurath)가 이 서클의 토론 그룹을 발족시켰으며, 이는 러셀(Bertrand Russell)과 비트겐슈타인(Ludwig Wittgenstein)에 의해 미국에 소개되었다. 일반적인 의미의 실증주의는 이것을 지칭하며 여기에 속하는 대표적인 인물이 카를 포퍼다. 그는 검증의 원칙을 제시하여 검증 불가능한 것은 무의미한 것이라고 하였다(김태수 역, 1990). 그 외에 라이헨바흐(Hans Reichenbach)와 카르납과 같은 논리실증주의 인물들이 자연과학의 철학적 기초에 관심을 가진 동시대의 칸트주의자와 유사한 입장에서 출발하였다. 즉, 논리실증주의 형성의 결정적인 요인이 된 것은, 첫째, 프레게(Gottlob Frege)에 의해서 창시된 현대적인 논리학, 둘째, 아인슈타인의 상대성 이론의 충격, 셋째, 비트겐슈타인의 '논리철학 논고'였다. 이 세 명의 학자에 의해서 논리실증주의가 나왔다고도 볼 수 있다. 논리적 실증주의에서는 모든 과학은 공통의 언어에 의해서 표현되며, 최종적으로는 단일한 과학, 특히 물리학으로 환원된다고 보았고, 철학의 역할은 과학언어의 논리적 분석에 있다고 보았다. 대부분의 비전문가들과 많은 과학자들이 볼 때, 과학은 누적적으로 발전한다. 예를 들어, 아이작 뉴턴(Isaac Newton)은 "내가 더 멀리 바라다 볼 수 있었던 것은 내가 거인들의 어깨를 딛고 있었기 때문이다."라고 말하였다.

그러나 쿤은 누적적인 과학 발전에 대한 이런 사고를 하나의 신화로 간주하고 그것을 폭로하려고 하였다. 쿤은 축적이 과학의 진보에 어느 정도 역할을 수행한다는 것을 인정하였지만 실제로 대부분의 변동은 혁명의 결과로서 일어난다고 보았다. 쿤은 과학에서의 주요 변동이 어떻게 일어나는가에 대한 이론을 제공했다. 그는 어느 주어진 시대의 과학은 하나의 특수한 패러다임에 의해 지배되는 것으로 보았다. 정상과학(Normal science)은 지식 축적의 기간이다. 이 기간 동안 과학자들은 군림하는 패러다임을 확장하기 위해 작업한다. 그런 과학적인 작업은 필연적으로 무언가 비정상적인 것(Anomalies), 또는 군림하는 패러다임에 의해 설명될 수 없는 어떤 발견들을 낳는다. 만약 그 비정상적인 것들이 증가하면 위기의 단계가 나타나며, 이 위기는 결국 과학혁명으로 귀결될 것이다. 한때 군림하던 패러다임은 전복되고, 그 대신 새로운 패러다임이 출현하여 과학의 중심에 서게 된다. 이렇게 해서 새로운 지배적인 패러다임이 탄생하는 것이며, 그와 같은 순환은 거듭되게 마련이다. 쿤의 이론은 다음과 같이 도식화할 수 있다.

패러다임 I ⇒ 정상과학(normal science) ⇒ 비정상적인 것들(anomalies) ⇒ 위기(crisis) ⇒ 혁명(revolution) ⇒ 패러다임 II

토머스 쿤은 "하나의 분야를 과학이라고 명확히 표명할 수 있는 다른 기준을 찾아내는 것은 힘든 일이다."라고 하였다. 이에 카를 포퍼는 쿤이 과학에서 비판이 맡고 있는 역할을 지나칠 정도로 부당하게 강조하고 있다고 말하면서, 토머스 쿤이 과학혁명의 구조에서 말한 패러다임에서 새로운 패러다임으로 비약적으로 혁명적 변화를 한다는 점을 비판하였다(신일철, 신중섭 공역, 2017). 카를 포퍼는 근본 원리들이 항상 검증을 받아야만 하고 어디서나 비판이 가해진다는 측면에서 과학은 영원한 혁명의 상태에 있다고 하였다.

한편, 토머스 쿤은 혁명들은 매우 드물게 발생하며, 대부분의 과학은 근본 원리들에 대한 의문이 제기되지 않으며 과학자들이 수행하고 있는 작업들이 매우 규칙적으로 이루어지는 정상과학이라고 하였다. 쿤은 과학자들이 새로운 패러다임을 수용할 것인가에 대한 여부를 결정하는 데 과학자들의 가치와, 심리적이고 사회적인 요인들이 중요한 역할을 한다고 하였다. 쿤은 또한 과학이란 사회와 역사적 맥락에서 조망되어야 한다고 하였는데, 이 견해는 과학의 변화가 사회적인 영향력에 대한 설명을 하지 못한다면 올바르게 이해될 수 없다는 것을 의미한다(박영태, 2003; Ladyman, 2002).

쿤의 과학철학은 문학이론에서부터 경영학뿐만 많은 심리치료사들의 사고에도 영향을 미쳤다. 슬러즈키(Sluzki, 1978)는 가족치료를 행동과학에 있어서 중요한 인식론적인 혁명으로 간주한다. 인식론이란 사람이 어떻게 지식을 얻고 세상에 대하여 어떻게 결론을 내리는가에 대하여 언급하는 것이며, 경험을 이해하는 데 사용하는 규칙과 들어오는 정보를 해석하는 데 사용되는 기술적인 언어를 의미한다. 이와 같은 규칙은 치료사나 이론가로서 우리 주위에서 발생하는 것과 어떻게 우리가 변화를 야기시킬 수 있는가를 이해하기 위하여 시도하는 일상생활에서의 우리의 행동에 대한 근본적인 가정을 결정한다. 그런데 가족치료사들은 공통적으로 인식론이라는 용어를 개념적인 준거틀 혹은 신념체계를 지칭하는 용어로서 사용한다(Goldenberg et al., 2017).

여기서는 가족치료 이론에 지대한 영향을 미치고 있는 패러다임과 사이버네티 인식론에 관하여 설명하고, 또한 일차적인 사이버네틱스 이론과 이차적인 사이버네틱스 이론에 대하여 살펴보겠다.

(2) 사이버네틱 인식론

가족치료는 알고 인식하는 우리들의 습관적인 방법에 대한 사이버네틱 인식론을 제안한다. 사이버네틱스라는 용어는 수학자인 노버트 위너(Wiener, 1948)가 만들어 냈는데, 그는 특히 정보의 과정화와 피드백 기제(Mechanism)가 단순하고 복잡한 체계를 통제하는 데 어떻게 작동하고 있는가에 대하여 관심을 두었다. 사이버네틱스는 기계뿐만 아니라 인간에게 있어서 의사소통과 통제의 학문을 나타낸다. 사이버네틱 이론은 기계의 자동제어 장치의 원리를 가족체계와 연결시켜 도입, 응용한 것으로, 한 체계가 안정을 유지하기 위하여 과거에 실행했던 결과를 현재 기능에 다시 재투자하여 스스로를 조절해 나간다고 본다. 더 중요한 것은 피드백 정보를 바꿈으로써 미래의 행위에 대한 패턴을 바꿀 수 있다는 점이다(Goldenberg & Goldenberg, 2013). 가족치료에서 사이버네틱스 개념은 가족이 변화를 원하면서도 현재의 상태를 유지하려는 항상성 현상을 설명하기 위하여 도입되었다. 한편, 이 개념은 가족체계 내의 하위 체계가 다른 하위 체계에 영향을 미치는 현상을 설명할 수 있게 해 준다. 사이버네틱 이론에 의하면, 가족치료란 치료사가 피드백의 정보를 바꾸는 데 개입함으로써 가족의 비정상적인 행동 패턴을 보다 바람직스러운 패턴으로 바꾸어 주는 것으로 비유되었다. 가족치료계가 전환을 하기 시작한 계기는 일차적 사이버네틱과 이차적 사이버네틱 이론의 구분에서 찾아 볼 수 있다.

① 일차적 사이버네틱스

일차적 사이버네틱스(First-order cybernetics)는 모든 종류의 체계가 어떻게 조절되는가에 대한 일반적인 원리를 이해하는 수단으로서 통신공학과 컴퓨터과학으로부터 파생되었다. 영국의 인류학자이자 민속학자인 그레고리 베이트슨(Gregory Bateson)은 이러한 수학적이고 공학적인 개념들을 사회·행동과학에 적용하였다. 점차로 인식론적인 문제에 관심을 가지게 된 베이트슨(1972)은 자기교정 피드백 기제에 대한 강조와 함께, 사이버네틱스가 안정과 변화 사이의 분리할 수 없는 관계를 가리키는 것이라고 이해하였다. 즉, 모든 변화는 어떤 항상성을 유지하려는 노력으로서 그리고 모든 항상성은 변화를 통하여 유지하려는 것으로 이해될 수 있다. 베이트슨은 정신병리학과 관련된 것을 포함하여 어떻게 사이버네틱 원리를 인간의 의사소통 과정에 적용할 것인가를 연구하였다. 조현병을 정신 내부적인 장애라고 보기보다는 관계현상으로 보는 베이트슨의 이론은 중요한 정신병의 실체를 묘사하는 데 있어서 기념할 만하다고 할 수 있다(Goldenberg & Goldenberg, 2013). 이와 같은 베이트슨의 기여는 많은 임상가들에게 왜 문제된 개인이 그와 같은 행동을 하는가에 대한 통찰을 얻는 것으로부터 정보의 교환과 가족으로서 개인들 사이의 관계 과정에서 무엇이 발생하는가에 관심의 초점을 전환시키는 데 중요한 역할을 하게 되었다.

일차적인 사이버네틱스 이론은 치료사를 가족체계 밖에서 그 체계로부터 거리를 두고 객관적으로 관찰하며 그 체계를 조절할 수 있는 사람으로 보았다. 또한 일차적 사이버네틱스 이론에서는 내담자 가족체계에 치료사가 관여함으로써 가족체계에 줄 수 있는 영향력에 대해서도 전혀 개의치 않았다. 이것은 한 체계가 외부의 의도적인 개입에 의하여 조절되며 그 조정에 반응하리라는 가정에 입각해 있는 것이다. 그러나 이러한 가정은 의도적인 조정이 오히려 더 부정적인 영향을 낳을 수 있다는 것을 보여 줄 수도 있다. 왜냐하면 한 가족체계에 대한 치료사의 의도적인 조정은 가족 내의 다른 변수들을 희생하면서까지 어느 특정한 변수를 조정함으로써 체계의 분열과 무리를 야기시킬 수 있기 때문이다(고미영, 1998).

② 이차적 사이버네틱스

가족치료 이론과 실천에 대한 또 다른 중요한 도전은 예술, 과학, 그리고 사회과학에 엄청난 영향을 미쳤던 인식론적인 혁명인 포스트모더니즘으로부터 발생되었다. 쿤의 철학적인 후계자들인 포스트모더니스트들은 우리는 현실 밖의 진리를 알 수 없으며, 단지 해석과 인식을 통해 밖의 진리를 알 수 있는 것이라고 주장했다. 사회과학 및 제도, 그리고 사회서비스 실천과 정신보건에 있어서 특히 중요한 것은 사회구성주의자들이다. 그들은 우리가 사회과정으로부터 현실을 구성하며 '진리'는 사회적이고 문화적인 환경에 의해서 형성된다고 보았다(Hartman, 1995).

이차적인 사이버네틱스(Second-order cybernetics)는 체계의 외부적인 그리고 독립된 관찰자는 있을 수 없다고 본다. 체계를 관찰하고 변화시키려고 시도하는 어떤 사람도 그 체계에 서로 영향을 미치고 또한 영향을 받기 때문이다. 이차적인 사이버네틱스는 가족치료를 행하는 데 있어서, 현실에 대한 시각과 가족에 대한 인식이 개인들마다 다르기 때문에 다르게 묘사한다고 본다. 실제로 가족 구성원들은 가족에 대한 각자의 감각을 가지고 있고, 각자 분리되어 있고 합리적인 개념들을 가지고 있다는 것이다(Slovik & Griffith, 1992). 따라서 객관성 그 자체는 존재하지 않는다. 다시 말해서, 소위 가족에 대한 객관적인 묘사라는 것은 가족 그 자체에 대한 것보다는 단지 묘사하는 사람에 대하여 더 많은 것을 말할 수 있는 사회적인 구성이다. 즉, 가족의 '실재(Reality)'는 객관적인 방법을 통하여 발견될 수 있다기보다는 가족 구성원들의 사회적 상호작용을 통하여 일어나는 서로 동의한 합의에 지나지 않는다는 것이다(Real, 1990).

이러한 새로운 시각으로부터, 가족은 다양한 시각과 다양한 현실로 구성된다. 따라서 치료사는 이제는 더 이상 문제 상황을 관찰하는 외부의 관찰자가 아니라 관찰되는 현실을 구성하는 한 부분인 것이다. 일차적인 사이버네틱스가 가족을 기계적인 체계와 유사한 것으로 보는 많은 가족치료사들의 일차적인 초점으로 본다면, 이차적인 사이버네틱스는 살아 있는 체계를 외부로부터 프로그램화될 수 있는 대상으로 보아서는 안 되며, 스스로 창조하고, 독립된 실체로서 보아야 한다고 주장한다. 따라서 이차적인 사이버네틱의 원리는 다른 변수를 희생하면서 어느 특정 변수들을 조정하려고 하지 않으며, 그보다는 그 체계의 자가 조절을 증진시키는 방향으로 관여하는 것이다. 그러므로 이차 사이버네틱의 원리를 적용한 가족치료란 특정한 변화를 제시하기보다는 변화를 위한 배경이나 맥락을 제공하는 것이 바람직하다고 보며, 행위보다는 전제와 가정들을 바꾸어 주는 데 더 초점을 둔다(Hoffman, 1985).

(3) 가족치료 이론의 철학적 토대

① 모더니즘(근대주의)

모더니즘은 낭만주의에 대한 낙관적이고, 실증적인 대체물로서 1900년대 초에 시작되었다. 낭만주의에서는 세계가 볼 수 없고 또 알 수도 없는 어떤 힘에 의해 지배되고 있다고 보았다. 20세기 초에 나타난 과학의 발전으로 인하여, 사람들은 진리는 알 수 없는 그 무엇이 아니라 객관적이고 과학적인 관찰과 측정을 통하여 발견될 수 있다고 생각하게 되었다. 우주는 작동 원리가 있는 기계로서 인식되었다. 따라서 모더니스트들은 인간의 행동을 설명할 수 있는 거대한 이론에 관심이 있었다. 그리고 일단 이러한 거대한 이론이 발견만 된다면, 인류는 환경을 지배할 수 있을 것이라고 생각하였다. 즉, 그들은 모든 것은 이해될 수 있고 지배될 수 있다고 생각하였기 때문에, 문제들 역시 해결할 수 있다고 보았다. 이러한 모더니스트의 시각은 가족치료 선구자들이 내담자에게 접근하는 방식—해독하고 이 다음에 재프로그램화하는 사이버네틱 기계와 같은 접근방식—에 영향을 미쳤다. 치료사는 역기능적인 가족체계로부터 기능적으로 진단을 할 수 있는 전문가였다. 가족들이 사물들을 그들 스스로 그런 방식으로 보든 말든 상관없이, 수선이 필요한 흠집을 찾기 위하여 구조적이고 전략적인 청사진이 사용되었다. 이론에 맞지 않는 사실들은 무시되었고, 종종 치료사들은 내담자들의 경험보다도 자신들의 기술에 더 많은 신념을 두었다(Nichols & Schwartz, 2001). 이처럼 모더니즘은 외부로부터 인식 가능한 '진실'에 대한 논리적 · 실증적 가정에 입각해 있다. 모더니스트 접근법에서는 인지–행동치료와 정신역동적 치료의 개인치료 및 일차적 사이버네틱스 가족치료 모델들처럼 가족문제에 대한 명확한 개념을 가지고 접근한다. 모더니스트 가정에서 치료사는 병리적 가정, 문제, 목표를 평가하는 일차적 책임을 지는 전문가로 교사 혹은 멘토의 역할을 수행하며, 이론과 연구는 문제를 파악하고 진단을 하기 위한 주요 정보원이다. 치료사는 이론과 연구를 사용하여 치료접근법을 선택하며, 내담자는 선택된 치료를 따른다(Gehart, 2016).

② 체계이론

비록 체계의 본질과 체계의 어떤 면들이 가장 중요한가에 대해서는 가족치료 이론가들 사이에서 계속해서 이견이 있어 왔을지라도, 대부분의 가족치료사들은 가족을 체계로서 개념화하여 왔다. 체계이론은 살아 있는 체계는 개방체계이며, 다른 체계들과 서로 연결되어 있다는 것을 강조한다(Bertalanffy, 1968). 더불어 항상성을 유지하기 위한 체계의 자기교정 능력을 강조하는 사이버네틱 체계이론에 기반을 두고 있다(Bateson, 1972). 체계이론은 맥락적 진실, 즉 행동에 대한 규범과 규칙을 결정하는 반복적인 대인 간의 상호작용을 통해 형성되는 진실을 강조한다(Gehart, 2016). 일반적으로 모든 체계적 치료사들은 일차와 이차 사이버네틱 이론 양측의 영향을 모두 받았다.

③ 포스트모더니즘(탈근대주의)

1980년대에는 가족치료 분야의 발전에 있어서 불안한 단계를 맞이하게 되었는데, 이 기간은 가족치료의 편견과 맹점이 도전을 받는 시기였다. 이 시기에 야기되었던 변화는 기존에 진리라고 받아들여졌던 것들이 도전을 받았던 시기에 다른 분야에서도 발생한 변화와 매우 유사하였다. 20세기 후반에는 반이성주의, 주체의 해체, 탈중심, 다원주의 등을 모토로 하는 포스트모더니즘이 프랑스와 미국을 중심으로 발달하였다. 자크 데리다(Jacques Derrida), 장프랑수아 리오타르(Jean-François Lyotard), 장 보드리야르(Jean Baudrillard) 등이 대표적인 포스트모더니즘의 철학자들이며, 이들이 공격의 대상으로 삼은 사람은 칸트(Immanuel Kant)와 데카르트였다(양진호, 2018). 예를 들어, 미셸 푸코는 데카르트로부터 시작된 이성적 주체의 권력이 광기 배제의 역사를 만들어 왔다면서 그의 주체 개념을 비판했다(이규현 역, 2003).특히, 미셸 푸코(Foucault, 1972, 1975, 1980)는 어떻게 권력과 지식이 개인의 실재를 형성하는지에 대하여 세심하게 묘사하였다.

포스트모더니즘은 모더니즘의 자기 과신에서 오는 오만에 대한 반향이었다. 예로서, 여러분들은 과거 어떤 인물이나 역사적 사건에 대하여 배웠던 내용이 진실이라고 생각하였는데, 또 다른 시각으로 쓰인 책에서 전혀 다른 관점의 내용을 접할 때 매우 혼란스러웠던 경험을 해 본 적이 있을 것이다. 그럼 '어느 관점이 진실이고 거짓인가, 그리고 진실과 거짓을 판단할 수 있는 근거는 무엇인가?'라는 문제가 남는다. 또한 '과거 우리가 알고 있던 전통과 관습이 정말 옳은 것이었는가? 그 전통과 관습을 유지해야 할 것인가'라는 고민에 부딪힐 수밖에 없다. 이러한 고민은 '우리가 진리라고 알고 있던 것이 과연 절대적인 진리인가?'라는 의문을 가지게 만들면서, 여러 가지 문제에서 혼란을 경험하게 한다. 이를 통해 세상에는 절대적인 것이란 없다는 세상에 대한 불확실성을 경험하게 된다.

30~40년 전부터 우리는 과학적 · 정치적 · 종교적인 진리의 타당성에 대한 신념의 확신을 잃고 있을 뿐만 아니라, 절대적인 진리를 알 수 있다는 가정에 대하여 의심하기 시작하였다. 이러한 의심은 우리가 진리가 존재한다는 것을 가정했던 것과 누가 진리를 소유하였는가에 대하여 격렬하게 싸워 왔던 근대주의 시대로부터의 대전환이었다.

근대주의자들은 진리는 알 수 있을 뿐만 아니라 모든 인간의 행동을 설명할 수 있는 보편적인 원리가 발견될 수 있다고 믿었다. 플라톤(Platon)의 경우는 사물의 본질(이데아)이 있을 것이라고 보고 그 이데아를 추구하였고, 러셀의 경우는 분석철학을 통하여 그 본질을 밝히려고 하였다. 이와 같은 관점에서 볼 때, 근대주의자들은 본질주의자(Essentialist)다. 그들은 그것의 근본을 위하여 현상의 내부를 바라보았다. 이러한 보편적인 요소, 즉 근본을 확인하기 위한 노력은 의학과 유전학으로부터 물리학과 수학까지 과학의 모든 분야를 지배하였다. 사물의 근본에 대한 이러한 조사는 그 시대의 환원주의에 기여하였다. 근본은 사물 그 자체의 구조에 머물고 있다고 가정하였기 때문에 거기서 역사와 맥락은 무시되었다(Doherty, 1991).

그러나 아인슈타인의 상대성 개념이 뉴턴 물리학의 확실성에 대한 우리들의 신념을 무너트렸다. 영국의 철학자 버트런드 러셀의 제자였던 오스트리아 철학자인 루트비히 비트겐슈타인(Wittgenstein, 2010)은 자신의 스승인 러셀의 분석철학을 거부하면서 삶의 핵심은 언어에 있다고 하였다. 그는 언어가 삶 속에 녹아 들어가 있다고 주장하였고 언어는 일상생활에서 제거될 수 없다고 주장하였다. 그의 언어에 대한 철학은 포트스모던치료, 가장 크게는 해결중심 단기치료 및 협력적 치료에 많은 영향을 미쳤다. 이 외에도 질 들뢰즈(Gilles Deleuze)는 플라톤과 플라톤주의를 뒤집어엎고, 루크레티우스(Lucretius)와 자연주의를 내세우면서 사물에 대한 하나의 본질이 있다는 것을 거부하면서 다양성과 차이에 대하여 논하였다(김상환 역, 2020; 박정태 역, 2019). 한편, 카를 마르크스(Karl Marx)는 다른 계급을 지배하는 할 수 있는 권리에 대해 도전하였다.

1960년대에 사람들은 기존체제에 대하여 신뢰성을 잃었으며, 한편으로는 마약 경험과 동양 종교를 통해 일반적으로 의식하고 있는 것 외에 다른 실재가 존재한다는 것을 인식하게 되었다. 페미니스트 운동은 자연의 법칙으로 여겨 왔던 성(Gender)에 대한 가부장적인 가정에 도전하였다. 세상이 축소되고 우리가 다른 문화의 사람들과 접하면서, 우리는 그들의 '원시적인' 혹은 '이상스럽다'고 여겼던 신념에 대한 가정들을 다시 검토해 보아야만 했다. 또한 우리는 우리 자신의 진실을 단지 세상을 보는 여러 방법들 중의 하나로서 인식해야만 했다(Nichols & Schwartz, 2001).

이와 같이 1980년대의 증폭하는 회의론은 지금까지 모든 분야에서 이룩하였던 노력의 근간을 흔들었다. 문학, 법, 교육, 건축, 정치학, 미술, 그리고 심리학에 있어서 받아들여진 지식이나 기법이 '무장해제'되었다. 즉, 이전의 지식이나 기법은 편견을 가진 시각과 동기를 가진 사람들에 의하여 창출된 사회적 관습이라고 생각하기 시작하였다.

모더니즘 성향의 치료는 인간의 문제를 문제 중심적으로 접근하며, 인성적인 특성이나 가족 상호작용이 기능적인지(혹은 역기능적인지)에 중점을 두었다. 반면 포스트모더니즘 성향의 치료는 무엇이 기능적이고 역기능적인가는 보는 사람의 시각에 따라 달라진다는 점을 강조한다. 또한 가족의 기능/역기능 여부는 단일한 기준에 의해 평가될 수 없고 개인적인 경험이나 가족이 처한 상황에 따라 다르게 평가될 수 있으며, 또 민족성, 문화, 성, 성적 성향, 가족 형태, 인종 등을 고려하여 가족의 기능성 여부를 평가해야 한다고 보았다(Goldenberg et al., 2017). 그러나 니콜스(Nichols, 1987), 니콜스와 슈워츠(Nichols & Schwartz, 1998), 슈워츠(Schwartz, 1994)는 포스트모더니스트들이 가족치료에서 관계에 초점을 맞춤으로써 개인의 문제를 깊이 있게 다루지 못하는 부분을 우려하였다. 이와 관련하여 니콜스(Nichols, 1987)는 인간은 다른 존재와는 다르게 서로에 대한 의식적 · 무의식적 기대를 가지고 소통하는 존재라고 하였다. 또한, 그는 관계를 고려하지 않고 인간을 이해한다는 것은 불가능하지만 마찬가지로 개인이 인식하는 내적 현실에 대한 고려 없이 외현화된 행동에 대해서만 생각한다면 개인들이 형성하는 관계에 대해 이해하는 것 또한 불가능하다고 보았다. 따라서 개인 간의 상호작용뿐만 아니라 느끼고 생각하고 행동하는 중추적인 자아로서의 '나'는 인간이 겪는 경험의 핵심을 차지한다고 주장하였다.

④ 구성주의

진실이라는 것은 존재하지 않는다는 포스트모던의 가정과 함께, 인간의 삶을 조직하는 이야기들이 어떻게 전개되는가에 대한 관심을 가지는 시각이 나타났다. 포스트모던 심리학은 어떻게 사람들이 삶 속에서 의미를 만들어 가며 어떻게 진실을 구성하는가에 대하여 관심을 가진다. 이러한 심리학적 성향 중의 하나인 구성주의(Constructivism)는 1980년대 초반에 가족치료 분야를 사로잡았으며 현재까지 강력한 영향을 미치고 있다. 구성주의는 신경생물학의 개념들로부터 발생한 철학으로, 객관성에 대한 신념을 버릴 수 있게 하는 역할을 하였다. 즉, 구성주의는 한 사람이 가족 내에서 보는 것이 가족 내에서 존재하는 것이라는 가정에 반(反)한다. 예를 들어, 마투라나와 바렐라(Maturana & Varela, 1980)는 살아 있는 체계는 그들의 환경에 직접적인 경험을 가질 수 없는 독립적인 신경 단위라고 말하였다.

이처럼 구성주의는 현실을 "저기 밖에 있는 세상으로서 존재하는 것이 아니라 그것을 바라보는 관찰자의 내적 구성물이라고 보았다. 이와 같은 구성주의적 관점으로 인해 치료자들은 가족 내에서 그들이 보고 있는 것을 객관적으로 존재하는 것으로 간주해서는 안 된다는 입장을 가지고 있다. 대신에 그들은 치료사들이 보고 있는 것을 개인 · 가족 문제 그리고 가족의 상호작용의 산물로 본다. 다시 말하면, 관찰자는 관찰의 타당성에 대하여 덜 확신해야 하며, 만남에서 일어나는 가정들을 조심스럽게 검토해야만 한다.

구성주의는 가족의 문제를 가족의 상호작용 패턴에 초점을 두는 것 대신에, 문제에 관련된 사람들이 문제에 대하여 가지고 있는 가정들을 살펴보고 재평가하는 쪽으로 시선을 전환시켰다. 의미 그 자체가 일차적인 목표가 된 것이었다. 이와 같은 사고를 확장시키는 사람들은 가족체계에 대한 우리의 독단적인 초점을 버리고 대신에 문제에 묻혀 있고, 가족성원들뿐만 아니라 치료사를 포함하는 모든 협조자들을 포함할 수 있는 전체 의미체계에 초점을 맞추어야 한다(Anderson, Goolishian, & Winderman, 1986).

구성주의를 진지하게 받아들인다는 것은 어떤 이론을 놓고, 이 이론이 얼마나 객관적인 사실에 잘 맞는가를 판단할 수 없다는 것을 의미한다. 대신에 이론들이 우리의 환경과 맞추어 가는 데 얼마나 도움을 주는가를 판단 기준으로 보게 된다. 즉, 그 이론들이 얼마나 유용하며, 윤리적이며, 그리고 생태학적으로 민감한가에 판단의 기준이 있다. 부가적인 의미는 반드시 하나의 가장 유용한 이론이 존재하지 않는다는 것과 많은 이론들이 있을 수 있다는 것이다(Nichols & Schwartz, 2004).

⑤ 사회구성주의

가족치료가 포스트모더니즘의 영향을 받아 새로운 방향으로 전환하게 한 공헌을 한 이론은 구성주의(Constructivism)와 사회구성주의(Social constructionism)다. 사회구성주의는 가족치료가 개인심리학을 확장시킨 것과 같이 구성주의를 확장시켰다. 구성주의와 사회구성주의는 서로 관련은 있으나 같은 개념은 아니다. 양쪽 모두 지식의 본질을 말하고 실체를 객관적으로 묘사하는 것을 거부한다. 앞서 언급하였듯이 구성주의는 인지생물학에 근거를 두고 있다. 칠레의 신경생물학자인 홈베르토 마투라나(Maturana, 1978)는 한 사람의 지각은 개인의 신경체계를 통하여 여과되기 때문에 외부에 존재하는 것을 실제로 알 수 있는 우리들의 지각에는 한계가 있다고 하였다. 즉, 사람마다 정신적·상징적 과정과 의미를 만드는 구조가 다르기 때문에 똑같은 상황을 다르게 해석한다고 보았다(Maturana & Varela, 1980). 비고츠키(Vygotsky, 1986)는 이와 같은 인지 생물학적 전통에 사회적 요소를 더하여 사회구성주의를 주창하였다.

한편, 사회구성주의는 우리가 사물을 객관적으로 볼 수 없다는 구성주의 견해에는 동의하나 우리가 다른 사람들과 공유하는 언어체계, 관계, 문화에 초점을 두는 것을 포함하여 관점을 확장한다. 구성주의가 실재의 주관적 구성이나 창조와 관련되는 신경체계의 작동에 초점을 둔다면, 사회구성주의는 사회적 언어, 가족, 문화의 내적 · 주관적인 면에 초점을 둔다(Combs & Freedman, 2012). 구성주의자는 개인의 주관적인 생각을 강조하는 반면에, 사회구성주의자는 언어와 문화의 상호주관적인 영향에 더 많은 강조를 한다(Lock & Strong, 2010). 사회구성주의에 따르면, 사람들은 단지 삶의 객관적인 조건들 때문만 아니라 그 조건들에 대한 해석으로 인해 문제에 직면한다. 따라서 사회구성주의는 다른 사람들과 이야기하는 과정에서 어떻게 그런 의미들이 나타나는가에 대한 통찰에 초점을 둔다(Nichols, 2014).

이와 같은 구성주의로부터 사회구성주의로의 이동은 경험적 인식론으로부터 사회적 인식론으로의 이동을 의미한다(Gergen, 1985). 우리의 태도, 신념, 기억, 감정적인 반응은 관계에서 오는 경험으로부터 나온다(Goldenberg et al., 2017). 언어를 통하여 우리는 사회화과정에서 수용될 수 있는 방법으로 말하는 것을 학습하는 가운데 사회의 미리 포장된 사고를 얻게 되며, 언어체계의 가치와 이념을 공유한다(Becvar, 2000).

사회구성주의의 기본 전제는 다음과 같이 요약될 수 있다. 첫째, 실재는 사회적으로 구성된다. 둘째, 실재는 언어를 통해 구성된다. 셋째, 실재는 이야기를 통해 조직되고 유지된다. 넷째, 본질적인 존재는 존재하지 않는다.

치료적으로 외부의 관찰자로서 모더니스트 관점을 가진 임상가는 객관적으로 알 수 있는 조건(문제의 원인)을 찾고 그 원인을 고치려고 노력한다. 반면에, 구성주의와 사회구성주의의 개념을 적용하는 임상가들은 가족 구성원들과 상담하는 데 있어서 더 협력적이다. 이들은 가족상호작용 패턴에 초점을 두기보다는, 가족 구성원들이 자신들의 삶에 대하여 만든 가정을 조사하고 재평가하는 것을 돕는다. 문제는 보는 사람의 눈에 있다고 믿는 구성주의자는 가족이 문제를 인식하는 방법을 변화시키도록 돕는다. 사회구성주의자는 체계의 한 부분이 되어, 가족 구성원들이 자신들의 삶에 주는 의미를 재구조화하는 새로운 가능성을 발견하기 위하여 가족과 협력적인 대화를 하며 그들의 문제를 해결할 수 있게 한다(Goldenberg et al., 2017). 사회구성주의적 치료는 확립된 신념들의 억압으로부터 내담자를 자유롭게 하는 해체과정이 된다(Nichols, 2014).

그렇지만 사회구성주의에 대한 비평가들(Nichols & Schwartz, 2001)은 사회구성주의자들이 가족치료의 통찰을 위해서 개인들의 인지 영역과 경험에만 초점을 두었다고 보았다. 즉, 가족들은 복잡한 단위로 작동되며, 심리학적 증상들은 종종 가족 내의 갈등의 결과다. 우리의 경험과 정체성은 부분적으로 언어적인 구성이지만, 그것은 오직 부분일 뿐이다.

또한, 골란(Golann, 1988a)은 구성주의가 가족치료 이론 정립에 긍정적인 영향을 미쳤음을 인정하면서도, 치료자의 무능과 무지로 인한 잘못된 방식을 합리화 또는 모호하게 만드는 데 사용될 가능성이 있다는 점을 구성주의의 중대한 부정적 결과로서 지적하였다. 골란(Golann, 1988b)는 또한 정직하지 못하고 무지한 치료사에 의한 치료의 '무력화'를 합리화하고, 이에 대해 모호한 태도를 취하는 구성주의적 잠재적 오용에 대하여 우려하였다. 그렇지만 아무리 타당한 이론이라 할지라도 부적절하게 활용될 수 있다는 우려는 구성주의에만 해당되는 것이 아니라 모든 이론에 적용될 수 있다(Becvar & Becvar, 1993)는 사실도 고려해야 할 것이다.

⑥ 구조주의와 후기구조주의

구조주의 사고는 20세기 후반까지 사회과학의 많은 부분을 지배하였으며, 프로이트의 심리 내적 구조에서 가족구조에 초점을 둔 초기 가족치료 모델에 이르기까지 많은 치료 모델에 반영되었다. 구조주의 기원으로는 언어학을 들 수 있는데 스위스의 언어학자인 페르디낭 드 소쉬르(Ferdinand de Saussure, 1857~1913)는 언어의 체계와 구조에 관심을 가졌으며, 언어로 말할 수 없는 것은 생각할 수 없다고 하였다. 이것이 소쉬르의 구조주의 언어이론이며, 이 이론으로부터 유럽의 구조주의가 탄생되었다. 소쉬르는 언어에만 구조가 존재하지만, 구조주의에서의 언어는 불가사의한 언어, 심지어는 입으로 발성되는 것을 넘어서는 언어를 말한다. 예를 들면, 무의식은 무의식 자신이 말을 하고, 또 무의식 그 자체가 언어인 한에 있어서 구조를 지닌다. 소쉬르 외에도 대표적인 구조주의자들로서 언어학자 야콥슨(Roman Jakobson), 사회학자 레비스트로스(Claude Lévi-Strauss), 정신분석학자 라캉(Jacques Lacan), 철학자 푸코, 마르크스주의 철학자 알튀세르(Louis Althusser), 문학비평가 바르트(Roland Barthes) 등을 꼽는다.

'구조'라는 용어는 프로이트의 심리 내적 구조에서 가족구조에 초점을 둔 초기 가족치료 모델에 이르기까지 많은 치료 모델에 반영되었다. 구조주의자들은 인간의 행동이란 개인 안에 묻혀 있는 더 깊은 요소들의 표면적인 징후이며, 객관적인 외부 전문가가 행동의 의미에 대한 '진실'을 드러내기 위하여 이와 같은 더 깊은 요소들을 해석함으로써, 요소들이 분류되고 검색될 수 있다고 주장하였다. 이런 유형의 치료는 근본적인 요인들을 찾으며 결함을 수리하는 것에 의해 진행되며, 단순히 증상을 감소시키거나 제거하는 것에 만족하지 않는다. 20세기에 있어서 이와 같은 구조주의적 사고(프로이트의 심리 내적 구조로부터 가족구조의 가족치료의 전통적인 초점에 이르기까지)는 사회과학에 엄청난 영향을 미쳤다(Goldenberg et al., 2017).

후기구조주의(Post-structuralism)는 철학이나 사회과학에 나타난 포스트모더니즘 현상이며, 구조주의(Structuralism) 이후에 발생된 이론 또는 비평방법이다. 한편으로는 구조주의로부터 변화된 이론으로 이해되기도 하고, 구조주의를 반박하는 이론으로 이해되기도 한다. 구조주의와 후기구조주의는 공통적으로 다양한 관습과 담론(Discourse)을 통해 하나의 문화 안에서 어떻게 의미가 생성되고 재생성되는지를 분석하는 것에 초점을 둔다(Gehart, 2016). 그러나 후기 구조주의는 모든 현상에는 심층적인 구조가 있고, 또 구조는 구성 요소로 분해할 수 있다는 환원주의 관념을 가진 구조주의를 배격하였다. 후기 구조주의는 서구 철학이 선과 악의 이분법적 구분, 절대적 진리의 추구 등 존재하지 않는 것에 지나치게 집착해 왔다고 비판하며, 기존 철학이 추구해 온 진리는 정치적 · 사회적 권력에 의해 만들어진 담론에 지나지 않는다고 보고, 그것에 대한 정치적 · 사회적 상황과 맥락에 초점을 두었다(정문자 외, 2018).

⑦ 해체주의와 언어의 역할

해체는 사물들이 단 하나의 의미를 가지고 있는 것이 아니라는 문서를 조사하면서 자크 데리다(Derrida, 1978)에 의하여 소개된 용어다. 많은 사람들은 해체는 당연시 여겼던 가정을 분해하는 용어를 의미한다고 믿는데, 이는 어느 정도는 사실이다. 그렇지만, 이 용어는 그 이상의 의미를 가진다. 데리다(1978)에 의하면 해체는 하나의 방법론 그 자체가 아니며, 하나로 변형될 수도 없다고 주장하였다. 대신에, 해체는 '발생되는 것이다'. 해체는 사람의 깊은 생각, 혹은 의식적인 의도를 기다리지 않는다. 해체는 사람이 하는 어떤 것이 아니라, 사물의 은유적이거나 혹은 수사적인 본성의 탐구를 통하여 사람이 발견하는 언어의 특질 그 자체다. 인간은 언어체계를 통해서만 자신이 아는 것을 경험하고 표현한다는 점에서, 사회구성주의자들의 관심은 인간이 자신과 세상 혹은 현실을 묘사하고 이해하기 위하여 사용한 담론의 과정에 있다고 볼 수 있다(Gergen, 1985).

우리는 문화적으로 창조된 언어체계 안에서 태어나 이미 존재하고 있는 언어 형태에 동화된다. 우리는 사회화 과정에서 사회에서 용인된 방식으로 말하는 것과 공유된 가치와 언어체계의 이데올로기를 학습한다. 그럼으로 우리의 언어는 세상을 어떻게 바라보고 있는지와 세상에 있는 무엇을 보고 있는지를 우리들에게 말해 준다(Combs & Freedman, 2012). 또한, 사람이 된다는 것은 언어 속에 존재한다는 것을 뜻하며, 사람은 언어 속에서 자신의 행동을 조정하고 자신의 세계를 만들어 간다(Capra, 1982).

⑧ 페미니즘

1970년대를 시작으로 많은 여성 가족치료사들이 여성들이 불합리한 위치에 있는 성(Gender)에 대한 근본적인 가정에 도전하기 시작하였다. 초기 가족치료가 주로 남성들에 의하여 정의되었기 때문에, 불가피하게 남성의 언어와 태도가 초기 가족치료 이론들을 지배하였다. 이와 같은 결과에 대하여 호프먼(Hoffman, 1990)은 남성의 편견이 이성애적이고 가부장적인 가족을 규범으로 받아들이는 가족 개념들을 만들어졌으며, '과도하게 연루된 엄마' 혹은 '밀착된 가족'과 같은 용어들은 성차별적이며, 특히 가족문제에 대한 엄마를 비난하고 있다고 주장하였다. 페미니스트 가족치료사들은 부부가 상호 교류하는 데 있어서 동등한 권력과 통제권을 가지고 있다는 것을 의미하는 체계론적 개념을 반박하였다.

이와 같은 비판에도 불구하고 1980년대 후반까지는 여전히 페미니스트 가족치료사들의 대안이 존재하지 않았다. 성에 대한 편견을 바꾸기 위하여 페미니스트 치료사들은 여성들의 독특한 발달과 경험뿐만 아니라 남성들과의 관계를 형성하는 사회적, 문화적, 경제적 그리고 정치적 조건에 도전하기 시작하였다(Walters, Carter, Papp, & Silverstein, 1991).

따라서 페미니스트 가족치료사들은 가족치료가 더 이상 성을 구별할 줄 모르는 분야가 아니며, 가족과 사회 내의 존재하는 여성들에 대한 불공평에 도전하고, 성에 대하여 민감한 가족치료와 여성의 목소리와 경험을 소중히 여기는 치료로서 발전시키기 위한 폭넓은 노력을 하였다(Goldner, 1985; Hare-Mustin, 1987; McGoldrick, Anderson, & Walsh, 1989; Walters et al., 1991). 하레 머스틴(Hare-Mustin, 1994)은 사회가 이성애 관계의 담론을 선호하면서 여성의 소망과 관계된 담론은 무시하고 여성을 희생시키는 담론은 쉽게 받아들이는 경향이 있다고 비판하면서, 치료사들이 자신의 사용하는 언어를 인식하지 못하면 기존의 담론을 유지하는 데 참여하게 된다고 하였다.

⑨ 다원론적 관점

전통적으로 가족체계로의 진입은 오로지 출생, 입양, 혹은 결혼을 통해서만 발생되는 것으로 알려져 왔다. 그럼에도 불구하고 오늘날의 다원론적 관점은 법적으로 결혼한 이성 간 결혼과 자녀들을 넘어서 또 다른 약속된 형태의 가정에 길을 열어주었다(McGoldrick & Carter, 2011). 가족의 정의에 대한 전통적인 사고로는 21세기의 포괄적인 가족을 정의하기가 부족함에도 불구하고, 가족에 대한 정의에 친족관계 안에서 함께 사는 사람들을 포함하여야만 한다(Goldenberg et al., 2017). 동시대의 가족이라는 형태가 너무나 다양해져 가고 있기 때문에 전통적인 가족이라는 기준으로 가족의 개념을 설정하기에는 매우 어려운 시대다. 따라서 오늘날 대부분의 사람들과 맞지 않는 온전한(중류층) 가족에 대한 묘사가 모든 가족을 포괄할 수도 없을뿐더러, 그러한 가족이 여태 존재하는지도 의문이다(Coontz, 1992). 지금 한국은 이혼율이 전 세계에서 1위를 차지하고 있고 재혼가정과 다문화가정, 결혼은 했으나 자녀를 낳지 않는 가정, 1인 가구가 증가하고 있는 상황에서 과거의 전통적인 가족에 대한 개념이 도전 받고 있는 것 또한 현실이다. 높은 이혼율과 재혼율로 인하여 최근에는 친족이라는 개념이 훨씬 더 유동적이 되었다.

2. 가족치료 이론 유형

이 장에서는 모더니즘과 포스트모더니즘을 중심으로 가족치료 모델 유형을 두 개의 흐름으로 구별 지어 설명하겠다. 첫째, 전통적이고, 일차적인 사이버네틱스의 관점을 가진 치료접근법으로 정신역동적 대상관계 가족치료 모델, 애착이론, 가족체계 치료 모델, MRI 의사소통 가족치료 모델(이차적 사이버네틱 관점으로도 분류됨), 경험주의적 가족치료 모델, 구조적 가족치료 모델, 그리고 전략적 가족치료 모델을 포함시켰다. 그리고 사회구성주의와 포스트모더니즘의 영향을 받았던 이차적인 사이버네틱스의 관점을 가진 치료접근법으로서 해결중심 단기 가족치료 모델, 이야기치료 모델, 협력적 접근 그리고 반응팀을 포함시켰다. 이 장에서는 밀란 모델을 전략적 가족치료 모델로 분류하여 설명하였지만, 학자에 따라서는 MRI 의사소통 가족치료 모델과 밀란 모델을 포스트모더니즘의 영향을 받은 모델로서 분류하기도 한다.

1) 모더니즘적 가족치료 모델

(1) 정신역동적 대상관계 가족치료 모델

1950년대와 1960년대에 미국 심리분석이론은 자아심리학에 의하여 지배되었다. 자아심리학은 인간 내부의 구조와 개인의 정신적인 방어 사이의 갈등을 강조하였다. 심리분석이론에 따르면 현저한 정신내적 과정은 무의식에서 발생된다. 이러한 것들에는 억압, 투사적인 동일시, 어떤 해결되지 못한 슬픔들, 그리고 전이가 포함된다. 이러한 과정들에 포함되어 있는 한 중요한 개념이 '정신적 결정주의'다. 정신적 결정주의는 정신적 사건은 임의로 발생되는 것이 아니고 모든 행동은 원인을 가지고 있거나 혹은 개인적인 역사에 묻혀 있는 자원을 가지고 있다는 아이디어를 말한다(Broderick, Weston, & Gillig, 2009).

대상관계이론은 이러한 프로이트의 이론을 근거로 하여 관계론적 입장에서 발전시킨 것이다. 프로이트는 욕동이 투자되고 양육하는 사람에 의해서 만족될 것으로 기대되는 어떤 목표물을 언급하는 것으로 '대상'이라는 용어를 사용하였다(임종렬, 1997). 심리분석이론에서 말하는 전이(Transference)는 한 사람의 감정, 생각, 그리고 소망이 과거 경험했던 사람을 떠올리게 하는 또 다른 사람에게 투사될 때 발생한다. 개인은 타인을 마치 그가 과거에 중요한 사람인 것처럼 느끼고 대하게 된다. 개인적인 심리분석 심리치료에 있어서 전이는 치료적 관계 안에서 발생하며, 정신과의사에 대한 환자의 투사를 의미한다. 반면에 가족전이를 언급할 때는 가족 내 투사에 초점을 두며 정신과의사 혹은 가족치료사에 대해 초점을 두지는 않는다(Heru, 1980). 정신역동적 가족치료의 과정은 가족 구성원들 사이의 무의식적인 갈등을 해석과 같은 기술을 사용하여 의식적인 수준으로 끌어올리는 것을 포함한다. 변화는 각각의 가족 구성원들의 무의식적인 전이 왜곡에 대한 탐색과정에 의하여 촉진된다. 이러한 과정을 통하여 부모들은 현재 가족체계 내에서 갈등이 그들의 원가족으로부터 발생하는 옛날의 갈등을 지배하기 위한 그들의 무의식적인 시도와 어떻게 연결되는가를 인식하게 된다(Aponte & VanDeusen, 1987).

대상관계이론에서는 태어나면서 개인이 다른 사람들, 특히 엄마와의 사이에서 관계를 맺고 애정을 형성하게 된다고 본다. 여기에서 주요 초점은 관계에 대한 외부의 관점이 아니라 아동이 그 관계를 이해하거나 의식적 또는 무의식적으로 내면화하는 방법에 있다. 특히, 대상관계이론에서 관심을 두는 부분은 아동의 초기 내면화된 관계가 성인이 되었을 때에도 영향을 미치고 성격을 형성하는 과정이다(Sharf, 2012; 천성문 외 공역, 2014). 정신역동적 가족치료에서는 내담자의 현재 가족 또는 삶에 있어서 관계의 문제를 해결하기 위해서는 초기의 부모-자녀 관계로부터 내면화된 문제가 되는 무의식적인 대상관계에 대한 탐색과 해결이 필요하다고 본다. 따라서 치료사의 역할은 현재 개인의 대인관계 문제에 영향을 미치는 무의식적인 대상관계를 파악하고 이를 해결할 수 있는 적절한 양육환경을 제공하는 것이다.

(2) 존 볼비의 애착이론

애착이론은 대상관계이론에서 파생된 후 새롭고 독립적인 지위를 얻게 된 이론이다(Gomez, 2002; 김창대 외 공역, 2008). 애착이론은 동물행동학의 엄격한 과학적 경험주의와 정신분석의 주관적인 통찰을 연결시킴으로써 아동발달, 사회복지, 심리학, 심리치료와 정신의학 분야에 많은 영향을 미쳤다(Holmes, 2014; 이경숙 역, 2005). 애착이론은 친밀한 유대와 비언어적 영역 그리고 경험에 대한 자기의 관계에 초점을 두고 발달해 왔다(Wallin, 2007; 김진숙, 이지연, 윤경숙 공역, 2010). 애착이론은 건강한 성인들조차 서로에게 의존할 필요성이 있다는 것을 설명해 주는 데 도움이 되기 때문에 부부치료에 있어서 특히 유용하다(Johnson, 2002).

유아가 태어나면 자신을 돌보는 사람, 특히 어머니와 강한 정서적 유대를 맺게 되는데 이것이 애착관계다. 아기의 애착행동—미소 짓기, 옹알이하기, 잡기, 매달리기, 울기 등—은 선천적인 사회적 신호다(Bowlby, 1969, 1973; 정옥분, 2015). 볼비(Bowlby, 1988)는 태어나서 3년까지가 사회정서 발달의 민감한 시기라고 보고, 만약 이 기간 동안 친밀한 정서적 유대를 형성할 기회를 갖지 못한다면 이후에 친밀한 인간관계를 형성하는 것이 거의 불가능하다고 보았다(김수임, 강예리, 강민철 공역, 2014). 한편, 애착연구의 초기 단계에서는 애착이란 영아와 양육자 간에 형성된 애정적 유대관계만을 의미하였으나, 영아기에 형성된 애착관계는 전 생애를 거쳐서 지속되며 가족뿐만 아니라 타인과의 관계에서도 애착이 형성될 수 있다고 보았다

(Ainsworth, 1989; Hazan & Shaver, 1987).

볼비(John Bowlby, 1988)에 따르면 아이는 어떤 한 대상에 대하여 영속적인 신체적 애착이 필요하다고 하였다. 만약에 아이가 원초적인 욕구를 거부당할 때 아이는 정서적 세계로부터 멀어져 무감정으로 돌아가는 의존성 우울증에 빠지게 된다. 따라서 부모가 자녀를 건전하게 양육하고자 한다면 부모는 유아기에 있는 자녀에게 안전하고 애정 있는 접촉을 해야만 한다. 애착경험이 결핍된 사람은 약간의 지지가 없어지기만 해도 지나치게 상처받기 쉬우며 만성적 의존자가 되기 쉽고, 이것은 밀착된 가족을 야기한다(서혜석 외, 2013).

한편, 아동기에 부정적인 경험을 한 어머니는 불안정 애착으로 인해 성장하면서 아이로부터 보살핌을 받고자 하는 경향이 있다. 이로 인하여 아이는 불안해하고, 죄책감을 가지며 공포증을 갖게 될 수 있다(Bowlby, 1973). 아이를 학대하는 어머니에 관한 연구에 따르면, 어머니가 아이에게 돌봄과 관심을 기대하고 요구하는 경향을 '역할전도'라고 하는데 이렇게 전도된 부모-자녀 관계가 학교 거부(학교공포증), 광장공포증, 우울증의 상당 부분 숨어 있는 진짜 이유라고 하였다(Bowlby, 1988; 김수임 외 공역, 2014). 또한 볼비는 '신경증의 기원에 관한 일반이론'에서 어린 시절의 환경 요인 중 특히 죽음이나 결손가정으로 인해 엄마와 헤어진 일이 신경증의 원인이라고 하였다(Holmes, 2014). 한편, 볼비는 생후 5년간 아이가 엄마(또는 엄마를 대신할 만한 사람)와 오랫동안 떨어져 지낸 사실이 비행적 성격 발달을 유발하는 여러 원인 중 가장 중요한 요인이라고 하였다(Homles, 2014).

어머니의 아이에 대한 감정과 행동은 어머니가 자신의 부모와 겪었던 그리고 아마도 현재도 겪고 있을 경험에 의해 깊게 영향을 받는다. 볼비는 부모가 어린 시절에 해결하지 못한 문제점은 그 부모의 아이들에게도 동일한 문제를 유발시키고 영원히 지속시키는 데 많은 역할을 한다고 하였다(Holmes, 2014; 이경숙 역, 2005). 따라서 부모의 아동기 경험이 아이를 대하는 데 중대한 역할을 한다(Bowlby, 1988).

이와 같이 애착이론은 아동뿐만 아니라 성인의 문제행동의 근원을 이해하는 데 많은 도움을 줄 수 있는 이론이다. 특히, 애착이론은 부부가 자신과 상대 배우자의 공격적이고 방어적인 상호작용 이면에 있는 애착 공포와 취약성을 이해하는 데 도움을 준다(Gottman, 1994; Johnson, 1996). 애착에 초점을 둔 치료의 관계적·정서적·성찰적 과정은 그동안 부인해 온 경험의 통합을 촉진시킴으로써 환자에게 더 일관되고 안정된 자신감을 증진시킨다. 최초의 애착관계가 유아의 발달을 가능하게 했던 것처럼 환자의 변화를 가능하게 하는 것은 궁극적으로 치료자와의 새로운 애착이다(Wallin, 2007; 김진숙 외, 2010). 볼비(Bowlby, 1988)는 이러한 애착관계는 환자에게 안전기지(Secure base)를 제공하여 환자가 스스로 느껴서는 안 된다고 여겨온 것을 느끼고, 알아서는 안 된다고 여기는 것을 알아볼 수 있는 모험을 할 수 있게 해 준다. 여기서 치료자의 역할은 환자가 과거의 애착 패턴을 해체하고 새로운 애착 패턴을 구성할 수 있도록 돕는 것이다(Wallin, 2007).

(3) 다세대적인 가족치료 모델

다세대적인 가족치료 모델로서, 머레이 보웬(Murray Bowen)의 가족체계이론과, 아이반 보스조메니-내기(Ivan Boszormenyi-Nagy)의 맥락적 가족치료 모델을 살펴보겠다.

① 가족체계이론

보웬의 가족체계이론은 정신역동적인 접근법과 체계론적 관점을 연결시킨 것으로 볼 수 있으며, 이러한 이론적인 근거와 함께 임상적 경험으로부터 탄생된 이론이다. 대부분의 초기 가족치료자들은 통찰보다는 행위에 관심을 두었고, 이론보다는 기법에 더 치중하였다. 반면에 보웬은 기법보다는 이론에 더 관심을 가지고 연구를 하였다. 가족체계이론의 초점은 대부분의 가족치료의 접근법보다 광범위하나 그의 실제 치료 단위는 더 적다. 가족체계이론에서는 가족을 정서적 체계로 보았는데, 이 체계는 한 집안에 살고 있는 사람을 모두 포함하는 핵가족, 그리고 현재는 함께 살고 있지 않는 확대가족으로 구성된다. 보웬은 정신분석적 개념인 '미분화된 가족자아군'이라는 용어를 체계론적인 개념인 '융합과 분화'의 용어로 대체하여 사용하였다. 자아 분화의 개념은 가족체계이론의 핵심적인 개념으로서, 가족체계이론에서는 불안 수준을 감소시키고 자아 분화를 높이는 데 치료 목표를 둔다.

보웬은 정신질환이 아동기의 부모-자녀 관계의 산물이라는 프로이트의 가설에 회의를 품고 비슷한 정신적 외상을 경험해도 왜 어떤 사람은 장애가 나타나고, 어떤 사람은 장애가 나타나지 않는지에 대하여 연구하였다. 이때 그는 조현병이 어머니와 미해결된 관계의 결과로서 발생된다는 가정을 둔 모자 공생관계에 초점을 두기 시작하였다. 그 후 보웬은 1954년부터 1959년까지 국립정신건강연구소(National Institute of Mental Health)에서 조현병 환자 7가족이 함께 사는 것을 관찰하고 연구하면서 관심의 초점을 모자관계에서 전체 가족으로 확대하게 되었다. 보웬 이론의 목적은 가족성원들을 가족의 감정적인 자아 덩어리로부터 분화시켜서 개인이 그의 가족으로부터 분화된 확고한 자아를 수립하도록 돕는 데 있다. 보웬은 가족성원 중 한 사람이 분화될 때 그 파급효과가 가족을 통하여 발생된다고 보았다.

특히, 보웬의 가족체계이론은 다양하게 나타나는 증상과 장애가 어떻게 가족 내의 정서기능의 패턴과 관련성이 있는가를 설명해 준다. 즉, 가족 구성원들 사이의 역기능적인 상호작용 유형이 지속적으로 이루어지면 가족 내의 불안이 증가되면서 가족 내의 배우자 또는 자녀들을 통하여 증상들이 나타난다(Kerr & Bowen, 1988). 또한 역기능적인 가족일수록 분화수준이 낮아 가족 구성원들이 지나치게 결속을 하게 되어 서로에 대하여 집착을 함으로써 각자의 개별성을 갖기가 힘들다. 그리하여 부모로부터 정서적으로 독립을 하지 못하고 부모 사이에서 갈등이 심한 자녀들은 부적응적 행동이나 증상을 나타낸다(Hoffman & Weiss, 1987). 한편 원가족과 완전히 정서적으로 단절된 사람은 대인관계에서 건강한 관계를 맺는 데 어려움을 겪는다(Framo, 1981).

② 맥락적 가족치료

아이반 보스조메니-내기는 다세대적인 관점, 즉 인간 관계 맥락을 강조하는 맥락적 치료라는 학파를 만들었다. 맥락적 가족치료 이론은 로널드 페어베언(Ronald D. Fairbairn)의 대상관계이론과 마르틴 부버(Martin Buber)의 관계 철학의 영향을 받았고, 조현병 환자와 가족들에 대한 치료를 통해서 임상적으로 검증되었다. 그는 가족 구성원들이 서로에게 충성해야 한다라고 믿었고, 따라서 가족은 다른 가족에게 근원적 채무를 지니고 있다고 보았다. 즉, 가족을 여러 세대에 걸친 출납부에 비유하였다. 오랜 세월에 걸쳐서 채무나 부채가 상환되는 다세대적 체계를 구성한다는 것이다. 이처럼, 맥락적 가족치료에서는 가족 내의 윤리적 책임을 강조하였다(Boszormenyi-Nagy & Krasner, 1986).

맥락적 가족치료에서는 정신 내적 차원뿐 아니라 대인관계 과정에도 초점을 두었다. 즉, 그의 접근은 정신내적인 것과 대인관계적인 것을 모두 다루면서, 세대에서 세대로 전수되는 전통을 통해서 생활의 연속성을 깨닫게 한다. 보스조메니-내기는 가족 내의 증상의 형성에 있어서 세대 간의 권리부여와 책무의 중요성을 강조한다. 그는 종종 무의식적이어서 볼 수 없는 충성심 혹은 세대를 넘어선 유대감이 현재의 행동에 엄청난 영향을 미친다고 믿었다. 그는 신뢰성과 충성심이 관계에서 중요한 영역이며, 가족의 리더들은 이러한 영역에서 조화되어야만 한다고 하였다. 그의 치료는 부모와 조부모에 대한 충성심이 사람들로 하여금 부모와 배우자로서 그들의 능력을 제한시키는 패턴 속에 갇히게 만드는 방법을 발견하는 것을 포함한다. 그는 맥락을 떠나서 사람을 판단하는 것은 정당하지 못하다고 말하였다. 보스조메니-내기는 사람들은 좋거나 나쁘지 않고, 성인이나 죄인도 아닌데, 그들을 그렇게 평가하는 것은 사람에 대한 우리의 환상이라고 표현하였다. 따라서 사람들은 현재 있는 그대로의 자기이며, 원가족으로부터 물려받은 유산을 포함하는 상황 속에서 그들이 할 수 있는 최선을 다한다(Becvar & Becvar, 1988: 147). 그는 심리분석적인 원리에 입각한 강력한 가족치료를 믿으며, 가족성원들과 가족 집단들에서의 재건설적인 변화에 치료의 목표를 둔다. 따라서 맥락적 가족치료의 목적은 자아 분화, 자아 강화, 자아존중감에 대한 안정감 등을 증가시키는 것이다. 치료의 성공 여부는 개인과 중요한 사람들 간의 대화가 이루어지도록 치료자가 얼마나 촉진시킬 수 있는지에 달려 있다. 맥락적 가족치료에서는 의사소통을 명확히 하고, 상호작용 패턴을 변경시키며, 구체적인 스트레스 상황에 대처할 수 있는 가족의 능력을 촉진시키려고 시도한다(Atwood, 1992).

(4) MRI의 의사소통 가족치료 모델

MRI(Mental Research Institute) 집단은 의사소통의 과정, 형태에 초점을 두어 이를 학문적으로 정립했다. 내적인 심리역동에 초점을 두지 않는 의사소통 이론가들은 사람의 비언어적 의사소통 방법을 연구함으로써 가족체계에 대하여 배울 수 있다는 것을 가정하고 있다. 따라서 의사소통 이론가들은 가족성원들의 개인적이며 역사적인 분석에 초점을 두는 것이 아니라 가족체계 내에서 관찰할 수 있는 현재의 상호작용(관계)에 초점을 둔다. 따라서 의사소통 가족치료 모델은 문제를 개인보다는 체계와 관련된 것으로 보는 대안적 관점을 제시한다.

MRI의 의사소통 모델은 가족의 문제는 문제를 해결하려고 시도했던 방식에 의하여 오히려 유지되거나 악화된다고 보았다. 따라서 문제를 유지시키는 행동이 적절히 변화되면 문제가 해결된다고 보았다(Watzlawick, Weakland, & Fisch, 1974). 그리고 와츨라위크 등(Watzlawick, Beavin, & Jackson, 1967)은 상황을 고려하지 않고 현상을 완전히 이해할 수 없다고 하였다. MRI의 의사소통 모델은 조현병(정신분열증) 환자들과 그들의 가족성원들의 상호작용을 연구하였으며, 특히 의사소통 방식에 초점을 두었다. MRI 이론에서는 조현병 환자들과 가족들은 역설적 의사소통 방식 중 이중구속(Double-bind) 메시지를 사용한다고 하였다. 이중구속 메시지란 한 사람이 다른 사람에게 논리적으로 상호 모순되고 일치하지 않는 두 가지 메시지를 동시에 전달하는 것을 의미한다. 베이트슨을 포함하는 초기 의사소통 이론가들은 조현병을 겪는 내담자의 가족에게서 이러한 상호 모순된 의사소통이 매우 빈번하게 일어나는 것을 발견하였다(Bateson et al., 1956).

(5) 경험주의적 가족치료 모델

경험주의적 가족치료 모델은 실존주의적-인본주의적 심리치료로부터 파생되었고, 과거보다는 현재에 초점을 둔다. 경험주의적 가족치료 모델에서는 치료사와 가족 사이에 순간순간 발생하는 상황을 중시한다. 가족과 치료자 사이의 상호작용은 치료에 참여하는 가족이나 치료자 모두가 성장할 수 있는 기회가 된다고 본다. 이 모델에서 치료사는 가족성원들이 자신의 경험들을 다른 가족성원들에게 이야기하도록 격려한다. 가족성원들이 제공하는 경험이란 가족성원이 자발적으로 자신을 열어 보일 수 있는 기회, 표현의 자유, 개인의 성장 등을 의미한다. 비록 경험주의적 가족치료 모델이 개인에게 초점을 두었다고 할지라도, 치료 과정에 있어서는 여전히 체계론적인 치료로서 간주된다.

경험주의적 가족치료 모델의 대표적인 인물로서는 칼 휘테이커(Carl Whitaker)와 버지니아 사티어(Virginia Satir)를 들 수 있다. 휘테이커와 사티어는 역기능적인 상호작용을 변화시키거나 증상을 제거하기보다는 개인적인 성장에 더 많은 초점을 두었다. 성장이라는 것은 자율성과 선택의 자유를 포함할 수 있다. 성장이라는 것은 각각의 가족성원이 현재의 순간을 경험할 수 있고, 더군다나 다른 가족성원들과 그 순간을 함께 나눌 수 있을 때 발생하는 것이다. 치료자는 가족성원들이 가능한 한 공개적으로 그리고 솔직하게 사실들을 표현할 수 있도록 돕기 위하여 자신을 활용한다. 가족성원들은 문제나 증상으로서 한 사람에게 초점을 두기보다는 그들의 문제를 공유하도록 격려된다(Brown & Christensen, 1999: 137).

이와 같이 휘테이커와 사티어는 치료과정을 통하여 클라이언트의 체험을 중시하고, 치료자의 가족에 대한 개인적인 관여가 치료적 변화를 촉진한다는 점에서는 공통점을 가지고 있지만, 방법적인 면에서는 차이를 보였다. 즉, 자신의 치료방법을 상징적 경험주의 가족치료라고 명명한 휘테이커는 개인적 만남을 강조하여 치료자는 자신을 활용하여 가족성원과 인간 대 인간의 관계를 맺을 수 있도록 도와야 한다라고 주장하였다. 그에 반하여, 사티어는 치료란 성장과정의 체험연습이라고 주장하였으며, 치료자는 가족이 성숙한 인간으로 성장할 수 있도록 도와야 한다는 성장모델을 주장하였다(김유숙, 1998: 108).

① 상징적 경험적 가족치료 모델

칼 휘테이커는 조현병의 패턴과 가족에 대한 개척자로서 켄터키의 루이빌에 위치한 거주 지역 시설에 있는 비행청소년과 아동 지도소에 있는 아동들을 연구하였다. 산부인과를 전공한 휘테이커는 루이빌에 머물고 있을 때 오토 랭크(Otto Rank)의 영향을 받았으며, 실존주의적 심리치료 또는 상징적 경험적 가족치료라고 알려진 접근법을 개발하였다. 휘테이커는 이론들이란 단지 초보자들을 위하여 필요하다고 믿었으며, 치료자들이 그들의 능력에 입각한 용기를 발달시킬 때 그들은 이론을 단념할 수 있다고 하였다. 이러한 그의 비이론적인 접근법으로 인하여 그의 모델은 이해하기 힘든 모델이 되었으며, 다른 사람이 모방하기란 거의 불가능했다. 그는 치료란 예술이라고 믿었고, 이론을 자신의 능력 안에 있는 신념으로 대체할 것을 권유하였다. 이러한 점에서, 휘테이커에게 있어 치료는 치료자와 내담자 모두 공유하고 혜택을 받는 성장과정이다.

휘테이커는 치료의 기본적인 목적은 개인적인 자율성과 가족과 함께할 수 있는 것을 조화시키고 촉진시키는 데 있다고 믿었다. 휘테이커에 의하면 모든 가족성원들이 성장하고 변화하는 데 자유로울 수 있게 가족 내에서 '창의성'이나 '열광'을 증진시킴으로써 이러한 목적은 획득될 수 있다. 그는 조현병을 성장과정에서 궁지에 몰린 사람이 그 상황을 대처해 나가기 위하여 만들어 낸 창의적인 해결책이라고 규정하였다. 또한 그는 조현병 치료에 있어 치료에 참가하는 모든 사람은 환자인 동시에 치료자가 될 수 있다는 파격적인 입장을 보여 주었다. 그는 치료과정에서 내담자와 치료자가 서로 몰입하는 경험을 통하여 양쪽 모두 성장할 수 있다고 생각하였다. 왜냐하면 만약 치료자가 내담자를 성장시킨다면, 치료자 역시 인간적으로나 학문적으로 성장할 것이기 때문이다. 그는 이와 같은 역설적 접근으로 조현병 내담자를 치료하던 중, 질병의 원인 중에 가족이 중심 역할을 한다는 사실을 깨닫게 되었다. 그는 초기 입장을 확장시켜 내적인 심리적 딜레마와 대인관계의 딜레마를 가지고 조현병을 개념화하고 가족을 치료에 참여시키기 시작하였다. 이러한 과정을 통하여 휘테이커의 상징적 경험주의 가족치료가 탄생되었다(Whitaker & Keith, 1981).

② 경험주의적 가족치료 모델(사티어의 성장 모델)

버지니아 사티어(Virginia Satir)는 교육학과 사회사업학을 전공하였고, 그 뒤 가족치료를 시작하였다. 그녀는 초기에 정신조사연구소(Mental Research Institute)에서 일했기 때문에 의사소통 가족치료자로도 알려져 있다. MRI에 참여한 후에는 의사소통이론의 기본적 개념의 정립과 발전에 기여하였다. 특히, 그녀는 모든 행동은 의사소통이며, 의사소통은 메시지를 전달하는 의사소통(커뮤니케이션)과 메시지에 대한 메시지인 메타커뮤니케이션의 두 차원으로 이루어진다고 하였다. 사티어에 의하면, 가족의 정서체계는 의사소통에 의하여 표현되며 가족의 역기능은 불일치적인 의사소통에 의해 일어난다. 즉, 커뮤니케이션과 메타커뮤니케이션의 불일치에서 가족의 역기능이 발생된다. 그러나 MRI를 떠난 이후에 사티어는 인본주의적 개념을 바탕으로 하여 에살렌 연구소(Esalen Growth Center)에서 일하면서 행태심리학, 감수성 훈련, 마사지, 댄스치료 등 전통에서 벗어난 다양한 치료기법들을 흡수하면서 경험적 가족치료 모델을 발전시켰다. 그녀는 인간이 선천적으로 선하며 잠재력을 개발할 수 있는 능력을 가지고 있고 긍정적인 성장과 발전을 하는 데 필요한 모든 자원을 소유하고 있다고 믿었다. 그녀의 이론은 인간의 성장과 정서, 자기가치를 강조하였으며, 가족의 의사소통 유형이 이러한 개인 성장에 영향을 미친다고 보았다. 따라서 의사소통을 지배하는 가족 규칙과 가족의 사회와의 연결 및 관련성 등을 주요한 치료 주제로 다루었다(Satir, 1988). 그녀의 치료는 감정표현을 중점에 두며, 접근방법은 치료기간 동안 가족을 연습과 활동에 참여시키는 경험적인 것이다. 그녀의 관점에서의 중심 개념은 '성숙'이다. 성숙한 인간은 자신에 대한 책임을 지며, 그 자신의 선택과 결정에도 책임을 갖는다. 이러한 성숙을 달성하기 위해 중요한 것은 가족으로부터 스스로 분리되고 분화된 자기를 형성하는 것이다. 또 다른 중심 개념은 자존감인데, 인간은 자존감 없이 성숙될 수 없다고 하였다.

사티어의 가족치료의 목표로 다음과 같다. 첫째, 각각의 사람들이 자신과 다른 사람들에 대해 보고, 듣고, 느끼고, 생각하는 것을 다른 사람 앞에서 일치하고 완전하며 정직하게 말할 수 있어야만 한다. 둘째, 각 사람들의 결정이 어느 한 사람의 힘보다는 협상에 의하여 이루어질 수 있도록, 각 사람은 그의 고유성을 존중받아야 한다. 셋째, 개인 간의 차이는 공개적으로 인정되고 성장을 위하여 사용되어야 한다(Satir, 1972). 사티어는 내담자와 가족 구성원들이 자신들의 감각의 사용과 자신들이 진짜로 느끼는 것을 접촉하고 수용할 수 있는 능력을 회복할 수 있도록 돕기 위한 방법으로 일치하는 의사소통 방법을 가르쳤다.

(6) 구조적 가족치료 모델

살바도르 미누친(Salvador Minuchin)은 지금까지의 중산층을 위한 가족치료 이론들이 빈곤가족들에게는 적합하지 않다고 생각하였다. 그는 대부분의 빈곤가족은 복합적인 문제를 가지고 있기 때문에 그들을 위해서는 새로운 개념과 기법이 필요하다고 하였다. 그리하여 미누친은 1960년대에 뉴욕에 있는 윌트윅(Wiltwyck) 학교에서 비행청소년들을 교정하는 정신과 의사로 일하게 되었다(Colapinto, 1991). 미누친은 저소득층의 많은 가족들과 접하면서 그의 독자적인 이론과 개념들을 개발하였다.

의사소통 가족치료자들이 어떻게 가족이 상호작용하는가에 관심을 두는 반면에 구조적 가족치료자들은 가족체계 자체의 역동적 질서에 관심을 둔다. 구조적 가족치료 모델은 진단과 치료를 위한 명확한 지침을 제공하는 아주 기본적인 구조와 체계를 가지고 가족을 묘사하기 때문에 1970년대에 가장 영향력이 있는 가족치료 접근법이었다. 구조적 가족치료자들은 개인을 사회적인 존재로서 파악하여 개인을 둘러싼 구조에 초점을 두었다. 이러한 점에 있어서, 미누친은 더 큰 사회정치적 체계를 가족의 조직과 구조에 중요한 영향을 미치는 것으로 간주한 첫 번째 가족치료자들 중의 한 사람이었다(Elizur & Minuchin, 1989). 가족의 구조가 변하면 동시에 가족의 지위가 변하며, 결국에는 각 가족성원들의 경험도 변할 수밖에 없다는 것이다. 이 접근법의 가장 주된 특징은 치료의 목적을 가족 내의 구조적 변화를 강조하는 데 둔다는 것이다. 이 접근법에서 치료자는 개인 변화, 가족체계, 가족역동을 잘 이해하여 가족의 재구조화를 행하는 역할을 한다(Colapinto, 1991).

그런데 가족구조는 개인을 형성하기 위하여 내부의 가족체계의 요구와 사회의 요구를 통합한다는 점에서 사회문화적이다. 미누친은 가족체계에 영향을 미치는 더 큰 사회문화체계의 중요성을 인식한 가족치료자로서 현대사회의 성(Gender) 불평등의 중요성에 대해서도 인식하고 있었다. 따라서 그는 그의 이론에 거시 사회학적인 이론을 첨가시켰고, 성 역할을 구조적 가족치료 이론에 통합하였다(Atwood,

1992). 특히, 구조적 가족치료는 가족 내 상호작용의 형태에 초점을 둔다.

구조적 가족치료사들은 가족문제가 역기능적인 가족구조에 의하여 유지되기 때문에 치료의 초점은 가족이 그 문제를 해결할 수 있도록 가족구조를 변경시키는 데 두어야 한다고 믿었다. 따라서 치료 목표는 가족구조의 변화, 즉 가족의 재구조화다. 재구조화를 위하여 치료사는 가족 구성원들로 하여금 가족구조 맥락 안에서 그들 스스로의 행동을 볼 수 있도록 하며, 이를 위하여 가족의 상호작용 패턴이 적극적이면서 직접적으로 도전을 받게 함으로써 내담자의 증상 너머에 있는 것을 볼 수 있도록 하는 것이다(Colapinto, 2000). 한편, 미누친은 가족치료자들은 다음의 세 가지 주요 역할을 하여야 한다고 하였다. 첫째, 인도자로서 가족에 합류(Joing) 해야 한다. 둘째, 밑에 깔려 있는 가족구조를 발견하고 평가해야 한다. 셋째, 이러한 가족구조를 변경시킬 수 있는 분위기를 만들어야 한다. 미누친의 치료는 가족 구성원 등이 경직되거나 밀착된 관계로부터 벗어날 수 있도록 도움을 제공했으며, 구조적 가족치료 분야를 개척하는 데 성공하였다.

(7) 전략적 가족치료 모델

MRI 의사소통/상호작용 접근법이 1950년대의 가족치료 전문가들에게 가장 큰 주목을 받았다고 한다면, 1970년대에는 미누친의 구조적 가족치료가, 그리고 1980년대에는 전략적 가족치료 모델이 가족치료 모델의 중심을 차지하였다. 전략적 가족치료는 1950년대 초 팰로앨토(Palo Alto) 연구 집단에 뿌리를 두고 있다. 이 치료 모델은 원래 제이 헤일리(Jay Haley, 1973)가 밀턴 에릭슨(Milton Erickson)의 관점과 개입방법을 '전략적 치료(Strategic therapy)'라고 명명한 데서 비롯되었으며, 에릭슨의 전략적 접근을 사용하여 제시된 문제를 해결하는 특성을 갖는 치료 모델을 통칭하는 용어이다. 이 치료 모델은 초기에는 일반체계이론과 그레고리 베이트슨의 사이버네틱스 이론을 중심으로 발전되었고, 후기에는 미누친의 구조적 관점을 추가하여 발전된 단기치료 모델이다(Keim, 1999; Nichols, 2014). 이 접근법은 문제의 지속과 유지에 관하여 체계이론에 근거한 순환적인 관점을 지니며, 변화를 위해서 전략적이고 계획된 목표를 가진다. 그리고 저항을 극복하고 가능하면 단기에 종결하기 위해 고안된 창의적인 개입방법으로 치료를 이끌어 간다. 특히, 전략적 가족치료 모델에서는 문제 해결에 초점을 두어 개별 가족성원들의 정신 내적 과정에 대해 거의 고려하지 않는다. 의사소통이론과 상호작용적인 개입으로부터 발전된 이 접근법의 주요한 특징은 치료자가 클라이언트의 문제를 해결하기 위하여 고안해 낸 전략에 대해 책임을 진다는 것이다(Madanes & Haley, 1977). 이처럼 전략적 가족치료 모델에서는, 치료자가 가족성원의 과거가 아닌 현재의 상호작용에 초점을 두고, '성장'보다는 '변화'에 초점을 두었다는 점에서 '변화'보다는 '성장'에 치료 목표를 둔 경험적 가족치료 모델과는 치료적 접근법이 전혀 다르다고 볼 수 있다.

이러한 제이 헤일리의 전략적 가족치료 모델은 그 후 이탈리아의 밀란(Milan)에 있는 치료자들에게 영향을 주어 독특한 체계론적 가족치료를 개발하는 데 많은 공헌을 하게 되었다. 따라서 여기서는 전략적 가족치료 모델의 창시자인 제이 헤일리의 전략적 가족치료 모델과 밀란의 체계론적인 모델을 살펴보겠다.

① 전략적 가족치료 모델

제이 헤일리는 모든 인간관계는 관계 규정을 위하여 세력 다툼을 하는 것이며, 그렇기 때문에 사람의 병리적 증상은 다른 사람을 통제하기 위하여 사용하는 수단이라고 하였다. 그는 치료자와 내담자 사이에도 세력 다툼이 존재하므로 치료자는 내담자와의 관계를 활용하여 저항을 막거나 이용해야 한다고 강조하면서, 역설기법과 지시기법을 발전시켰다. 특히, 치료자가 내담자와의 관계에서 완전한 주도권을 갖는 것을 치료의 중요한 조건으로 보았다.

헤일리는 행동의 연속성, 의사소통 유형, 그리고 여기-현재에 초점을 두었다. 그는 행동을 변화시키기 위한 지시와 행동계획을 사용하였으며, 가족의 독특성에 맞는 전략을 고안하였다. 치료에 대한 그의 접근법은 심리 내부적인 면에 대한 통찰에 초점을 두는 대상관계이론과는 전혀 다르게, 오로지 방법 중심적이고 문제 해결 중심적이었다. 그는 의사소통의 연속성과 증상을 상대방을 통제하거나 영향을 미치려는 시도로 보기 때문에 가족 패턴을 묘사하는 데 있어서 세력과 통제의 개념들을 사용하였다.

전략적 가족치료의 치료 목표는 문제의 근원이나 문제 이면의 의미를 탐색하는 것이 아니라 현재의 문제 또는 증상을 경감시키는 데 있다. 따라서 치료 목표는 사람들의 주관적인 경험(기분, 생각, 그리고 행동)의 변화를 촉진시키는 데 있으며, 개인이나 가족 기능에 대한 장기적인 목적을 설정하지는 않는다(Gehart, 2016). 그러므로 전략적 가족치료는 해결책에 초점을 두기 때문에 단기간이 될 가능성이 있다. 헤일리는 치료의 주된 목적은 사람들이 다르게 행동하도록 하여, 그에 따라 달라지는 주관적인 경험을 해 보도록 하는 것이라고 하였다(Haley, 1991).

전략적 가족치료사의 역할은 가족문제를 해결하기 위한 전략을 세우는 것이며, 치료자는 구체적으로 제시된 문제 또는 증상을 해결하는 데 초점을 맞추어서 행동 지향적이나 가족의 내력이나 개인적인 진단은 무시한다(Wylie, 1990). 헤일리는 자신의 임무를 가족조직을 변화시키는 데 책임감을 가지고 가족이 그에게 가지고 온 문제를 해결하는 것으로 보았다. 또한, 그는 가족 구성원들에게 자세한 설명을 해 주고, 그들이 자신의 지시를 따를 것을 주장하였다(Haley, 1976).

② 밀란 모델

이탈리아 밀란(Milan) 모델은 MRI와 헤일리의 전략적 가족치료 모델과 더불어 그레고리 베이트슨의 연구에 영향을 받았다. 이러한 베이트슨의 영향으로 인해, 세 치료 모델에서는 문제가 행동의 연속성에 의해 유지되는 것이라고 간주하게 되었다. 그중 밀란 모델은 의사소통이론에 입각하여 면접하는 모델이다(Goldenberg et al., 2017). 일반적으로 밀란 집단과 연관되는 사람들은 마라 셀비니 팔라촐리(Mara Selvini Palazzoli), 루이지 보스콜로(Luigi Boscolo), 지안프랑코 체친(Gianfranco Cecchin)과 주리난 프라타(Giulinan Prata)다.

이 네 명 중 대표적인 인물은 마라 셀비니 팔라촐리다. 원래 내과의사였던 그녀는 치료가 어려운 거식증 내담자에게 관심을 가지게 되었고, 전공을 바꿔 스위스로 가서 정신과 의사이자 정신분석가가 되었다. 그녀의 치료기술은 거식증 클라이언트에 대한 치료 성공률을 높여 주기는 했지만, 치료에는 여전히 긴 기간이 소요되었고 완전한 치료도 되지 않았기 때문에 팔라촐리는 좀 더 효과적인 치료방법을 찾고 있었다. 그 과정에서 그녀는 이탈리아에서 최초로 부부치료와 가족치료를 실시하게 되었으며, 이러한 과정 속에서 밀란 집단이 탄생되었고 발전하게 되었다.

거의 10년에 걸쳐서 가족치료의 새로운 체계론적 사고를 창출하고 혁신적 개입기법을 창안하였던 밀란팀은 1980년에 두 집단으로 분리되었다. 이들 중 셀비니 팔라촐리와 프라타는 주로 유럽 안에서 치료와 연구를 계속하였고, 단 한 번의 개입이 미치는 영향을 연구하는 데 초점을 두었다. 여성 치료자들로 이루어진 이 팀은 심각한 문제를 지닌 가족의 게임을 이해하고 이 게임을 무력화시키는 데 치료 목표를 두었다. 예를 들어, 이들은 비밀과제를 주는 처방이 모든 가족원에게 긍정적 결과를 가져온다는 것을 확인하고, 이 처방을 모든 가족에 적용할 보편적인 일정한 처방을 개발하는 데에 관심을 두었다.

한편, 남성 치료자인 보스콜로와 체친은 전략적인 입장에서 약간 벗어나 질문과정을 통하여 가족체계를 변화시키는 데 관심을 가졌고, 여러 대안을 융통성 있게 가족에 사용해야 한다는 입장을 취하였다. 이들은 치료의 목표를 가족성원들과 함께 정하는 과정 그 자체로 삼았다(Nichols, 2014). 이 두 사람은 가족들과 협력하여 문제에 대해서 공동의 목표를 세워서 이를 다루어 나가는 방식을 취하였으며, 치료사가 일방적으로 목표를 설정하고 가족들을 조종하여서 문제를 해결하는 방식을 지양하였다. 이들은 치료 시 일방경 뒤에서 두 집단으로 나뉘어서 별도의 대안적 가설을 만들고 치료모임이 끝난 후 같이 의논하는 방식을 택하였다. 이러한 보스콜로와 체친의 시각은 1990년대의 가족치료에 대한 사고와 실천에 많은 기여를 하였다. 이 두 치료사는 훈련 쪽으로 많은 관심을 가지고 있었으며, 이탈리아, 유럽, 캐나다, 미국 등 각지에서 워크숍을 열고 치료사들을 훈련시키고 있다(Hoffman, 1981: 304).

가족 규칙과 항상성을 추구하는 상호작용적인 패턴에 초점을 둔 초기의 MRI 집단의 일차적인 사이버네틱스 아이디어에 토대를 둔 밀란 모델은 30년 동안에 끊임없는 변화를 겪어 오고 있다. 가족치료의 최첨단 시기에 있으면서, 동시에 중요하면서도 새로운 포스트모더니즘적인 발달이 이루어지고 있는 현 시기를 밀란 후기 시대라고 지칭한다. 밀란 후기 시대란 이차적인 사이버네틱스의 의미를 이해하고 이러한 이차적인 사이버네틱스의 의미를 가족치료 이론과 실천에 적용하려고 시도하는 것을 의미한다(Campbell, Darper, & Crutchley, 1991). 특히, 최근에는 치료자에 대한 재정의가 이루어지고 있는데, 치료자 역시 관찰자이자 동시에 관찰되는 대상이며, 치료를 제공하는 체계의 일부분이라고 여겨진다. 즉, 치료자가 특별한 시각을 가지고 있으나, 그것이 객관적인 시각이거나 가족을 위한 최선의 견해는 아니라고 재정의되고 있다. 이러한 점에서 치료자는 비위계적인 촉진자로서, 가족성원들에게 그들 자신의 방법과 속도로 자신들의 미래에 대하여 소사하고 결정하도록 한다(Goldenberg et al., 2017).

2) 포스트모던 가족치료 모델

이 장에서는 포스트모던 가족치료 모델로서 해결중심 단기 가족치료 모델, 이야기치료 모델, 반영팀(Reflecting team) 접근, 협력적 접근에 대하여 살펴보려 한다.

(1) 해결중심 단기 가족치료 모델

해결중심 단기 가족치료 모델은 지난 25년 동안 밀워키에 있는 단기 가족치료 센터(Brief Family Therapy Center)에서 스티브 드 세이저(Steve de Shazer)와 부인이 인수 김버그(Insoo Kim Berg)에 의해 이끌어 온 치료자의 팀에 의하여 발달하였다(de Shazer et al., 1986). 해결중심 단기 가족치료 모델은 MRI 이론에 뿌리를 두고 있는데, 해결중심 단기 가족치료자의 대부분은 MRI 모델에 한계를 느껴서 밀워키에 있는 단기 가족치료 센터에서 일하거나 훈련을 받은 사람으로 구성되어 있다. 해결중심 단기 가족치료 모델은 내담자의 목표에 초점을 두고 치료 세션의 영향을 내담자의 실제 생활에 확대하기 위하여 과제부여를 활용한다는 점에서 다른 단기치료 모델들과 유사하다. 그러나 한편으로 해결중심 단기 가족치료는 치료적인 과정을 개념화하고 그러한 치료적인 과정들을 수행한다는 점에서 전통적인 심리치료나 다른 단기 치료들과는 다르다(Berg & De Jong, 1996: de Shazer et al., 1986).

MRI의 단기 가족치료 모델과 해결중심 단기 가족치료 모델은 다음과 같은 점에서 공통점을 가지고 있다. 첫째, 기본적인 병리를 강조하지 않는다. 둘째, 문제의 형태와 기능보다는 과정과 피드백 고리(Loops)에 초점을 두고, 시도되었던 문제 해결책에 초점을 둔다. 셋째, 문제는 어려움을 반복적으로 잘못 다룬 것으로 규정한다. 넷째, 가족의 기능과 역기능적인 위계에 관심을 두지 않으며, 생각과 행동에 대한 자기 강화 패턴에 초점을 두었다(Cade & O'Hanlon, 1993).

반면에, 두 모델의 차이점은 다음과 같다. 첫째, MRI 모델은 문제에 초점이 맞추어진 반면에, 해결중심 단기 가족치료 모델은 해결에 초점이 맞추어진다. 다시 말하면, MRI 모델은 주로 가족이나 개인을 둘러싼 문제들의 결과에 초점을 맞추며, 문제를 둘러싼 일련의 순서들에 대하여 가족에게 질문을 한다. 반면에, 해결중심 단기 가족치료 모델 치료자들은 내담자의 예외적인 해결에 중점을 둔다. 그리하여 치료자들은 가족이 적용해 왔던 또는 적용 가능한 해결책 등에 초점을 맞추어 질문하게 된다. 이와 같이 해결중심 단기 가족치료 모델은 기존의 관점과는 다른 입장에서 문제해결을 시도한다. 그들은 문제를 찾기보다는 가족이 원하는 해결이 무엇인가에 초점을 두어 치료를 진행시킨다. 이는 해결중심 단기 가족치료자들은 문제를 해결할 때 문제가 무엇인가를 반드시 밝힐 필요는 없다고 보기 때문이다. 이들은 문제보다는 치료를 통해 가족이 기대하는 미래가 어떤 것인가를 분명하게 하는 것이 가족에게 보다 도움이 된다고 하였다(김유숙, 2000). 둘째, MRI 모델은 클라이언트에게 다르게 하도록 촉구하는 반면에, 해결중심 단기 가족치료 모델은 사물을 다르게 보도록 한다(Shoham, Rohrbaugh, & Patterson, 1995).

이 치료 접근법의 장점은 상대주의의 극대화를 통하여 문제라는 현실을 내담자들로 하여금 지나치게 무겁고 절대적으로 받아들이지 않게 함으로써 재빨리 문제로부터 벗어날 수 있는 용기를 불러일으킨다는 점을 들 수 있다. 해결중심 단기 가족치료 모델의 핵심은 가족이 자신들의 일상생활을 영위하면서 생긴 욕구를 충족시키기 위하여 상담에 가지고 오는 것을 활용하는 데 있다고 보았다. 드 세이저는 사람들이 저항 없이 스스로 변화할 수 있는 상황, 단순하고 짧은 것, 언어의 기능 등에 관심을 두었다. 그는 단순한 가정이 좀 더 빨리 변화를 일으킨다고 하는 신념을 가지고 있기 때문에 상황을 복잡하게 형식화하지 않았다. 그리고 그는 복잡한 문제라고 해도 복잡한 해결을 필요로 하지 않는다고 믿었다. 또한 드 세이저는 내담자의 신념과 행동을 변화시키기 위하여 내담자와 협동하는 치료적인 접근법을 발전시켰다. 그는 협동하는 방법으로서 내담자가 사용하는 언어를 사용하는 전략을 발전시켰고, 내담자의 잠재능력과 자원을 찾아내고, 문제가 해결된 상태를 상상하도록 돕는 것을 강조했다(Walsh, 1993).

해결중심 단기 가족치료는 1980년에 일어난 미국 정신보건 분야의 단기간 치료와 치료비용 절감에 대한 욕구를 충족시켜 줌으로써 많은 가족치료자들뿐만 아니라 다른 임상 실천가들에게서도 크게 환영을 받았다(Berg, & de Shazer, 1993; Goldenberg et al., 2017).

(2) 이야기치료 모델

이야기치료는 호주와 뉴질랜드 출신의 가족치료자들인 마이클 화이트(Michael White)와 데이비드 엡스턴(David Epston)에 의해 개발되었다. 이 접근법은 구성주의자 치료기법과 포스트모던 문화의 영향을 받아서 발전되었다. 이야기치료는 어떤 면에서는 인간의 변화를 보는 새로운 패러다임처럼 보일 수도 있으나, 한편에서는 기존의 실천이론이 발전된 것으로 이해할 수도 있다(Kelly, 1996).

포스트모던 구성주의의 영향을 받아 탄생한 이야기치료는 문제를 표출화시키기 위하여 고안된 대화에 가족을 관여시킨다(Nichols, 2014). 이러한 이야기에 근거한 대화이론은 사람이 그들 자신의 삶에 대하여 이야기를 창조하는 능력이 있다는 것을 전제로 한다. 삶에 대한 이야기는 진실과 이야기의 조화에 근거를 두고 있다. 여기서 진실이란 논리적으로 추론될 수 있으며, 이야기는 사람들에게 그들의 고유한 경험에 입각하여 진실을 이해하게 하는 방법 안에서 사람들에 의하여 창조될 수 있다.

화이트와 엡스턴(White & Epston, 1990)에 따르면, 사람들은 이러한 이야기 창조를 통해 그들의 삶의 의미를 느끼며, 미래에 대하여 구상한다. 이러한 관점은 개인이 그들의 세상을 필터를 통해 보는 것이 창조된 현실이라는 밀란 모델의 견해와 유사하다. 화이트는 개인의 복잡한 삶을 정확히 묘사하는 데 있어 단순한 이야기로는 할 수 없으며, 항상 이야기를 재창조할 수 있는 여지가 있다고 하였다. 치료에 있어서 화이트의 초점은 개인의 부정적이고 자기 패배적인 견해를 반박하고, 문제를 다루는 데 있어서 긍정적인 경험으로 대체하는 방법으로 이야기를 재창조하는 데에 있다(Prevatt, 1999). 이야기 치료자들의 역할은 가족과 새로운 현실들을 이야기를 통해 구성해 나가는 것이다. 이야기 치료자들이 하는 질문은 내담자에게 무엇이 진실이냐가 아니라 어떠한 견해가 유용하며 내담자에게 무엇이 더 좋은 효과를 가져오는가에 있다(Nichols, 2014).

(3) 반응팀 접근

다중의 현실이 존재한다는 생각을 반영하고 있는 또 다른 포스트모던적인 접근법은 톰 앤더슨(Tom Andersen, 1991)이 개발한 반응팀(Reflecting Team) 접근이다. 앤더슨은 대화 중심적이며, 공동적인 치료를 추구하였다. 노르웨이의 정신과 의사인 앤더슨에 의하여 처음으로 개발된 반응팀 모델은 단순하면서도 매우 창의적인 치료법인데, 이는 점차 세계적인 외래 가족치료 프로그램의 한 부분으로 자리 잡았다. 반응팀은 전통적으로 치료에서 사용하였던 일방경 대신에 양방경을 사용한다. 양방경의 사용은 치료 세션의 과정에 있어서 치료자와 가족이 역할을 바꾸어 행함으로써 가족문제에 대한 시각들을 공개적으로 제공하고 서로 관찰할 수 있는 기회를 제공한다(Goldenberg et al., 2017). 초기의 밀란 면접에서는 치료사가 일방경을 통하여 관찰하는 전문가 팀과 의논하기 위하여 가족과의 상담을 멈추었던 반면에, 앤더슨은 이러한 밀란팀의 방법에서 경계선을 깨고 가족–치료자–자문팀의 대화를 여는 방법으로 확대하였다. 반응팀의 개입방법은 다음과 같다. 먼저 치료자와 가족이 상담하는 동안에 일방경 뒤에서 몇 명의 치료자들이 반응팀을 구성하여 상담을 관찰한다. 상담이 끝난 후에 치료자와 가족은 일방경 뒤로 가고 반응팀이 그들 앞에 자리를 잡아 처음의 치료에서 반응팀이 상담을 관찰한 감정, 생각, 가족에 대한 반응을 서로 이야기한다. 이러한 반응팀의 대화를 가족들은 관찰하게 되며 이에 대한 가족들의 반응을 반응팀은 다시 관찰한다. 이러한 반응팀을 이용한 가족치료법은 가족들이 치료적 상황에서 일어나는 모든 것을 숨김없이 다 알 수 있도록 하며 아무도 가족의 뒤에서 전략을 짜거나 가족 모르게 의논하는 일이 없도록 한다. 따라서 이 반응팀의 접근법에서는 가족들을 치료과정에서 소외시키지 않으려고 한다. 또한 가족들로 하여금 상담을 받는 입장에서만이 아니라 듣는 입장이 되어 새로운 관점을 가질 수 있도록 한다(고미영, 1998). 가족과 함께 직접적으로 가족들에 대한 가설들에 대하여 대화하는 이러한 앤더슨의 접근법은 치료의 신비성을 제거하는 데 도움을 준다.

진정한 포스트모던적인 방식을 추구하는 데 있어서, 다른 접근법을 실천하고 있는 치료자들은 각각 반영하는 과정을 다른 방식으로 제공하고 있다. 특히, 이야기치료자들은 반영팀을 가족과 연합할 수 있는 기회를 제공하는 것으로 보고, 새로운 이야기를 전개하게 하고 문제 중심의 묘사를 해체시키도록 돕는다(Feedman & Combs, 1996). 치료 세션을 관찰하고 경청하고 지배적인 이야기에 맞지 않는 사건에 주의를 기울임으로써, 팀 멤버들은 독특한 성과(Unique outcomes)를 인지하는 위치에 있다. 반영팀 멤버들은 누가 리드를 하지도 않고, 또 어떤 방식으로도 평가하지 않은 채로 자신들이 관찰하였던 것에 대하여 모든 가족성원들에게 솔직하게 이야기하는 기회를 가진다. 또한 팀 멤버들은 전문가로서가 아닌 개인의 자격으로 이야기하는데, 이는 멤버들의 이야기를 듣고 있는 가족성원들이 자신들의 경험에 팀 멤버의 의견을 적응시킬 수 있도록 하기 위함이다. 치료 세션 후에는 전체적인 과정을 반영하기 위하여 관련된 모든 사람들 즉, 치료자, 슈퍼바이저, 팀 멤버, 가족성원들 모두가 함께 모임을 가진다(Freedman & Combs, 1996). 사회구성주의 사고와 일치하는 반영팀의 접근법은 치료자와 가족 사이에서 주체와 객체를 나누지 않음으로써 밀란팀 접근법을 포함한 대부분의 치료 접근법보다 더 평등적인 입장을 취한다.

(4) 협력적 접근

이전에 협력적 언어체계 접근법(Collaborative Language Systems Approach)이라고 알려진 협력적 접근(Collaborative Approach)은 언어와 의사소통을 강조하는 포스트모던 철학에 근거를 두고 있는 널리 알려진 사회구성주의 치료적 모델이다. MRI에 뿌리를 두고 있는 이 내담자-치료자 대화 접근은 심리치료사인 할린 앤더슨(Harlene Anderson)과 고인이 된 정신과의사인 해리 굴리시안(Harry Goolishian)이 개발하였다(Goldenberg et al., 2017). 앤더슨은 이 협력적이고 대화적인 파트너 치료에 대한 근본적인 근거에 대하여 폭넓게 저술하면서, 의미는 타인들과 자신과의 대화 속에서 창조되고 경험된다고 주장한다(Anderson, 1997, 2003; Anderson, Burney, & Levin, 1999).

해리 굴리시안은 1950년대에 입원치료를 받았던 청소년이 퇴원 후 재발률이 높다는 점을 발견하고 재발률을 낮출 수 있는 치료방법을 개발하고자 하였다. 그는 처음에는 MRI에서 전략적 치료자로 활동하였으나, 포스트모더니즘과 구성주의를 접하면서 더 효과적인 치료기법을 개발하기 위하여 휴스턴에 있는 갤버스턴 가족치료연구소에서 앤더슨과 함께 이 모델을 개발하였다. 이 모델은 어떤 특정한 기법이나 준거틀을 갖고 있지 않으며, 치료자가 내담자와 공감하고 대화하면서 새로운 의미를 찾는 과정에 초점을 둔다.

협력적 접근은 사회적 구성, 현대적 성서 해석, 그리고 이야기치료를 함께 개념화한 콜라주(Collage)를 반영한다. 그리고 치료실 내에서 우리 자신의 경험에 대한 은유적인 틀을 제공한다. 이 치료에서의 공통적인 맥락은 삶에서 사건과 경험에 귀속되는 의미와 이해는 사회적 · 문화적 · 역사적으로 구성된다는 점이다. 의미와 이해의 세계는 언어를 통해 사회적으로 창조되며 구성된다. 창조된 것은 다양한 관점과 가능성의 유일한 것이다. 언어와 지식은 서로 상관이 있으며 생성된다. 따라서 변형과 변화에 대한 잠재성은 그것을 깨닫는 개인들처럼 다양성과 표현에서 제한이 없다(Anderson et al., 1999; Anderson & Goolishian, 1988).

앤더슨과 굴리시안은 치료자의 지식과 경험 그리고 가치가 내담자의 지식, 경험, 가치보다 진실에 더 가깝다고 가정하지 않으며, 동일한 상황에 대하여 하나의 시각만 존재하는 것을 거부하면서 다양한 관점이 존재한다고 하였다. 따라서 그들은 자신과 타인에 대한 시각이 사회적으로 구성되거나 언어로 구성된다고 보았기 때문에 치료자와 내담자가 협력하여 다른 방식으로 대화하면 이를 재구성할 수 있다고 하였다. 때문에 치료자는 전문가가 아니며, 알지 못하는 자세를 취해야 한다고 하였다. 즉, 치료자의 선 경험과 선 지식이 치료과정을 이끌어 가는 것이 아니라 문제와 해결에 관한 내담자의 전문성이 문제 해결로 인도한다고 보았다(Anderson & Goolishian, 1988). 내담자가 자신의 삶에 있어서 전문가인 반면에 치료사는 대화 과정을 촉진시킬 수 있는 전문성과 책임감을 가지고 있으며, 변화를 위한 기회가 올

수 있게 하는 전문성을 가지고 있다.

앤더슨과 굴리시안은 가족이 체계라는 개념을 거부하였고, 체계가 문제를 만든다는 관념을 수용하지 않았다. 대신 그들은 문제가 체계를 만든다고 가정하였고, 따라서 체계는 문제를 둘러싸고 조직된 대화나 의미체계로 구성된다고 보았다. 이 모델에서 치료체계는 언어체계이며, 치료자는 치료적 대화의 참여관찰자이자 참여관리자로서 치료적 대화를 구축하는 예술가다(Anderson & Goolishian, 1988).

참고문헌

고미영(1998). 탈근대주의 시대의 가족치료의 동향. **한국가족치료학회지, 6**(1), 15-34.

김미선 역(2017). **과학철학**. 경기: 교유서가.

김상환 역(2020). **차이와 반복**. 서울: 민음사.

김수임, 강예리, 강민철 공역(2014). **존 볼비의 안전기지: 애착이론의 임상적 적용**. 서울: 학지사.

김유숙(1998). **가족치료: 이론과 실제**. 서울: 학지사.

김유숙(2000). **가족상담**. 서울: 학지사.

김정석 역(2001). **실증주의 서설**. 서울: 한길사.

김진숙, 이지연, 윤경숙 공역(2010). **애착과 심리치료**. 서울: 학지사.

김창대, 김진숙, 이지연, 유성경 공역(2008). **대상관계이론 입문**. 서울: 학지사.

김태수 역(1990). **구조주의의 이론**. 서울: 인간사랑.

박영태(2003). **과학철학의 이해**. 서울: 이학사.

박정태 역(2019). **들뢰즈가 만든 철학사**. 서울: 이학사.

서혜석, 강희숙, 이미영, 고희숙(2013). **가족치료 및 상담**. 경기: 공동체.

신승환(2008). **포스트모더니즘에 대한 성찰**. 경기: 살림.

신일철, 신중섭 공역(2017). **현대의 과학철학**. 경기: 서광사.

양진호(2018). **성찰**. 서울: 책세상.

이경숙 역(2005). **존 볼비와 애착이론**. 서울: 학지사.

이규현 역(2003). **광기의 역사**. 서울: 나남출판사.

임종렬(1997). **대상관계이론과 가족치료**. 서울: 도서출판 신한.

정문자, 정혜정, 이선혜, 전영주(2018). **가족치료의 이해(3판)**. 서울: 학지사.

정옥분(2015). **전생애 인간발달의 이론(3판)**. 서울: 학지사.

천성문, 김진숙, 김창대, 신성만, 유형근, 이동귀, 이동훈, 이영순, 한기백 공역(2014). **심리치료와 상담이론: 개념 및 사례**. 서울: CENGAGE Learning.

Ainsworth, M. D. S. (1989). Attachments beyond infancy. *American Psychologist, 44*(4), 709-716.

Andersen, T. (1991). *The reflecting team: Dialogues and dialogues about dialogues.* New York: Norton.

Anderson, H. D. (1997). *Conversation, language, and possibilities: A postmodern approach to therapy.* New York: HarperCollins.

Anderson, H. D. (2003). Postmodern social construction therapies. In T. L. Sexton, G. R. Weeks, & M. S. Robbins (Eds.), *Handbook of family therapy: The sicence and practice of working with families and couples*. New York: Brunner-Routledge.

Anderson, H. D., & Gollishian, H. A. (1988). "Human systems as linguistic systems: Preliminary and evolving ideas about the implications for clinical theory." *Family Process, 27*, 371-393.

Anderson, H. D., Burney, J. P., & Levin, S. B. (1999). A postmodern collaborative approach to therapy. In D. M. Lawson & F. F. Prevatt (Eds.), *Casebook in family therapy* (pp. 259-287). Pacific Grove, CAL Brooks/Cole.

Anderson, H. D., Goolishian, H. A., & Winderman, L. (1986). Problem determined systems: Towards transformation in family therapy. *Journal of Strategic and Systemic Therapies, 5*(4), 1-19.

Aponte, J. H., & VanDeusen, J. M. (1987). *Object relations family therapy*. Northvale, NJ: Jason Aronson.

Atkinson, B. J. (1992). Aesthetics and pragmatics of family therapy revisited. *Journal of Marital and Family Therapy, 18*(4), 389-393.

Atwood, J. D. (1992). *Family therapy: A systematic-behavioral approach*. Chicago: Nelson-Hall.

Bateson, G. (1972). *Steps to an ecology of mind*. New York: Dutton.

Bateson, G., Jackson, D. D., Haley, J., & Weakland, J. (1956). Toward a theory of schizophrenia. *Behavioral science, 1*(4), 251-264.

Becvar, D. S. (2000). Human development as a process of meaning making and reality construction. In W. C. Nichols, M. A. Pace-Nichos, D. S. Becvar & A. Y. Napier (Eds.), *Handbook of family development and intervention,* 65-82. New York: Wiley & Sons.

Becvar, D. S., & Becvar, R. J. (1988). *Family therapy: A systemic integration*. New York: Allyn and Bacon.

Becvar, D. S., & Becvar, R. J. (1993). Storytelling and family therapy. *American journal of family therapy, 21*(2), 145-160.

Becvar, D. S., & Becvar, R. J. (2013). *Family therapy: A systemic integration*. Boston, MA: Pearson Education.

Berg, I. K., & De Jong, P. (1996). "Solution-building conversations: Co-constructing a sense of competence with clients." *Families in Society: The Journal of Contemporary Human Service, 77*(8), 376-391.

Berg, I. K., & de Shazer, S. (1993). "Making numbers talk: Language in therapy." In S. Friedman (Ed.), *The new language of change*. New York: Guilford Press.

Bertalanffy, L. V. (1968). *General systems theory: Foundation, development, applications*, New York: George Braziller.

Boszormenyi-Nagy, I., & Krasner, B. R. (1986). *Between give and take: A clinical guide to contextual therapy*. New York: Brunner/Mazel.

Bowlby, J. (1969). *Attachment and loss* (Vol. 1). *Attachment*. New York: Basic Books.

Bowlby, J. (1973). *Attachment and loss* (Vol. 2). *Separation, anxiety and anger*. New York: Basic Books.

Bowlby, J. (1988). *A secure base: Clinical applications of attachment theory*. London: Routledge.

Broderick, P., Weston, C., & Gillig, P. M. (2009). Family therapy with a depressed adolescent. *Psychiatry, 6*(1), 32-37.

Brown, J. H., & Christensen, D. N. (1999). *Family therapy: Theory and practice*. New York: Brooks/Cole.

Cade, B., & O'Hanlon, W. (1993). *A brief guide to brief therapy*. New York: Norton.

Campbell, D., Draper, R., & Crutchley, E. (1991). "The Milan systemic approach to family therapy." In A. S. Gurman & D. P. Kniskern (Eds.), *Handbook of family therapy* (Vol. 2, pp. 325-362). New York: Brunner/Mazel.

Capra, F. (1982). The Turning Point: A New Vision of Reality. *Futurist, 16*(6), 19-24.

Cohen, L., Manion, L., & Morrison, K. (2017). *Research methods in education* (8th ed.). New York: Routledge.

Colapinto, J. (1991). "Structural family therapy." In A. S. Gurman & D. P. Kniskern (Eds.), *Handbook of family therapy* (Vol. 2, pp. 417-443). New York: Brunner/Mazel.

Colapinto, J. (2000). Structural family therapy. In A. M. Horne (Ed.), *Family counseling and therapy* (3rd ed., pp. 140-169). Itasca, IL: Peacock.

Combs, G., & Freedman, J. (2012). Narrative, poststructuralism, and social justice: Current practices in narrative therapy. *The Counseling Psychologist, 40*(7), 1033-1060.

Coontz, S. (1992). *The way we never were: American families and the nostalgia trap*. New York: HarperCollins.

de Shazer, S., Berg, I. K., Lipchik, E., Nunnally, E., Molnar, A., Gingerich, W., & Weiner-Davis, M. (1986). "Brief therapy: Focused solution development." *Family Process, 25,* 207-221.

Derrida, J. (1978). *Writing and difference.* Chicago: University of Chicago Press.

Doherty, W. J. (1991). Family therapy goes postmodern. *The family therapy networker, 15*(5), 36-42.

Elizur, J., & Minuchin, S. (1989). *Institutionalizing madness: Families, therapy, and society.* New York: Basic Books.

Foucault, M. (1972) *The archeology of knowledge.* New York: Harper & Row.

Foucault, M. (1975). *Discipline and punish: The birth of the prison.* New York: Pantheon.

Foucault, M. (1980). *Power/knowledge: Selected interviews and other writings.* New York: Pantheon Books.

Framo, J. L. (1981). "The integration of marital therapy with sessions with family of origin." In A. S. Gurman, & D. P. Kniskern (Eds.), *Handbook of family therapy* (pp. 133-158). New York: Brunner/Mazel.

Freedman, J., & Combs, G. (1996). *Narrative therapy: The social construction of preferred realities.* New York: Norton.

Gehart, D. R. (2016). *Theory and treatment planning in family therapy: A competency-based approach.* New York: Cengage Learning.

Gergen, K. J. (1985). The social constructionist movement in modern psychology. *American Psychologist, 40*, 266-275.

Golann, S. (1988a). On second-order family therapy. *Family Process, 27*(1), 51-65.

Golann, S. (1988b). Who replies first? A reply to Hoffman. *Family Process, 27*(1), 68-71.

Goldenberg, I., & Goldenberg, H. (2013). *Family therapy: An overview* (8th ed.). Pacific Grove, CA: Brooks/Cole.

Goldenberg, I., Goldenberg, H., & Goldenber Pelavin, E. (2014). Family therapy. In R. J. Corsini & D. Wedding (Eds.), *Current psychotherapies* (10th ed., pp. 372-410). Belmont, CA: Cengage.

Goldenberg, I., Stanton, M., & Goldenberg, H. (2017). *Family therapy: An overview* (9th ed.). Boston, MA: Cengage.

Goldner, V. (1985). Feminism and family therapy. *Family Process, 24*(1), 31-47.

Gomez, L. (2002). *An introduction to object relations.* New York: The Free Press.

Gottman, J. (1994). *What predicts divorce.* Hillsdale, NJ: Erlbaum.

Haley, J. (1973). *Uncommon therapy: The psychiatric techniques of Milton G. Erickson, M.D.* New York: Norton.

Haley, J. (1976). *Problem-solving therapy: New strategies for effective family therapy.* San Francisco, CA: Jossey-Bass.

Haley, J. (1991). *Problem-solving therapy* (2nd ed.). New York: John Wiley & Sons.

Hare-Mustin, R. T. (1987). The problem of gender in family therapy theory. *Family process, 26*(1), 15-27.

Hare-Mustin, R. T. (1994). Discourses in the mirrored room: A postmodern analysis of therapy. *Family process, 33*(1), 19-35.

Hartman, A. (1995). "Family therapy." In R. L. Edwards et al. (Eds.), *Encyclopedia of Social Work* (19th ed., pp. 983-996). Washington, DC: National Association of Social Workers.

Hazan, C., & Shaver, P. (1987). Romantic love conceptualized as an attachment process. *Journal of personality and social psychology, 52*(3), 511.

Heru, A. M. (1980). *Family therapy: A comparison of approaches.* Bowie, MD: Prentice-Hall.

Hoffman, J. A., & Weiss, B. (1987). Family dynamics and presenting problem in college students. *Journal of Counseling Psychology, 34*(2), 157-163.

Hoffman, L. (1981). *Foundations of family therapy: A conceptual framework for systems change.* New York: Basic Books.

Hoffman, L. (1985). "Beyond power and control: Toward a second-order family systems therapy." *Family Systems Medicine, 3,* 381-396.

Hoffman, L. (1990). "Constructing realities: An art of lenses." *Family Process, 29*, pp. 1-12.

Holmes, J. (2014). *John Bowlby and attachment theory.* New York: Routledge.

Janzen, C., Harris, O., Jordan, C., & Franklin, C. (2006). *Family treatment: Evidence-based practice with populations at risk* (4th ed.). Pacific Grove, CA: Brooks/Cole.

Johnson, S. (1996). *Creating connection: The practice of emotionally focused marital therapy.* New York: Brunner/Mazel.

Johnson, S. (2002). *Emotionally focused couple therapy with trauma survivors: Strengthening attachment bonds.* New York: Norton.

Keim, J. (1999). "Strategic therapy." In D. M. Lawson & F. F. Prevatt (Eds.), *Casebook in family therapy* (pp. 210-231). New York: Brooks/Cole.

Kelly, P. (1996). "Narrative theory and social work treatment." In F. J. Turner (Ed.), *Social work treatment: Interlocking theoretical approaches* (pp. 461-479). New York: The Free Press.

Kerr, M. E., & Bowen, M. (1988). *Family therapy in clinical practice.* New York: Aronson.

Kuhn, T. (1962). *The structure of scientific revolutions.* Chicago: University of Chicago

Press.

Ladyman, J. (2002). *Understaning philosophy of science.* New York: Routledge.

Lakatos, I. (1968). Criticism and the methodology of scientific research programms. *Proceedings of the Aristotelian Society, 69*, 149-186.

Lock, A., & Strong, T. (2010). *Social constructionism: Sources and stirrings in theory and practice.* London: Cambridge University Press.

Madanes, C., & Haley, J. (1977). "Dimensions of family therapy." *The Journal of Nervous and Mental Disease, 165*, 88-98.

Maturana, H. R. (1978). Biology of language: The epistemology of reality. In G. A. Miller & E. Lenneberg (Eds.), *Psychology and biology of language and thought: Essays in honor of Eric Lennberg*, 27-63. New York: Academic Press.

Maturana, H., & Varela, F. (1980). *Autopoiesis and cognition: The realization of the living.* Boston: D. Reidel.

McGoldrick, M., & Carter, B. (2011). Families transformed by the divorce cycle: Reconstituted, multinuclear, recoupled, and remarried families. In M. McGoldrick, B. A. Carter, & N. Garcia-Preto (Eds.), *The expanded family life cycle: Individual, family, and social perspectives* (4th ed., pp. 317-335). Boston: Allyn & Bacon.

McGoldrick, M., Anderson, C. M., & Walsh, F. (1989). Women in families and in family therapy. In M. McGoldrick, C. M. Anderson, & F. Walsh (Eds.), *Women in families: A framework for family therapy*, 3-15. New York: Norton.

Nichols, M. P. (1987). *The self in the system: Expanding the limits of family therapy.* New York: Brunner/Mazel.

Nichols, M. P. (1993). The therapist as authority figure: Construct of hierarchy. *Family Process, 32*(2), 163-165.

Nichols, M. P. (2014). *Family therapy: Concept and methods* (10th ed.). New York: Pearson.

Nichols, M. P., & Schwartz, R. C. (1998). *Family therapy: Concept and methods* (4th ed.). Boston, MA: Allyn & Bacon.

Nichols, M. P., & Schwartz, R. C. (2001). *Family therapy: Concept and methods* (5th ed.). Needham Heights, MA: Allyn & Bacon.

Nichols, M. P., & Schwartz, R. C. (2004). *Family therapy: Concepts and methods* (6th ed.). Boston, MA: Allyn & Bacon.

Okasha, S. (2016). *Philosophy of science: A very short introduction* (2nd ed.). Oxford: Oxford University Press.

Prevatt, B. C. (1999). "Narrative therapy: The work of Michael White." In D. M. Lawson &

F. F. Prevatt (Eds.), *Casebook in family therapy* (pp. 288-309). New York: Brooks/Cole.

Real, T. (1990). "The therapeutic use of self in constructionist systematic therapy." *Family Process, 29*, 255-272.

Satir, V. (1972). *People making.* Palo Alto, CA: Science and Behavior Books.

Satir, V. (1988). *The new peoplemaking.* Mountain View, CA: Science and Behavior Books.

Schwartz, R. (1994). *Internal family systems therapy.* New York: Guilford.

Sharf, R. S. (2012). *Theories of psychotherapy and counseling: Concepts and cases* (5th ed.). Pacific Grove, CA: Brooks/Cole.

Shoham, V., Rohrbaugh, M., & Patterson, J. (1995). "Problem-and solution-focused couples therapies: The MRI and Milwaukee models." In N. S. Jacobson & A. S. Gurman (Eds.), *Clinical handbook of couple therapy* (pp. 142-165). New York: Guilford Press.

Slovik, L. S., & Griffith, J. L. (1992). "The current face of family therapy". In J. S. Rutan (Ed.), *Psychotherapy for the 1990s.* New York: Guilford Press.

Sluzki, C. E. (1978). "Marital therapy from a systems theory perspective." In T. J. Paolino & B. S. McCrady (Eds.), *Marriage and marital therapy: Psychoanalytic, behavioral, and systems theory perspectives.* New York: Brunner/Mazel.

Sokal, A., & Bricmont, J. (1999). *Fashionable nonsense: Postmodern intellectuals' abuse of science.* New York: St Martins Press.

Vygotsky, L. S. (1986). *Thought and language.* Cambridge, MA: MIT Press.

Wallin, D. J. (2007). *Attachment in psychotherapy.* New York: The Guilford Press.

Walsh, F. (1993). *Normal family process.* New York: The Guilford Press.

Walters, M., Carter, B., Papp, P., & Silverstein, O. (1991). *The invisible web: Gender patterns in family relationships.* New York: Guilford Press.

Watzlawick, P., Beavin, J. H., & Jackson, D. D. (1967). *Pragmatics of human communication: A study of interactional pattern, pathologies, and paradoxes.* New York: W. W. Norton.

Watzlawick, P., Weakland, J. H., & Fisch, R. (1974). *Change: Principles of problem formation and problem resolution.* New York: Norton.

Whitaker, C. A., & Keith, D. V. (1981). "Symbolic-experiential family therapy." In A. S. Gurman & D. P. Kniskern (Eds.), *Handbook of family therapy* (pp. 187-225). New York: Brunner/Mazel.

White, M., & Epston, D. (1990). *Narrative means to therapeutic ends.* New York: Norton.

Wiener, N. (1948). "Cybernetics." *Scientific American, 179*(5), 14–18.

Wittgenstein, L. (2010). *Philosophical investigations.* New York: John Wiley & Sons.

Wylie, M. S. (1990). Brief therapy on the couch. *Family Therapy Networker, 14*(2), 26–35.

제11장

장애인복지

사회복지사들이 장애인과 함께 일하기 위해서 무엇보다 중요한 것은 장애에 대한 이해다. 이 장에서는 「장애인복지법」에 의한 장애 개념과 범주에 대해 설명하고, 장애를 포괄적으로 이해하기 위한 모델로 의료적인 측면에 초점을 둔 개인적 모델과 사회의 장벽 제거에 초점을 둔 사회적 모델을 설명하고자 한다. 이 두 가지 모델은 장애를 이해하는 데 도움이 될 것이다. 다음은 장애인에게 서비스를 어떻게 전달할 것인지에 대한 새로운 대안으로 사람중심 모델을 설명하고자 한다. 마지막으로, 장애인복지 관련 법들, 장애인복지정책, 장애인 복지서비스에 대한 설명은 우리나라의 장애인복지의 현황을 이해하는 데 도움이 될 것이다.

1. 장애의 개념과 범주

「장애인복지법」에 의하면 장애인의 정의는 "신체적 · 정신적 장애로 오랫동안 일상생활이나 사회생활에서 상당한 제약을 받는 자를 말한다"이다. 이 법을 적용받는 장애인은 신체적 장애 또는 정신적 장애를 가지고 있는 사람으로, 신체적 장애는 주요 외부 신체기능의 장애 또는 내부 기관의 장애를 말하며 정신적 장애란 발달장애 또는 정신질환으로 발생하는 장애를 말한다.

「장애인복지법」에 의한 장애유형은 지체장애, 뇌병변장애, 시각장애, 청각장애, 언어장애, 지적장애, 자폐성장애, 정신장애, 신장장애, 심장장애, 호흡기장애, 간장애, 안면장애, 장루 · 요루 장애, 뇌전증장애 등 15종류로 분류된다. 장애등급제는 2019년 7월 폐지되어 현재는 장애의 정도가 심한 장애, 정도가 심하지 않은 장애로만 분류된다. 다만, 지적장애, 자폐성장애, 정신장애의 경우 장애의 정도가 심한 장애만 존재한다. 정도가 심하지 않은 장애를 둘 이상 가진 장애인은 보건복지부 장관이 고시하는 바에 따라 장애의 정도가 심한 장애인으로 볼 수 있다. 다만, 지체장애와 뇌병변장애가 같은 부위에 중복된 경우, 지적장애와 자폐성장애가 중복된 경우, 그 밖에 중복장애로 합산하여 판정하는 것이 타당하지 않다고 보건복지부 장관이 정하는 경우를 제외한다.

보건복지부의 '2020 등록장애인 현황'에 따르면 2020년 전국 등록장애인은 2,633,026명으로 지난 2019년 2,618,918명과 비교하여 14,000명이 증가한 것으로 나타났다(보건복지부, 2021). 우리나라는 지금 장애인 등록제도를 실시하고 있으며, 장애 진단을 받은 장애인은 장애인 등록을 할 수 있다. 보건사회연구원의 20170년 장애인실태조사 결과에 따르면, 장애 발생 원인은 후천적인 원인 73.3%, 선천적인 원인은 13.3%로 나타났다. 후천적인 원인 중에서 질환이 59.5%이며, 사고는 13.8%로 나타났다. 그 외에 원인 불명이 10.8%, 출산 시 원인이 2.6% 정도로 나타났다(한국보건사회연구원, 2018). 인구의 노령화와 장애유형의 확대, 장애인에 대한 낙인의 감소로 장애인구는 점차 증가할 추세다.

「장애인복지법」에서 정의한 장애 정의는 서비스를 제공하기 위한 급여법이기에 상당히 협소하다. 장애를 포괄적으로 이해하기 위해서는 기존의 전통적인 개인적 모델과 사회적 모델이 매우 유용하다.

2. 장애에 대한 이론적 접근

1) 장애의 개인적 모델과 사회적 모델

(1) 개인적 모델

장애에 대한 개인적 모델은 장애문제를 개인적인 수준에서 논의하며, 문제의 원인을 기능적 제약, 신체적 손상 또는 심리적 손상에 둔다(Oliver, 1983, 1989, 1996; Rioux, 1997; Williams, 1997). 장애의 원인이 개인적인 차원에서 논의되기 때문에 장애를 고치기 위한 개입방법은 전문가가 주도하며, 장애인은 이들 전문가의 계획에 적극 협력해야 한다. 장애문제를 개선하기 위해서는 수술, 약물치료와 같은 의학적 개입과 유전학적 개입을 실시하거나 다양한 재활서비스를 통해 치료될 수 있다고 보았다. 재활서비스의 목표는 장애인의 기능을 개발하거나 회복하는 것이다(Rioux, 1997). 이러한 개인적 모델은 장애의 지배적인 모델이었으며, 장애를 의료적인 관점에서만 접근하도록 하였다(Oliver, 1998; Zola, 1988). 또한 장애인과 전문가의 관계에서 전문가의 힘이 강해지고, 장애인들은 전문가에 의존하는 경향을 갖게 된다(Oliver, 1983).

개인적 모델은 크게 두 가지 점에서 비판을 받는다. 첫째, 사회적 현상으로서 장애가 나타나는 사회적 · 역사적인 맥락을 적절하게 고려하지 않는다(Jones, 1996; Oliver, 1998). 손상으로 인해 장애가 발생할 수도 있지만 사회적 환경 때문에 장애가 발생할 수 있다는 생각은 하지 못하는 것이다. 둘째, 장애인의 생물학적 결함의 강조는 장애인이 사회적으로도 열등하다고 생각하게 만든다. 즉, 이는 생물학적 결함 때문에 사회적 결함이 발생한다는 관점으로 귀결되며, 장애인들이 생물학적으로 기능적으로 열등하다고 생각하는 것이 당연하다는 선입견을 강화시킬 위험이 있다(Oliver, 1998).

(2) 장애의 사회적 모델

개인적 모델에 대한 비판으로 장애운동에서 제시한 장애의 사회적 모델이 있다. 이 모델에서 장애란 장애인에게 부과되는 사회적 제약들에 의해 생산된다는 것이다(Fine & Asch, 1988; Hahn, 1987; Oliver, 1983, 1996; Oliver & Sapey, 1999; Williams, 1997; Zola, 1988). 어떤 한 사람이 세계를 이해하는 바와 그 방식은 그 개인과 사회 사이의 관계들과 독립적으로 존재할 수 없기 때문에, 장애가 하나의 현상으로서 나타나는 사회적 맥락이 반드시 고려되어야 한다는 것이다. 장애란 사회적 문제들을 '갖고 있는' 것이며, 장애를 입은 개인과 그 개인에게 사회에 의해 부과되는 제약 사이에는 어떤 관계가 존재한다. 그렇기 때문에 이 모델은 장애인에게 제약을 부과하는 사회적 환경들에 관심을 가진다. 사회적 모델에서는 사회가 장애인을 어떻게 주변화하고, 낙인을 찍으며, 범주화하는가를 밝혀내는 것이 중요하며, 정치적 · 사회적 · 경제적 · 물리적 환경 안에 장벽들을 제거하는 것을 목표로 삼게 된다(Oliver, 1983, 1996; Zola, 1993).

사회적 모델에 대한 비판은, 첫째, 장애인 개개인이 경험할 수도 있는 고통들을 부인한다는 것이다. 이 점에 대해 올리버는 사회적 모델은 개인의 손상에 대한 개별적인 경험을 강조하는 것이 아니라 장애의 사회적 장벽들을 다루는 것이라는 점을 강조한다(Oliver, 1996). 둘째, 사회적 모델은 사회적 장벽의 제거가 목표이기 때문에 장애인의 집단적 정체성을 중시하고 장애인 개개인의 독특한 개별성을 무시한다는 점이다. 즉, 장애인의 개인적인 심리적 · 신체적 욕구들이 간과될 수도 있다는 것으로 이런 관점에서 본다면 사회적 모델의 극단적인 이용은 개인의 특수성들을 간과하게 되는 문제들을 야기할 수도 있다(Priestly, 2003). 〈표 11-1〉은 개인적 장애 모델과 사회적 장애 모델을 비교한 것으로, 이 두 모델은 장애를 이해하는 데 유용하다.

〈표 11-1〉 **개인적 장애 모델과 사회적 장애 모델의 비교**

개인적 모델	사회적 모델
개인적 비극으로서의 결함	사회적 억압으로서의 장애
개인적인 문제들에 관심	사회적 문제들에 관심
개인적 치료와 처치	사회적 행동과 권능화
전문가적 활동	자조와 협조
전문가의 원조 지배	개인적 및 집합적 책임
사회적 규준에의 적응	개별 차이의 긍정
장애인들을 위해 무엇을 하기(Doing for)	장애인들과 함께 실천하기(Working with)
환자의 순종	소비자의 권리
목표에 대한 전문가의 통제	장애인의 목표 선택

출처: Oliver, M. (1996). Social model in context, in M. Oliver, *Understanding disability: From Theory to Practice*, p. 34에서 필자가 재구성.

사회적 모델은 결함, 장애, 핸디캡 사이에 어떤 필연적인 인과 관계도 존재하지 않는다고 주장한다. 이러한 세 가지 항들은 상호 교환될 수 있는 것으로 사용되어서는 안 된다. 사람들이 어떤 결함을 갖고 있을 수는 있지만, 그들을 장애인으로 만드는 것은 환경이다. 예를 들면, 신체장애의 경우에 결함(Impairment)이란 팔다리의 일부나 전부가 없는 것으로서, 또는 불완전한 팔다리나 기관, 혹은 신체의 다른 불완전한 중요 부분이나 불완전한 기능을 갖고 있는 것으로서 정의될 수 있다. 다른 한편, 장애는 결함을 갖고 있는 개인들과 장애를 야기하는 사회적 환경 사이의 지속적인 상호작용을 통해 형성되는 사회적 구성물이다(Oliver, 1983).

사회적 모델에 의하면 '장애'란 사회의 문화적 · 물리적 및 제도적 장벽 등의 환경적 요인과 신체적 · 정신적 능력의 차이 등의 개인적 요인 간의 상호작용으로 인하여 완전하고 효과적인 사회참여에 제약이 있는 상태를 말한다. 이는 Convention on Rights of Persons with Disabilities(CRPD) 1조에서 말하는 목적과 상당이 유사하다. 즉, 장애인이란 장기간 신체적 · 정신적 · 지적 · 감각적인 손상을 가진 사람이며, 이런 손상은 다양한 장벽들과 상호작용하면서 사회 안의 다른 사람들과 똑같이 사회에 효과적으로 그리고 완전히 참여하는 것을 방해할 수도 있다. 장애의 의료적 개인적 모델에서 벗어나 장애의 사회적 모델로 장애 정의를 수정할 필요가 있다. 이는 장애란 손상을 가진 사람과 사회적 환경 사이의 상호작용적인 관계에 달려 있으며, 장애는 결함을 갖고 있는 개인들과 장애를 야기하는 사회적 환경 사이의 지속적인 상호작용을 통해 형성되는 사회적 구성물이기 때문이다. 그리하여 장애란 사회의 문화적 · 물리적 및 제도적 장벽 등의 환경적 요인과 신체적 · 정신적 능력의 차이 등의 개인적 요인 간의 상호작용으로 인하여 완전하고 효과적인 사회참여에 제약이 있는 상태를 말한다고 정의를 내릴 수 있다.

2) 장애에 대한 실천 모델로 사람중심계획과 실천[1]

1982년 12월 17일 한국 최초의 장애인 이용시설로서 서울시립장애자종합복지관이 문을 열었다. 이후 장애인종합복지관은 2019년 현재 254개로 증가하였다. 그간 이들 장애인복지관이 토대로 삼고 있는 서비스 실천 모델은 단순보호에서 재활 모델로 발전하였다. 재활 모델은 장애인들이 가지고 있는 신체적 · 정신적 · 인지적 기능을 최대한 향상시키는 것을 목적으로 한다. 그러나 이제는 거주시설이 아닌 지역사회의 삶, 타인이 결정하는 삶이 아니라 장애인 자신이 결정하고 선택하는 삶이 중요해지고, 의존이 아닌 자립의 철학이 부각되면서 재활 모델이 아닌 새로운 모델의 실천방법이 필요한 시점이다. 이렇게 서비스 제공자의 관점이 변화함과 더불어, 더 중요하게 고려되어야 하는 것은 서비스 이용자가 변화하고 있다는 사실이다. 이는 장애인 서비스에 있어서 이전의 방법이 아닌 새로운 방법이 요구된다는 것을 뜻

1) 김경미(2021). 사람중심 계획을 실천하기. 가톨릭사회복지, 53호, 한국천주교주교회의 사회복지위원회, 36-46. 김경미, 윤란(2021). 사람중심실천의 실제적용과 카리타스 원칙과의 관계. 가톨릭사회복지, 54호, 한국천주교주교회의 사회복지위원회, 24-36에서 발췌하였다.

한다. 서비스 이용자를 존중하고, 그들이 자기 삶의 계획을 세우고 변화의 주체가 되는 서비스 모델이 요구되고 있는 것이다.

이와 같이 장애인 서비스 제공자와 이용자 양쪽에서 변화가 진행되고 있는 상황에서 과연 어떤 모델이 대안적인 장애인 서비스 모델이 될 수 있을까? '사람중심계획(Person-centered planning)'이 하나의 대안이 될 수 있는데, 이는 장애인의 자기결정을 토대로 하여 장애인이 삶의 주인이 됨으로써 이들의 삶의 질을 향상시키는 것을 목적으로 삼기 때문이다. 말하자면, 장애인의 주체성과 지역사회의 공존/포함(Inclusion)을 강조하는 것이 사람중심계획이다. 이 계획은 이용이설과 거주시설을 이분법적으로 구분해 양자택일적으로 적용되는 것이 아니라, 장애인에게 직접 서비스를 전달하는 기관이면 어디에서나 활용될 수 있다.

사람중심계획은 처음에는 발달장애인을 중심으로 북미에서 발전되었으나, 지금은 캐나다, 영국, 오스트레일리아 등지에서 실행되고 있으며, 발달장애인뿐 아니라 신체장애인, 치매노인, 정신장애인에게도 확대 적용되고 있다. 이하에서는 사람중심계획의 유래, 사람중심계획의 철학과 원리, 사람중심계획의 실천 방법을 자세히 설명하고자 한다.

(1) 사람중심계획의 유래

사람중심계획은 울펜스버거(Woolfensberger)의 정상화 이론과 자립생활운동에 크게 영향을 받았다. 1970년 이전까지 미국에서 장애인에 대한 보호는 거주시설에서의 보호가 주를 이루었다. 울펜스버거의 한 연구에 의하면, 당시 동물원에서 동물 한 마리를 돌보는 데 하루 3달러가 소요되었던 것에 비해 시설에서 거주하는 장애인의 1일 보호비용은 겨우 1달러에 불과했다. 1970년대 초, 울펜스버거는 지적장애가 있는 사람들을 위한 수용시설인 Beatrice State Home을 폐쇄하고 지역사회에 기반한 대안을 만들기 위해 노력하였다. 그는 탈시설화 이후 장애인의 지역사회 거주에 관심을 가지고 미국 전역의 서비스 제공자들을 대상으로 '정상화'를 실천하는 방법을 교육하기 시작하였다. 그가 말하는 정상화는 지역주민들의 삶의 리듬과 같이 장애인의 삶도 지역사회에서 보통의 일상으로 이루어져야 한다는 것이었다(윤재영, 황혜원, 박재성, 2020; O'Brien & O'Brien, 2000).

두 번째로 사람중심계획에 영향을 준 것은 자립생활이다(O'Brien & O'Brien, 2000). 자립생활운동은 1960년대에 지역사회에서 생활하고자 하는 미국의 중증장애인들이 자신들의 네트워크를 만든다는 생각에서 출발하였다(이익섭, 김경미, 윤재영, 2007). 1962년 버클리 대학교에서 이 운동을 시작하여 자립생활의 아버지로 불리는 미국의 에드워드 로버츠(Edward Roberts)는 자립생활 운동을 "차별과 분리에 항거하며 사회적 책임과 기쁨을 공유할 수 있는 장애인의 권리와 능력에 대한 확인"이라고 하였으며, 넓은 의미에서 "장애인들의 시민권 운동"이라 하였다(Lachat, 1988). 자립생활센터의 원형이라 할 수 있는 버클리 자립생활센터 프로그램은 '독립적인 삶이 가능하도록 동료 장애인을 돕고 장애인들이 접근하기에 보다 용이한 사회를 만드는 것'을 그 목적으로 표방하였으며(Nosek, Zhu, & Howland, 1992), 콜(Cole, 1979)은 '다양한 서비스를 통해 중증장애인이 지역사회 생활에 전면적으로 통합되는 것'을 장애인자립생활센터의 목적으로 언급하면서, '스스로의 삶을 관리하는 책임을 지도록 하는 것'과 '지역사회의 일상생활에 적극적으로 참여하는 것' 등을 실천 목표로 제시하였다. '장애를 가진 개인의 독립성, 생산성, 임파워먼트, 리더십 등을 강화하여 자신의 삶을 스스로 관리하도록 하고, 지역사회의 체계 변화를 유도하여 중증장애인의 사회통합을 도모하는 것'이 미국 자립생활운동의 목적이다.

(2) 사람중심계획의 철학과 원리

정상화이론와 자립생활운동에 영향을 받은 '사람중심계획'은 1980년대에 나오기 시작하였다(김은하, 박승희, 2012). 맨셀과 비들브라운(Mansell & Beadle-Brown, 2004)에 따르면, 사람중심계획이란 1970~1980년대에 북미에서 시작된 것으로 전통적인 프로그램 방식에 대한 불만족을 해소하기 위해 만들어진 접근법 중의 하나다. 마틴과 캐리(Martin & Carey, 2009)는 사람들이 자신에게 중요한 것에 대해 말하고, 필요한 것을 제공하며, 자신의 삶을 통제할 수 있도록 돕는 것이라고 하였다. 즉, 사람중심계획은 당사자에게 권한을 부여하고 당사자가 통제능력을 가지고 있는 것으로 본다. 사람중심의 계획과 실천의 통합은 당사자의 삶에 대한 통합된 접근, 필요를 충족시키기 위한 지원그룹 간의 협력, 건강에 대한 사람중심 접근 및 돌봄 지원 등과 같은 장점을 가진다(Thompson & Cobb, 2004).

그러면 기존 서비스 모델에서는 서비스 이용 당사자들을 어떻게 바라보아 왔는가? 그들을 새롭게 바라본다면 어떤 방식이 가능한가? 기존의 서비스 모델과 사람중심 모델의 차이점은 무엇인가? 〈표 11-2〉는 조지라는 이름의 40세 남성 지적장애인을 예로 들어 기존의 전문가 중심의 서비스 모델과 지역사회 중심의 연결 관점을 비교한 것이다(O'Brien & O'Brien, 2000).

서비스 관점에 의하면 이 지적장애인은 4년 3개월의 정신연령을 가진 사람으로서, 그 사람의 능력은 오직 지능지수(IQ)에 의해서만 정의된다. 그는 편향적이며 폐쇄적이고 퇴행적이며, 도전적 행동을 하는 사람으로 묘사된다. 이런 지적장애를 가진 사람은 지적 연령에 맞게 아동 프로그램을 필요로 하며, 세상으로부터 보호받아야 하고, 지적 능력이 낮기 때문에 매우 단순한 작업을 배울 필요가 있는 것이다. 또, 도전적 행동을 보이기 때문에 사람들로부터 배제되어 매우 제한된 환경에서 살아갈 필요가 있다고 판단을 내린다.

반면, 똑같은 사람이지만 연결 관점에 의하면 조지는 나이가 40세임에도 불구하고 비장애인들이 경험하는 일들을 거의 경험하지 못한 채 가난하고 고립된 삶을 살아온 사람으로 묘사된다. 그는 부모로부터는 어린아이 취급을 당하고 사회적 네트워크가 거의 없는 사람이다. 이런 사람에게 필요한 것은 삶에 대한 많은 경험과 소득을 창출할 수 있는 직업과 수입, 사회적 네트워크, 그를 좋아하고 그를 성인으로

〈표 11-2〉 **서비스 모델과 연결 모델에 의한 장애인 묘사**

집합적 서비스 관점 (congregate service perspective)		연결 관점 (connection perspective)	
조지는 누구인가	그에게 필요한 것	조지는 누구인가	그에게 필요한 것
• 4년 3개월의 정신연령을 가진 사람 • 지능지수(IQ)가 30 미만인 사람 • 지적장애가 심한 사람 • 편향성, 폐쇄성, 퇴행을 보이는 사람 • 직원들에게 발작적 분노 증세가 있는 사람	• 아동 프로그램 • 세상으로부터 보호받기 • 매우 단순한 작업 배우기 • 다른 사람과 다름으로 인해 비장애인과 분리되어 기술을 습득해야 함 • 퇴행과 폐쇄성을 설명할 수 있는 고도로 전문화된 직원 • 분노가 통제될 만한 환경 • 잘못된 것이 고쳐지고 통제가 잘 될 때 현실세계로 보내짐	• 인생의 일반적인 경험을 해 보지 못하고 진짜 직업을 가져본 적이 없는 40세 남성 • 수입이 없는 가난한 사람 • 일평생 고립된 사람 • 큰 공동체와 연결고리가 없고 접촉이 없는 사람 • 대부분의 사람들보다 새로운 기술 습득이 어려운 사람 • 어머니로부터 어린아이 취급을 받는 사람 • 그를 돌보아 주고 사람의 삶에 변화를 가져오는 유쾌한 사람	• 많은 경험 • 진짜 직업 • 수입 • 지역사회 내 포함되는 것 • 다른 사람들과 연결되는 것, 지역사회와 연결 • 친구 • 미래에 대한 비전과 그 비전을 달성할 수 있도록 지지해 주는 것 • 조지를 옹호할 수 있는 사람 • 배움에서 많은 지지 • 그를 성인으로 대해 주는 사람들 • 그를 즐겁게 할 수 있는 사람들

대해 주는 사람들, 배움에 대한 많은 지원 같은 것이다.

이렇게 두 모델은 사람들을 다르게 바라봄으로써 결국 다른 서비스를 제공하게 된다.

또 다른 예시를 들면, 서비스 관점에서는 장애인 ○○○이 지적장애 2급으로서 인지능력이 만 5세 수준이며, 직업능력이 없고, 독립생활이 불가능하여 주간보호서비스와 활동보조서비스를 지원받고 있으며, 주말에 가족들을 지원할 수 있는 장애인 관련 서비스 기관에서의 주말형 프로그램이 필요하다고 기술할 수 있다. 이에 비해 연결 관점에서 보면, 바로 그 장애인 ○○○는 35세의 훤칠한 외모와 건장한 체격의 소유자로서, 자신이 하고 싶은 것을 선택할 수 있도록 보기를 제시해 주면 스스로 선택할 수 있으며, 주간보호센터에서 활동적인 프로그램을 좋아하고, 자신을 응원해 주거나 지지해 주는 사람과 관계가 좋으며, 음악을 좋아하여 지원자와 함께 집 근처 문화센터의 노래교실에 참여하고 싶어 한다. 이처럼, 똑같은 사람을 서비스 관점에서 설명할 때와 연결 관점에서 설명할 때가 확연히 다른 것을 알 수 있다. 장애인을 지원하는 입장에서는 후자의 관점에서 기술된 장애인에게 더 호감을 가지고 여러 가지 활동을 해 보기 쉽다. 후자의 관점은 서비스와 지원을 제공받는 당사자에 대한 시각을 긍정적으로 변화시킨다.

이 연결 관점을 취하는 사람중심계획에서 매우 중요한 것은 '잘 듣는 것'이다. '당사자의 말을 경청한다'는 것은 "원하는 것이 무엇인가요?"라는 질문에 대한 대답에 귀를 기울이는 것 그 이상을 의미한다. 사람중심계획의 개발자들은 이를 '심화 경청'이라 부른다. 심화 경청이란 '표면을 꿰뚫는 듣기', '이야기하지 않은 것을 듣기', 그리고 '제3의 귀로 듣기'를 의미한다(Amado & McBride, 2019).

그런데, 예를 들어 지금까지 살아오면서 대부분의 결정을 타인이 대신 해 주었던 발달장애인은 "원하는 것이 무엇인가요?"라는 질문에 자신이 원하는 것을 말할 때 여러 요소의 영향을 받을 수 있다. 경험 부족, 신뢰 부족, 의사소통의 한계, 권위를 가진 사람에게 인정받고자 하는 욕구, 두려움 등 때문에 당사자는 자신이 원하는 것을 말하지 않을 수도 있고, 심지어 자신이 무엇을 원하는지 생각해 보지 않았을 수도 있다. 그렇기 때문에 사람중심계획 방법은 함께 모여 사는 뜻깊은 삶, 공동체에 기여하는 삶, 공동체 내 완전한 시민으로 사는 삶을 만들어 갈 수 있는 헌신적인 사람들로 이루어진 지지를 기반으로 한다. 이는 언어로 소통하는 사람에게 만큼이나 언어를 사용하지 않는 사람에게도 중요한 것이다.

또한, 사람중심계획은 당사자에게 자신이 필요한 서비스에 관해 자율성과 선택 및 통제권을 행사할 수 있게 하며, 이 과정에서 당사자는 다양한 범위의 책임을 부여받게 되고 가족과 지인의 도움을 받을 수 있다(NRCPDS, 2016). 그러므로 사람중심계획은 서비스와 지원을 제공받는 당사자에 대한 관점을 긍정적으로 변화시킨다. 당사자를 독특한 존재로서 인정하고 자신의 삶을 변화시킬 수 있는 능력과 가능성을 지닌 존재로 바라보도록 하며, 당사자가 인간으로서의 존엄성을 극대화하여 자신이 가진 능력에 초점을 맞추어 목표에 맞는 삶을 성취할 수 있도록 하고, 당사자가 권한을 가지고 서비스 과정에 참여하여 주도적으로 이끌어 나가는 것을 중요하게 여기기 때문이다(성민사회복지연구소, 2013). 사람중심계획은 또한, 서비스 이용 당사자가 가지고 있는 꿈과 희망, 삶의 목적을 성취하기 위하여 계획을 세우고 자원을 할당하는 과정으로서, 당사자가 잘 할 수 있는 것에 초점을 맞추어 자신이 원하는 방식으로 인생을 살 수 있도록 지원하는 방법 중 하나다(윤재영, 황혜원, 박재성, 2020). 사람중심계획은 한 사람에게 가장 중요한 것이 무엇인지 발견하고 그 사람에게 중요한 것을 경험할 수 있는 기회를 구체화하는 일련의 접근법인 것이다(O'Brien, Pearpoint, & Lynda, 2010).

이 사람중심계획을 전통적인 계획과 비교했을 때 볼 수 있는 접근법상의 차이는 〈표 11-3〉에 나와 있다(Becker & Pallin, 2001). 전통적인 계획은 한 개인을 위해 최선의 것은 무엇인가가 다학제 팀에 의해 결정된다. 종종 당사자에게도 가족에게도, 그 당사자를 가장 잘 아는 사람에게도 의견을 묻지 않은 채 결정이 이루어진다. 계획은 당사자가 필요한 것이 무엇인지, 당사자의 문제나 장애가 무엇인지를 사정하는 것으로 시작하는데, 종종 당사자는 '폭력적'이거나 '낮은 지능'을 가진 것으로 판정되고, 대부분의 계획은 당사자가 공동생활가정에 들어갈 수 있는지, 프로그램에 적응하기 위해 당사자가 어떻게 변화되어야 하는지에 대한 것이다.

이에 반해 사람중심계획은 보통 그 사람을 알아가는 것으로 시작된다. 여기에는 회의(미팅)나 가정 방문 같은 활동이 포함된다. 부모나 가장 가까운 사람들이 당사자를 가장 잘 안다고 가정되고, 이에 따라 당사자 개인을 잘 알고 있는 사람들의 네트워크가 형성된다. 그리고 당사자와 그 부모가 계획 과정을 통제한다. 미팅 장소와 시간, 초대할 사람을 당사자가 정하며, 미팅에서의 내용은 제한되지 않는다. 당사자가 어떤 재능이나 꿈을 가지고 있는지, 어떤 잠재적 역할을 할 수 있는지를 결정하기 위해 네트워크 팀의 완전한 참여가 장려되고 촉진된다. 그리하여 당사자는 '폭력적'

이라든지 'IQ ○○ 보유'와 같은 말로 설명되는 대신, 팀 구성원들에 의해 동물 애호가라든지, 친구라든지, 재능 있는 화가 또는 힘든 일을 사랑하는 사람 등으로 묘사될 수 있다. 이러한 프로필을 통해 팀은 당사자의 미래를 위한 비전을 창의적으로 개발할 수 있다. 일단 비전이 만들어지면, 마지막 단계로서 공개 포럼과 브레인스토밍을 통해 유연하고 지속적인 행동 계획 및 지역사회 지원을 개발하게 된다.

〈표 11-3〉 **전통적인 계획과 사람중심계획 접근의 주요 차이**

주요 질문	전통적인 계획	사람 중심 계획
관심이 되는 사람은 누구인가?	클라이언트	시민
전형적인 세팅은 무엇인가?	공동생활가정, 성인훈련센터, 특수학교	자기 집, 일터, 지역 내 학교
어떻게 서비스가 조직되는가?	기존에 만들어진 선택들의 연속선상에서	한 개인이 사용 가능한 고유한 지원의 세팅을 통해
모델이 무엇인가	발달적/행동적	일상적인 삶
어떤 서비스들이 있는가?	프로그램/개입	개별화된 지원
서비스는 어떻게 계획되는가?	전문적 평가에 토대한 개별 프로그램 계획	사람중심계획을 통해
계획의 결정을 누가 통제하는가?	다학문 간 팀	가장 친한 친구, 개인, 가족
계획은 어떤 맥락에서 작성되는가?	팀의 합의	사람 중심의 팀 또는 지원 팀
무엇이 가장 우선순위인가?	독립/기술개발/행동관리	자기결정, 관계, 가치 있는 사회적 역할
무엇이 목표인가?	독립성을 개발하고 바람직하지 않은 행동을 변화시키는 것	지역사회에서 그들이 선택한 삶의 양식을 가질 수 있도록 당사자를 지원하는 것

이러한 사람중심계획에는 PATH, MAPS, ELP 등의 다양한 모델이 있다. 이러한 모델들은 그 사람에게 중요한 것이 무엇인지, 그리고 그들이 건강하고 안전하게 지낼 수 있도록 돕는 데 필요한 것이 무엇인지를 설명한다(Thompson & Cobb, 2004; Mansell & Beadle-Brown, 2004). PATH(Planning Alternative Tomorrows With Hope)는 1980년대 캐나다에서 피어포인트와 오브라이언(Pearpoint & O'Brien)에 의해 개발된 과정으로서 인간중심계획을 실현하기 위한 도구다. 그 이름은 '희망이 있는 미래를 설계한다'는 의미로서, 장애인의 꿈과 가치를 나누며, 이를 가능한 목표로 전환시켜 이루는 데 필요한 자원과 지원을 해 주도록 설계하는 사람중심계획의 한 유

형이다. MAPS(Making Action PlanS)는 마샤(Marsha)와 활동가들이 학교에서 배제된 학생들에게 공부의 기회를 제공하기 위하여 고안되고 활용되었으며, 'McGill Action Planning System'을 의미하기도 한다(O'Brien, Pearpoint, & Lynda, 2010). ELP(Essential life Planning)은 1980년대에 시설에서 나와 지역사회로 탈시설하는 사람들을 위하여 개발된 계획이며, 당사자에게 어떠한 서비스를 지원할지를 작성하게 된다.

사람중심계획에서 가장 중요한 것은 당사자 개인이 중요하게 생각하는 것과 그 개인을 위해 중요한 것들 사이의 균형을 찾고 지원하는 것이다. 이 모든 것은 서비스와 지원을 필요로 하는 사람들이 자신의 삶을 긍정적으로 주도할 수 있도록 지원하는 것을 목표로 하고 있다. 이런 견지에서 볼 때, '사람 중심'이란 다음의 것들을 의미한다. 첫째, 사람을 존엄성과 존경심을 가지고 대한다. 둘째, 개인의 강점과 재능을 기반으로 발전시킨다. 셋째, 사람들을 자기가 속한 지역사회와 연결시켜 주는 것과 그들이 대인관계를 형성하는 것을 돕는다. 넷째, 개개인의 의견을 듣고 그들이 선호하는 것에 맞추어 행동한다. 다섯째, 사람들이 소통하고 자신을 표현하는 모든 방식에 귀 기울인다. 여섯째, 문화적 겸손과 그에 대한 민감성을 실천한다(윤재영, 문영민 공역, 2019).

(3) 사람중심계획의 실천 방법

앞에서도 말했듯이 사람중심계획의 실천에서 가장 중요한 것은 '당사자 본인의 입장에서 가장 중요한 것'과 '당사자를 위해 중요한 것'을 발견하고 이 둘의 균형을 맞추어 가는 것이다(윤재영, 문영민 공역, 2019). '당사자를 위해 중요한 것'은 구체적으로 지원하는 방법과 관련이 된다. 이를 발견하기 위한 도구는 예를 들어 일상과 의례를 알아보는 것, 당사자를 둘러싼 사회적 지지망을 알아보기 위해 관계도를 활용하는 것 등 11가지가 있다. '당사자 본인에게 있어 중요한 것'이란 삶에 있어서 만족을 느끼게 할 수 있는 것, 위안을 받을 수 있는 것, 성취감을 느끼며 행복하게 하는 것들이다. 예를 들어, 나와 함께 하는 사람들, 사람들과의 관계, 내가 가지고 있는 지위와 환경에 대한 영향력, 내가 할 것과 갈 곳, 일상적인 의례와 일과, 삶의 속도, 어떤 특정 물건을 가지는 것 등이 나에게 중요한 것의 예가 될 것이다. 이러한 예는 각자의 삶의 질과 연관되어 있으며 매우 주관적인 것이다. 또한 무엇보다 '당사자 본인에게 있어 중요한 것'은 주로 건강과 안전에 관련된 것들이다. 건강과 관련된 것은 질병을 예방하거나 질환을 치료하는 것, 건강을 증진시키는 것(식습관 개선이나 운동) 등이다. 안전과 관련된 것으로는 당사자를 둘러싼 물리적인 환경, 신체적 또는 정서적인 안녕, 두려움으로부터의 자유 등이 있다.

당사자에게 중요한 것과 당사자를 지원하는 방법을 [그림 11-1]의 한 페이지 프로파일에 구체적으로 적을 수 있다. 한 번에 모든 것을 발견하기 어렵기 때문에 구체적인 내용은 시간이 지나면서 좀 더 풍부하게 채울 수 있다. 사람중심계획을 통해 만들어지는 이 '한 페이지 설명(One page description)'은 기존의 사례관리나 사례별 파일의 제일 첫 페이지에 포함될 수 있다. 여기서 기술(설명)되는 내용은 당사자가 어떤 장애를 가지고 있고, 어떤 서비스를 받으며 살아왔는지 등등에 관한 서비스 역사가 아니라, 당사자를 가장 잘 알 수 있는 방법에 대한 것이다. 다시 말해, 나는 누구인가, 나는 무엇을 좋아하나, 나를 가장 잘 지원할 수 있는 방법은 무엇인가 등에 대한 기술인 것이다(www.tlcpcp.com). 이 방법은 사회복지사가 서비스를 이용하는 사람들을 대상으로 실행하는 것이기도 하지만, 서비스 이용 당사자 본인과 동료들과 함께할 수도 있다. 사회복지사로서 나에게 중요한 것과 나를 가장 잘 지원하는 방법을 같은 팀의 부서원 또는 다른 팀의 부서원이 알아 이를 존중해 준다면 지지를 받으며 일을 할 수 있게 될 것이다.

사람중심계획의 실천에서 중요한 것 중 하나는 당사자와 당사자를 지원하는 사

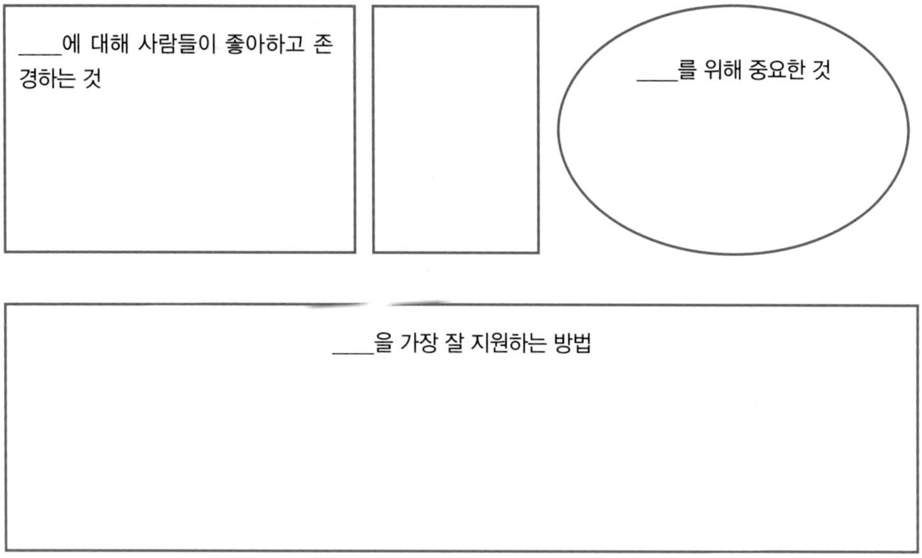

[그림 11-1] **한 페이지 설명 양식**

출처: www.tlcpcp.com

람들 간에 권력을 공유하는 것이다. 전통적인 전문가 모델에서는 장애를 다루는 일을 전문적 기술의 영역으로서 접근하며, 따라서 장애인들에게 사회의 기대에 적응하고 전문가들에게 의존할 것을 요구한다. 따라서 서비스를 제공하는 전문가의 힘이 강해지고, 이는 불평등한 관계를 만들게 되는 것이다.

이에 반해 사람중심계획의 실천은 당사자들과 전문가들의 상호 협조적인 관계들 속에서 이루어진다(윤재영, 문영민 공역, 2019). 사람중심계획의 과정은 사람중심계획 회의를 위한 시간, 장소, 전략을 구상하는 것으로 시작한다. 사람중심계획 회의에는 장애인 당사자와, 당사자가 생각하기에 본인을 지지하는 사람들, 그리고 회의 운영을 촉진하는 사람이 참석한다. 회의에서는 장애인의 강점, 역량, 선호에 기반하여 계획이 작성된다. 작성된 계획에는 미래의 비전과 구체적인 실행 방식, 계획 실행에 대한 모니터링, 장애인을 둘러싼 네트워크의 구축과 확대 등이 포함된다.

한편, 사람중심계획의 실천이 비판받는 이유 중 하나는 너무 많은 시간을 계획을 세우는 데에만 사용한다는 것이다. 계획을 세우는 일은 매우 중요하지만 실행과 모니터링 또한 중요하다는 것을 기억할 필요가 있다(Amado & McBride, 2019).

많은 사람들에게 사람중심계획은 공식적이고 전문가 중심의 회의 대신 즐겁고, 편안하고, 긍정적인 미팅을 의미하게 되었다. 이러한 회의는 장애가 있는 개인들에게 종종 더 긍정적인 결과를 가져온다. 일상적인 생활에서 통제능력과 선택권이 증가하고, 지역사회에의 참여가 늘어나며, 삶의 질이 높아지고, 비장애 지인과 친구들이 많아진다. 하지만 동시에, 여전히 기존의 집단 프로그램 참여에 머물고, 외부로 나들이 하는 정도로만 지역사회에 참여할 가능성도 존재한다. 실제로 미국에서 수십 년간 진행되어 온 '사람중심계획' 회의들은 당사자가 주거를 선택하고 자신에게 적합한 직장을 갖는 것과 같은 좀 더 근원적인 문제를 다루지 않고 단순히 당사자가 좋아하는 활동을 하기만 했고, 그래서 당사자의 삶의 많은 영역은 그대로 남아있는 경우도 많았다. 그 결과, 당사자들의 삶은 여전히 그들이 원하는 삶을 살 수 있도록 지원해야 할 기관들에 의해 통제당하고, 당사자들은 여전히 '시민의 세계'가 아닌 '고객의 세계'에 살고 있다. 그들은 고립된 프로그램에서 자신의 흥미에 맞지 않는 일을 하며 적은 돈을 벌 뿐이고, 그들 주위에 있는 대다수 인물들은 단지 돈을 받고 주변에 있는 사람들이기도 하다(Amado & McBride, 2019).

그러므로 사람중심계획은 회의 이상을 의미하며 지속적인 사회변화 과정이고 그러해야 한다고 베스 마운트(Beth Mount, 1994)는 말한다. 장애인과 지지자들은 지역사회 내 지지체계를 만들고, 장애인은 지역사회에 가치 있는 시민의 역할을 수행하고 지역사회에 기여할 수 있는 기회를 가지는 것이 필요한데, 이는 지역사회의 변화 없이는 이루어질 수 없는 것이다.

(4) 장애인의 사람중심계획의 적용 사례

소진 씨는 어려서부터 대근육과 소근육 움직임에 제한이 있었으며, 지적 어려움도 동반되어 특수학교 전공과 이후에 직업훈련을 위해 장애인복지관을 이용하게 되었다. 다른 장애인 동료들보다 인지적 능력은 좋았으나 작업활동 시간에는 제한된 움직임으로 인해 작업량이 적어 직업훈련이 진행될수록 자신감이 낮아지는 모습을 보였다. 이전의 사람중심계획 회의 방식으로 진행하였을 때, 소진 씨는 취업을 위한 목표들을 가지고 있었다. 그러나 PATH를 통해 소진 씨에게 중요한 것들, 소진 씨를 행복하게 하는 것들이 무엇인지를 물어보면서, 그녀가 자신의 집에서 좋아하는 친구들과 함께 맛있는 음식을 나누며 살고 싶다는 꿈이 있다는 것을 알게 되었다. 이러한 소진 씨의 꿈을 위해, 복지관이 끝나고 늘 혼자 집에서 지내던 소진 씨가 다른 동료들과 연락할 수 있도록 가족과 함께 연계하여 '휴대전화 구입'이라는 목표를 세웠다. 그리고 혼자 이동하기 어렵다는 점을 보완하기 위해 장애인 콜택시 예약하는 방법을 알려 주어 주말에 동료와 만나기, 요리활동을 통해 스스로 요리해 보기, 반찬가게에서 반찬을 구입하여 식사를 준비해 보기를 목표로 하였다. 당사자가 지역사회 내에세 잘 살아갈 수 있도록 필요한 것은 건강을 위해 매일 걷기 운동하는 것, 그리고 자립생활을 위해 그룹홈에 대해 알아보고 상담을 받아 이용해 보는 것을 목표로 설정하였다.

그 결과, 소진 씨는 휴대전화를 이용해 동료들과 약속을 잡으며 이전보다 더 지역사회 내의 삶을 누릴 수 있었으며, 반찬가게를 이용하면서 자신의 안부를 물어봐 주는 지원자가 더 늘었다. 또한, 다른 사람과 더 많은 시간을 함께 하고자 하는 동기를 가지게 되었고, 자신의 건강에 더 관심을 가지고 운동을 하게 되었다. 그런데 이후 다시 꿈을 물었을 때 소진 씨는 "독립하지 않고 집에서 가족들과 함께 행복하게 살고 싶어요."라고 표현하였다.

독립을 하고 싶어 하던 당사자의 꿈이 가족과 함께 하는 삶으로 변화한 이유는 무엇일까? 소진 씨는 형제들, 고령의 할머니와 함께 살고 있었고, 어머님과 아버님은 어려서 이혼을 하였다. 아버님은 다른 지방에서 근무하여 주말에만 집에 오시는 상황에서 소진 씨는 대부분의 시간을 할머니하고 보냈었다. 그때 가장 힘들었던 것이 할머니와의 갈등이었다고 한다. 사람중심계획을 접하면서, 자신의 꿈인 독립을 위해 반찬가게에 들러 반찬을 사거나 주말에 집에만 있던 소진 씨가 친구들을 만나러 가는 모습들은 할머니에게는 긍정적인 변화로 보였으며, 기존의 소진 씨와 할머니와의 갈등은 많이 줄어들었다. 그리고 독립을 위해 그룹홈을 알아보면서, 소진 씨는 자신이 가족들과 헤어져 다른 사람과 함께 생활하는 것을 좋아하지 않는 것을 알게 되었다.

사람중심계획을 통해 소진 씨는 진짜 원하는 것이 무엇인지를 깨닫고 원하는 것을 정확하게 표현할 수 있게 된 것이다. 소진 씨의 사례를 통해 많은 것을 배울 수 있었다. 당사자가 자신이 진짜 원하는 것을 찾기 위해서는 경험이 중요하다는 것과 꿈을 바탕으로 세워진 목표도 실현될 수 있다는 확신을 말이다.

3. 장애인복지법제

현재 우리나라 장애인 관련 법령은 여덟 가지다. 그것은 「장애인복지법」, 「장애인고용촉진 및 직업재활법」, 「장애인차별금지 및 권리구제 등에 관한 법」, 「장애인 · 노인 · 임산부 등의 편의증진보장에 관한 법」, 「교통약자의 이동편의 증진법」, 「장애인 등의 특수교육법」, 「장애인활동 지원에 관한 법률」, 「발달장애인 권리보장 및 지원에 관한 법률」이다.

1) 장애인복지법

「장애인복지법」은 1981년 '심신장애자복지법'으로 제정되었다가, 1989년 「장애인복지법」으로 개정되었으며, 1999년과 2007년에 전면 개정되었다. 「장애인복지법」의 목적은 장애인의 인간다운 삶과 권리보장을 위한 국가와 지방자치단체 등의 책임을 명백히 하고, 장애 발생 예방과 장애인의 의료 · 교육 · 직업재활 · 생활환경 개선 등에 관한 사업을 정하여 장애인복지대책을 종합적으로 추진하며 장애인의 자립생활 · 보호 및 수당지급 등에 관하여 필요한 사항을 정하여 장애인의 생활안정에 기여함으로써 장애인의 복지와 사회활동 참여 증진을 통하여 사회통합에 이바지함을 목적으로 한다.

2007년 「장애인복지법」의 전면 개정에는 장애인의 참여보장과 권리를 강조하고, 장애인복지 인프라를 구축하며, 활동보조인 파견 및 동료상담을 포함하는 중증장애인 자립생활을 지원하는 것을 명문화하였다. 장애인을 장애인복지정책의 대상에서 서비스 주체로, 재활의 개념에서 자립의 개념을, 시설보호에서 지역사회통합을 강조한다는 점이 이전의 법과 다른 점이다(권선진, 2007).

2) 장애인고용촉진 및 직업재활법

「장애인고용촉진 및 직업재활법」은 1990년에 「장애인고용촉진등에 관한 법률」로 제정되어 2000년에 「장애인고용촉진 및 직업재활법」으로 전면 개정되었다. 이 법의 목적은 장애인이 그 능력에 맞는 직업생활을 통하여 인간다운 생활을 할 수 있도록 장애인의 고용촉진 및 직업재활을 꾀하는 것을 목적으로 한다. 전면 개정된 법은 보건복지부와 노동부가 함께 장애인 직업재활사업을 수행하고 직업재활기금을 일부 활용하도록 하고 있다. 그러나 여전히 중증장애인의 고용에는 많은 어려움이 있다.

장애인 고용을 활성화하기 위해 법에서 고용부담금과 고용장려금을 정하고 있다. 장애인고용 부담금은 사업주가 의무고용률에 따라 고용하여야 할 장애인 총수에서 매월 상시 고용하고 있는 장애인 수를 뺀 수에 부담기초액을 곱한 금액의 연간 합계액으로 한다(2020년 6월 현재). 고용장려금은 매월 상시 고용하고 있는 장애인 수에서 의무고용률에 따라 고용하여야 할 장애인 총수를 뺀 수에 지급단가를 곱한 금액으로 한다.

2021년 현재 국가 · 지방자치단체소속 공무원 정원의 3.4% 이상은 장애인 의무고용을 실시하고 있으며, 50인 이상 고용사업주의 경우 시 근로자의 3.1% 이상을 의무고용하도록 법으로 정하고 있다(한국고용공단, https://www.kead.or.kr/view/system/system02.jsp).

3) 장애인차별금지 및 권리구제 등에 관한 법률

「장애인차별금지 및 권리구제 등에 관한 법률」은 2007년 제정되어 2008년 4월 11일부터 시행되고 있다. 이 법은 장애를 이유로 한 차별을 금지하고 장애를 이유로 차별받는 사람들의 권익을 구제함으로써, 장애인의 사회참여와 평등권 실현을 통해 인간으로서의 존엄과 가치를 구현하기 위해 만들어진 법이다. 장애인차별금지법은 장애인 당사자는 물론 장애인을 돕고 있는 사람에 대한 차별을 금지하고 보조견 및 장애인 보조기구 등의 정당한 사용을 방해해서는 안 된다는 내용을 담고 있다.

장애인차별금지법에 의한 차별의 네 가지 유형은 직접차별, 간접차별, 정당한 편의제공 거부에 의한 차별, 광고에 의한 차별이다. 직접차별의 경우 장애인을 정당한 이유 없이 배제 · 거부하거나 불리하게 대우하는 경우다. 예를 들어, 구직의 조건으로 신체건강, 용모단정이라는 기준 제시를 통해 장애인의 고용을 거부하는 경우다. 간접차별의 경우 형식상으로 공정한 기준을 적용했더라고 장애인에게 불리한 결과가 발생하였다면 이는 간접차별에 해당된다. 예를 들어, 모든 학생들에게 동일한 평가기준을 제시하고 손이 불편한 장애인에게 비장애인과 동일한 시험시간의 제공은 부당하다는 것이다. 정당한 편의제공 거부에 의한 차별은 과도한 부담이나 현저히 곤란한 사정과 같은 정당한 이유 없이 장애인에게 편의시설이나 서비스 등의 제공을 거부하는 경우를 말한다. 예를 들어, 초등학교 입구에 계단이 너무 많아 휠체어 이용 아동이 학교에 등 · 하교하기 어려운 경우가 해당된다. 광고에 의한 차별은 광고의 내용이 장애인에 대한 배제 · 거부 등 불리한 대우를 나타내는 경우로, 예를 들어 많은 화재사건의 경우 '정신이상자'의 소행으로 추측된다는 방송이다.

4) 장애인 · 노인 · 임산부 등의 편의증진보장에 관한 법률

「장애인 · 노인 · 임산부 등의 편의증진보장에 관한 법률」은 1997년 4월 제정되어 1998년 4월 시행되었다. 이 법의 목적은 장애인 · 노인 · 임산부 등이 생활을 영위함에 있어 안전하고 편리하게 시설 및 설비를 이용하고 정보에 접근하도록 보장함으로써 이들의 사회활동 참여와 복지 증진에 이바지함을 목적으로 한다. 법의 주요 내용은 공공건물이나 공중 이용시설에 대한 장애인에 대한 편의제공, 장애인전용주차구역 등에 대한 것으로 구성되어 있다.

5) 교통약자의 이동편의 증진법

「교통약자의 이동편의 증진법」은 2015년 1월에 제정되어 2016년 1월 시행되었다. 이 법의 목적은 교통약자가 안전하고 편리하게 이동할 수 있도록 교통수단 · 여객시설 및 도로에 이동편의시설을 확충하고 보행환경을 개선하여 인간 중심의 교통체계를 구축함으로써 이들의 사회참여와 복지 증진에 이바지함을 목적으로 한다. 이 법의 주요 내용은 교통약자가 안전하고 편리하게 이동할 수 있도록 국가와 교통사업자의 교통약자에 대한 책무와 이동편의시설 설치기준, 보행우선구역 등에 대한 내용으로 구성되어 있다.

6) 장애인 등에 대한 특수교육법

「장애인 등의 특수교육법」은 2007년에 제정되어 2008년 5월 26일부터 시행되었다. 이 법의 목적은 국가 및 지방자치단체가 장애인 및 특별한 교육적 요구가 있는 사람에게 통합된 교육환경을 제공하고 생애주기에 따라 장애유형 · 장애정도의 특성을 고려한 교육을 실시하여, 이들이 자아실현과 사회통합을 하는 데 기여함을 목적으로 한다.

주요 내용은 특수교육대상자에게 적절한 교육을 제공하기 위한 국가 및 지방자치단체의 임무와 특수교육대상자의 선정 및 학교배치, 그리고 특수교육대상자의 영유아 및 초 · 중등교육부터 고등교육 및 평생교육에 대한 내용으로 구성되어 있다.

7) 장애인활동 지원에 관한 법률

「장애인활동 지원에 관한 법률」은 2011년 1월에 제정되어 2011년 10월 5일부터 시행되었다. 이 법의 목적은 신체적 · 정신적 장애 등의 사유로 혼자서 일상생활과 사회생활을 하기 어려운 장애인에게 제공하는 활동지원급여 등에 관한 사항을 규정하여 장애인의 자립생활을 지원하고 그 가족의 부담을 줄임으로써 장애인의 삶의 질을 높이는 것에 있다. 이 법은 적절한 활동지원급여를 제공하여 장애인이 원활한 일상생활과 사회생활을 할 수 있도록 하는 국가와 지방자치단체의 책무, 활동지원급여의 인정, 제공, 활동지원기관과 인력, 활동지원급여비용, 이의신청에 관한 내용을 담고 있다. 활동지원급여의 종류에는 활동보조, 방문목욕, 방문간호, 그 밖의 야간보호 등 대통령령으로 정하는 활동지원급여가 있다.

8) 발달장애인 권리보장 및 지원에 관한 법률

「발달장애인 권리보장 및 지원에 관한 법률」은 2014년 제정되어 2015년 11월 21일부터 시행되었다. 이 법은 발달장애인의 의사를 최대한 존중하여 그들의 생애주기에 따른 특성 및 복지욕구에 적합한 지원과 권리옹호 등이 체계적이고 효과적으로 제공될 수 있도록 필요한 사항을 규정함으로써 발달장애인의 사회참여를 촉진하고, 권리를 보호하며, 인간다운 삶을 영위하는 데 이바지하는 것을 목적으로 한다.

주요 내용은 발달장애인의 권리를 보장하기 위한 국가와 지방자치단체의 책무와 발달장애인의 복지지원 및 서비스, 발달장애인 가족 및 보호자 지원, 그리고 발달장애인에 대한 통합적 지원체계를 마련하기 위한 발달장애인지원센터에 대한 것으로 구성되어 있다.

4. 장애인복지정책 및 서비스의 이해

1) 소득보장

소득보장은 장애인의 소득을 일정선 이상의 수준으로 유지해 주는 제도로 우리나라에는 현재 보건복지부 시행사업으로 장애인연금, 장애수당, 장애아동수당, 장애인 자녀 교육비, 장애인 자립 자금 대여가 있다. 다음의 〈표 11-4〉는 각 사업의 지원대상이다.

이들 소득보장정책은 대부분 「국민기초생활보장법」에 의한 수급자이거나 차상위 장애인에게만 해당되어 빈곤하지만 수급자가 아닌 장애인에게는 소득 보장이 되고 있지 못하다. 2010년부터 실시된 장애인 기초연금정책도 장애인에게 인간다운 삶을 보장하기는 어렵다.

〈표 11-4〉 **장애인 소득보장 지원정책**

사업 명	지원 대상
장애인 연금	• 만 18세 이상 등록한 중증장애인 • 본인과 배우자의 소득인정액이 선정기준액 이하인 자 ※ 중증장애인: 「장애인연금법」 상의 중증장애인(종전 1급, 2급 및 3급 중복장애)
장애수당	• 「국민기초생활보장법」에 의한 수급자 또는 차상위 계층(기준중위소득 50% 이하)인 만 18세 이상 등록 장애인 중 「장애인연금법」상 중증장애인에 해당하지 않는 자(종전 3급~6급)
장애아동수당	• 「국민기초생활보장법」에 의한 수급자 또는 차상위 계층(기준중위소득 50% 이하)인 만 18세 미만 장애아동
장애인 자녀 교육비 지원	• 학교에 입학하거나 재학하는 자녀를 둔 장애인 중 소득과 재산을 고려하여 매년 예산의 범위에서 보건복지부 장관이 정한 자

2) 의료보장

장애인 의료보장 정책으로는 장애인 의료비 지원, 장애인 보조기구 교부, 건강보험 지역 가입자의 보험료 경감, 보장구 건강보험 급여(의료급여) 적용, 장애검사비 지원이 있다. 〈표 11-5〉는 장애인 의료비 지원과 보장구 건강보험 급여의 지원대상이다. 장애인 재활보조기구 교부의 경우 「국민기초생활보장법」상의 수급자 및 차상위계층 등록장애인으로 욕창방지용 매트나 뇌병변, 발달, 청각, 언어장애인을 대상으로 한 대화용 장치 등 보조기구가 무료로 지급된다. 지역 가입자의 보험료 경감은 자동차분 건강보험료 전액 면제, 산출보험료 및 장애요양보험료가 경감된다.

〈표 11-5〉 **장애인 의료비 지원정책**

사업 명	지원 대상
장애인 의료비 지원	• 「의료급여법」에 의한 의료급여 2종 수급권자인 장애인 • 건강보험의 차상위 본인 부담 경감 대상자인 등록장애인(만성질환 및 18세 미만 장애인)
보장구 건강보험 급여(의료급여) 실시	• 등록장애인
장애검사비 지원	• 기존 등록장애인 중 장애인연금 및 중증장애아동수당 신청으로 인한 서비스 재판정 및 의무 재판정 등으로 재진단을 받아야 하는 수급자 및 차상위계층인 자 • 행정청 직권으로 재진단을 받는 자

출처: 보건복지부(http://www.mohw.go.kr)

3) 사회서비스

기존의 사회복지서비스는 공급자 중심의 지원 방식으로 이루어져 서비스를 이용하고자 할 경우 서비스 이용자의 선택권이 제한되었다. 이를 해결하기 위해 등장한 것이 이용자 중심적 체계이며, 대표적으로 바우처 제도가 있다. 바우처 제도의 급여 방식은 현금지급 방식과 현물서비스 방식의 가운데에 위치하여 있으나 이용자의 선택권을 보장한다는 것에서 현금지급 방식과 더 유사한 정책이다(윤상용 외, 2019).

사회서비스를 전자바우처로 이용할 수 있는 장애인복지사업으로 장애인활동지원 서비스는 만 6세 이상부터 만 65세 미만의 「장애인복지법」상 등록 장애인으로 신체적 또는 정신적인 장애로 혼자서 일상생활이나 사회생활이 어려운 중증장애인에게 신체활동, 가사활동 및 이동 보조 등을 지원하는 서비스다.

활동지원서비스 이외에 만 18세 미만의 장애아동을 대상으로 하는 발달재활서비스, 발달장애인 부모를 대상으로 부모상담지원, 언어발달지원사업, 발달장애인 주간활동서비스와 청소년 발달장애학생 방과 후 활동서비스가 있다.

언어발달지원사업의 경우 감각적 장애를 가진 부모나 조손가정의 12세 미만 비장애 아동에게 언어발달지원서비스를 제공하여 아동의 건강한 성장지원 및 장애가족의 역량을 강화하는 사업이다. 발달장애인 주간활동서비스의 경우 만 18세 이상~만 65세 미만의 「장애인복지법」상 등록된 지적 및 자폐성 장애인으로 낮 시간에 자신의 욕구를 반영한 지역사회 기반 활동에 참여함으로써 '의미 있는 하루, 바람직한 하루'를 보낼 수 있도록 지원하는 것이다. 청소년 발달장애학생 방과 후 활동서비스는 만 6세 이상 18세 미만으로 일반 중·고등학교 및 특수학교(중·고등학교에 해당하는 학급) 재학 중인 발달장애학생에게 다양한 프로그램을 제공하여 여가활동 및 성인기 자립준비를 지원하는 것이다.

4) 장애인 복지서비스 제공기관

(1) 장애인 거주시설

장애인 거주시설은 장애인이 필요한 기간 생활하면서 재활에 필요한 상담·치료·훈련 등의 서비스를 받아 사회복귀를 준비하거나 장애로 인하여 장기간 요양하는 시설로, 장애유형별 거주시설, 중증장애인 거주시설, 장애영유아 거주시설, 장애인 단기거주시설, 장애인 공동생활가정이 있다.

장애유형별 거주시설은 장애유형이 같거나 유사한 장애를 가진 사람들을 이용하게 하여 그들의 장애유형에 적합한 주거지원·일상생활지원·지역사회생활지원 등의 서비스를 제공하는 시설이다. 중증장애인 거주시설은 장애의 정도가 심하여 항상 도움이 필요한 장애인에게 주거지원·일상생활지원·지역사회생활지원·요양서비스를 제공하는 시설이다. 장애영유아 거주시설은 6세 미만의 장애영유아를 보호하고 재활에 필요한 주거지원·일상생활지원·지역사회생활지원·요양서비스를 제공하는 곳이다. 장애인 단기거주시설은 보호자의 일시적 부재 등으로 도움이 필요한 장애인에게 단기간 주거서비스, 일상생활지원서비스, 지역사회생활서비스를 제공하는 시설이다. 장애인 공동생활가정은 장애인들이 스스로 사회에 적응하기 위하여 전문인력의 지도를 받으며 공동으로 생활하는 지역사회 내의 소규모 주거시설이다.

(2) 장애인지역사회재활시설

장애인지역사회재활시설은 장애인을 전문적으로 상담 · 치료 · 훈련하거나 장애인의 일상생활, 여가활동과 사회참여 활동 등에 편의를 제공하는 시설로 장애인복지관, 장애인주간보호시설 등이 있다. 장애인복지관은 장애인에 대한 각종 상담 및 사회심리 · 교육 · 직업 · 의료재활 등 장애인의 지역사회생활에 필요한 종합적인 재활서비스를 제공하고 장애에 대한 사회적 인식 개선사업을 수행하는 시설이다. 장애인 주간보호시설은 장애인을 주간에 일시 보호하여 장애인에게 필요한 재활서비스를 제공하는 곳이다. 이외에 장애인의 체력 증진 또는 신체기능회복 활동을 지원하는 장애인체육시설, 장애인의 문화 · 취미 · 오락활동을 지원하는 장애인수련시설, 이동에 상당한 제약이 있는 장애인에게 차량 운행을 통한 직장 출퇴근 및 외출 보조 등의 이동서비스를 제공하는 장애인 생활이동지원센터, 청각 · 언어장애인에 대한 한국수어 통역을 담당하는 한국수어 통역센터, 시각장애인에 점자간행물 및 녹음서를 열람하는 점자도서관, 점자간행물을 출판하는 점서 및 녹음서 출판시설이 있다. 또한, 장애아동을 포함한 장애인에게 언어 · 미술 · 음악 등 재활치료에 필요한 치료, 상담, 훈련 등의 서비스를 제공하고 서비스를 이용한 자로부터 비용을 수납하여 운영하는 장애인재활치료시설도 있다.

(3) 중증장애인자립생활센터

2000년에는 서울 동대문구의 피노키오자립생활센터와 광주 우리이웃장애인자립생활센터가 설립되었고, 보건복지부는 2005년부터 자립생활센터를 지원하기 시작하였다. 현재 장애인자립생활센터는 장애 개인의 변화와 역량강화를 위한 서비스로 동료지지 및 상담, 정보제공 및 의뢰, 활동보조서비스, 이동차량서비스, 자립생활전파교육, 지역사회 권익옹호활동 등의 사업을 수행하고 있으며, 지역사회 변화를 위해 탈시설화, 교통접근성, 지역사회편의시설에 관한 활동과 장애인의 교육, 고용, 주택 문제를 위해 지역사회 권익옹호활동을 하고 있다.

참고문헌

권선진(2006). **장애인복지론**. 서울: 청목출판사.

권선진(2007). 장애인복지법과 학술적 · 정책적 · 실천적 함의. **장애인 권리의 법적 환경의 변화와 대응**. 한국장애인복지학회 춘계학술대회.

김경미(2020). “장애인정책에 있어서 사람중심지원에 기반한 자기주도 개인예산제에 대한 연구: 미국 미네소타 주의 경험을 중심으로”. **한국장애인복지학, 48**, 93-120.

김경미(2021). 사람중심 계획을 실천하기. **가톨릭사회복지, 53호**, 36-46.

김경미, 윤란(2021). 사람중심실천의 실제적용과 카리타스 원칙과의 관계. **가톨릭사회복지, 54호**, 24-36.

김은하, 박승희(2012). 개인중심계획: 발달장애인의 개별화계획 개발을 위한 적용. **정서 · 행동장애연구, 28**(3), 259-292.

보건복지부(2020). **2020년도 등록장애인 현황**.

성민사회복지연구소(2013). **장애인을 위한 평생과정설계**. 경기: 양서원.

윤상용, 이승기, 서동명, 염태산(2019). **장애인복지론**. 서울: 신정.

윤재영, 문영민 공역(2019). **사람중심계획과 의미 있는 사람**(마이클 워너 스멀 저, *Person Centered Planning and More Meaningful Life*). 서울: SDA Korea.

윤재영, 황혜원, 박재성(2020). 사람중심계획의 발전과 이슈에 관한 연구. **한국장애인복지학, 48**(48), 65-92.

이익섭, 김경미, 윤재영(2007). 한국의 장애인자립생활세터 시범사업 평가와 향후 과제. **한국사회복지학, 59**(2), 197-222.

한국보건사회연구원(2018). **2017년 장애인실태조사**. 보건복지부, 한국보건사회연구원.

Amado, A. N., & McBride, M. (2001). *Increasing person-centered thinking: Improving the quality of person-centered planning*. A manual for person-centered planning facilitators.

Becker, C., & Pallin, R. (2001). “Person-Centered Planning Approaches: A Literature Review”. Central Alberta Community Board. Acessível on-line.

Brunzy, S. (1997). Deconstructing Disability: The Impact of Definition. *Journal of Poverty*, *1*(1), 81-91.

Cole, J. A. (1979). “What's New about Independent Living?”. *Arch Phys Med Rehabil*, *60*, 458-462.

Fine, M., & Asch, A. (1988). Beyond Disability and Stigma: Social Interaction, Discrimination, and Activism. *Journal of Social Issues*, *44*(1), 3-21.

Hahn, H. (1987). Public Policy and Disabled Infants: A Sociopolitical Perspective. *Issues in*

Law and Medicine, *3*(19), 3-27.

Jones, S. R. (1996). Toward Inclusive Theory: Disability as Social Construction. *NSPSA Journal*, *33*(4), 347-354.

Lachat, M. A. (1988). *The Independent Living Service Model: Historical Roots, Core Elements, and Current Practice*. NH: Center for Resource Management, Inc.

Mansell, J., & Beadle-Brown, J. (2004). "Person-Centered Planning or Person-Centered Action?: Policy and Practice in Intellectual Disability Services." *Journal of Applied Research in Intellectual Disabilities, 17*(1), 1-9.

Martin, A. M., & Carey, E. (2009). "Person-Centred Plans: Empowering or Controlling?" *Learning Disability Practice, 12*(1), 32-33.

Mount, B. (1994). Benefits and limitations of personal futures planning. In V. J. Bradley, J. W. Ashbaugh, & B. C. Blaney (Eds.), *Creating individual supports for people with developmental disabilities: A mandate for change at many levels* (pp. 97-108). Baltimore: Paul H. Brookes Publishing.

Nosek, M., Zhu, Y., & Howland, C. A. (1922). "The Evolution of Independent Living Programs". *Rehabilitation Counseling Bulletin*, *35*(3), 174-189.

NRCPDS(National Resource Center for Participant-Directed Services)(2015). *Development and Implementation of Self-Directed Programs and Policies: Handbook*. 서울장애인자립생활센터 역(2016). **자기주도 프로그램 및 정책의 개발과 시행: 핸드북**. 서울: 서울장애인자립생활센터.

O'Brien, C. L., & O'Brien, J. (2000). *The Origins of Person-Centered Planning: A Community of Practice Perspective*. Responsive Systems Associates Inc.

O'Brien, J., Pearpoint, J., & Lynda, K. (2010). *The PATH and MAPS Handbook: Person-Centered Ways to Build Community*. Toronto: Inclusion Press.

Oliver, M. (1983). *Social Work with Disabled People* (1st Ed.). London: The Macmillan Press.

Oliver, M. (1989). The Social Model of Disability: Current Reflections, in P. Carter, P., Jeffs, T., & Smith, M. (1989). *Social Work and Social Welfare Yearbook 1*. Milton Keynes: Open University Press.

Oliver, M. (1996). Social Model in Context, in M. Oliver, *Understanding Disability: Form Theory to Practice*. New York: St. Martin's Press, 30-42.

Oliver, M. (1998). Theories in Health Care and Research: Theories of Disability in Health Practice and Research. *British Medicine Journal*, *317*(7170), 1446-1449.

Oliver, M., & Sapey, B. (1999). *Social Work with Disabled People* (2nd ed.). London: Macmillan.

Power, A., Lord, J. E., & deFranco, A. S. (2013). *Active Citizenship and Disability: Implementing the Personalisation of Support*. Cambridge and New York: Cambridge University Press.

Priestley, M. (2003). *Disability: A Life Course Approach*. Cambridge: Polity.

Rioux, M. H. (1997). Disability: The Place of Judgment in a World of Fact. *Journal of Intellectual Disability Research*, *41*(2), 101-111.

Thompson, J., & Cobb, J. (2004). "Person Centered Health Action Planning." *Learning Disability Practice*, *7*(5), 12-15.

Williams, J. M. (1997). *Extending Independent Living to Persons with Brain Injuries*. Unpublished Doctoral Dissertation: University of Kansas, Lawrence.

Zola, I. K. (1988). Aging and Disability: Toward a Unifying Agenda. *Educational Gerontology*, *14*(5), 365-387.

Zola, I. K. (1993). Self, Identity, and the Naming Question: Reflections on the Language of Disability. *Social Science of Medicine*, *36*(2), 167-174.

보건복지부 http://www.kead.or.kr/view/system/system02.jsp

보건복지부(2021). blog.naver.com/mohw2016/222316716742

한국장애인고용공단 https://www.kead.or.kr/view/system/system02.jsp

The learning Community for Person Centered Practices: www.tlcpcp.com.

제12장

정신건강사회복지

이 장에서는 정신건강사회복지의 개념 및 발달배경을 이해하고, 정신건강사회복지사의 자격과 역할을 이해할 수 있도록 한다. 또한, 1995년 「정신보건법」(현 「정신건강복지법」) 제정 이후 본격화된 지역사회정신건강의 개념을 구체적으로 살펴하고, 최근 정신건강 영역에서 더욱 강조되고 있는 정신질환자의 인권과 관련한 부분을 이해하도록 한다. 더불어 국내 「정신건강복지법」의 변천과정과 정신건강복지 서비스 전달체계를 살펴보고자 한다. 마지막으로, 정신건강사회복지사들이 업무를 담당하고 있는 다양한 실천현장을 살펴보고 이를 바탕으로 정신건강사회복지의 전망과 과제에 논하고자 한다.

1. 정신건강사회복지의 개념과 발달배경

1) 정신건강사회복지의 개념

정신건강사회복지란 사회복지의 한 분야로써 정신질환 또는 정신장애를 가지고 있는 사람과 그 가능성을 가지고 있는 사람들을 대상으로 정신의학적인 전문지식과 사회복지이론 및 실천기술을 적용하여 그들의 사회적 기능을 회복시키고 궁극적으로는 삶의 질 향상을 목표로 한다(권진숙 외, 2017). 이러한 정신건강사회복지는 목적, 대상, 주체, 실천환경, 개입방법 등의 다섯 가지 요소로 구성되는데, 그 구체적인 내용은 다음과 같다.

(1) 정신건강사회복지의 목적

정신건강사회복지의 목적은 크게 치료, 예방, 재활, 사회통합의 영역으로 구분하여 살펴볼 수 있다. 첫째, 정신건강사회복지는 정신질환 치료를 목적으로 행해지는 의료적, 심리 · 정서적 치료 및 요양보호활동 등을 의미한다. 둘째, 정신건강사회복지는 정신질환으로부터의 예방 및 정신건강 증진을 목적으로 한다. 셋째, 정신건강사회복지는 정신질환자의 성공적인 지역사회복귀를 기반으로 한 재활을 목적으로 한다. 넷째, 정신건강사회복지는 정신질환자의 사회통합을 목적으로 행해지는 권익옹호와 편견 및 낙인철폐, 그리고 인식개선 활동 등을 의미한다.

(2) 정신건강사회복지의 대상

정신건강사회복지의 대상은 1차적 대상과 2차적 대상으로 구분하여 살펴볼 수 있다. 정신건강사회복지의 1차적 대상은 정신적 · 정서적 문제를 가지고 있는 정신질환 당사자와 그 가족을 말하며, 2차적 대상은 정신건강의 문제를 경험할 가능성을 가지고 있는 사람, 즉 모든 사람을 포함한다.

(3) 정신건강사회복지의 주체

정신건강사회복지의 주체는 정신건강의학과 의사, 정신건강사회복지사, 정신건강간호사, 정신건강임상심리사, 작업치료사 등의 실천전문가와 정신건강 관련 법과 제도에 관여하는 정책전문가를 포함한다. 또한, 정신질환 당사자와 그 가족은 정신건강서비스의 수혜자임과 동시에 서비스 실천 주체로 볼 수 있다.

(4) 실천환경

정신건강사회복지의 실천환경은 매우 다양하다. 정신의료기관, 정신건강복지센터, 정신재활시설, 정신요양시설, 중독관리통합지원센터 등이 대표적이며, 도박문제관리센터, 지역사회 치매안심센터, 공공심리지원센터, 민간심리상담센터, 학교, 교도소 및 보호관찰소, 치료감호소, 트라우마센터 등 그 대상과 역할에 따라 그 범위가 점차 확대되고 있다.

(5) 개입방법

정신건강사회복지의 개입방법은 기본적인 사회복지 실천방법을 기반으로 하는데, 즉 정신질환 당사자에 대한 개인상담 및 사례관리, 집단상담 및 가족개입, 그리고 거시적인 측면에서의 지역사회 개입 등을 모두 포함한다.

2) 한국 정신건강 분야의 발달배경 및 정신건강사회복지의 역사

(1) 한국 정신건강 분야의 발달배경

농경사회의 사회구조를 가졌던 1970년대 이전 우리나라는 대가족제도 및 씨족사회의 문화가 주류를 이루었기 때문에 개인의 정신건강 문제는 그리 중요하게 여겨지지 않았다. 물론 정신질환자가 없었던 것은 아니었지만, 정신질환자가 발생하더라도 대가족 중심의 지역사회 공동체에서 충분히 그 수요를 흡수할 수 있었고, 정신질환자들도 농사일 등을 도와가며 지역공동체 속에서 구성원으로서의 역할을 수행할 수 있었다. 미신적인 질병관으로 인해 정신질환에 대한 편견이 있긴 했으나, 국가 경제가 매우 어려운 상황에서 정부의 정신건강에 대한 투자는 전무한 상황이었다.

1970년대에 들어오면서 우리나라는 경제적인 급성장을 하기 시작하였다. 즉, 봉건적 농경사회에서 자본주의적 산업사회로 전환되면서, 산업화와 도시화가 이루어졌으며 전통적인 가족형태인 대가족제도는 붕괴되고 핵가족으로 전환되며 가족의 역할이 급격히 축소되기 시작하였다. 공업화로 인해 지역사회의 물리적인 환경의 변화를 가져옴과 동시에 공동체적 기반이 약화되었고, 농사일이 기계화되면서 지역사회에서 정신질환자들이 할 수 있는 역할이 점차 축소되기 시작하였다. 공업화와 함께 진행된 도시화로 인해 젊은 인구들의 도시유입 현상이 일어났으며, 핵가족화와 공동체적 기반의 약화로 인해 정신질환자의 돌봄을 지역사회가 더 이상 감당하기 어려워지자 무허가시설에서 정신질환자를 흡수하기 시작하였다. 하지만 무허가시설에서 정신질환자는 어떠한 법적인 보호도 받지 못한 채 인권침해 현상이 빈번히 나타났고, 무허가시설에서의 정신질환자들이 장기수용되며 이들에 대한 사회적 편견이 악화되었다.

한편, 1983년 KBS의 〈추적 60분〉이라는 TV 프로그램을 통해 무허가 기도원에서의 정신질환자 인권침해 사례가 보도되었고, 많은 국민이 그 실태에 대해 문제의식을 가지고 분노하였다. 이에 대한 대응으로 정부는 정신질환자에 대한 비인격적인 대우를 개선하고 적절한 서비스를 제공하고자 많은 예산을 투자하기 시작하였다. 즉, 정부는 정신질환자들을 위한 수용시설 및 정신병상을 확충하고, 무허가 기도원을 정신요양시설로 양성화하여 그동안 무허가시설에 수용되어 있던 정신질환자의 처우를 개선하고자 노력하였다. 그러나 정부의 이러한 수용시설 및 정신병상의 양적 확충정책은 정신질환자들의 장기입원 및 장기수용의 문제로 나타났고 여전히 인권침해의 사례가 개선되지 않아 국가 예산의 비효율적 배분이라는 비판이 있기도 했다. 또한 시설 중심의 정신질환자에 대한 서비스 제공체계는 정신질환에 대한 일반인들의 사회적 편견을 더욱 악화시켰다.

1980년대 중반부터 WHO는 우리나라의 시설 중심의 정신건강서비스 전달체계의 문제점에 대해 지적하였고, 세계적인 탈원화의 기조에 맞추어 지역사회정신건강서비스의 확대를 지속적으로 권고하였다. 1992년 조직된 정신보건연구회가 지역사회정신건강에 대한 이론적 토대를 중심으로 정부를 설득하기 시작하였고, 그 결과 1994년부터 보건복지부가 지역사회정신건강에 대한 다양한 용역 연구를 실시하며 지역사회정신건강에 대한 본격적인 이론적 토대를 마련하고 이를 기반으로 지역사회정신건강 서비스 전달체계 구축을 위한 초석을 마련하였다. 1995년 12월 제정된 「정신보건법」은 정부의 정신건강정책 기조를 '지역사회정신건강'으로 바꾸는 직접적인 시발점이 되었으며, 1997년 「정신보건법」이 시행되면서 지역사회 지지서비스를 제공하고, 정신질환자의 퇴원 후 지역사회서비스 연계를 강화하였으며, 지역사회정신건강시설의 급격한 양적 확대를 통해 탈원화를 위해 노력하였다.

(2) 한국 정신건강사회복지의 역사

한국의 정신건강사회복지 영역에서 사회복지사의 개입은 1945년 대한신경정신의학회가 조직된 후 사회복지사 권기주가 정신과 의사, 심리학자와 함께 정신의학에 대한 체계적 연구를 시작하면서부터라고 볼 수 있다. 그 이후 한국전쟁을 겪으면서 미8군병원 정신의료사회사업가인 랠프 모건(Ralph W. Morgan)이 정신과에서 사회복지사의 역할을 수행하면서 좀 더 본격화되었다. 1958년에는 서울시립아동상담소가 개소되면서 정신의학자, 심리학자와 함께 정신보건사회복지사 하상락 교수가 팀 접근을 시도하기도 하였다. 1962년에는 국립정신병원에 사회복지사를 채용하여 정신질환자에 대한 서비스를 제공하도록 하였으며, 1963년에는 세브란스병원 내 신경정신과에 전담사회복지사가 채용되어 개인력 조사 및 가족상담 등의 업무를 수행하였고, 1965년에는 세브란스병원 내에 사회사업과가 설치되면서 일반 업무뿐만 아니라 정신과 업무를 본격적으로 시작하였다. 1973년에 대통령령으로 「의료법 시행령」이 개정되었는데, 그 구체적인 내용으로 종합병원 단위의 의료기관에 사회복지사자격증 소지자를 두도록 하여, 종합병원 내 사회복지사의 활동이 확대되고 정신건강사회복지사가 정신과 전문병원에 근무하기 시작하였다. 1977년 7월 1일부터 시행된 의료보험에서는 정신건강사회복지사의 치료활동에 대한 보험청구가 가능하도록 규정하여 정신과 전문병원의 사회복지사 채용이 증가하였다. 1970년대 중반 이후 입원환자의 사회적 퇴행과 만성화를 예방하고 병실 내에서 사회치료를 실시함으로써 성공적인 사회복귀를 준비하도록 돕는 환경치료가 광주 천주의 성요한의원에서 시작되었고, 1980년 중반 이후 원주기독병원, 세브란스병원, 보훈병원 등에서 환경치료 프로그램을 실시하면서 다학제간 팀워크가 중시되었다.

1980년 이후에는 정신질환자의 퇴원 이후 치료의 연속성이 약하고 높은 재발이 문제가 되면서 퇴원 이후의 지속적인 치료서비스와 사회적응력 강화와 훈련을 위한 낮병원 제도가 시작되었다. 이러한 낮병원 제도는 정신질환자의 사회재활치료를 강조하게 하였고, 이 과정에서 사회복지사의 역할이 강조되었다. 더불어 1980년대 중반 이후 미국의 지역사회정신건강 개념이 국내에 도입되면서 만성 정신질환자에 대한 지역사회 내에서의 예방과 재활 프로그램에 대한 관심이 자연스럽게 높아졌다. 그 결과 1986년에 지역사회에서는 처음으로 사회복지사가 중심이 되어 미국의 심리사회적 재활 모델의 하나인 클럽하우스 모델의 정신과 철학에 기반을 둔 태화샘솟는집이 운영되기 시작하였는데, 그 주요 역할로 사회재활, 직업재활, 가족교육, 권익옹호 등의 사업을 활성화하였다. 1990년에 이르러서는 전국적으로 약 100여 개의 기관에서 정신건강사회복지사들이 활동하였으며, 특히 1995년 「정신보건법」의 제정으로 인해 정신건강사회복지 서비스가 병원 중심에서 지역사회로 확대될 수 있는 계기가 되었고, 정신건강전문요원의 자격제도의 마련으로 인해 정신건강사회복지사들이 보다 전문적인 자격을 갖추게 되었다.

2. 정신건강사회복지사의 자격과 업무

(1) 정신건강사회복지사의 자격

정신건강사회복지사는 보건복지부 공인인증 자격 소지자로서, 1995년 「정신보건법」이 만들어진 이래로 정신건강전문요원수련제도를 통해 자격기준을 얻게 된다. 정신건강전문요원 수련제도는 보건복지부령으로 정하는 수련기관에서 전문적인 이론 교육, 사례연구, 임상실습을 통해 정신건강 분야 전문가로서의 역량을 갖추는 일련의 수련과정이다. 정신건강전문요원은 정신건강사회복지사, 정신건강임상심리사, 정신건강간호사의 세 직군으로 구성된다. 정신건강사회복지사 자격취득을 위해서는 사회복지사 1급 자격 취득 이후 보건복지부가 승인한 전문수련기관에서 1년간 수련을 받게 된다. 정신건강사회복지사 자격은 1급과 2급으로 구분되는데, 그 구체적인 내용은 〈표 12-1〉과 같다.

〈표 12-1〉 **정신건강사회복지사의 자격**

구분	내용
정신건강 사회복지사 1급	사회복지학 또는 사회사업학에 대한 석사학위 이상을 소지한 사람으로서 보건복지부장관이 지정한 수련기관에서 3년(2급 자격 취득을 위한 기간은 제외) 이상 수련을 마친 자
	2급 정신건강사회복지사 자격을 취득한 후 정신건강증진시설, 보건소, 또는 국가나 지방자치단체로부터 정신건강증진사업을 위탁받은 기관이나 단체에서 5년 이상 근무한 경력(단순 행정업무 등 보건복지부장관이 정하는 업무는 제외)이 있는 자
정신건강 사회복지사 2급	「사회복지사업법」 제11조 제2항에 따른 사회복지사 1급 자격을 소지한 사람으로서 보건복지부에 등록된 수련기관에서 1년 이상 수련을 마친 자

출처: 한국정신건강사회복지사협회 홈페이지(https://kamhsw.or.kr/info1)

정신건강사회복지사 자격취득을 위한 1년의 수련과정에는 수련시간 1,000시간 이상을 이수해야 하는데, 구체적으로 실습 850시간(학술활동 20시간 포함)과 이론교육 150시간으로 구성된다. 또한, 정신건강사회전문요원의 자격을 가지고 정신건강 영역에서 근무하고 있는 정신건강사회복지사는 매년 보수교육을 이수해야 하는데, 공통과정 4시간, 개별과정 8시간의 총 12시간을 매년 이수해야 한다. 정신건강사회복지사 자격취득을 위한 구체적인 수련 내용은 〈표 12-2〉와 같다.

〈표 12-2〉 **정신건강사회복지사 자격취득을 위한 수련 내용**

구분	내용
1. 임상수련을 위한 실습교육	• 연간 총 850시간(학술활동 20시간 포함)을 이수
	–정신의료기관과 지역사회기관 모두 수련시간 중 1/4시간을 교환(파견)하여 실습해야 함. –교환(파견)수련기관이라 함은 수련기관으로 지정된 정신의료기관을 말하며, 지역사회기관은 정신요양시설, 정신재활시설, 정신건강복지센터 또는 보건소를 말함.
2. 임상수련을 위한 이론교육	• 연간 총 150시간을 이수
	–임상 수련을 위한 이론교육은 한국정신건강사회복지사협회에서 제공하는 수련이론집합교육, 개별수련기관 등에서 실시한 교육을 통해 이수가 가능함.
3. 학술활동	• 수련기간 동안 연간 20시간의 학술활동을 이수
	–정신건강 학술로 인정되는 다양한 분야 또는 타 직역의 학술 행사에 참여하거나 한국정신건강사회복지사협회에서 제공하는 보수교육을 통해 이수할 수 있음.

출처: 한국정신건강사회복지사협회 홈페이지(https://kamhsw.or.kr/info3)

(2) 정신건강사회복지사의 업무

초기의 정신건강사회복지사는 정신의료사회사업가로 불리었는데, 그 이름에서도 알 수 있듯이 초기 정신건강사회복지사의 역할은 치료 중심의 서비스 영역에서 정신과 의사의 슈퍼비전하에 제한적 역할을 수행하는 경우가 많았다. 하지만 점차 정신건강복지 영역에서 심리사회적 개입의 중요성이 강조되고, 의료보험 수가의 적용, 그리고 「정신보건법」 제정 등의 영향으로 정신건강사회복지사의 역할이 점차 확대되기 시작하였다(엄태완, 2018).

정신건강사회복지사의 업무는 실천현장에 따라 다소 차이가 있을 수 있으나, 공통적인 일반적인 업무는 다음과 같다. 먼저, 가장 기본적인 업무로써 정신건강사회복지사는 정신질환자의 심리사회적, 정신적 문제 해결을 돕고, 집단을 통한 환자문제 해결 업무, 사회복귀 및 재활문제 해결 업무, 경제적 문제 해결 업무, 진단 및 치료계획을 위한 조사를 실시하고 지역사회자원을 동원 및 활용하고, 교육 및 기타 활동 행정 업무를 수행한다. 또한, 정신건강사회복지사는 정신건강과 관련한 다양한 정책 및 법과 관련하여 정책제언을 하며, 증거 기반 실천을 위해 연구자의 역할을 수행하기도 한다.

정신건강사회복지 실천현장별 특성에 따른 정신건강사회복지사의 구체적인 역할을 살펴보면 다음과 같다. 첫째, 정신의료기관에서의 정신건강사회복지사는 의료진과의 팀 접근을 기반으로 환자의 입·퇴원 상담 및 계획, 낮병원 프로그램 관리 및 지도, 가족개입, 퇴원 후 지역사회 자원연계 등의 역할을 수행한다. 둘째, 정신건강복지센터에서의 정신건강사회복지사는 중증정신질환자의 조기개입 및 집중사례관리, 정신질환 고위험군 조기발견 및 치료연계, 위기개입, 자살예방, 정신질환 인식개선 및 지역주민의 정신건강증진, 재난정신건강지원 등의 역할을 수행한다. 특히, 최근에는 사회재난 및 감염병 등과 관련하여 재난심리지원사업의 역할도 수행하고 있다. 셋째, 정신재활시설에서의 정신건강사회복지사는 정신재활시설을 이용하고 있는 정신질환자를 대상으로 일상생활기술훈련, 약물관리교육, 대인관계 및 스트레스 관리, 여가활동 및 사회기술 훈련, 직업재활 및 취업지원, 독립생활 및 주거지원, 지역사회 자원발굴 등의 역할을 수행한다. 넷째, 중독관리통합지원센터에서의 정신건강사회복지사는 다양한 중독문제로 어려움을 겪고 있는 개인과 그 가족을 대상으로 전문적인 서비스를 제공하는데, 즉 중독문제 예방교육 및 조기개입, 중독자 상담, 재활 프로그램 제공, 사례관리, 자조집단 지원, 공동의존 가족개입 등의 역할을 수행하고 있다.

3. 지역사회정신건강

지역사회정신건강은 지역사회 지향적인 접근방법으로 지역사회를 기반으로 행해지는 예방, 치료, 재활 등에 이르는 모든 정신건강 관련 활동을 일컫는 말이다(권진숙 외, 2017; Kaplan, 1967). 지역사회정신건강의 역사적 배경은 '탈원화(Deinstitutionalization)'의 개념에서 살펴볼 수 있다(양옥경, 2006). 탈원화란 정신질환자의 인권보장을 의미하는 의미이자, 병원 입원을 대체하는 새로운 정신질환자의 관리 철학으로(Mechanic & Meyer, 2000), 정신질환자가 사회에서 격리되거나 배제되지 않고 스스로를 책임지며 치료와 이동에 관한 권리를 갖는 것을 의미한다(정은, 2014). 탈원화의 패러다임은 제2차 세계 대전을 전후해서 복지선진국을 중심으로 시작되었는데(박선주, 2017), 특히 정신과 약물이 개발된 1950년대에는 전 세계적으로 정신보건 제도에 대한 패러다임의 전환기를 맞이하게 되었고, 정신질환이 질병이라는 것에 대한 인식과 더불어 정신질환자들에게 수용이 아닌 치료가 필요하다는 측면으로 정신질환의 개념과 치료에 대한 인식이 전환되었다(Cockerham, 1996).

지역사회정신건강은 최소한의 규제, 정상화, 지역사회 통합의 세 가지 주요 이념을 강조한다(양옥경, 2006). 첫째, 최소한의 규제는 환경의 중요성을 강조하는 것으로 정신질환자를 격리하거나 수용하는 등의 규제를 최소화하고 친근하고 자유로운 환경 속에서 정신질환자가 치료와 보호를 받고 재활하도록 도와야 한다는 것이다. 이러한 최소한의 규제 이념은 인본주의적 이념에 기초하여 인간이 기본적으로 누려야 할 권리와 자유, 자율성, 자기결정권을 강조한다. 둘째, 정상화의 원칙은 모든 사람이 차별 없는 동등한 대우를 받고 기회를 보장 받는 것을 의미하는데, 궁극적으로 삶의 질 향상에 목표를 둔다. 즉, 정신질환자에게 정상화란 지역사회 내에서 가정, 직장, 배움, 다양한 사회적 활동을 경험하고, 비정신질환자의 삶과 다르지 않게 정상적인 성장경험 기회를 제공받으며 살아가는 것을 의미한다. 셋째, 지역사회통합은 앞서 설명한 최소한의 규제와 정상화의 개념이 전제된다는 가정하에 정신질환자가 지역사회에 거주하며 비정신질환자와 자연스럽게 상호작용하며 교류하는 것을 의미한다. 이러한 지역사회 통합은 다차원적인 개념으로 물리적 통합, 사회적 통합, 심리적 통합의 개념으로 설명할 수 있다(Wong & Solomon, 2002). 즉, 물리적 통합은 정신질환자들이 지역사회 내에서 지역사회 활동에 참여하고 지역사회 자원을 적극적으로 활용하는 것을 의미하며, 사회적 통합은 정신질환자들이 지역사회 다른 구성원들과 의미 있는 관계를 발전시키고 유지시켜 나가는 과정을 의미한다. 또한, 심리적 통합은 정신질환자들이 지역사회 구성원으로서 느끼는 소속감 등의 심리정서적인 측면을 의미한다.

지역사회정신건강은 정신질환의 예방 및 치료, 재활을 통해 정신질환자의 지역사회 통합을 목적으로 하며, 좀 더 확대된 개념으로는 지역사회 모든 구성원의 정신건강 증진을 목적으로 하기도 하는데(권진숙 외, 2017), 이러한 일련의 활동들은 모두 지역사회를 기반으로 해야 한다는 것을 원칙으로 한다. 1986년 개소한 국내 최초의 정신재활시설, 태화샘솟는집은 지역사회를 기반으로 한 정신질환자의 재활과 사회통합의 운영 목적을 기반으로 당사자 중심의 재활서비스 제공이라는 이념을 제시하였다(양옥경, 2006). 특히, 국내 지역사회정신건강은 1995년 「정신보건법」(현 「정신건강복지법」)이 제정되면서 그 개념이 구체화되기 시작하였다. 즉, 「정신보건법」의 제정은 정신보건센터(현 정신건강복지센터), 정신재활시설 등 지역사회정신건강복지사업의 법적 근거를 제시하였고, 정신건강전문요원 수련제도를 통한 정신건강 전문인력을 양성함으로써 공공정신건강서비스 전달체계 구축의 시발점을 마련하였으며(강상경 외, 2016), 정신질환자의 인권보호를 위한 기본 권리로 존엄성과 가치, 치료받을 권리, 자발적 입원 권리 등의 토대를 마련하였다(서미경, 2005).

4. 정신질환자의 인권

정신건강사회복지 분야에서 최근 들어 더욱 강조되고 있는 부분 중의 하나가 정신질환자의 인권과 관련된 부분이다. 인권(Human rights)이란, 인간으로서의 권리를 의미한다(배화옥 외, 2015). WHO(1946)는 신체적 · 정신적 건강에 대해 '도달 가능한 최고 수준의 건강을 누리는 것이 모든 인간의 기본적인 권리이다'라고 헌장에 명시하였으며, UN(1996)은 「경제적 · 사회적 · 문화적 권리에 관한 국제협약(the International Covenant on Economic, Social and Cultural Rights)」 제12조에 '모든 사람은 도달 가능한 최고 수준의 신체적 · 정신적 건강을 누릴 권리'가 있다고 강조하였다(Herrman, Saxena, & Moodie, 2018). 2008년 채택된 UN의 「장애인권리협약(Convention on the Rights of Persons with Disabilities: CRPD)」은 21세기 들어 처음으로 만들어진 포괄적인 인권조약으로, 장애인을 보호의 객체가 아닌 자유의지를 가진 사회 구성으로서 인정하며 이들 스스로가 삶을 결정할 권리를 가진다고 명시하고 있는데, 특히 보편적 권리, 평등과 비차별, 접근성, 참여와 통합 등에 관한 구체적인 내용을 강조하고 있다. 하지만 국내 시설거주 이용자들은 인권의 사각지대에서 기본적 인권의 침해상황에 노출될 가능성이 높아 그 위반 사례는 주로 폐쇄적인 보호시설에서 발생하고 있다(장애인권익옹호기관, 2019). 특히, 시설에 거주하는 많은 정신질환자들은 다른 사람의 안전보장 또는 환자의 치료적 보호라는 명목하에 필요 이상으로 인권침해를 당하며 비인간적인 처우를 당하였다고 보고되고 있다(서미경, 2003; 박미선, 2013).

외국의 정신질환자의 인권과 관련된 역사적인 배경으로는 미국 옴스테드판결(Olmstead Decision)을 살펴볼 수 있다. 옴스테드판결은 1999년 6월 22일 미국 연방대법원의 결정으로, 장애인을 불필요하게 정신병원에 장기입원시켜 사회로부터 격리하는 것은 장애인에 대한 차별이 될 수 있으며, 「미국장애인법(ADA)」에 의하여 국가가 장애인을 정신병원 등의 시설에 수용하는 것보다는 지역사회 중심의 서비스를 제공할 의무가 있다고 결정한 역사적인 판결이다(Musumeci & Claypool, 2014). 이러한 옴스테드판결은 그동안의 시설 중심의 서비스에서 지역사회 중심의 서비스로의 전환을 가져오게 된 역사적인 사건이며, 정신질환자의 탈시설화 및 자립생활 운동에 새로운 전환점을 준 역사적인 판결로 기록되어 있다.

국내의 경우에는 「정신건강복지법」의 변천과정을 통해 정신질환자의 인권이 점차 강조되어 왔다. 특히, 2017년 5월 개정된 「정신건강증진 및 정신질환자 복지서비스 지원에 관한 법률」(이하 정신건강복지법)에서는 정신질환자의 인권이 보다 구체적으로 명시되었는데, 즉 인간의 존엄성과 가치보장, 최적의 치료권, 자발적 금지, 자발적 입원치료 등을 포함한다. 특히, 「정신건강복지법」의 개정에 따라 정신질환자의 강제입원을 금지하였는데, 그 과정에서 영국의 독립정신건강옹호(Independent Mental Health Advocacy: IMHA)를 벤치마킹하여 2018년부터 시범사업으로 정신질환자 절차보조사업을 시행하였다(하경희, 2021). 절차보조사업이란 정신질환자의 입·퇴원 과정에서 정신질환 당사자의 의사결정권 행사를 보장하는 것을 말하는데, 주요 서비스 내용으로는 입원생활 지원, 정신질환 당사자의 의견을 반영한 각종 절차 지원, 그리고 퇴원 후 계획수립 지원 등을 포함한다. 특히, 절차보조사업은 이러한 서비스 제공 과정에서 동료지원가 중심의 절차보조인을 활용하여 정신질환자의 권익옹호를 목적으로 한다(제철웅, 2018). 그러나 국내 절차보조사업은 아직 법적 근거가 미비하여 정신질환자의 인권보장이 여전히 미흡한 상황이어서 추후 정신질환자의 인권보장을 위한 법제화 등의 다양한 노력들이 보다 구체화되어야 할 것이다.

5. 정신건강복지법의 변천

1995년 12월 30일 제정된 국내 「정신보건법」(현 「정신건강복지법」)이 1997년 본격적으로 시행되면서 지역사회정신건강의 패러다임 시대로의 전환을 가져왔다. 즉, 「정신보건법」의 제정은 탈원화의 기조에 맞물려 지역사회 기반의 정신건강 체계를 구축하며 정신질환자의 시설 퇴원 후 지역사회 서비스 연계를 강화하고자 하였으며, 그 결과 지역사회정신건강증진시설의 양적인 확대를 가져오기도 하였다.

이후 수차례 「정신보건법」의 일부 · 전부 개정 과정을 거쳤고, 2016년 전면 개정을 통해 2017년 시행된 「정신건강증진 및 정신질환자 복지서비스 지원에 관한 법률」(이하 정신건강복지법)의 구체적인 내용을 살펴보면 다음 〈표 12-3〉과 같다.

〈표 12-3〉 **「정신보건법」의 변천과정 및 주요 내용**

구분	주요 내용
「정신보건법」 제정 (1995년 12월 30일)	• 국가 또는 시 · 도지사는 정신병원을 설치 · 운영하도록 하고, 시 · 도지사에게 지역 내의 정신병원 또는 병원급 이상의 의료기관에 설치되어 있는 정신과를 지정 · 활용하게 함으로써 보건소와 함께 지역사회의 정신보건사업을 지원하는 등 지역 내의 정신질환자에 대한 관리가 가능하게 함. • 정신보건시설을 정신의료기관과 사회복귀시설로 구분함. • 정신질환자의 보호의무자는 정신질환자로 하여금 적정한 치료를 받도록 노력해야 하며, 정신과 전문의의 진료를 통하지 않고 정신질환자를 입원시키거나 입원을 연장시켜서는 안 되도록 함. • 정신질환자의 입원을 자의입원, 동의입원, 평가입원, 시 · 도지사에 의한 입원, 응급입원으로 구분하고, 각각의 입원 요건과 절차를 규정함. • 입원에 의하여 본인의 의사에 반하는 입원은 부당 여부의 심사와 퇴원을 청구할 수 있는 절차를 마련하고, 이의 심사를 위하여 보건복지부 및 시 · 도에 정신보건심의위원회를 두도록 함. • 정신과 전문의 진단이 없는 입원은 금지하고, 전기충격요법 등의 특수치료는 정신질환자 본인 또는 보호의무자의 권익을 보호하기 위한 규정을 두도록 함.
「정신보건법」 전부 개정 (1997년 12월 31일)	• 정신보건시설을 정신의료기관 · 정신질환자사회복귀시설 및 정신요양시설로 하고 정신요양병원을 제외함. • 정신의료기관의 범위를 정신병원 및 병원급 이상의 의료기관에 설치되어 있는 정신과에서 정신과의원까지로 확대함. • 보호의무자에 의하여 입원한 환자에 대한 가퇴원이 가능하도록 하고, 정신의료기관의 장은 의료를 위하여 정신질환자의 통신 · 면회 등 행동의 자유를 제한할 수 없으며, 제한할 경우 최소한의 범위 안에서 제한하되, 그 이유를 진료기록부에 기재하도록 함.
「정신보건법」 일부 개정 (2000년 1월 12일)	• 운영 실적이 없는 시 · 도지사의 정신의료기관 지정제도를 폐지함.
「정신보건법」 일부 개정 (2004년 1월 29일)	• 시설기준에 미달한 정신의료기관의 허가를 취소하거나 폐쇄 또는 사업의 정지를 명할 수 있게 함. • 보건소 또는 국 · 공립 정신의료기관에 정신보건센터를 설치하도록 함.

「정신보건법」 일부 개정 (2008년 3월 21일)	• 보건복지부장관은 5년마다 국가정신보건사업계획을 수립하고, 특별시장 · 광역시장 · 도지사 · 특별자치도지사와 시장 · 군수 · 구청장이 정신보건사업을 계획하도록 함. • 정신보건시설의 설치 · 운영자, 종사자에게 인권에 관한 교육을 받도록 함. • 정신보건시설에 대한 평가를 3년마다 실시하도록 함. • 자의입원 환자에게 퇴원의사를 확인하는 것을 의무화함. • 보호의무자에 의한 입원절차를 엄격히 규정함. • 정신보건시설의 장은 정신질환자가 정신보건시설에서 퇴원을 할 경우 본인의 동의를 얻어 퇴원사실을 정신보건센터나 보건소에 통지를 하도록 함. • 정신병적 증상으로 자신이나 타인을 해한 행동을 한 자에 대하여 보호의무자의 동의를 받아 외래치료 명령을 할 수 있도록 함. • 정신과 전문의의 지시에 의한 의료나 재활의 목적이 아닌 노동을 정신질환자에게 강요할 수 없도록 함. • 입원환자의 치료나 사회복귀에 도움이 되는 경우 작업요법을 시행할 수 있게 함.
「정신보건법」 일부 개정 (2015년 1월 28일)	• 정신보건사업계획에 성별 정신건강증진사업을 포함함. • 인권교육기관의 업무정지 · 지정취소 및 정신보건전문요원의 자격정지 · 자격취소 근거를 마련함.
「정신보건법」 전부 개정 (2016년 5월 29일)	• 법률의 명칭을 정신보건법에서 「정신건강증진 및 정신질환자 복지서비스 지원에 관한 법률」로 변경함. • 정신질환자의 정의를 '독립적으로 일상생활을 영위하는 데 중대한 제약이 있는 사람'으로 한정하여 정신질환자의 범위를 중증정신질환자로 축소함. • 정신건강 증진의 장을 신설하여 일반 국민에 대한 정신건강서비스 제공 근거를 마련함. • 보호의무자에 의한 입원 등의 경우에 입원 등의 적합성 여부 조사 및 심사를 강화함. • 환자 본인 및 보호의무자의 동의로 입원을 신청하고 72시간의 범위에서 퇴원을 거부할 수 있는 동의입원 제도를 신설함. • 경찰관도 정신질환자에 대한 진단과 보호의 신청을 요청할 수 있게 함. • 입원적합성심사위원회를 설치하여 입원의 적합성 여부를 판단하도록 하는 입원 단계 권리구제 절차를 강화함.

특히, 2016년 전면 개정되어 2017년 시행된 「정신건강증진 및 정신질환자 복지서비스 지원에 관한 법률」(이하 정신건강복지법)은 그동안의 정신보건법과 달리 몇 가지 큰 차이를 가져왔다. 그중 가장 큰 변화는 법률 명칭이 변화되었다는 것이며,

정신질환자의 범위를 중증정신질환자로 축소하여 "독립적으로 일상생활을 영위하는 데 중대한 제약이 있는 사람"으로 정의하였으며(제3조 제1항) 동시에 전 국민의 정신건강 증진을 위한 노력의 일환으로 정신건강 증진의 장을 마련하였다. 특히, 정신질환자 비자의입원제도를 개선하였는데, 즉 보호의무자 등에 의한 비자발적인 입·퇴원 관련 제도 개선을 위하여 비자의입원 충족조건을 다음과 같은 두 가지로 명시하였다. 첫째, 입원치료가 필요한 정신질환을 가지고 있고 자해 및 타해 위험이 있는 두 가지 조건을 모두 충족시켜야 하며, 둘째, 보호의무자 2명과 각기 서로 다른 병원 소속의 정신과 전문의 2명의 서명이 있는 경우에 비자의입원이 가능하도록 개정하였다. 또한, 동의입원제도를 신설하여 보호의무자의 동의하에 정신질환 환자가 직접 신청하는 입원이 가능하게 하였는데, 이는 퇴원제한(72시간) 후 강제입원으로 전환 가능토록 하였으며, 2개월마다 퇴원의사를 확인하도록 하였다. 행정입원제도를 개선하여 경찰의 입원 신청이 가능하도록 하였으며, 최초 퇴원 심사주기를 기존 6개월에서 3개월로 단축하였다. 그러나 이러한 법 개정에도 불구하고 여전히 정신질환자의 인권보호 및 치료 받을 권리 보장에 대한 한계와 더불어 여러 가지 제도적인 문제점을 가지고 있어 앞으로도 지속적인 법 개정이 요구된다.

6. 정신건강복지서비스 전달체계

정신건강복지서비스는 예방과 조기 개입부터 정신질환의 치료 및 재활과 사회통합을 모두 포괄하는 연속적인 스펙트럼을 가지고 있다(전진아, 강혜리, 2020). 이러한 측면에서 국내 정신건강복지서비스 전달체계는 보건과 복지의 상호연계를 기반으로 다양한 정신건강서비스 관련 기관들이 유기적인 관계를 가지고 있다고 볼 수 있다. 초기의 정신건강복지서비스가 중증 정신질환자에게 초점을 두었던 반면, 현재는 전 국민의 정신건강 증진의 범국가적인 목표를 가지고 다양한 정신건강 문제를 다루고 있다. 지난 20여 년간 정신건강서비스의 제공 주체가 다양해지며 인프라 확대를 통한 양적 성장을 가져왔지만, 여전히 질적인 서비스 제공에는 여러 가지 한계점을 가지고 있다.

정신건강복지서비스는 크게 예방, 조기 개입, 치료와 보호, 재활과 사회통합으로 이어지는 다양한 스펙트럼을 가지고 있으며, 이에 따라 정신건강복지서비스를 제공하는 주체는 상당히 다양하다. 예를 들어, 예방과 조기 개입, 재활과 사회통합 서비스를 제공하는 대표적인 기관으로는 정신건강복지센터와 정신재활시설 등이 있으며, 정신질환의 치료를 주목적으로 하는 정신의료기관, 요양과 보호역할을 담당하고 있는 정신요양시설 등을 들 수 있다.

보건복지부(2021)가 제시한 2020년 12월 31일 기준 국내 정신건강 증진 관련 기관 및 시설 현황에 따르면, 정신건강복지센터는 260개소(광역정신건강복지센터 16개소, 기초정신건강복지센터 244개소), 정신의료기관 1,892개소, 정신요양시설 59개소, 정신재활시설 348개소, 중독관리통합지원센터 50개소가 운영되고 있다. 특히, 정신재활시설의 경우 대부분 서울 및 경기 지역에 밀집되어 있어 지역 간 편차가 크게 나타나 접근성에 대한 한계가 보완되어야 할 것이다. [그림 12-1]은 국내 정신건강복지서비스 전달체계를 보여 주고 있다. 그 내용을 구체적으로 살펴보면, 보건복지부 산하 중앙정신건강복지사업지원단과 국립정신건강센터, 국립정신병원이 있으

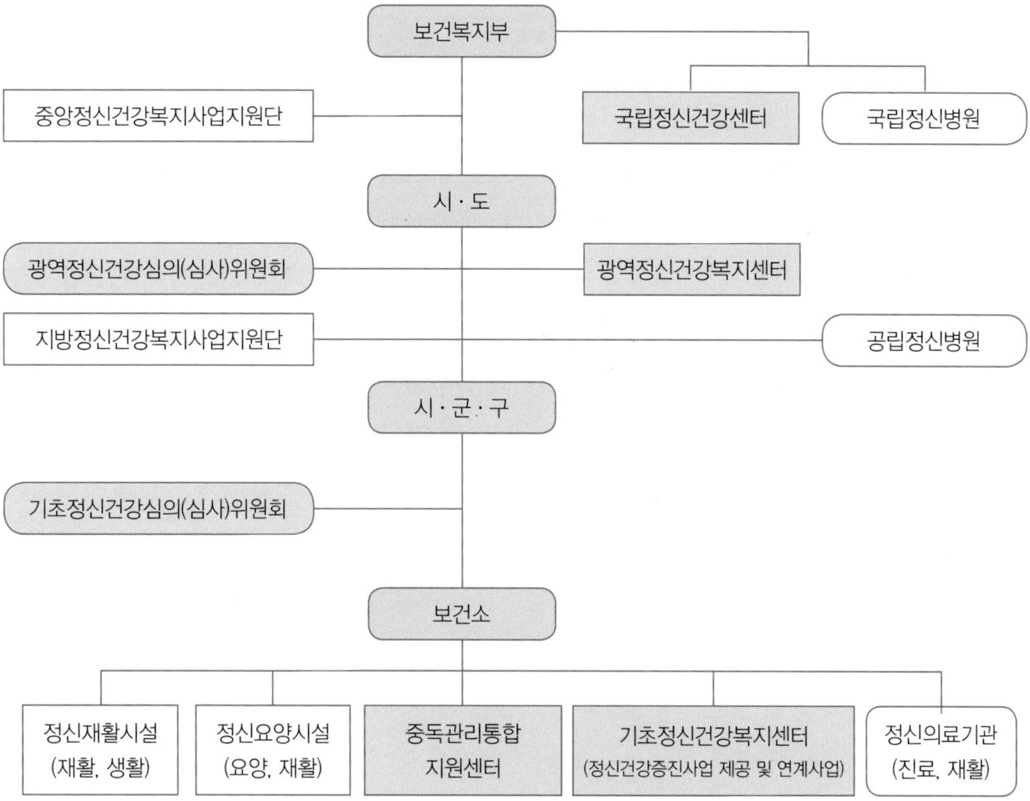

[그림 12-1] **정신건강복지서비스 전달체계**

출처: 보건복지부(2021).

며, 시 · 도별 광역정신건강복지센터와 광역정신건강심의위원회, 지방정신건강복지사업지원단, 공립정신병원이 운영되고 있다. 또한, 시 · 군 · 구 단위의 기초정신건강심의위원회가 운영되며, 보건소 산하에 기초정신건강복지센터, 중독관리통합지원센터가 있고, 정신의료기관, 정신재활시설, 정신요양시설 등이 운영되고 있다.

7. 정신건강사회복지의 실천 분야

1) 정신의료기관

정신의료기관은 급성 정신질환자에 대한 적정진료를 통해 일상생활 유지 및 조기 사회복귀 도모를 목적으로 한다(국립정신건강센터, 2021). 정신의료기관은 의료법상 의료기관으로 분류되는데, 이러한 의료기관을 설립주체에 따라 분류하면, 국공립 정신의료기관과 민간 정신의료기관으로 나누어 살펴볼 수 있다. 먼저 국공립 의료기관은 관련 법률 제221조에 의거하여, 국립정신병원은 권역별로 5개 기관, 공립(도립 또는 시립) 정신병원은 13개로 전국 총 18개의 정신의료기관이 운영되고 있다. 민간의료기관은 다시 대학(종합)병원 정신건강의학과, 전문정신병원, 정신건강의학과 의원, 낮병원으로 구분할 수 있다. 대학(종합)병원 정신건강의학과는 「의료법」 제3조에 의거하여 300병상을 초과하는 종합병원 내에는 정신건강의학과를 설치 및 운영하도록 되어 있으며, 전문정신병원은 중독, 치매 등의 정신질환에 대한 특수클리닉을 운영하고 있다. 정신건강의학과 의원의 대부분은 정신건강의학과 전문의가 개업을 하여 운영하고 있는데, 정신의료기관 중에 가장 많은 비중을 차지하고 있다. 낮병원은 정신의료기관의 입원 형태 중 낮시간에만 부분입원을 하는 형태로 서비스를 제공하는 기관을 말하는데, 이는 독립적인 기관으로 운영되기보다는 대학병원이나 종합병원, 개인 정신건강의학과 의원의 부속기관으로서 운영되고 있으며, 기관에 따라 주 5일 또는 주 3일 프로그램으로 운영된다. 낮병원의 기능은 주로 만성정신질환자를 대상으로 정신질환의 재발을 예방하고, 질병관리를 효율적으로 하도록 도우며, 대인관계와 일상생활 적응, 사회적응 등이 원활하도록 돕는 기능을 한다.

2) 정신건강복지센터

정신건강복지센터는 크게 광역정신건강복지센터와 기초정신건강복지센터로 구분해 볼 수 있는데, 1995년「정신보건법」이 제정되었을 때는 정신보건센터, 이후「정신보건법」의 일부 개정 내용에 따라 정신건강증진센터, 그리고 최근「정신보건법」이「정신건강복지법」으로 전면 개정되면서 정신건강복지센터로 그 명칭이 변경되었다. 정신건강복지센터는 관련 법률 제15조에 의거하여, 다양한 지역사회정신건강 및 사회복지시설과 연계하여 지역사회의 정신건강증진사업 및 복지서비스 지원사업을 수행하고 있다. 보건복지부(2021)에 따르면, 2020년 12월 31일 기준 광역 정신건강복지센터는 서울, 부산, 대구, 인천, 광주, 대전, 울산, 경기, 강원, 충남, 충북, 전남, 전북, 경남, 경북, 제주 지역에 총 16개의 센터가 설치되어 운영되고 있는데, 광역 정신건강복지센터의 구체적인 사업 내용은 자살예방사업, 중증정신질환자관리사업, 아동 · 청소년 정신건강증진사업, 정신건강증진사업, 중독관리사업, 1577-0199 정신건강위기상담전화 운영 등을 포함하고 있다. 기초 정신건강복지센터는 시 · 도지사 또는 시 · 군 · 구청장이 자치단체 또는 국 · 공립 정신의료기관에 기초정신건강복지센터를 설치하여 직접 운영하거나 민간에 위탁하여 운영할 수 있도록 하고 있는데, 2020년 12월 31일 기준 전국 244개의 기초정신건강복지센터가 설치 · 운영되고 있다. 기초정신건강복지센터의 주요 사업 내용은 중증정신질환 조기개입체계 구축, 정신질환자 개별서비스 계획의 수립과 제공, 위기개입 서비스 제공 및 위기대응체계 구축, 포괄적 서비스 제공과 지역사회 네트워크 구축, 정신보건심판위원회 업무지원, 긴급지원 대상자 발굴 등의 서비스를 포함한다.

3) 정신재활시설

2017년 개정된「정신건강복지법」에서는 기존의 사회복귀시설을 정신재활시설로 명칭을 변경하였는데, 정신재활시설이란 "정신질환자 또는 정신건강상 문제가 있는 사람 중 대통령령으로 정하는 사람의 사회적응을 위한 각종 훈련과 생활지도를 하는 시설"을 말한다. 2020년 6월 30일 기준 전국 348개의 정신재활시설이 운영되고 있으며(보건복지부, 2021), 그 특성에 따라 생활시설, 주간재활시설, 공동생활가정, 지역사회전환시설, 직업재활시설, 아동 · 청소년정신건강 지원시설, 중독자

재활시설, 종합시설로 특성화되어 설치 · 운영되고 있다. 정신재활시설의 주요 업무는 정신질환자의 일상생활을 관리하고 사회생활의 적응을 도우며, 사회재활활동 및 직업재활활동을 포함한다.

4) 자살예방센터

2011년 3월 제정된 「자살예방 및 생명존중문화 조성을 위한 법률」 제13조에 근거하여 자살예방센터가 운영되고 있다. 2020년 12월 31일 기준 전국 51개의 자살예방센터가 설치 · 운영되고 있는데, 그중 6개소는 독립적인 자살예방센터로 운영되고 있으며, 나머지 45개소는 정신건강복지센터의 부설로 운영되고 있다. 자살예방센터의 주요업무는 자살 관련 상담, 자살위기 상시현장출동 및 대응, 자살시도자 사후관리, 자살예방 홍보 및 교육 등을 포함한다(국립정신건강센터, 2021).

5) 중독관리통합지원센터

현대사회의 다양한 중독문제를 해결하기 위하여 과거 알코올상담센터가 그 기능 및 역할을 확대하여 중독관리통합지원센터로 이름이 변경되었는데, 이는 지역사회 중심의 통합적인 중독관리 체계 구축을 통해 중독자를 조기에 발견하고 상담 및 치료, 재활 및 사회복귀를 지원하기 위한 목적으로 운영되고 있다. 중독관리통합지원센터는 인구 20만 이상의 지역에 설치하여 운영할 수 있는데, 2020년 12월 31일 기준 전국 50개의 중독관리통합지원센터가 설치 · 운영되고 있다. 중독통합지원센터의 주요 사업 내용은 중독문제 조기발견 및 서비스 개입, 중독질환 관리사업, 중독질환 가족지원사업, 중독예방 및 교육사업, 지역사회 사회안전망 조성사업, 지역사회진단 및 기획 등의 내용을 포함한다(보건복지부, 2021).

6) 정신요양시설

정신요양시설은 주로 만성정신질환자, 특히 가족의 보호가 어려운 만성정신질환자의 삶의 질 향상과 사회복귀를 도모하는 목적으로 입소 형태의 요양과 보호서비스를 제공하는 시설이다. 2020년 6월 30일 기준 전국 59개의 정신요양시설이 운영되고 있으며, 주요 업무로는 입소자의 건강관리, 작업치료, 사회복귀훈련 등을 포함된다(보건복지부, 2021).

7) 도박문제관리센터

행위중독의 가장 대표적인 형태인 도박문제 예방과 치유를 위해 「사행산업통합감독위원회법」 제14조에 근거하여 한국도박문제관리센터가 설치 · 운영되고 있다. 한국도박문제관리센터는 서울에 본부를 두고 있고, 전국에 14개의 지역센터(서울센터, 강원센터, 광주전남센터, 부산울산센터, 경기북부센터, 대전충남센터, 세종충북센터, 경기남부센터, 대구센터, 제주센터, 인천센터, 전남센터, 경북센터, 전북센터)가 운영되고 있으며, 주요 사업 내용으로는 도박문제 예방활동 및 홍보 강화, 그리고 도박문제 치유 및 재활서비스 제공을 포함한다(한국도박문제관리센터, 2021). 또한, 2021년 개소한 정선도박문제회복센터는 카지노 인근의 지역적인 특성을 반영하여 도박문제로 인해 경제적 · 사회적 기능이 손상된 도박문제 회복자를 대상으로 치료공동체 프로그램 및 재활 프로그램, 회복지원 프로그램 등을 운영하고 있다.

8) 기타 정신건강증진 관련 시설

기타 정신건강증진 관련 시설로는 지역사회 치매안심센터, 공공심리지원센터, 민간심리상담센터, 학교, 교도소 및 보호관찰소, 치료감호소, 트라우마센터 등 그 대상과 역할에 따라 그 범위가 점차 확대되고 있으며 더불어 정신건강사회복지사의 역할 또한 그 범위가 확대되고 있다.

8. 정신건강사회복지의 전망과 과제

한국의 정신건강사회복지는 초기 중증정신질환자를 대상으로 한 시설 중심의 정신건강서비스 전달체계에서 1995년 「정신보건법」 제정을 기점으로 지역사회 중심의 정신건강서비스 전달체계로 전환되었다. 그 이후 수차례에 걸쳐 정신보건법이 일부 · 전부 개정되었고, 2016년 전면 개정된 「정신건강복지법」은 정신질환자의 비자의입원 제도를 개선하는 등 정신질환자의 인권을 보다 강조하였을 뿐만 아니라 일반국민의 정신건강 증진을 목표로 보다 광범위한 정신건강증진시스템 구축을 위해 노력하고 있다. 또한, 정신건강사회복지의 영역이 점차 확대되어 자살, 중독, 재난 등 현대사회가 직면한 다양한 문제들을 해결하기 위하여 노력하고 있으며, 그 과정에서 정신건강사회복지사의 역할이 점차 확대되고 있는 현실이다. 특히, 사회재난 및 감염병 등의 국가재난 상황에 대처하기 위하여 재난심리지원에 대한 역할 또한 강조되고 있는 실정이다. 따라서 앞으로의 정신건강사회복지는 점차 그 영역이 더욱 확대될 것으로 예상되며, 생애주기적 관점에 따른 정신건강 이슈도 크게 대두되어 아동기, 청소년기, 청년기, 중 · 장년기, 노년기에 이르기까지 전 국민의 정신건강 이슈가 정신건강사회복지 영역에 두루 포진되어 있어 그에 따른 정신건강사회복지의 역할과 책임은 점차 가중될 전망이다. 이러한 정신건강사회복지의 확장성과 관련하여 보다 내실 있고 책임감 있는 정신건강복지서비스 제공을 위해서는 다음과 같은 점이 고려되어야 한다.

첫째, 정신건강사회복지의 핵심은 사람이다. 그러므로 사람 중심의 서비스 접근이 시행되어야 한다. 우리나라는 수차례 「정신건강복지법」이 개정되는 과정에서 정신건강증진시설의 양적인 인프라 확대를 위해 노력해 왔지만, 그 과정에서 정신건강사회복지의 핵심인 사람 중심(Person-centered)의 접근은 다소 간과되어 왔고, 자칫 잘못하면 서비스 제공자 중심의 인프라 확대에 치중될 될 우려가 있다. 사회복지실천이 클라이언트의 욕구를 기반으로 한 서비스 제공이 이루어져야 하듯이, 정신건강복지서비스 역시 정신질환자의 욕구를 중심으로, 누구에게 서비스를 받았는지보다는 클라이언트의 욕구가 얼마나 충족되었는지가 더 중요하다 할 수 있다. 이를 위해서는, 정신건강 영역 전문가들의 팀 접근이 필수적이며, 각 영역의 전문성을 바탕으로 정신건강사회복지사는 의사, 간호사, 임상심리사 등과 협업하여 정신질환자의 욕구를 정확히 파악하여 효율적이고 효과적인 보다 질적인 서비스를 제공해야 할 것이다.

둘째, 정신건강사회복지사의 전문성 향상 및 이들의 처우개선이 필요하다. 클라이언트의 욕구에 부합하는 질적인 서비스 제공을 위해서는 전문성 있는 전문가를 확보하는 것이 무엇보다 중요하다. 정신건강전문요원 수련과정을 통해 정신건강 영역에 대한 지식과 실천 역량을 겸비한 정신건강사회복지사를 지속적으로 양성해 내고 있기는 하지만, 현실적으로 정신건강사회복지사의 복지처우는 여전히 매우 열악한 실정이다. 특히, 업무의 특성상 클라이언트의 폭력, 자살경험 등으로 인한 이차외상 또는 대리외상을 경험할 확률이 매우 높지만, 이들을 위한 외상지원 방안은 미흡한 실정이며 결과적으로 정신건강사회복지사들의 높은 이직률과 특정 분야의 기피현상이 나타나기도 한다. 따라서 정신건강사회복지사의 안전망 구축체계를 확립하고 맞춤형 외상지원 시스템을 개발하여 이들의 소진을 방지하고 외상 회복을 촉진시킬 수 있는 여러 가지 대안들이 구체적으로 모색되어야 할 것이다. 더불어 정신건강사회복지사들의 급여인상 및 복지처우 개선을 통해 역량 있고 전문성을 겸비한 정신건강사회복지사 구축에 보다 힘써야 할 것이다. 또한, 정신건강사회복지사의 보수교육을 보다 현실성 있게 구축하여 실효성 있는 교육을 제공하고, 사례회의 등을 통한 슈퍼비전 체계가 강화되어야 할 것이다.

셋째, 정신질환 및 정신질환자에 대한 사회적인 인식개선이 필요하다. 지역사회 정신건강의 핵심은 정상화(Normalization)의 개념을 바탕으로 정신질환 유무와 상관없이 누구나 인간의 기본적인 권리를 지역사회 내에서 누리며 행복한 삶을 추구하는 것이다. 정신건강사회복지의 대상이 잠재적인 정신질환 위험을 가진 모든 사람, 즉 전 국민을 대상으로 하듯이 다름을 인정할 수 있는 사회적인 분위기가 형성되어야 할 것이다. 특히, 대중매체를 통해 전달되는 정신질환자에 대한 혐오기사 및 편견을 조장하는 내용들은 그 파급효과가 큼을 고려할 때, 정신질환에 대한 정확한 이해와 사실 중심의 기사 내용 보도를 위해 지속적인 모니터링 시스템이 구축되어야 할 것이다.

참고문헌

강상경, 금현섭, 김경희, 김동일, 이명수, 하경희, 허용창(2016). **지역사회 기반 정신건강 통합서비스 제공체계 구축방안**. 세종: 보건복지부.

국립정신건강센터(2021). **전국 정신건강 관련 기관 현황집**.

권진숙, 김정진, 전석균, 성준모(2017). **정신건강사회복지론**. 경기: 공동체.

박미선(2013). 우리나라 정신장애 인권실태 및 향후과제. **월간복지동향**, 174, 36-41.

박선주(2017). 정신건강증진센터 탈원화정책의 경로의존성에 관한 연구. **정신보건과 사회사업**, 45(1), 90-115.

배화옥, 심창학, 김미옥, 양영자(2015). **인권과 사회복지**. 경기: 나남.

보건복지부(2021). **2021년 정신건강사업 안내**. 세종: 보건복지부.

서미경(2003). 정신장애인의 인권보장과 제한에 관한 연구. **한국사회복지학**, 55, 231-254.

서미경(2005). 정신보건환경과 정신장애인의 인권, **비판사회정책**, 20, 89-117.

엄태완(2018). **정신건강사회복지론**. 서울: 학지사.

양옥경(2006). **정신보건과 사회복지**. 경기: 나남.

장애인권익옹호기관(2019). 장애인권리협약으로 보는 장애인인권교육.

전진아, 강혜리(2020). 정신건강서비스 전달체계의 현황과 과제. **보건복지포럼**, 30-42.

정은(2014). 장애, 시민권, 민주주의; 정신장애와 민주주의. **기억과 전망**, 30, 52-90.

제철웅(2018). 강제입원 절차의 정신질환자를 위한 절차지원제도 도입에 관하여. **입법연구**, 727, 547-592.

하경희(2021). 정신장애인 절차보조사업의 한계 및 개선방안: 영국의 독립건강옹호와의 비교를 중심으로. **한국장애인복지학**, 52, 223-254.

Cockerham, W. C. (1996). *Sociology of mental disorder*. Upper Saddle River, NJ: Pearson Prentice-Hall.

Herrman, H., Saxena, S., & Moodie, R. (2005). *Promoting mental health: Concept, emerging evidence, practice*. 김민석 외 6인 역(2018). **정신건강증진: 개념, 증거, 실천**. 서울: 포널스출판사.

Kaplan, S. (1967). *Comprehensive textbook of psychiatry*. Baltimore: Williams & Wilkins.

Mechanic, D., & Meyer, S. (2000). Concepts of trust among patients with serious illness, *Social Science & Medicine, 51*(5), 657-668.

Musumeci, M., & Claypool, H. (2014). *Olmstead's role in community integration for people with disabilities under Medicaid: 15 years after supreme court's Olmstead decision*. The Kaiser Commission on Medicaid and the Uninsured.

Wong, Y. L., & Solomon, P. L. (2002). Community integration of persons with psychiatric disabilities in supportive independent housing: A conceptual model and methodological considerations. *Mental Health Services Research, 4*, 13-28.

한국도박문제관리센터(2021). 한국도박문제관리센터 기관 소개: 설립근거 및 목적. https://www.kcgp.or.kr/ii/cnterSumry/2/fondBasisNdPurps.do

한국정신건강사회복지사협회(2021). 수련과정. https://kamhsw.or.kr/info3

한국정신건강사회복지사협회(2021). 정신건강사회복지사. https://kamhsw.or.kr/info1

제13장

교정복지

교정복지란 범죄문제와 관련된 가해자, 피해자, 그들의 가족, 지역사회 등 관련된 구성원들에게 미친 범죄의 악영향을 해결하고, 범죄 이전의 건강한 관계를 회복하여 정상적인 생활을 되찾도록 지원하는 전문적 사회복지의 한 분야다. 특히, 가해자와 피해자의 건강한 사회복귀 및 사회재통합을 돕고, 범죄사건으로 인한 제반 영향(Consequences or harm)을 해결하고자 한다. 이를 위해 사회복지 학문의 고유한 가치와 철학을 적용하며, 사회복지학의 전문적 실천이론과 실천기술을 활용할 뿐 아니라 사회복지 관련 행정과 정책 등 제도적 장치를 활용하여 거시적으로 접근하기도 한다.

이어지는 내용에서는 교정복지의 보다 자세한 개념과 의의, 교정복지의 필요성, 교정복지 실천현장, 교정복지의 실천대상(클라이언트)에 대해 알아보고자 한다. 마지막에는 교정복지 분야에서 사회복지사의 역할과 교정복지의 과제에 대하여 제시하고자 한다.

1. 교정복지의 의의와 개념

교정복지란 범죄자와 비행청소년의 재활과 정상인으로서의 사회복귀를 돕고 범죄사건으로 인한 제반 영향(Consequence or harm)을 해결하기 위한 전문적 사회복지의 한 분야다(배임호, 2002). 이러한 교정복지의 개념에는 범죄자와 범죄피해자, 그들의 가족, 나아가 범죄가 발생하는 지역사회에서의 문제 해결과 예방적 관점에서 죄와 비행으로 인한 영향으로부터 정상적 상태로 회복시키고자(Restore) 행해지는 일체의 활동이 포함되며, 이들을 위한 정책을 수립하고 행정을 위한 전문적인 제반 활동을 포함한다(배임호 외, 2010).

그동안에 교정복지는 개인적 차원에서만 머물렀기 때문에 범죄자나 비행청소년, 피해자 각각이 범죄로부터 받은 부정적인 영향들을 극복하고 교화시키는 데에만 초점을 두었다. 그러나 새로운 관점의 교정복지에서는 보다 넓게 생태체계적 관점 안에서 범죄 관련 당사자인 개인뿐만 아니라 이를 둘러싼 가족, 사회 환경 등에도 개입한다. 즉, 범죄와 교정의 문제를 보다 넓은 사회복지적 관점에서 접근하고자 한다. 이로 인해 범죄와 연관된 사람들이 범죄 이전과 같은 상태로 돌아가서 다시 적응할 수 있게 하고, 인간다운 생활을 누릴 수 있도록 돕는다. 더 나아가 재범 예방과 사회 구성원 전체의 복지 증진에 기여하고자 하는 학문 분야다.

2. 교정복지의 필요성

현대사회가 발달함에 따라 여러 종류의 사회적 문제가 발생하고 있으며, 그 문제를 해결하기 위해 다양한 방법들을 고민하고 있다. 다양한 사회적 문제 중 가장 심각하고 해결하기 어려운 문제는 바로 '범죄문제'라고 말할 수 있다. 국내의 범죄 발생 및 검거 현황 통계의 추이를 살펴보면, 1972년 발생건수가 369,839건이었으나 1990년도에는 1,171,380건, 2000년도에는 1,867,980건이었으며 2013년도에는 2,006,682건으로 2백만 건을 넘어섰다(법무연수원, 2018). 또한 강력범죄(살인, 강도, 강간, 방화)의 경우 1972년 발생건수가 4,033건이었으나 1990년도에는 11,440건, 2000년도에는 17,780건, 2013년도에는 31,642건으로 나타났다(법무연수원, 2018). 즉, 범죄와 관련된 통계가 시작된 1972년 이후로 최근까지 전체 범죄 및 강력범죄의 건수 및 인원은 지속적으로 증가하고 있다. 이뿐 아니라, 강력범죄의 경우 범죄의 60~70%가 전과가 있는 자에 의해서 발생하고 있다. 2017 범죄분석(검찰청)에서는 2016년도의 살인, 살인미수, 강도, 강간, 방화 등의 강력범죄자 27,071명 중 절반 이상이 이전에 한 번이라도 전과가 있는 것으로 나타났으며, 전과 9범 이상인 범죄자의 비율도 11% 이상으로 나타났다. 즉, 한 번의 범죄로 끝나는 것이 아니라 범죄문제가 해결되지 못하고 계속해서 발생하는 경우가 높다고 볼 수 있다.

최근에 대두되는 범죄문제의 심각성은 이뿐만이 아니다. 전국 교정시설은 한정되어 있으나 수용된 재소자 수가 늘어남에 따라 과밀수용의 문제가 제기되고 있고, 과밀수용된 상태에서는 제대로 된 교정교화의 효과를 기대하기 힘들다. 또한 여성범죄 및 청소년 범죄가 늘어나고 있으며, 국내 체류 외국인들의 범죄 또한 증가하고 있다.

범죄문제는 단순히 가해자와 피해자가 생기는 것이 아니라, 예상치 못하게 개인의 생명과 재산 등을 위협하고 피해자뿐만 아니라 피해자의 가족들과 지역사회의 안정과 평화를 해치는 심각한 문제다. 가해자의 경우 가해자 본인의 문제도 있지만 가족들 또한 가해자의 가족이라는 낙인과 경제적 어려움 등을 겪을 수 있다. 또한 한번 범죄가 발생하게 되면 범죄 자체와, 이로 인해 발생된 다양한 결과들을 완전히 없애기가 어렵다. 특히나 범죄는 지역사회 내에 의심과 불신, 경계가 생기게 되며 이는 우리 사회의 안녕과 복지에까지 부정적 영향을 미치게 된다.

그렇기 때문에 이러한 범죄 문제를 그냥 방치한다면 우리 사회 전체의 복지와 삶의 질에도 부정적 영향을 끼치며, 우리 사회의 발전을 저해할 수 있다. 또한 그동안에 범죄문제에 대해 단순히 교정교화에만 집중하였으나 오히려 범죄건수는 증가하는 등 그 효과에 의문이 제기되고 있으며, 범죄문제에 대한 새로운 방식의 접근이 필요하다. 그러므로 교정복지적 접근을 통해 교정복지 대상자들에게 사회복지적 접근을 실시하는 것이 필요하다고 할 수 있다. 특히나 범죄자나 비행청소년의 특성을 보면 이들은 사회복지의 차원에서 도움이 제공되어야 할 대상이 분명하다. 피해자 또한 범죄로 인해 발생한 부정적 영향들을 위해 사회복지적 도움이 반드시 필요하다. 교정복지의 필요성을 정리해 보면 다음과 같다.

1) 모든 인간은 존엄하기 때문에 교정복지가 필요하다

사회복지학에서는 모든 인간의 존엄성을 인정하며, 모든 개인의 삶의 질의 향상과 행복을 추구한다. 그러므로 사회복지 분야에서는 범죄인이나 비행청소년이 비록 범죄를 저질렀더라도 이들의 남은 삶 동안 재활을 돕고, 건강한 사회 구성원으로서 살아가는 데에 적극적으로 개입하고 도와야 한다. 이는 장기적인 관점에서 이들의 재범을 예방할 수 있으며, 궁극적으로 안전한 지역사회에 기여할 수 있다. 특히, 가해자의 경우, 범죄를 저지른 사람이기 때문에 왜 이들에게 도움을 주느냐는 부정적 인식이 대부분이다. 그러나 가해자는 스스로 자신의 문제를 해결하거나 극복하여 자신이 처한 상황에서 벗어날 힘이 부족하고, 이를 방치한다면 재범으로 이어져 지역사회에 다시금 해를 끼칠 수 있다는 위험성이 있다. 그러므로 가해자를 사회에 잘 적응시키고, 지역사회에 복귀를 돕는다는 것이 사회 전체에 안정에 도움이 된다는 점에서 필요하다.

피해자의 관점에서도 마찬가지다. 피해자는 범죄로 인해 범죄 전과는 전혀 다른 삶을 마주하게 된다. 특히, 피해자는 사법처리 과정에서 철저히 소외되기도 하며, 피해자를 위해 주어지는 보상은 피해자의 상처나 고통을 없애는 데에 거의 도움이 되지 않기도 한다. 그러므로 피해자라는 이유로 위축되거나 숨는 것이 아니라, 범죄 이전처럼 살아갈 수 있도록 교정복지적 접근을 통해 도와야 한다.

2) 범죄자의 주된 특성으로 인해 교정복지가 필요하다

교정복지 대상자 중 범죄자의 일반적 특성은 사회의 소외계층이라고 요약할 수 있다. 물론 모든 범죄자들이 이러한 특성을 가졌다고 보기는 어렵다. 최근에는 중산층의 범죄 또는 고학력자의 범죄도 증가하고 있기 때문이다. 그러나 아직도 대다수의 범죄자들의 특징은, 첫째, 하류계층, 둘째, 개인의 내적 또는 정신병리적 문제의 소유자, 셋째, 교육과 직업에서 성취 부족, 넷째, 부모 또는 가족적 요인, 다섯째, 반사회적 태도, 여섯째, 개인의 충동적 성격 등이라고 볼 수 있다. 이러한 범죄자들의 특징은 사회복지적 차원에서 도움이 제공되어야 할 특성이며, 이들은 오히려 다른 사회복지 분야의 클라이언트보다도 사회적 지원이 제공되지 않으면 그들 스스로 자신들의 문제를 해결하기가 곤란한 경우가 대부분이다(배임호 외, 2010).

3) 생태체계적 관점으로 접근하기 위해 교정복지가 필요하다

범죄문제는 가해자와 피해자에게만 부정적 영향을 미치는 것이 아니다. 범죄 사건으로 인해 갑작스럽게 한 가정의 아버지가 교도소에 수감되게 되면, 남은 가족들은 심각한 경제적 궁핍을 겪으며 가족 간의 갈등, 주위 사람들의 부정적인 시선과 낙인 등의 어려움을 겪기도 한다. 피해자의 경우에도 가족 간의 갈등, 단절 등 상황에 따라 다양한 문제가 발생한다. 지역사회 내에서 소위 말하는 '묻지 마 범죄'가 생긴다면 지역사회 전체의 불안, 불신, 위협감 등을 느끼며 지역사회의 통합과 안정에 어려움을 주게 된다.

그러므로 범죄문제를 해결하기 위해서는 생태체계적 관점이 필요하다. 생태체계적 관점은 '환경 속의 인간(Person-in-environment)'을 중시하며, 인간과 인간을 둘러싼 모든 환경들에 대해 개입하고자 한다. 범죄문제는 가해자, 피해자에게만 개입하는 것이 아니라 그 개인과 개인을 둘러싼 가족, 학교, 직장, 지역사회 등 다양한 환경에 개입해야 하며 이를 위해 교정복지가 필요하다고 볼 수 있다.

3. 교정복지의 활동 현장

사회복지 차원에서 교정복지를 실천할 수 있는 다양한 활동 현장이 있다. 크게 공급주체 면에서 공적 영역과 민간 영역으로 나누거나, 시설 내 처우 및 사회 내 처우로 나눌 수 있다.

1) 공적 영역과 민간 영역

교정복지 활동 현장 중 공적 부문에서 대표적인 예는 경찰, 검찰, 법원, 보호관찰소, 소년원 등이 있으며, 민간 부문에서는 법인, 단체 등이 수탁운영하는 민간시설, 종교단체, 자원봉사조직, 사회복지시설 등이 있다. 이 가운데 주요한 교정 관련 기관 및 시설을 제시하면 〈표 13-1〉과 같다.

〈표 13-1〉 교정복지의 주요 실천현장 및 활동 · 서비스

		주요 기관	활동 및 서비스
공공 영역	교정 기관	교도소	징역 및 금고, 사형 등의 형을 확정 받은 사람을 수용 성별, 연령별, 죄의 경중, 기능별로 분류 수용 *민영교도소(1개): 소망교도소
		구치소	형이 확정되기 전의 피고인 또는 피의자를 수용
	보호 관찰 기관	보호관찰소 (준법지원센터)	교정시설 및 소년원에 수용하지 않고, 일상 사회생활을 영위하면서 재범에 빠지지 않도록 대상자를 지도, 감독하고 원호하는 사회 내 처우(상담, 취업 알선, 학교 복귀, 환경 개선 등)

	소년보호기관	소년원	가정법원이나 지방법원 소년부에서 송치된 비행소년들을 보호, 수용하여 교정교육을 하는 특수교육기관(학교교육, 직업훈련, 심성순화, 심신의 보호, 지도 등)
		소년분류심사원	가정법원이나 지방법원 소년부에서 위탁하거나 보호관찰소에서 유치한 소년을 수용하고 분류심사를 실시하여 법원에 자료 제공, 교정 처우 지침 제시, 사후지도 권고 등
		청소년비행예방센터 (청소년꿈키움센터)	가정법원이나 지방법원소년부에서 의뢰한 비행청소년에 대한 상담조사 및 학교, 교육청으로부터 위탁받은 위기청소년에 대한 대안교육 및 인성교육
	치료감호기관	치료감호소 (국립법무병원)	범죄를 저지른 정신 장애인 및 약물중독자의 재활을 위한 보호수용과 치료서비스
민간 영역		한국법무보호복지공단 (구 갱생보호공단)	범죄를 저지른 사람의 재범방지를 위하여 정신적 · 물질적 원조 제공, 건전한 사회복귀와 재적응 도모
		소년보호시설	가정법원이나 지방법원 소년부에서 소년보호처분 6호를 받은 소년들을 위탁받아 숙식을 제공하며 감호, 학업 및 직업교육 실시
		종교 · 사회기관 및 관련 교정시설	법원, 검찰 및 교정기관 등으로부터 대상자를 위탁 받아 다양한 서비스를 제공
		지역사회복지관 및 기타 사회복지시설	법원, 검찰 및 교정기관 등으로부터 대상자를 위탁 받아 다양한 서비스를 제공

출처: 배임호(2021). New Paradigm 교정복지론, p. 64.

2) 시설 내 처우와 사회 내 처우

교정복지에서는 가해자가 어떤 처우를 받느냐에 따라 활동 현장을 시설 내 처우와 사회 내 처우로 분류할 수도 있다. 시설 내 처우란 가해자를 구치소와 교도소, 소년원 등의 교정시설에 구금하여 외부와 단절하고 자유를 박탈하는 것이다. 반면 사회 내 처우는 시설에 수용되는 것이 아니라 지역사회 안에서 자유롭게 생활하며 일정 기간 동안 교육, 지도, 통제 등을 받는 것으로 대표적으로는 보호관찰제도, 사회봉사명령, 수강명령제도 등이 있다.

과거에는 단순히 가해자를 구금하여 교정 및 교화를 실시하려고 하였으나, 교정시설에 수용되는 것은 낙인효과 및 범죄 학습 효과, 출소 후 재사회화의 어려움 등의 문제가 발생하였다. 이에 대한 대안으로 나타난 사회 내 처우는 구금이 주는 낙인 요소를 제거할 수 있고, 교정 비용이 적게 들며, 사회복귀를 용이하게 할 수 있다.

우리나라에서는 1998년 「보호관찰법」을 제정하여 1999년부터 시작되었으며, 범죄자에게 보호관찰, 사회봉사, 수강명령 등을 통해 사회복귀를 돕고 범죄를 예방하고자 한다. 이를 위해 보호관찰관 또는 민간 자원봉사자 등이 이들을 지도, 감독한다.

범죄는 지역사회에서 일어나며, 어찌됐든 범죄자는 다시 지역사회로 돌아가야 하기 때문에 지역사회 내에서 이러한 지도, 감독과 형 처벌이 도움이 된다고 볼 수 있다. 교정시설에 수용되었다가 출소한 경우의 재범률은 20~25% 내외이지만, 보호관찰대상자의 재범률은 2019년 기준 7%대로 보호관찰제도가 보다 효과적이다 (법무부 보호관찰과, 2020). 또한 수용시설에 있는 재소자에게는 접근이 보다 엄격하지만, 지역사회 내에서 보호관찰제도를 받고 있는 가해자에게는 좀 더 접근이 용이하며 가해자를 위한 적절한 자원을 연결해 주거나 맞춤형 교육을 실시할 수도 있다. 이러한 면에서 단순히 범죄자를 처벌 및 수용하는 것보다는 생태체계적 관점에서 지역사회 내에서 시행된다는 것은 보호관찰제도가 교정복지와도 연관이 있다고 볼 수 있다.

4. 교정복지의 클라이언트

범죄사건은 개인이나 가족, 지역사회가 스스로 해결하기 어려운 문제가 대부분이며, 이때 지역사회적 · 국가적 차원에서 문제 해결을 위한 적절한 서비스를 제공하여 범죄와 관련된 모든 사람들이 원래대로 돌아와 다시 잘 적응할 수 있도록 도울 필요가 있다. 그러므로 교정복지 분야에서 개입할 클라이언트를 어느 범위까지 한정할 것인지 중요하다. 이 장에서는 교정복지 클라이언트를 크게 가해자, 피해자, 가족, 지역사회로 나누어 각각에 대해 살펴보고자 한다.

1) 가해자

가해자는 사전적 정의로 다른 사람의 생명이나 신체, 재산, 명예 따위에 해를 끼친 사람을 말한다. 우리나라에서 발생하는 범죄의 가해자가 몇 명인지는 대략적으로 범죄 발생건수를 통해 알 수 있는데, 2017년을 기준으로 우리나라 전체 범죄 발생건수는 1,824,876건으로 보고되었다(법무연수원, 2018). 물론 중복하여 범죄를 저지른 가해자가 포함되었을 수는 있으나 한 해 100만 명 가까이의 범죄 가해자가 있다고 볼 수 있다. 이 중 더욱 심각하다고 볼 수 있는 강력(흉악)범죄의 발생건수는 2017년 36,030건(법무연수원, 2018)으로 보고되었다.

(1) 가해자의 일반적 특성

가해자의 전반적인 심리정서적 특성으로는, 자아존중감과 자아통제력이 낮으며, 긴장감이나 스트레스, 공격성이 높다(홍성열, 2012; Mazerolle et al., 2000; Crick & Bigbee, 1998). 또한 충동성 분노, 불안 수준이 일반인보다 높다(황성현 외, 2015). 경제적으로는 하류계층인 경우가 많으며, 교육 및 직업에서의 성취가 낮고, 가족 또는 부모와의 문제가 있다(배임호 외, 2010). 즉, 범죄자는 다양한 심리정서적 · 경제적 · 환경적 문제를 겪고 있으며 교정복지에서는 이러한 문제에 대해 다각도로 접근할 필요가 있다.

(2) 가해자의 문제 또는 욕구

범죄가 발생하고 나면, 이전과는 완전히 다른 심리정서적 · 사회적 · 환경적 변화를 겪게 된다. 특히, 교정시설에 수용되는 경우 가족과의 단절뿐만 아니라 새로운 환경 적응에 대한 어려움, 출소 후에 대한 막막함을 느낀다. 출소 후에는 다시 지역사회에 재적응해서 살아가야 하며, 주변 사람이나 사회의 낙인을 극복해야 한다. 범죄로 인해 이전의 직업으로 돌아가지 못하거나 새로운 일자리를 구할 때에 어려움을 겪으며, 지역사회 적응에 어려움을 겪기도 한다.

(3) 가해자에 대한 교정복지적 관점

교정복지적 측면에서, 범죄 직후부터 출소 후 사회에 재적응할 때까지 전 과정 동안 개입하고 실천하는 것이 중요하다. 예를 들어, 교정시설에 수용 중인 경우, 수용기간 동안 원활한 적응을 위한 심리 · 사회적 지지 제공, 가족관계 회복을 위한 도움 제공, 출소 후 지역사회 내의 일자리 연계 등을 도울 수 있다.

교정복지적 관점에서 가해자에게 접근하는 가장 큰 이유는 가해자들이 자신의 잘못에 대해 책임을 다할 수 있도록 돕는 것이다(배임호, 2009). 자신의 행위로 인해 피해자에게 미안함을 느끼고, 적절한 경우 피해자와의 관계를 회복시키기 위해 도울 수 있다.

특히, 우리 사회에서는 가해자에 대한 비난과 낙인이 심하며, 가해자를 돕는다는 것에 대한 강한 반감이 존재한다. 그러나 가해자가 아무리 비난을 받아 마땅하더라도, 무기징역 또는 사형 등의 중형을 받지 않는 이상 가정과 지역사회로 다시 돌아오게 된다. 또한 이들은 지역사회로 돌아온 후에 가족 간의 갈등, 취업의 어려움, 주변 사람들의 낙인 등 이전보다 더 심각해진 문제들로 인해 스스로 해결하기 어려운 어려움에 빠지고, 재범으로 이어질 위험성이 있기 때문에 이들의 사회 재적응을 위한 즉각적인 개입을 실천할 필요가 있다.

교정복지에서는 범죄자가 받을 형벌을 낮춰 주거나, 가해자의 잘못을 감싸거나 옹호해 주는 것이 아니다. 교정복지에서는 법적 영역이나 범죄사건과 관련하여 가해자의 교정교화에 도움이 되는 한에서 필요한 정보와 자료를 최선의 방법으로 제공하고 지원하며, 적극적인 전문적 활동을 통하여 사법체계와의 공동 목표를 실천해 나가는 것을 목적으로 한다.

2) 피해자

피해자의 사전적 의미는 자신의 생명이나 신체, 재산, 명예 따위에 침해 또는 위협을 받은 사람으로 가해자와 반대되는 말이다. 2017년을 기준으로 형법범죄의 피해자는 총 824,679명으로 집계되었다(법무연수원, 2018). 이 중 강력범죄 피해자는 32,984명이다. 매년 계속해서 새로운 피해자가 생기며 범죄 피해를 경험하더라도 신고하지 않은 경우를 감안하면 예상보다 더 많은 피해자가 발생하고 있다고 볼 수 있다.

(1) 피해자의 일반적 특성

일반적으로 피해자는 범죄로 인해 매우 큰 충격과 불안, 스트레스에 빠지며 외상 후 스트레스 증후군(PTSD)에 걸릴 확률이 높다. 불안장애나 기분장애 등 정신증적 어려움에 빠지는 경우도 있으며(김태경, 2015), 불면증, 공허함, 일하는 것이나 직장 생활에서의 곤란 등을 느낀다(최인섭 외, 2006). 또한 이전의 일상생활에 어려움을 느끼며 대인관계나 직장생활에 어려움을 느끼기도 한다. 즉, 가해자와 마찬가지로 피해자도 다양한 심리정서적 · 사회적 문제를 겪고 있으며 이를 위한 다양한 실천적 접근이 필요하다.

(2) 피해자의 문제 또는 욕구

범죄 피해는 매우 갑작스럽게 찾아온다. 피해자가 되면 피해로 인한 트라우마와 함께, 신고했다는 사실에 대한 보복의 두려움, 가해자에 대한 복수심과 분노, 가족 내의 갈등, 경제적인 문제, 직장에서의 실직 등 일상생활이 어려워질 수 있다. 또한 재판이나 수사 과정에서는 가해자의 처벌에만 초점이 맞춰져 있기 때문에 피해자 자신이 원하는 바를 제대로 말하지 못하고 소외되는 경향이 있다.

(3) 피해자에 대한 교정복지적 관점

피해자를 위한 교정복지적 접근의 첫 번째는 피해자가 범죄로 인한 상처와 피해를 극복할 수 있도록 돕는 것이다. 신고 직후부터 경찰 조사를 잘 받을 수 있도록 도우며, 각 단계마다 피해자가 겪는 어려움에 대해 필요한 자원을 연계한다. 또한 심리정서적 문제를 겪는 피해자를 위해 심리치료 및 관련 프로그램을 실시할 수 있다. 범죄 피해로 인해 일상생활이 어려워진 경우를 위해 긴급 생계비 지원, 주거 지원, 자녀 돌봄 연계 등을 실시할 수 있다. 또한 범죄 피해자를 지원하기 위한 범죄 피해자 지원센터 등을 활용할 수 있다.

3) 가족

범죄사건으로 인해 가해자와 피해자뿐만 아니라 가장 가까운 가족들도 다양한 심리정서적 · 경제적 어려움을 겪는다. 가해자와 피해자로 나누어 살펴보면 다음과 같다.

(1) 가해자 가족

먼저 가해자가 한 가정의 부모인 경우, 자녀들은 갑작스럽게 부모와의 단절되는 것뿐만 아니라 원망과 분노, 갈등을 겪는다. 교정시설 수용자를 대상으로 한 연구에서는 설문 응답자 1,005명 중 31.2%인 311명이 19세 미만의 자녀가 있다고 답하였다(신연희, 2014). 자녀가 어릴 경우에는 더 큰 경제적 어려움을 겪으며, '범죄자의 자식'이라는 낙인을 찍히기도 한다.

이를 위해 교정복지적 관점에서는 남아 있는 가족들을 위해 긴급생계비 지원, 주거비 지원, 다양한 복지제도에 대한 소개 및 연계를 통해 도울 수 있다. 또한 가정해체를 방지하기 위해 수용자와 가족들의 만남 주선, 가족 회복 프로그램, 자녀 양육법에 대한 교육 등의 프로그램을 진행할 수 있다. 또한 수용자 자녀를 위해 상담 및 지지해 주는 멘토 연결 등도 심리정서적 안정에 도움을 줄 수 있다.

(2) 피해자 가족

피해자 가족은 피해자 못지않게 큰 충격과 트라우마를 겪는다. 특히, 강력범죄일 경우에는 가족들의 일상 또한 망가지며 심각한 부정적 영향을 끼친다. 생활패턴이 무너지는 것뿐만 아니라 피해자가 가장일 경우에는 경제적 어려움에 부딪히기도 한다. 피해자가 아동일 경우 부모는 자신들의 잘못으로 인해 범죄가 발생했다는 죄책감, 미안함, 가해자에 대한 분노와 복수심 등을 느끼며 고통스러운 시간을 겪는다. 부부간의 관계가 깨어지거나 자녀 양육에 대한 문제가 발생할 수도 있다.

또한 피해자 가족들도 피해를 당했다는 사실에 대한 주변 사람들의 부정적 인식과 낙인감을 겪게 된다. 예상치 못한 범죄 피해를 입었지만 피해 사실을 주변에 숨기게 되며, 언론 보도로 인한 2차 피해를 겪기도 한다.

이들을 위해 피해 발생 직후 가족상담과 치료, 피해자 가족 보호 및 자립 지원 등을 제공할 수 있다(이인선 외, 2014). 특히, 필요한 지원을 받을 수 있도록 외부 기관을 연계해 주며, 수사 과정이나 재판 등의 절차에서 대변자의 역할을 할 수 있다.

4) 지역사회

지역사회는 그곳에 살고 있는 구성원들의 가정과 직장, 일상생활이 가능하게 하는 공동체로서 삶의 터전이다. 여기서 지역사회의 개념은 주민들이 서로 하루의 삶을 영위하며 상호작용하는 삶의 생활권을 뜻하며 가족, 이웃, 종교기관, 그리고 기타 사회서비스 기관을 포괄적으로 내포하는 것으로 이곳에서는 복합적인 인간관계가 섬유조직처럼 얽혀져 이들 관계 속에서 각 구성원이 자아실현을 이루어 나간다(배임호, 1995).

그러나 한번 범죄가 발생하면, 지역사회는 삶의 공동체로서의 기능을 잃고 신뢰

관계가 단절되며 주민들 간에 두려움과 공포감이 조성된다. 그러므로 범죄로 인한 악영향을 제거하고 이전의 상태로 돌아갈 수 있도록 회복을 도와주는 일이 필수적이다.

무엇보다 중요한 것은 지역사회는 범죄자가 교정시설을 거친 후에 다시 되돌아가는 곳이다. 지역사회는 범죄자의 정상적 사회복귀가 이루어져야 할 곳이기 때문에 지역사회와 범죄자는 불가분의 관계에 있다(배임호, 2021). 또한 범죄자의 사회복귀를 도울 수 있는 중요한 자원들이 내재되어 있는 곳이다. 가해자는 지역사회에서의 도움을 절대적으로 필요하며, 피해자의 경우에도 마찬가지로 지역사회의 도움을 절대적으로 필요로 한다. 지역사회복지관, 주민센터, 각종 시설 및 센터 등의 서비스와 프로그램 등을 제공할 수 있으며, 이러한 기관들은 가해자 및 피해자의 사회복귀를 돕고 지역사회 범죄 예방을 위해 노력해야 한다.

5. 교정복지 실천이론

교정복지실천이란 교정복지 대상자와 교정복지 현장에서 이루어지는 사회복지 실천이라고 볼 수 있다. 교정복지실천 대상은 비행청소년, 성인범죄자, 피해자, 그 가족들, 지역사회까지 실천대상의 범주에 포함시킬 수 있으며, 교정복지 현장은 교정시설 내 처우와 사회 내 처우 현장으로 구분할 수 있다.

교정복지 실천에는 특별한 실천이론이나 실천 모델이 있는 것이 아니라, 정신역동 모델, 심리사회 모델, 행동주의 모델, 인지행동 모델 등 기존의 사회복지실천에서 주요하게 사용하고 발달되어 왔던 실천이론이나 실천모델을 사용하여 접근한다. 그중 교정복지 현장 및 대상자에게 가장 적합하다고 여겨지는 심리사회 모델, 인지행동 모델, 임파워먼트 모델, 위기개입 모델에 대해 알아보고자 한다.

1) 심리사회 모델과 교정복지실천

심리사회 모델(Psychosocial Model)은 인간을 심리적 측면에서 이해하는 것뿐만 아니라 사회적인 측면, 그리고 상호작용까지도 고려한다. 인간은 스스로 변화할 수 있는 긍정적 존재이며, 동시에 생리적 · 사회적 환경과 끊임없이 상호작용하는 존재라고 보았다. 클라이언트의 문제는 개인, 가족, 사회 환경 등이 상호 영향을 주고 받는 가운데에서 발생한 것이기 때문에, 클라이언트의 과거 경험과 주변 상황을 파악하여 탐색, 기술, 환기 등의 방법을 통해 접근한다.

심리사회 모델을 교정복지실천에서 적용할 때에는 교정복지 대상자가 자신의 과거 경험, 원가족에 대한 이해, 현재 상호작용하고 있는 주변 환경들 등에 대해 다차원적으로 성찰할 수 있도록 도와줌으로써 자신의 행동을 되돌아보게 할 수 있다. 또한 사회복지사는 교정복지 대상자가 스스로 변화할 수 있는 긍정적 존재라는 사실을 인식하고, 과거의 범죄에 얽매이기보다는 미래지향적인 변화를 위해서 교정복지 대상자가 주변 환경을 변화시킬 수 있도록 긍정적 지지를 해 주어야 한다.

2) 인지행동 모델과 교정복지실천

인지행동 모델(Cognitive Behavioral Model)은 클라이언트가 가진 잘못된 사고와 인지 유형을 확인하고, 행동주의적 기법을 적용하여 잘못된 사고를 바람직한 행동으로 수정하고자 한다. 대표적인 치료기법으로 엘리스(Ellis)의 합리정서치료(Rational Emotive Behavioral Therapy)와 벡(Beck)의 인지치료(Cognitive Therapy)가 있다.

인지행동 모델을 교정복지실천에서 적용할 때에는 교정복지 대상자의 왜곡된 인지 패턴을 분석하고 변화시키는 것이 중요하다. 교정복지 대상자의 경우 일반인에 비해 왜곡된 비합리적 사고를 하는 경우가 많으며, 특히 성범죄자의 경우 왜곡된 성 인식을 바로잡아야 재범의 예방이 가능하다. 역할 연습, 처벌과 강화를 통한 행동수정 기법 등을 활용하여 역기능적 사고와 인지에서 벗어나 새로운 사고패턴과 행동패턴을 습득할 수 있다.

3) 임파워먼트 모델과 교정복지실천

임파워먼트 모델(Empowerment Model)은 클라이언트의 문제를 파악하여 해결하는 식의 접근에서 벗어나, 강점을 중심으로 클라이언트를 바라본다. 클라이언트에게는 잠재력과 자원, 장점과 발전 가능성이 있으며 스스로 자신의 삶을 통제할 수 있다고 본다. 사회복지사와 클라이언트는 협력을 통해 클라이언트의 변화를 유도

한다.

교정복지실천에서 임파워먼트 모델을 적용한다면, 우선 교정복지 대상자는 범죄 가해자 또는 피해자라는 이유로 사회적 낙인을 겪고 있으며 자신의 삶에 대한 통제력이 낮을 수 있다. 그럼에도 불구하고 교정복지 대상자는 스스로를 통제할 수 있는 힘과 잠재력, 강점을 가지고 있다는 시각으로 교정복지 대상자를 바라보아야 한다. 특히, 사회복지사가 교정복지 대상자에게 서비스를 단순히 제공하는 것이 아니라, 교정복지 대상자 스스로 사회복귀의 주체가 됨으로써 사회복지사와 협력적 파트너라는 인식을 공유해야 한다.

4) 위기개입 모델과 교정복지실천

위기개입 모델(Crisis Intervention Model)은 클라이언트가 갑작스러운 위기 상황에 노출되었을 때, 위기 이전의 상태로 회복하도록 개인, 가족, 집단, 지역사회 등에 원조를 제공하는 것을 말한다. 클라이언트가 갑작스러운 위기를 맞게 되면 이전에 해왔던 문제해결 방법이나 대처 방식이 제대로 적용되지 않아 혼란을 겪게 되는데, 이때 사회복지사는 신속하고 즉각적인 도움을 제공해야 한다.

교정복지 대상자는 예상치 못한 위기를 겪게 된다. 교정시설 수감으로 인한 가족과의 단절 및 갈등, 출소 직후의 사회적응에 대한 어려움 등이 제대로 극복되지 않으면 재범으로 이어질 수 있다. 그러므로 사회복지사는 교정복지 대상자의 위기에 대해 사전에 미리 대비하며, 교정복지 대상자의 혼란과 불안감을 다루어 주어야 한다. 또한 지역의 다양한 자원을 연계하고 활용하여 가장 적절한 서비스를 제공해 주어야 한다.

6. 교정복지 실천과정

교정복지실천에서도 사회복지실천의 일반적인 과정이 동일하게 진행된다. 교정복지 대상자 중 범죄 가해자를 중심으로 초기 과정, 사정(Assessment) 과정, 계획 과정, 변화 과정, 종결 과정의 순서로 살펴보고자 한다.

1) 초기 과정

초기 과정은 클라이언트가 찾아와 접수를 하는 과정부터 시작한다. 접수란 기관에 문제나 욕구를 가진 사람이 찾아왔을 때 사회복지사가 그의 문제와 욕구를 확인하여 그것이 기관의 정책과 서비스에 부합되는지 여부를 판단하는 과정이다(양옥경 외, 2018). 교정복지 대상자의 경우 일반 클라이언트와는 다르게 범법 행위로 인해 강제적으로 수감되거나 찾아오게 되는 경우가 대부분임을 유념해야 한다.

접수 과정에서는 먼저 클라이언트가 호소하는 문제를 확인해야 한다. 교정복지 대상자의 경우 대상자의 범죄 행위에 대한 기본적 이해를 바탕으로 한다. 교정복지 대상자에 대한 기초적인 자료뿐만 아니라 면담을 통해 본인이 호소하는 문제나 욕구가 무엇인지를 파악해야 한다. 이 과정에서 교정복지 대상자의 문제나 욕구를 다루어 줄 수 없다고 판단될 때에는 의뢰(Referral)를 진행할 수 있다. 대표적인 예시로 정신질환이 심한 경우에는 국립법무병원에 의뢰하거나 혹은 지역사회의 센터 및 기관으로 의뢰할 수도 있다.

또한 중요한 것 중 하나는 교정복지 대상자와의 관계 형성이다. 사회복지사는 교정복지 대상자를 범죄자가 아닌 한 인간으로써 바라보아야 하고, 진실한 대화와 감정이입을 통해 라포(Rapport)를 형성해야 한다.

2) 사정 과정

사정(Assessment)은 클라이언트와 주변을 둘러싼 환경에 대해 자료를 수집하여 클라이언트의 상황이나 문제를 좀 더 넓게 이해하고 분석하는 과정이다. 이때 실시하는 자료수집 내용에는 클라이언트의 기본정보(인적 사항, 가족 사항, 주거 사항, 경제적 사항 등), 개인력(유아기, 아동기, 청소년기, 성인기, 노년기 등의 주요 사건), 가족관계 및 가족력, 자원, 강점, 한계 등이 있다. 자료를 수집하기 위해서 클라이언트와 직접 면담하거나, 클라이언트가 작성한 서류 또는 심리검사 결과 등을 활용할 수 있다. 사정에서 활용할 수 있는 도구는 가계도, 생태도, 사회도(소시오그램, Sociogram) 등이 있다.

교정복지 대상자의 경우 사정 과정에서 주로 발견되는 문제들은 가족과의 문제, 교정시설 내에서의 문제, 심리행동상의 문제, 출소 이후의 생활문제 등이다. 수감생활로 인해 가족기능이 약화되어 이혼, 자녀양육의 문제 등이 발생할 수 있으며, 수감자가 가장인 경우에는 가족들의 경제적인 어려움이 있을 수 있다. 교정시설에 다른 수감자들과 공동으로 생활하며 문제가 발생할 수도 있다. 출소 이후에 사회적응에 대한 불안감이나, 재취업 등에 대한 어려움을 겪을 수 있다.

3) 계획 과정

계획 과정은 수집한 자료를 근거로 사회복지사와 클라이언트가 해결할 문제를 정의하고, 목표 달성을 위해 계획을 세우고 실천해 가는 과정이다. 교정복지 대상자의 경우 1차적으로는 범죄로 인한 처벌 과정을 잘 이행하는 것을 목표로 해야 하며, 2차적으로는 법적인 책임을 마치고 난 후 예전과 같은 생활로 정상적으로 복귀할 수 있도록 해야 한다.

목표를 설정할 때에는 교정복지 대상자가 원하는 결과가 반영될 수 있도록 해야 하며, 측정 가능하고 현실적으로 달성 가능한 것이어야 한다. 또한 교정복지 대상자가 자신에 대한 부정적인 인식을 하지 않고 강점을 인식하여 새로운 기대를 품을 수 있도록 성장을 강조할 수 있는 긍정적인 목표를 세워야 한다.

4) 변화 과정

변화 과정은 계획 과정에서 설정한 목표와 계획을 이행하는 과정이다. 사회복지사는 교정복지 대상자에게 직접 개별상담이나 집단상담 등을 실시하며 직접적으로 개입할 수도 있지만, 자원 연계나 환경 변화 등 간접적으로 개입할 수도 있다. 변화가 어느 정도 이루어지면 개입활동이 올바로 이루어지고 있는지 점검할 수 있다.

5) 종결 과정

종결 과정은 사회복지사와 클라이언트가 전문적 관계를 끝맺는 과정이다. 이 과정에서는 개입목표가 잘 달성되었는지, 클라이언트의 문제가 해결되었는지 등에 대해 판단해야 한다. 이를 위해 형성평가(Formative evaluation)와 총괄평가(Summative evaluation) 등을 활용한다.

공식적 관계가 종료된 후에 교정복지 대상자가 어떻게 지내고 있는지 알아보는 과정을 사후관리(Follow-up)라고 한다. 다른 클라이언트에 비해 교정복지 대상자의 경우 변화가 일시적인 경우가 많기 때문에, 지속적으로 교정복지 대상자가 문제를 해결하고 잘 지내고 있는지, 새롭게 맞닥뜨린 어려움은 없는지를 확인해야 한다.

7. 교정복지에서 사회복지사의 역할

사회복지사는 교정복지의 다양한 실천현장에서, 그리고 다양한 클라이언트에게 개입하여 교정복지 전문직으로서의 원조활동을 전개할 수 있다. 교정복지 분야의 사회복지사는 교정 정책과 행정, 사법처리 과정, 사법체계 등에 대한 기본적 지식을 필요로 하며, 무엇보다도 교정복지와 관련된 다양한 실천현장에 대한 이해가 전제되어 있어야 한다. 또한 교정복지 클라이언트에 대한 편견이나 선입견이 없어야 하며, 이들에게 적절한 실천이론과 실천기술을 활용할 줄 알아야 한다. 마지막으로, 이들과 관련된 자원봉사자, 관련 기관 등과 협력하여 일할 수 있어야 하며 적절한 자원과 서비스를 발견하고 연결할 수 있어야 한다.

범죄자들은 자신들의 잘못된 범죄를 자기 탓으로 인정하기보다는 남의 탓으로 돌리는 경우가 대부분이다. 그러므로 교정복지 분야의 사회복지사는 먼저 범죄자가 자신의 잘못과 행동을 올바로 인정할 수 있도록 하고, 이에 대한 적절한 책임을 담당할 수 있도록 해야 한다. 또한 대부분의 범죄자들은 자신들이 해야 할 일에 대한 저항이나 반발이 심하며 참여하는 일에 비협조적이다. 그러므로 이들을 프로그램에 잘 참여시키기 위한 적절한 동기화를 시키는 것이 선행되어야 하며, 이들이 자발적 클라이언트로 변화되도록 실천과정에서 필요한 접근이 이루어져야 한다.

아울러 범죄로 인하여 이전과 달라진 가족, 자녀, 친구, 학교, 직장, 지역사회 등 다양한 관계들을 정상화시키는 데에 중요한 역할을 담당할 수 있으며, 적절한 자원을 연계해 줄 수 있다. 교정복지 분야에서 사회복지사의 대표적인 역할을 정리해 보면 다음과 같다.

1) 상담자의 역할

사회복지사는 범죄 가해자, 피해자, 가족 등을 만나 상담을 진행할 수 있다. 상담을 하기 위해서는 먼저 이들의 심리적·정서적 어려움과 문제, 욕구에 대한 파악이 필수적이다. 가해자나 피해자가 갖고 있는 일반적인 특성 외에도 각 개인의 특별한 상황과 욕구에 민감하게 반응해야 한다. 상담을 통해 내담자에게 충분한 공감과 정서적 지지를 제공하고, 내담자가 가진 어려움을 극복할 수 있는 다양한 방안들을 제시하며, 스스로 해결할 수 있다는 동기부여를 하는 것이 중요하다.

2) 교육자의 역할

교정복지 분야에서 사회복지사가 클라이언트에게 교육할 수 있는 분야는 다양하다. 먼저 가해자를 중심으로, 수강명령이나 수용시설 내에서의 인성교육, 다양한 프로그램 등을 진행할 수 있다. 가족들을 대상으로 자녀 양육법에 대한 교육이나 가족관계 회복을 위한 교육을 진행할 수 있으며, 비행청소년을 대상으로도 다양한 교육을 진행할 수 있다.

3) 중재자의 역할

교정복지 분야에서 가장 중요하기도 하지만 현재까지 우리나라에서 좀 더 활성화되어야 할 사회복지사의 역할은 중재자(Mediator)의 역할이다. 사회복지사는 다양한 중재의 상황에 개입할 수 있다. 교도소에 수용된 가해자의 경우 교도소 내 수용자들끼리의 갈등 상황에서의 중재, 교도소 직원과 수용자와의 사이에서 중재, 수용자와 가족 간의 중재 등이 있다. 그 가운데서도 적절한 그리고 중재 실행이 가능한 범죄사건의 경우에는, 가해자와 피해자 사이의 중재를 유념해 볼 필요가 있다. 이는 가해자와 피해자가 자신들의 이야기를 하고 가해자는 자신의 책임을 인정하고 피해자에게 용서를 구하며, 경우에 따라 피해자는 용서를 받아들이거나 자신의 이야기를 하는 등의 과정을 통하여 진정한 회복이 이루어질 수 있다.

8. 교정복지의 과제

우리 사회는 그 어느 때보다 복잡하고 다양한 문제들을 겪고 있으며, 그중 범죄문제를 해결하기 위해 여러 노력들이 시도되고 있지만 그 효과는 그렇게 크다고 여겨지지 않는다. 사회의 여러 분야에서 범죄를 감소시키기 위해 다각도의 노력을 기울이고 있지만 계속해서 범죄는 발생하고 있으며, 범죄로 인한 피해 또한 늘어나고 있는 상황이다. 이러한 상황이 지속될수록 현재 형벌체계의 교정효과에 대해 의문이 제기될 수밖에 없다. 특히, 범죄는 사회 구성원의 '삶'과 직결되기 때문에, 복지국가를 지향하는 우리 사회에서는 반드시 해결해야 하는 큰 사회문제이며, 기존의 접근방식이나 관점을 바꿀 필요가 있다. 이런 상황 속에서 우리는 범죄문제에 대하여 보다 교정복지적 관점에서 더 적극적으로 접근하고 개입해야 한다.

이러한 대책 가운데 첫 번째는 국가적 차원에서 교정복지 관련 전문가를 증가시킬 필요가 있다. 현재 교정복지와 관련되어 국가에서 공인된 자격증은 없으나, 관련 민간단체에서 전문가를 양성하기 위한 자격증 과정을 개설하여 실시하고 있다. 민간단체에서의 자격증 과정이 확대되어 국가적 차원에서 전문 교육을 받은 교정복지 전문가들이 교정복지 실천현장에서 활동할 수 있기를 제안한다.

두 번째는 교정 분야에서 민간자원의 활성화가 필요하다. 현재 교정 분야에는 각종 공무원, 경찰, 검사, 판사 등 공공기관이나 국가적 차원의 전문가 중심으로 개입이 이루어지고 있다는 아쉬움이 있다. 그러나 사회복지 및 교정복지적 지식과 실천이론을 갖춘 민간자원이 개입한다면 교정의 효과가 좀 더 확대될 것이다.

마지막으로, 교정복지 클라이언트에 대한 사회적 네트워크 구축이 필요하다. 앞서 살펴본 것처럼 교정복지 클라이언트는 다양한 문제와 어려움을 겪고 있다. 이들을 위해 사회복지사는 다양한 자원들을 파악하고, 네트워크를 활용하여 문제 해결에 도움을 주어야 한다. 관련 기관들이 함께 모여 클라이언트를 위한 가장 적합한 서비스와 프로그램을 위해 고민할 필요가 있다.

정리해 보면, 범죄문제를 사회복지적 차원에서 접근함으로써 교정복지를 발전시키고 성숙시킬 수 있다. 단순히 범죄자를 처벌하는 것에서 끝나는 것이 아니라, 범죄행동에 대한 책임을 수행해 낼 수 있는 방안이 연구되는 것이 곧 교정복지의 새로운 패러다임이라고 할 수 있다. 범죄와 관련된 문제를 방치하였을 때 결국 우리 모두가 그 대가를 치르게 된다는 점을 강조할 수밖에 없으며, 범죄문제를 단순히 '교정'하는 차원을 넘어 '사회복지' 차원에서 범죄문제를 이해하고 연구해야 우리 사회가 바라는 교정의 목적에 한층 다가갈 수 있을 것이다.

사회복지는 '도와주는 전문직(Helping profession)'으로, 범죄문제 해결에 참여하지만 범죄자를 변호하거나 옹호하는 것이 아니며, 범죄 행위를 지지하는 것은 더욱 아니다. 최소한 이들이 법적으로 받은 형벌에 대해 반감이나 저항을 줄이고, 범죄자뿐만 아니라 피해자도 최소한의 미래의 삶에 대한 희망을 갖게 되도록 돕고자 한다. 범죄자는 자신의 행위로 인한 피해를 입은 주변 사람들과 지역사회를 위해 무엇을 해야 할 의무(Obligation)와 책임을 지니고, 이 의무를 행하며 피해자와 가족, 그리고 지역사회와의 관계를 회복하게 될 때, 우리 사회는 보다 선진 복지국가로 나아갈 수 있을 것이다.

참고문헌

김태경(2015). 살인피해자 유가족의 경험과 한국형 심리지원 방안모색을 위한 제언. **피해자학연구, 23**(2), 93-125.

배임호(1995). 21세기를 향한 새로운 도전: 회복적 정의(Restorative Justice). **교정연구, 5**, 227-251.

배임호(2009). '교정복지의 새로운 방향'. 한국교정사회복지학회 창립 세미나. 한국교정사회복지학회.

배임호(2021). **New Paradigm 교정복지론**. 경기: 공동체.

배임호, 박경일, 이태언, 신석환, 전영록(2010). **교정복지론(2판)**. 경기: 양서원.

법무부 보호관찰과(2020). 연례보고서.

법무연수원(2018). **범죄백서**.

신연희(2014). 부모가 교도소에 있는 자녀 및 자녀양육자들의 욕구와 클라이언트 중심 접근의 적용. **교정담론, 8**, 281-306.

양옥경, 김정진, 서미경, 김미옥, 김소희(2018). **사회복지실천론(5판)**. 경기: 나남출판사.

이인선 외(2014). 성폭력피해자 가족개입 및 지원방안 연구. **한국여성정책연구원 2014 연구보고서 22**, 1-198.

최인섭 외(2006). 범죄 피해자 실태 조사연구. **형사정책연구원 연구총서**, 23-335.

홍성열(2012). **범죄심리학**. 서울: 학지사.

황성현 외(2015). 한국범죄심리학. 경기: 피앤씨미디어.

Crick, N. R., & Bigbee, M. A. (1998). Relational and overt forms of peer victimization: a multiinformant approach. *Journal of Consulting and Clinical Psychology, 66*(2), 337.

Mazerolle, P., Burton, Jr., V. S., Cullen, F. T., Evans, T. D., & Payne, G. L. (2000). Strain, anger, and delinquent adaptations specifying general strain theory. *Journal of Criminal Justice*, *28*(2), 89-101.

제14장

사례관리

탈시설화와 지역사회보호를 중심으로 등장한 서구의 사례관리 실천은 국내에서는 대상별 통합서비스 확대와 사각지대 해소의 맥락에 따라 2000년대 이후 다양한 복지현장에서 지나치다 싶을 정도로 확대되고 있다. 사례관리는 복합적인 욕구를 가진 개인과 가족을 사례관리자와 다양한 자원들이 협업을 통해 돕는 통합적 실천이며, 이를 통해 서비스 이용자와 가족의 기능과 역량을 강화하고, 지역 자원의 반응성과 통합성을 높이는 실천이다. 이 장은 사회복지의 가치와 관점에 기반한 복지 영역의 사례관리를 소개하고, 이해하는 목적으로 마련되었다.

1. 사례관리의 개념과 차별성

국내 사회복지현장에서 복합적인 욕구를 가진 개인과 가족을 돕는 효과적 실천의 대안으로 사례관리가 지속적으로 확대되고 있다. 하지만 사례관리 활동이 포괄하는 수준과 영역이 광범위하고 실천 맥락에 따른 활동의 편차가 상당하여 이를 일관되게 정의하는 것은 쉽지 않은 일인데(이기연, 유서구, 2012), 그 배경에는 사례관리의 기원이 다학제적인 점과 사례관리의 실천 분야가 복지 영역에 국한되지 않기 때문이기도 하다. 사례관리가 초기에는 정신장애인, 중증장애인, 치매노인 등 복합적인 욕구를 가진 개인과 가족을 효과적이고 효율적으로 대응하기 위해 도입되었으나, 최근에는 구체적인 문제 해결과 단기 개입까지를 포괄하며 다양한 활동을 포괄하는 넓은 의미로 사용되고 있다(인천광역시사회복지관협회, 사례관리연구회, 2009; 한국사례관리학회, 2020).

목슬레이(Moxley, 1989)의 경우, 사례관리는 "복합적인 욕구를 가진 사람들의 기능향상과 복지를 위해 공식적 · 비공식적 자원과 활동의 관계망을 조직, 조정, 유지하는 것"이라고 정의하였고, 전미사회복지사협회(NASW, 2013)의 경우, 사례관리를 "서비스 이용자를 중심으로 다양한 서비스와 자원을 기획, 탐색, 옹호, 모니터링하는 실천과정이며, 사회복지사는 해당 과정에서 다학제적 팀 접근을 통해 서비스를 조정하고, 욕구에 대응하는 자원의 경계를 확장하는 일도 수행하는 것"으로 정의하고 있다. 전미사회복지사협회(NASW, 2013)는 2013년 개정된 사례관리 실천 표준지침에서 사회복지 사례관리의 차별적 지향점 여섯 가지를 더 선명히 강조하고 있는데, 이를 실천의 속성과 연결하여 소개하면 사례관리는 ① 당사자 중심의 실천(Person-centered services), ② 관계 중심의 실천(Primacy of the client-social worker relationship), ③ 생태체계적 관점의 실천(Person-in-environment framework), ④ 강점관점의 실천(Strengths perspective), ⑤ 협업 기반 실천(Collaborative teamwork), 그리고 ⑥ 환경과 제도의 변화를 포함하는 다층적 실천(Intervention at the micro, mezzo, and macro levels)으로 강조하고 있다(NASW, 2013).

목슬레이(Moxley, 1989)나 전미사회복지사협회(NASW, 2013)외에도 무수히 많은 학자나 단체들이 사례관리에 대한 개념적 정의를 제공하고 있고, 국내 학자와 단체들도 자신들의 맥락에 부합하는 사례관리의 개념과 정의를 하고 있다. 한국사례관리학회(한국사례관리학회, 2020)는 "사례관리는 복합적이고 다양한 욕구가 있는 클라이언트와 그 가족의 사회적 기능 회복을 돕는 통합적 실천방법이며, 이를 위해 운영체계를 확립하고, 클라이언트와 함께 강점관점의 체계적인 사정을 해야 하며, 클라이언트의 내적 자원 및 지역사회 자원을 개발하고 활용하여 삶의 질 향상을 위해 노력해야 한다"라고 정의하면서, 타 영역과 구분되는 사회복지 사례관리의 차별성을 연결하여 강조하고 있다. 우선, 사회복지 사례관리는 사회복지의 가치와 관점(생태체계적 관점 + 강점관점)을 반영해야 함을 강조하였고, 사례관리가 모든 복지 이용자를 위한 서비스가 아니라 복합적이고 다양한 욕구를 지닌 클라이언트 중심의 통합서비스이며, 사례관리의 목적과 기능은 개인과 가족의 욕구 해결을 넘어 클라이언트의 힘과 역량을 강화하고 자원망(네트워크)의 기능 제고도 포함하는 광의의 개념을 채택하고 있다. 한국사례관리학회(한국사례관리학회, 2020)의 사례관리 개념 정의에는 외국에서는 잘 언급되지 않는 '운영체계의 확립'이 등장하는데, 이는 과거 국내에서 사례관리가 유행처럼 팽창할 때, 사례관리 실무자들의 실천환경(예: 팀 체제, 사례회의의 구조화, 교육 및 슈퍼비전 체계 등)을 제대로 마련해 주지 않고 사례관리자의 개인적 헌신과 전문성을 강요한 불합리를 개선하기 위한 옹호 노력이라 할 수 있다. 자원의 활용과 관련하여서도 공식적 · 가시적 · 제도적 자원의 활용에 더 익숙한 제공자 중심의 실천을 지양하고, 서비스 이용자, 사례관리자, 지역의 다양한 자원망의 내적 자원, 무형의 비가시적 자원(관계성, 신뢰 등)도 적극적으로 찾고 활용해야 한다는 지향점을 해당 정의가 잘 보여 주고 있다(한국사례관리학회, 2020).

전술한 개념적 정의를 종합해 보면, 사회복지 사례관리는 복합적인 욕구를 가진 개인과 가족과 함께 일하면서 그들과 자원 제공자들의 기능을 제고하여 자신들에게 필요한 서비스와 자원을 얻고 사회적 기능을 원활히 수행하도록 돕는 통합적인 실천으로 정리할 수 있다. 이를 위해 사례관리자는 크게 두 가지 기능, 즉 임상 또는 직접실천의 기능(Micro-practice)과 서비스 조정 및 제도적 옹호를 포함하는 간접실천(Mezzo & macro-practice)의 기능을 동시에 잘 수행(권진숙, 박지영, 2008; 이기연, 유서구, 2012)해야 하는 부담스러운 실천방법이며, 이로 인해 실무자의 소진이나 스트레스가 상대적으로 많기도 하다. 한국사례관리학회(한국사례관리학회, 2012a)에서는 일반 사회복지실천에 비해 사회복지 사례관리에서 강조되는 차별적 특징에 대해 다섯 가지 정도를 소개하고 있는데, 이를 정리하면 ① 이용자의 욕구와 결정에 기반한 맞춤형 서비스, ② 모두에게 필요한 서비스가 아니라 복합적인 욕구를 가진 개인과 가족이 주요 클라이언트이며, ③ 다양한 욕구에 대응하기 위해 자원 간의 네트워크와 협업이 강조되고, ④ 더 적극적인 서비스 조정, 점검, 평가 활동이 필요하고, ⑤ 협업과 서비스 조정에 필요한 운영체계와 같은 실천환경의 마련이 꼭 필요하다고 강조한다. 사례관리는 사회복지실천의 통합적 접근방법과 유사한 성격을 지니고 있는데, 기존의 제공자 중심의 패러다임에서 벗어나 클라이언트의 욕구를 중심으로 맞춤형 서비스를 지향하며 지역사회까지 그 범위를 넓혀 폭넓은 서비스를 제공하는 지역복지의 성격도 일부 가지고 있다. 사례관리가 가진 간접실천의 성격으로 인해 사례관리의 성과는 개인과 가족의 범위를 넘어 실무자(사례관리자)와 기관(조직), 지역사회 전반(사각지대의 발굴과 해소 등)으로 확대되는 경향이 있는데, 이러한 성과의 포괄성도 사례관리가 일반 사회복지실천과 구별되는 차별적 특성이라

할 수 있다.

학자들이나 문헌에 기초한 정의 외에도 사례관리는 "복합적인 욕구를 가진 개인과 가족의 기능 향상과 역량강화를 위해 지역 내 다양한 공식적 비공식적 자원들이 가치와 관점을 공유하고 어울려 일하는 것"으로 정의할 수 있는데, 이는 사회복지 사례관리가 효과적으로 실행되기 위해서는 구성 요소(서비스 이용자, 사례관리자, 지역 자원망)들 간의 가치와 관점이 잘 공유되어야 하고, 그들 간의 의사소통, 관계, 상호작용의 질이 매우 중요하며, 욕구의 다양성에 대응하는 다학제적 전문성이 협업을 통해 조정되고 통합되어야 함을 의미한다.

2. 사례관리의 배경 이론과 관점

전절 개념적 정의에서 일부 공유되었듯이, 사회복지 사례관리는 사회복지의 가치와 관점을 반영한 사회복지실천의 한 부분집합이다. 이는 사례관리에 동원되는 다양한 자원, 기술, 실천활동들이 사회복지의 주요 가치와 관점을 자연스럽게 반영해야 한다는 의미다. 사례관리의 배경이 되는 주요 실천가치와 원칙들을 소개하는 많은 논의들 중 전미사회복지사협회(NASW, 2013)의 차별적 지향점 여섯 가지와 한국사례관리학회(한국사례관리학회, 2012a; 한국사례관리학회, 2012b; 한국사례관리학회, 2020), 이기연과 유서구(2012)의 논의 내용을 종합하여 사례관리의 배경 이론과 관점 다섯 가지를 압축적으로 소개하면 다음과 같다.[1)]

1) 생태체계적 관점

생태체계적 관점은 개인을 둘러싼 환경 내의 다양한 관계망과 상호작용, 사회적 변화 등에 대한 관심을 균형적으로 강조함으로써 통합적인 접근을 가능케 한 중요한 실천 관점이다(한국사례관리학회, 2012b). 생태체계적 관점의 기본 전제는 인간을 포함한 모든 것들은 하나의 연결된 체계로 볼 수 있고, 각 체계는 여러 하위 체계들

---

1) 사례관리의 배경 이론과 관점에 대한 내용은 이기연, 유서구(2012), 인천광역시사회복지관협회, 사례관리연구회(2009), 한국사례관리학회(2012a), 한국사례관리학회(2012b), 한국사례관리학회(2020)의 내용을 바탕으로 재구성하였다.

로 구성되는데, 하나의 체계를 구성하는 하위 체계들은 서로 관련되어 있고 서로 의존적이며 영향을 주고받으며 변화하고 적응한다는 것이다. 생태체계적 관점에 근거한 실천은 개인뿐 아니라 가족, 지역사회의 상호작용에 대한 포괄적인 이해를 통해 더 나은 기능 향상을 위한 효과적인 방법을 모색할 수 있다는 장점을 가지며, 이러한 관점은 직간접 실천을 아우르는 통합적 성격의 사례관리에서도 의미 있게 적용 가능한 지식 기반이다(인천광역시사회복지관협회, 사례관리연구회, 2009).

사례관리에 있어 생태체계적 관점이 중요한 점은 각 체계와 환경, 즉 개인과 개인을 둘러싼 환경 간의 관계와 상호작용을 이해하고 활용하는 데 있다. 생태체계적 관점을 사례관리와 접목시켜 적용하는 예시를 도식화한 자료를 참조(〈표 14-1〉)하면, 생태체계적 관점은 개인, 가족, 환경에 대한 통합적 관점을 유지하게 하고, 초기 과정과 욕구조사 과정에서 다양한 정보원을 통해 통합적이고 다층적 사정을 할 수 있으며, 개입 시에도 각 체계의 층위(클라이언트체계, 가족체계, 환경체계 등)를 고려한 서비스와 자원동원이 가능하게 하고, 점검과 평가 등의 활동에서 이용자는 물론 자원망과 지역사회 환경 수준의 협업이 필요함을 시사해 준다.

〈표 14-1〉 **생태체계적 관점의 적용**

영역	적용
관점	• 클라이언트와 가족 및 환경체계(미시체계, 중간체계, 외부체계, 거시체계)에 대한 통합적 관점
초기 과정과 욕구사정	• 클라이언트과 가족에 대한 정보 수집 • 클라이언트 중심 욕구와 선호 사정 • 가족 중심 욕구와 선호 사정 • 환경 측면의 자원과 장애물 사정
개입	• 클라이언트에 대한 서비스 • 가족과 지역자원에 대한 서비스 • 환경 변화 및 공식적 비공식적 자원의 활용
과정평가	• 클라이언트에 대한 확인과 점검 • 가족에 대한 확인과 점검 • 사회적 자원망에 확인과 점검
성과평가	• 클라이언트 수준의 변화 평가 • 가족 수준의 변화 평가 • 조직, 지역사회 등 환경수준의 변화 평가

출처: 한국사례관리학회(2012a), p. 26. 내용 일부를 재구성.

2) 강점관점

사례관리에 유용하게 활용할 수 있는 주요 관점의 하나로 강점관점을 들 수 있다(노혜련, 김윤주, 2020; 이기연, 유서구, 2012; 한국사례관리학회, 2012a; 한국사례관리학회, 2012b; 한국사례관리학회, 2020). 강점관점은 클라이언트를 돕는 과정에서 클라이언트의 문제와 병리적 원인에 초점을 두기보다는 클라이언트와 환경이 가진 강점과 가능성에 초점을 두고 활동하는 것이 더 효과적이라는 시각을 전제로 한다. 전통적 의료 모델이나 병리적 관점에 기반한 실천은 의사가 환자를 진단하듯 사회복지사나 사례관리자도 클라이언트의 문제와 그 원인과 연결된 많은 정보를 수집 · 분석하여 그 원인을 제거하기 위한 개입을 수행하였고, 그 과정에서 클라이언트의 입장, 의견, 관점보다는 실천가의 지식과 관점이 주된 역할을 해 왔다(한국사례관리학회, 2012b). 강점관점은 전통적 의료 모델과는 다른 시각과 관점으로 개인, 가족 및 지역사회를 이해하고 상호작용할 것을 요구하면서 사례관리자를 포함한 자원들이 서비스 이용자와 그들 환경의 역량, 재능, 가능성, 비전, 가치, 희망 등을 살피고 이를 중심으로 일해야 한다는 점을 강조한다(Saleebey, 2008).

이러한 강점관점이 사례관리 과정에 활용되면 클라이언트의 바람직한 변화를 위한 동기와 잠재능력을 향상시킬 수 있다. 강점관점에서는 사회복지사가 문제와 원인에 중심을 두기보다는 클라이언트와 체계가 가지고 있는 잠재력과 자질을 토대로 접근함으로써 클라이언트 체계와 환경의 맥락에서 자원을 보다 효율적으로 이용할 수 있고, 클라이언트의 힘과 회복력을 통해 어려움에 대응하는 힘이 더욱 견고해진다고 여긴다(한국사례관리학회, 2012b).

전통적인 실천의 틀 또는 관점 속에 '강점' 등의 용어를 끼워 넣는 것만으로 강점관점을 실천하고 있다고 생각하면 안 된다. 강점관점에 기반한 실천이 가능하기 위해서는 제공자(실무자)가 주도하는 문제의 정의, 상황 해석, 서비스 계획 등이 지양되어야 하며, 클라이언트가 어떤 상황으로 변화되길 원하는지, 클라이언트는 진정으로 무엇을 하고 싶어 하는지 등에 초점이 맞춰져야 한다(노혜련, 김윤주, 2020). 흔히 사례관리 실무자들은 욕구사정 과정에서 강점을 잘 파악하고 열거하면 강점관점이 잘 적용되는 걸로 만족스럽게 생각할 수 있지만, 강점관점은 실천과정에서 파악된 이용자와 환경 측면의 강점을 실천과정에 '반영'하고 '활용'할 때 실천되는 것이다.

3) 옹호적 관점

사례관리를 포함한 사회복지 실천에서 옹호(Advocacy)적 관점은 서비스 이용자의 권리보호와 환경변화에 필수적인 이론적 틀을 제공해 준다(이기연, 유서구, 2012). 옹호서비스는 사회복지를 다른 전문직과 차별화해 주는 것으로 의미 있게 평가되어 온 활동이다(엄명용 외, 2011). 클라이언트와 합의한 목표를 달성하기 위해 개인과 가족의 변화도 필요하지만, 때로는 개인과 가족을 뛰어넘는 더 큰 환경에 대한 개입과 변화를 추구해야 할 때가 있다. 옹호는 사례관리자가 클라이언트가 원하는 변화와 자원 확보를 위해 클라이언트를 포함한 다양한 체계에 클라이언트의 이해와 입장을 대변하여 문제 해결을 돕는 노력이고, 최대한 클라이언트와 함께하며 클라이언트의 자기결정을 존중하는 것이 중요하다.

클라이언트가 자신의 권리를 주장할 능력이 취약하거나 자신의 권익을 확보할 능력과 지식이 부족할 경우, 클라이언트의 최선의 이익을 위해 사례관리자는 대변과 옹호활동을 통해 함께 힘을 키우고 체계에 대한 직간접적인 개입활동을 행하게 된다(한국사례관리학회, 2012a). 옹호자로서 사례관리자는 클라이언트를 대변하고, 클라이언트와 함께 체계의 변화를 지향하는 역할도 하는데, 사례관리자의 옹호 역할도 중요하지만 사례관리자를 옹호하는 중간관리자와 기관장의 옹호활동도 필요한 환경변화에 매우 결정적이므로 이에 대한 강조도 꼭 필요하다.

〈표 14-2〉 **옹호적 관점**

- 옹호적 관점은 서비스 이용자의 권리보호와 환경 변화에 필요한 이론적 틀이다.
- 옹호는 클라이언트가 원하는 변화와 자원 확보를 위해 클라이언트를 포함한 다양한 체계에 클라이언트의 이해와 입장을 대변하여 문제 해결을 돕는 노력이다.
- 옹호자로서 사례관리자는 클라이언트를 대변하거나, 클라이언트와 함께 체계의 변화를 이끌어 내는 역할을 한다.
- 옹호 내용의 결정에는 클라이언트의 의견과 입장이 충분히 반영되는 노력이 필요하다.

출처: 이기연, 유서구(2012), p. 34. 내용 일부 재구성.

4) 역량강화 관점

역량강화(Empowerment)는 권한부여, 세력화 등으로 번역되며 사회복지실천 영역에서 의미 있는 실천 기반으로 확대되고 있다. 역량강화 이론은 개인, 그룹, 조직,

및 지역사회 등이 기능을 잘 수행하도록 원조하는 과정에서 각 주체가 변화의 힘을 갖도록 자신감과 가치감을 제공하고 스스로 환경과 변화에 대한 통제력을 갖도록 돕는 실천이론(이기연, 유서구, 2012)으로 유용성이 큰 이론적 틀이다.

역량강화 관점의 주요 원리는 사례관리의 목적이나 기능과도 밀접하게 관련되는데, 클라이언트와 그 체계의 잠재력을 극대화함으로써 욕구를 해결하고 자원과 환경체계를 활용할 수 있는 힘을 스스로 갖도록 하며(한국사례관리학회, 2012a), 이러한 개인과 환경의 기능을 위해 사례관리자는 그들과 동반자적으로 협업하는 역할을 수행한다. 이 관점은 개인이든 지역사회든 어느 체계나 이미 잠재적인 힘과 가능성, 기회들을 지니고 있다고 본다. 만약 어떤 체계가 제 기능을 유지하지 못하고 있다면 이는 그 체계만의 문제가 아니라 그 기능을 도와야 할 사회구조나 환경과 연결된 현상으로 파악한다. 따라서 역량강화 관점에 기반한 사례관리자는 다양한 환경 속에 내재된 자원을 찾아 클라이언트가 접근할 수 있도록 도와주며, 이 과정에서 클라이언트로 하여금 개인적, 개인 간, 그리고 제도적 자원의 접근성과 활용성을 높이는 역할과 함께, 그 경험과 힘이 클라이언트에게 내재화되도록 돕는 역할을 한다(한국사례관리학회, 2012a).

5) 네트워크 이론

사례관리는 다양한 조직과 자원의 연계를 통해 이용자에게 욕구에 부합되는 최적의 서비스를 제공하는 것을 목표로 하고 있기에, 자연스럽게 사회적 관계망(Network)이나 조직 간 협력(Collaboration)을 필요로 한다(이기연, 유서구, 2012). 사례관리에서 네트워크를 활용한다는 의미는 클라이언트에게 적절하고 포괄적이며, 지속적인 서비스를 제공하기 위해 지역사회 내 자원망을 연계하여 보호의 연속성과 서비스의 책임성을 제고한다는 것이다. 이러한 배경으로 인해 네트워크 이론도 사례관리 실천의 주요한 지식 기반이 된다(한국사례관리학회, 2012a). 네트워크(Network)의 개념은 사회복지 분야를 포함하여 여러 학문 분야와 현장에서 매우 다양한 의미로 사용되고 있기는 한데, 네트워크란 자원, 기술, 사회관계, 지식, 신뢰 등을 서로 공유할 수 있는 사람들 또는 단체의 공식적 혹은 비공식적 관계의 망으로 유대(Tie) 또는 연계(Linkage)라고 정의할 수 있다(이준영, 2007).

개인과 가족의 복합적인 욕구는 지역사회 차원에서 다양한 기관이나 시설, 단체의 참여와 협력을 통해서 충족될 수 있다. 사례관리에서 네트워크의 활용이 필요한 이유는 지역사회 내 사회복지 관련 조직들이 클라이언트에게 서비스를 제공함에 있어서 지원의 중복과 갈등을 최소화하고, 단위 조직의 정보, 인력, 설비 등 자원의 공유를 통해 지역사회 자원의 활용도를 최대화함으로써 사업의 효과성을 극대화할 수 있기 때문이며, 네트워크 활동을 통해 누락된 클라이언트를 발굴하고, 서비스의 단절을 극복할 수 있으며, 서비스와 프로그램의 조정 등을 통한 효율성을 증대시키고, 부족한 자원을 채울 수도 있다(이기연, 유서구, 2012; 한국사례관리학회, 2012a). 네트워크 이론 중에서 어떤 측면을 강조하느냐에 따라 다양한 하위 이론(사회자본 이론, 네트워크 거버넌스 이론, 자원의존 이론, 사회교환이론)들이 존재하긴 하지만, 공통적으로 공식적 · 비공식적 자원들이 서로 의존하고 상호작용하는 협업을 통해 이용자와 환경의 이익을 더 강화한다는 점을 전제로 하고 있다.

3. 사례관리의 목적[2)]

사례관리의 기원이나 전개가 워낙 다학제적 성격을 가지고 있기에, 사례관리의 목적이나 기능이 무엇이어야 하는지에 대한 논의도 이를 정의하는 입장이나 실천의 장(Settings)에 따라 달라질 수 있다. 다만, 기존의 논의(Intagliata, 1992; Woodside & McClam, 2006; 한국사례관리학회, 2012a)를 통해 파악되는 사례관리의 목적들은 제공자 측면의 관심을 강조한 영역(서비스의 통합성, 서비스 효과성과 책임성, 비용 효율성 등)도 있고, 이용자 측면의 관심(이용자 역량강화, 서비스 질 제고, 보호의 접근성과 연속성 제고, 보호의 질 제고, 평등한 서비스의 제공 등)을 강조한 내용도 있다. 기존의 논의를 바탕으로 사례관리의 목적을 정리하면 다음과 같다.

1) 이용자의 역량강화

사례관리 목적은 개인과 가족이 직면한 복합적인 욕구에 대해 필요한 서비스와

2) 사례관리의 목적에 대한 내용은 Woodside & McClam(2006), 인천광역시사회복지관협회, 사례관리연구회(2009), 한국사례관리학회(2012a), 한국사례관리학회(2012b)의 내용을 바탕으로 재구성하였다.

자원을 연결하여 더 기능적으로 삶을 살아가도록 돕는 것을 포함하여 클라이언트가 사례관리자의 도움 없이도 공식적·비공식적 자원을 활용하는 능력을 키워 스스로의 삶과 환경에 대한 통제력을 더 키우도록 돕는 목적을 가지고 있다. 클라이언트의 역량강화는 클라이언트의 강점과 이익을 키우고, 사례관리 과정의 협업 당사자로서 역할을 갖게 하고, 자립 가능한 존재로 존중하는 것이다. 이용자 역량의 강화를 목표로 일한다는 의미는 사례관리를 통해 클라이언트가 스스로 자신의 상황과 욕구를 대응하는 힘을 키우는 것을 의미한다. 실천과정에서 이용자의 힘을 키우기 위해서는 그들의 욕구를 묻고, 그들의 선택과 결정을 존중하여 서비스를 제공하며, 클라이언트가 자신들이 받은 서비스를 평가하고, 그 피드백에 기초하여 서비스를 개선하는 것까지를 포함하며, 실천의 전 과정에서 이용자의 주도성을 기초로 사례관리자가 협업하여 일하는 것을 의미하기도 한다.

2) 서비스 통합성의 제고

복합적인 욕구를 가진 개인과 가족의 욕구는 사례관리자 1인이나 단일 기관의 노력만으로 대응하기 어려운 측면이 있다. 사례관리자가 이용자와의 대면성이 높은 직접실천(상담이나 치료 등)을 수행하기도 하지만, 서비스 조정이나 통합활동(기관 내 사례회의, 지역자원 간 통합사례회의 등)과 같은 간접실천을 통해 복합적인 이용자의 욕구를 지역사회 차원에서 대응하며 일하게 되는데, 이를 통해 서비스의 통합성이 증진되며, 이는 중요한 사례관리의 목적이 되기도 한다. 사례관리를 통해 서비스 통합성이 제고되면, 이용자의 욕구 대응은 물론이고, 지역 자원 간 소통이 기존보다 더 활발해지면서 서비스의 누락과 중복이 더 잘 대응되고, 지역 내 자원과 이용자 흐름(의뢰 등)이 개선되면서 사각지대의 발굴이나 대응도 개선되어 지역 전체의 복지력이 제고되는 성과를 누리기도 한다.

3) 서비스 접근성의 제고

복합적인 욕구로 인해 상대적으로 힘든 삶을 경험하는 개인과 가족들은 자신들의 욕구를 해결하는 자원에 대해 충분한 정보나 활용의 경험이 제한될 수 있다. 서비스에 대한 정보와 인식 부족, 서비스 제공과 관련된 기관의 절차나 기준의 제약

등으로 불편함을 겪는 이용자에게 사례관리자가 옹호의 관점으로 필요한 서비스를 누리고 활용하도록 돕는 활동이 필요하며, 이를 통해 지역 내 서비스와 자원에 대한 이용자의 접근이 용이하도록 돕는 실천이 사례관리의 목적이기도 하다. 사회적으로 인정된 욕구에 대해 인종, 종교, 성적 지향, 사회경제적 계급, 장애 등 이용자가 가질 수 있는 고유한 다름의 속성을 차별하지 않고 자원과 서비스에 접근할 수 있는 평등한 기회를 보장하는 실천의 속성이 사례관리에 있다. 이를 위해 사례관리자는 찾아가는 서비스(Out reaching), 정보제공과 의뢰, 상담료 면제, 교통편의 제공, 통번역의 제공, 기준과 제도변화를 위한 옹호 등과 같은 적극적인 방법을 통해 클라이언트의 서비스 접근성을 높여야 한다(한국사례관리학회, 2012a).

4) 보호의 연속성 제고

복합적인 욕구를 가진 개인과 가족은 장기간에 걸쳐 지역사회 자원을 이용하며, 때로는 지역사회의 경계를 넘어 시설로의 전입과 전출을 경험하기도 한다. 일반적으로 보호의 연속성(Continuum of care)란 이용자의 필요한 욕구를 중심으로 시간과 공간의 제약을 넘어 자원과 서비스가 안정적으로 연결되는 것을 의미한다. 사례관리자가 수행하는 서비스 조정, 통합, 옹호활동을 통해 이용자와 만나는 초기 과정부터 종결 및 사후관리까지 필요한 욕구에 자원과 서비스가 잘 대응되는 '종단적 보호의 연속성'도 사례관리의 목적이 되고, 특정한 시점에 특정 그룹의 특정 욕구에 반응하는 지역자원이 적절히 갖춰지도록 하는 일하는 '횡단적 보호의 연속성'도 사례관리가 지향하는 목적이 되기도 한다.

5) 서비스 책무성과 평가

일반적으로 사례관리는 이용자가 가진 복합적인 욕구로 인해 다른 사회복지실천에 비해 실천의 시간, 노력, 자원이 상대적으로 많이 든다. 이는 서비스의 효과를 책임 있게 검토하고 반영하며 일해야 하는 사회적 책무성과 연결되며, 이로 인해 관련된 사례관리의 평가활동도 중요한 사례관리의 목적이나 목표가 되기도 한다. 사례관리와 관련된 사회적 책무성과 평가는 서비스의 질(과정평가)이나 효과성(성과평가)을 주로 다루지만, 때로는 서비스의 효율성(경제성과 비용평가)을 더 강조하는 현장(의료급여사례관리나 관리보호 영역 등)도 존재한다.

사례관리의 목적으로서 책무성과 평가활동은 사례관리 실천의 전 과정에 반영되어야 하며, 주로 욕구에 부합하는 적절한 서비스와 잘 제공되고 있는지, 사례관리로 인한 다층적(개인과 가족 측면, 기관이나 조직 측면, 지역사회 측면 등) 성과와 변화가 기대대로 파악되는지, 투입 자원(인력, 예산 등)의 효율성에 대한 확인이 가능한지 등이 평가활동을 통해 담보되어야 한다. 물론, 사례관리자가 전술한 모든 평가적 활동의 부담을 질 필요는 없고, 독립적인 성과관리의 차원에서 더 상단(기관 전체, 지역사회 전체, 특정 사례관리사업 전체 등)의 노력과 관심이 필요하다.

4. 사례관리의 구성 요소

사례관리를 구성하는 전통적 3요소로서 사례관리를 필요로 하는 클라이언트, 사례관리를 수행하는 사례관리자, 복합적인 욕구 해결에 도움 되는 사회적 자원 등이 언급된다. 최근에는 전통적 3요소의 상호작용으로 사례관리가 진행되는 구체적인 과정(Process)과 사례관리 협업의 구조적 환경이라 할 수 있는 운영체계(Operation system)가 포함되어 다섯 가지 요소로 설명되고 있다(권진숙, 박지영, 2008; 한국사례관리학회, 2012a).

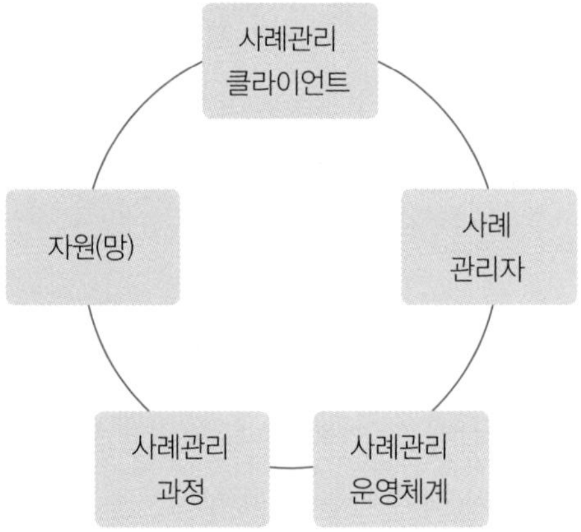

[그림 14-1] **사례관리의 구성 요소**

1) 클라이언트

사례관리 서비스를 이용하는 당사자로서 클라이언트는 대부분 복합적인 욕구를 가진 개인과 가족이다. 이들 대부분은 복합적인 욕구(신체적 · 정신적 · 경제적 · 관계적 욕구 등)로 인해 다양한 사회자원을 필요로 하고, 사례관리자의 직접실천(욕구 해결을 위한 자원 연결, 상담 및 정서적 개입, 자기옹호와 역량강화를 위한 개입 등)과 간접실천(자원중재와 의뢰, 서비스 조정 및 통합활동 등)을 동시에 요구하는 경향이 있다. 통상 빈곤, 질병, 장애, 고령화, 학대와 폭력의 문제, 관계의 단절, 다문화적 특성과 같은 요소들은 복합적인 욕구를 강화하여 개인과 가족을 표적화된 사례관리 클라이언트로 더 드러나게 하지만(한국사례관리학회, 2020), 이들 역시 그들의 삶과 환경에서 다양한 잠재력(삶의 경험, 인내, 성공경험, 강점)과 가능성(삶에 대한 의지와 희망)을 가진 존재로 여기고 강점관점의 입장에서 접근하는 노력이 더 필요하다.

아울러, 사례관리의 측면에서 클라이언트를 이해할 때는 이들이 고정적인 멤버십을 가지고 일생을 사는 게 아니라, 자신의 삶과 상황이 유동적으로 바뀌는 존재라는 점을 기억할 필요가 있다. 이들은 아주 기능적인 삶을 살 때도 있었고, 그때는 사회서비스를 아주 제한적으로 필요로 하거나 전혀 필요로 하지 않을 때였으며, 위기가 심화된 특정 시기에는 사례관리가 필요하고 또 다른 시기에는 간단한 자원의 연결만으로도 살아가는 사람들이라는 점이다. 즉, 사례관리는 클라이언트의 복합적인 욕구를 제공자가 영속적으로 책임지는 활동이 아니라, 변화 가능한 클라이언트와 함께 사례관리를 통해 조금 더 기능적이고 완화된 서비스 수준으로 살아갈 수 있게 동행하는 과정을 의미한다.

2) 사례관리자

사례관리자는 사례를 관리하는 사람이 아니라, 사례관리 전 과정에 직접실천과 간접실천을 아우르며 클라이언트의 기능회복, 역량강화, 자립을 돕는 전문가다(한국사례관리학회, 2020). 사례관리자는 클라이언트와 자원의 맥락에 따라 다양한 기능(아웃리치, 욕구사정, 상담, 서비스 계획, 자원연결, 서비스 조정, 중재, 옹호, 평가 등)을 수행할 수 있는 역량을 갖추어야 하고, 무엇보다도 사회복지와 사례관리의 기초가 되는 가치와 관점을 잘 갖추고 있어야 한다. 시대와 실천현장의 맥락에 따라 부침이 있긴 하지만, 최근에는 서비스 조정자(Service coordinator)나 보호조정자(Care coordinatopr)로서 간접실천의 요소를 더 중요한 사례관리자의 기능이나 역할로 강조하는 경향이 있긴 하다.

3) 자원(망)

사례관리에서 자원(망)은 클라이언트가 가진 복합적인 욕구 해결에 도움 되는 포괄적인 자원을 총칭한다. 지역사회에서 인적 · 물적 서비스를 제공하고 지원하는 다양한 공식적 자원(복지 및 사회서비스 기관의 인적 · 물적 자원)은 물론이고, 클라이언트를 둘러싼 가족, 친척, 동료, 이웃, 자원봉사자 등의 비공식적 자원도 매우 의미 있는 자원(망)이다. 사례관리의 확대 맥락에서 통상 가시적이고 공식적인 자원을 중심으로 일해 온 경향이 있지만, 비가시적인 내적 자원(클라이언트의 신념, 실무자의 가치와 일하는 태도, 자원간의 신뢰나 협업의 문화 등)도 사례관리의 더 중요한 자원임을 알아야 하고, 사례관리자와 클라이언트는 실천과정에서 동원 가능한 자원(망)을 선택하고 활용하는 주체이면서, 양자(사례관리자와 클라이언트) 역시 매우 중요한 자원의 일부임을 잊어서는 안 된다.

4) 사례관리 운영체계

사례관리는 클라이언트에게 필요한 통합 서비스를 전달하는 활동이기 때문에 이런 활동이 잘 운영되기 위해서는 조직화된 운영체계(팀 접근을 가능하게 하는 사례관리팀 체계, 서비스 조정과 통합을 위한 다양한 사례회의 체계, 사례관리자의 전문성을 위한 교육훈련 및 슈퍼비전 체계 등)를 필요로 한다. 효과적인 운영체계의 구축과 유지는 사례관리를 수행하는 기관 내부와 기관을 둘러싼 지역사회와 외부 환경의 조건들에 의해 크게 영향을 받는다. 전술한 사례관리의 3요소들이 유기적으로 연결되어 일하는 구조가 운영체계이며, 이를 잘 구축하고 유지하는 것은 사례관리의 효과를 좌우하는 중요한 요인이고(이기연, 유서구, 2012; 한국사례관리학회, 2012a), 사례관리의 전문성 제고와 소진예방을 위한 교육훈련, 슈퍼비전과 자문체계의 중요성은 더 부각되고 있다.

운영체계는 크게 사례관리기관의 내부 체계와 외부 체계로 구분하여 설명이 가능한데, 조직 내부 체계에서 가장 필요한 요소는 사례관리를 전담하는 조직(팀)이 독립적으로 존재하여 고유하고 차별적인 기능 수행이 가능한 것이 바람직하다. 사례관리를 전담하는 기관 내 조직(팀)은 통상 사례관리 팀장과 사례관리 실무자로 구성되며 내부 및 팀 사례회의 구조를 정기적으로 갖고, 필요시 기관 내 다른 팀과의 확대 사례회의를 갖기도 한다. 조직 외부 체계에서 가장 중요한 요소는 기관의 범위를 넘어 지역자원들과 협업이 가능한 '통합사례회의(팀)'를 구축하고 유지하는 것이다. 복합적인 욕구를 가진 개인과 가족을 돕기 위해 지역사회의 다양한 자원(망)들과 유기적으로 연결되어 서비스 조정과 통합을 목적으로 운영되는 것이 통합사례회의 구조이며, 통합사례회의에는 지역의 외부 전문가가 함께 참여하여, 지역 사례관리자와 실무자를 위한 교육훈련과 슈퍼비전을 동시에 제공하는 일도 활발히 전개되고 있다. 읍 · 면 · 동을 중심으로 한 권역별 '통합사례회의(팀)'에서 잘 해결되지 않는 서비스 조정이나 사례관리 이슈들은 더 포괄적인 범위(시 · 군 · 구 수준)에서 유지되는 '솔루션위원회'라는 체계를 통해 해결되기도 한다.

5) 사례관리의 과정

사례관리의 구성 요소 중, 최근에 더 부각되어 논의되는 요소로서 사례관리 과정을 들 수 있다. 사례관리 과정은 일반적 사회복지 실천과정을 준용하여 보통 초기과정, 욕구사정 과정, 서비스 계획수립, 서비스의 제공과 실행, 평가와 종결 등으로 이루어진다. 다만, 사례관리 과정이 전통적 개별실천과 대비되는 요소로서 ① 실천의 기간이 상대적으로 길고, ② 실천과정에 참여하는 주체들이 훨씬 많으며, ③ 실천과정이 단선적(Linear)이지 않고 재사정 등으로 인해 순환적이며, ④ 과정 내 자원 간 환류(Feedback) 기능이 더 역동적으로 일어나고, ⑤ 사례관리 종결 이후에도 변화의 유지와 모니터링을 위해 사후관리 활동이 더 필요하고 강조되는 특징이 있다.

사례관리 과정과 연결하여 사례관리의 구성 요소들이 갖는 특성에 대해서도 별도의 강조와 설명이 필요하다. 사례관리의 초기 과정에서, 다른 실천에 비해 자원 간 의뢰와 연결의 과정을 통해 사례관리를 접하는 클라이언트의 규모가 많으며, 통상 이런 클라이언트들은 자발성이나 변화를 위한 동기화의 수준이 낮은 경우가 많다. 이런 맥락을 반영하여 초기 과정에서는 이용자의 변화의지나 동기를 자극하는 동기화상담이나 관계 중심의 실천 요소가 자원 중심의 실천이나 과업 중심의 실천보다 더 필요하기도 하다. 욕구사정이나 서비스 계획수립 시에도 당사자의 입장과 선택을 존중하여 이용자 중심의 변화목표가 서비스 계획에 반영되어야 한다. 실천과정에 대한 평가나 성과를 파악할 때에도 이용자의 주관적 인식과 평가도 매우 중요하게 다루어야 하며, 실천의 전 과정에서 클라이언트와 협업하는 자세가 필요하다.

5. 사례관리와 평가역량[3]

다른 사회복지실천과 마찬가지로 사례관리에서도 서비스에 대한 책무성(Accountability)과 이를 확인하기 위한 평가활동이 강조된다. 사례관리에서 평가활동은 종결 단계에 이르러 행해지는 한시적인 과업이 아니라 클라이언트 체계와 일하는 초기부터 사후관리까지 지속적으로 이루어지는 하나의 과정(Process)이며, 평가활동의 결과물은 궁극적으로 클라이언트의 이익을 위해 환류되어야 한다. 아울러 사례관리자의 평가역량은 실천역량의 부분집합이기에 실천의 가치와 관점이 그대로 평가활동에도 반영되어야 한다.

사례관리에서 평가역량은 기본적으로 실천의 과정과 성과에 대해 지속적으로 성찰하며 일하는 것을 의미하며, 반영적 실천(Reflective practice)의 역량을 갖추어 일하는 것을 말한다. 반영적 실천을 지향한다는 의미는 사례관리자가 이용자의 욕구해결과 역량강화를 위해 최선의 절차와 방법에 대해 고민하고, 이를 돕는 평가적 질문과 도구를 충분히 활용하며 일한다는 것을 의미한다. 사례관리와 같은 통합서비스의 과정과 성과를 체계적으로 파악하는 것은 그 자체로 상당히 어려운 과업이다. 하지만 사례관리 실천의 과정에 대해 성찰하고 실천의 효과를 경험적으로 파악해서 이용자와 이해당사자들과 공유하고 정리하는 것은 매우 중요한 사례관리자의 고유 과업임을 우선적으로 수용해야 한다.

사례관리의 과정이 일반 사회복지실천의 과정을 준용하기 때문에 평가활동의 범위도 일반적 실천활동의 틀에서 크게 벗어나지는 않는다. 다만 통합서비스로서 사례관리 실천에서 평가와 관련된 실무자의 활동을 이해할 때, 좀 더 차별적으로 고려

3) 사례관리와 평가역량에 대한 내용은 저자가 집필한 한국사례관리학회(2020)의 평가역량 부분을 축소 재구성하였다.

해야 할 요소들이 몇 가지 있는데 이를 간략히 열거하면, ① 사례관리에 참여하는 이해당사자들이 다양하고 포괄적이며, ② 자원 간 협업으로 대표되는 간접실천의 속성으로 인해 사례관리의 성과는 클라이언트 수준에 국한되지 않고 실무자, 기관, 지역사회 수준까지 확대되는 경향이 있고, ③ 평가활동에 반영해야 할 정보의 양이 상대적으로 많으며, ④ 실천과정의 역동성에 의해 평가활동이 사전에 계획된 대로 실행되기가 상대적으로 어렵다는 점 등을 들 수 있다. 이러한 고려 사항들은 사례관리자로 하여금 평가활동을 더 부담스럽게 만드는 요인이며, 이에 대한 충분한 이해가 선행되고 이를 극복하기 위한 평가환경의 조성도 상대적으로 중요하다.

사례관리에 있어 평가활동을 좁은 의미로 정의하면 "이용자가 욕구와 변화목표에 부합되는 서비스를 적절히 제공받고, 이를 통해 원하는 변화를 달성하고 있는지를 확인하는 과정"이라고 할 수 있고, 이를 간접실천의 요소를 강조하는 사례관리의 속성을 반영하여 더 넓게 정의하면 "사례관리 실천의 과정이 이용자의 변화목표에 부합되고 실천원칙을 잘 반영하여 제공되었는지를 확인하고, 이용자 수준을 포함하여 다양한 수준에서 사례관리가 기대한 변화가 있는지를 통합적으로 확인하는 활동"이라고 정의할 수 있다. 사례관리자의 평가역량이란 위에서 정의한 사례관리 평가활동을 수행할 수 있는 지식, 태도, 기술의 수준을 의미하며, 사례관리자의 다른 역량과 함께 사례관리의 성과를 좌우하는 핵심적인 역량이다.

1) 사례관리 평가의 주요 과업

사례관리 실천에서 평가의 대상을 무엇으로 삼느냐에 따라, 실천과정을 주로 살피는 과정평가 과업과 실천의 영향이나 변화 내용을 주로 파악하는 성과평가 등 크게 두 가지 과업으로 구분할 수 있다. 다만, 사례관리자는 두 가지 평가 과업을 분리해서 독립적으로 수행하기보다는, 실천의 전 과정에서 사례관리의 가치와 관점을 평가과업에도 반영하여 이용자와 함께 관계 중심으로 두 가지 과업 모두를 잘 수행해야 한다.

(1) 과정평가 과업

사례관리 실천과정에는 다양한 구성 요소들이 있고 이들이 서로 영향을 주고받는데, 모든 과정에 대한 평가를 독립적으로 계획하고 실행하는 것은 매우 힘든 일이다. 여기서는 주로 '사례관리의 실천과정이 이용자의 욕구와 실천의 가치에 부합되게 잘 이루어지는지를 평가'하는 과업(실천과정에 대한 평가), '이용자의 욕구에 부합되는 서비스와 자원이 적절히 계획되고 제공되는지를 평가'하는 과업(서비스와 자원에 대한 평가), '사례관리를 제대로 실천하기 위한 물리적 운영체계와 실천환경이 적절한지를 평가'하는 과업(운영체계와 실천환경에 대한 평가) 등 세 가지 과정평가 과업이 있음을 소개한다. 사례관리의 과정평가 과업이 위와 같이 크게 세 가지이지만, 일선 사례관리자가 가장 본질적으로 신경 써야 할 과정평가 과업은 '실천과정에 대한 평가'이고, 서비스와 자원에 대한 평가나 운영체계와 실천환경에 대한 평가 등은 개별 사례관리자보다는 기관이나 조직차원에서 더 고민하고 챙겨야 할 과업과 역량이다.

사례관리의 과정평가에는 다양한 자료수집 방법이 동원될 수 있는데, 사례관리 과정에 활용된 다양한 기록 양식에 대한 내용분석, 이용자를 대상으로 한 조사표 활용이나 초점집단 면접(Focus Group Interview: FGI), 서비스와 연계자원에 대한 과정 기록의 분석, 사례관리자를 포함한 실무자 대상의 조사나 면접 등을 통해 과정평가가 이루어질 수 있다.

(2) 성과평가 과업

사례관리에서 성과평가란 '사례관리 실천을 통해 다양한 수준에서 파악되는 변화(Change), 결과(Outcome), 영향(Impact)의 내용을 확인하는 활동'으로 정의할 수 있는데, 성과의 수준과 영역을 어떻게 보느냐에 따라 평가의 과업도 매우 다양해질 수 있다.

〈표 14-3〉 **사례관리 성과의 수준과 영역**

영역 / 수준	목표 달성 정도/ 서비스 만족도	변화/효과
클라이언트	1	2
사례관리자 사례관리기관	3	4
연계자원과 지역사회	5	6

〈표 14-3〉에서 간략히 제시되었듯이, 사례관리 직접실천의 성과(이용자 수준의 성과)와 간접실천의 성과(사례관리자와 기관수준의 성과, 지역사회 수준의 성과) 영역을 두 가지씩만 살펴도 총 여섯 가지의 성과평가 과업이 존재하며 수준과 영역을 확대하여 정의하면서 하나씩 늘릴 때마다(예로 경제적 성과에 해당하는 효율성이나 비용편익 등) 성과평가 과업 부담은 늘어나기 마련이다.

한정된 자원과 과중한 업무 상황에서 〈표 14-3〉에 제시된 모든 영역의 성과를 사례관리자가 잘 수행하는 것은 불가능에 가깝다. 다만, 일선 사례관리자는 활용 가능한 질문과 평가도구를 통해 가장 본질적인 성과 영역(이용자 수준의 성과 영역, cell 1과 2)에 대해 경험적으로 확인하여 이용자와 공유 및 환류할 필요가 있는데, 목표달성의 정도나 이용자 수준의 변화는 실무 사례관리자가 핵심적으로 수행 가능한 역량이어야 한다. 사례관리를 전담하는 규모 있는 기관이나 조직에서는 간접실천의 성과 영역(실천가나 조직수준의 변화, 지역사회 수준의 변화 등, cell 3, 4, 5, 6 등)도 평가할 필요가 있는데, 해당 과업들은 주로 사례관리자가 자기보고하거나 사례관리자를 대상으로 별도의 조사표나 면접을 통해 수행하는 게 일반적이고, 해당 과업에 대해서는 사례관리를 관장하는 팀장이나 조직의 관리자가 해당 역량을 갖추는 것이 더 적절하다.

2) 사례관리 평가의 주요 쟁점

사례관리자의 평가역량도 사례관리 실천의 한 부분이기에 사례관리가 지향하는 가치와 관점을 잘 반영하여 발휘되어야 한다. 하지만 전통적으로 평가역량이나 과업은 이용자 중심의 가치나 강점관점의 가치보다는 제공자 중심의 가치나 과업관리주의의 영향 아래에서 발전하였다. 평가역량과 관련된 현장의 쟁점 중 가장 먼저 언급할 이슈가 이와 관련되어 있다. 많은 실무자가 사례관리 실천의 가치와 평가의 가치를 다르고 독립적이라고 생각하는 경우가 많다. 이러한 사고는 '실천 따로, 평가 따로'의 문화를 재생산하고 실천의 모습과 평가의 모습을 다르게 만드는 기제로 작용한다. 다시 강조하지만, 사례관리자의 평가역량은 실천 전반 역량의 부분집합이고, 실천의 가치와 관점(이용자 중심, 강점관점, 옹호, 역량강화 등)은 평가활동에서도 그대로 적용되고 강화되어야 한다.

평가역량과 관련된 두 번째 쟁점으로는 지나친 성과평가의 강조를 들 수 있다. 사례관리의 성과는 과정의 충실성을 통해 담보되는데, 많은 기관의 관리자와 실천가들이 사례관리의 실천과정에 대한 평가활동은 거의 하지 않은 채, 성과평가를 위한 활동에만 지나치게 몰두하면서 성과를 가능하게 하는 과정의 중요성을 도외시하는 경우가 있다. 실천과정에 대한 평가는 성과를 평가하기 위한 필수적인 과정이며, 이에 대한 확인이 성과 파악을 위한 전제조건이다. 과정평가에 대한 충분한 확인을 거치고 성과평가로 이행하는 절차나 문화에 대해 많은 현장전문가들이 숙지할 필요가 있고, 지금의 교육훈련, 슈퍼비전, 자문 활동이 그러한 점을 강조할 필요가 있다.

아울러, 양적 자료를 중심으로 한 평가절차나 방법이 더 선호되거나 더 강조되는 문화도 존재하는데, 질적 평가도구의 적용과 활용, 수집 자료의 분석과 공유 등에 있어 현장 실천가의 역량을 지원하는 투자가 더 필요한 시점이다. 서비스 이용자나 실무자에 대한 질적 평가방법(FGI나 심층면접)을 병행하여 양적 평가의 제한점을 보완하였을 때, 평가의 내용이 더 풍부해짐은 물론, 통합적인 평가로 인해 평가 자체의 타당도와 신뢰도가 더 확보된다는 점도 꼭 염두에 두어야 하겠다.

마지막으로, 시 · 군 · 구나 읍 · 면 · 동 등 공공 영역에서 집합적으로 사례관리 실천을 평가하는 지표를 구성하거나 집행할 때, 또는 복지기관의 사례관리 실천수준을 평가하는 지표 등을 구성할 때, 지역사회 환경이나 맥락과 기관 규모 등의 편차에 따라 상당한 차이가 자연스럽게 존재함에도 불구하고, 편차를 고려하거나 예외성을 인정하여 더 포용적이고 재량적인 기준을 적용하는 것에 대한 두려움과 차별이 존재한다. 이용자 중심의 가치와 실천은 기관과 지역사회에 대한 평가에서도 고려될 필요가 있다는 의미인데, 아직까지 이러한 기대를 접기에는 현장의 목소리가 절실하고 생생하다.

참고문헌

권진숙, 박지영(2008). **사례관리의 이론과 실제**. 서울: 학지사.

노혜련, 김윤주(2020). **강점관점 해결중심 사례관리**. 서울: 학지사.

엄명용, 김성천, 오혜경, 윤혜미(2011). **사회복지실천의 이해(3판)**. 서울: 학지사.

이기연, 유서구(2012). **사례관리의 이해와 적용**. 경기: 공동체.

이준영(2007). 사회복지 네트워크의 이론과 과제. **춘계 학술대회 WORKSHOP 자료집**.

인천광역시사회복지관협회, 사례관리연구회(2009). 인천광역시 사회복지관 사례관리실천을 위한 매뉴얼 연구보고서.

한국사례관리학회(2012a). **사례관리론**. 서울: 학지사.

한국사례관리학회(2012b). **사례관리 전문가교육: 실무자 기초과정**. 서울: 학지사.

한국사례관리학회(2019). **사례관리 전문가교육: 실무자 기초과정(2판)**. 서울: 학지사.

한국사례관리학회(2020). **사례관리론: 개념, 기술, 실천역량 이해**. 서울: 학지사.

Intagliata, J. (1992). Improving the quality of community care for the chronically mentally disabled: The role of case management. In S. M. Rose (Ed.), *Case management and social work practice* (pp. 25-55). New York: Longman.

Moxley, D. P. (1989). *The Practice of Case Management*. SAGE Publications, Inc.

Moxley, D. P., & Buzas, L. (1989). Perceptions of Case Management services for elderly people. *Health and Social Work, 14*, 196-203.

National Association of Social Workers. (2013). NASW standards for social work case management. Washington, DC: Author.

Saleebey, D. (Ed.). (2008). *The strengths perspective in social work practice* (5th ed.). Boston: Pearson Education.

Woodside, M., & McClam, T. (2006). *Generalist case management: A method of human service delivery* (3rd ed.). Belmont, CA: Thomson Brooks/Cole.

찾아보기

인명

내용

저자 소개

배임호(Imho Bae)
미국 University of Minnesota, Social Work(Ph.D.)
현 숭실대학교 사회복지학부 교수

김경미(Kyung Mee Kim)
미국 University of Kansas, Social Work(Ph.D.)
현 숭실대학교 사회복지학부 교수

노혜련(Helen Noh)
미국 University of California, Berkeley, Social Work(Ph.D.)
현 숭실대학교 사회복지학부 교수

박태영(Tai-Young Park)
미국 Florida State University, Social Work(Ph.D.)
현 숭실대학교 사회복지학부 교수

유서구(Seo-Koo Yoo)
미국 University of Texas at Austin, Social Work(Ph.D.)
현 숭실대학교 사회복지학부 교수

이상은(Sang Eun Lee)
미국 University of Wisconsin-Madison, Social Welfare(Ph.D.)
현 숭실대학교 사회복지학부 교수

이성규(Sungkyu Lee)
미국 University of Pennsylvania, Social Welfare(Ph.D.)
현 숭실대학교 사회복지학부 교수

이지하(Jieha Lee)
미국 Boston University, Social Work(Ph.D.)
현 숭실대학교 사회복지학부 교수

이채원(Chaie-Won Rhee)
미국 Washington University in St. Louis, Social Work(Ph.D.)
현 숭실대학교 사회복지학부 교수

정무성(Moo Sung Chung)
미국 University of Chicago, Social Service Administration(Ph.D.)
현 숭실대학교 사회복지학부 교수

한우재(Woojae Han)
미국 State University of New York at Albany, Social Welfare(Ph.D.)
현 숭실대학교 사회복지학부 조교수

허준수(Junsoo Hur)
미국 State University of New York at Albany, Social Welfare(Ph.D.)
현 숭실대학교 사회복지학부 교수

사회복지학개론

Introduction to Social Welfare

2022년 2월 15일 1판 1쇄 인쇄
2022년 2월 25일 1판 1쇄 발행

지은이 • 배임호 · 김경미 · 노혜련 · 박태영 · 유서구 · 이상은
이성규 · 이지하 · 이채원 · 정무성 · 한우재 · 허준수
펴낸이 • 김진환
펴낸곳 • ㈜학지사
04031 서울특별시 마포구 양화로 15길 20 마인드월드빌딩
대표전화 • 02-330-5114 팩스 • 02-324-2345
등록번호 • 제313-2006-000265호

홈페이지 • http://www.hakjisa.co.kr
페이스북 • https://www.facebook.com/hakjisabook

ISBN 978-89-997-2577-7 93330

정가 21,000원